GRANDES VERDADES DE LA BIBLIA

52 LECCIONES

SOBRE PRINCIPIOS DE

LA FE CRISTIANA

GRANDES VERDADES DE LA BIBLIA

DR. ALAN B. STRINGFELLOW

GRANDES VERDADES DE LA BIBLIA
52 lecciones sobre principios de la fe cristiana

Traducción al español por Belmonte Traductores
www.belmontetraductores.com

Editado por Henry Tejada Portales

Publicado originalmente en inglés bajo el título
Great Truths of the Bible: Fifty-two Lessons on Principles of the Christian Faith
Whitaker House
New Kensington, Pennsylvania

ISBN: 979-8-88769-340-8
eBook ISBN: 979-8-88769-341-5
Impreso en Colombia

Whitaker House
1030 Hunt Valley Circle
New Kensington, PA 15068
www.espanolwh.com

Por favor, envíe sugerencias sobre este libro a: comentarios@whitakerhouse.com.

1 2 3 4 5 6 7 8 9 10 11 WJ 32 31 30 29 28 27 26 25

DEDICATORIA

Esta obra está dedicada al Dr. Jess C. Moody, un querido hermano y colaborador en el ministerio de nuestro precioso Señor. Su amistad íntima ha sido una inspiración constante para mí durante treinta y cinco años. La incomparable predicación de Jess Moody ha llevado a multitudes a Cristo mediante su exposición de las "grandes verdades" de la Biblia.

—Alan B. Stringfellow

LO QUE ESTE ESTUDIO HARÁ POR USTED

Está a punto de comenzar un viaje emocionante a través de la Palabra de Dios, una aventura recorriendo las grandes verdades (doctrinas) de la Biblia.

¿Puede una persona laica comprender las grandes verdades de la Escritura? Esta es una pregunta que se planteará un gran porcentaje de los estudiantes que comiencen este estudio.

La respuesta es "sí".

Pablo estuvo en Tesalónica menos de un mes; sin embargo, enseñó a ese grupo de bebés en Cristo las grandes verdades que él sabía que necesitarían. Les enseñó las riquezas de las doctrinas de Dios, según lo registra 1 Tesalonicenses, como:

- Elección (1 Tesalonicenses 1:4)
- Espíritu Santo (1 Tesalonicenses 1:5-6; 4:8; 5:19)
- Seguridad (1 Tesalonicenses 1:5)
- Trinidad (vv. 1, 5, 6)
- Conversión (v. 9)
- Segunda venida de Cristo (1 Tesalonicenses 1:10; 2:19; 3:13; 4:14-17; 5:23)
- El caminar del creyente (1 Tesalonicenses 2:12; 4:1)
- Santificación (1 Tesalonicenses 4:3; 5:23)
- El día del Señor (1 Tesalonicenses 5:1-3)
- Resurrección (1 Tesalonicenses 4:14-18)
- La naturaleza tripartita del hombre (1 Tesalonicenses 5:23)

Pablo enseñó estas once grandes verdades y los jóvenes creyentes entendieron.

Por lo tanto, si usted es creyente puede aprender las grandes verdades de la Escritura, porque, como dijo Jesús: *Mas el Consolador, el Espíritu Santo, a quien el Padre enviará en mi nombre, él os enseñará todas las cosas, y os recordará todo lo que yo os he dicho* (Juan 14:26).

Además de darle las grandes verdades de la Palabra de Dios, este estudio...

- aumentará su confianza en la verdad de toda la Escritura;
- hará que entienda los llamados "temas difíciles" de la Biblia;
- le hará crecer espiritualmente al consumir "la carne de la Palabra";
- producirá en usted una incuestionable confianza en su vida cristiana;
- le dará la "bendita seguridad" en su caminar diario;
- le dará conocimiento con respecto a temas sobre los que raras veces se enseña o se predica;
- le llevará completamente por la Biblia, enfocándose en las grandes verdades de la Escritura.

Las "grandes verdades" de este estudio se seleccionaron entre cientos dentro de la Escritura por su particular importancia para el cristiano. Son doctrinas que todos los cristianos pueden y deberían aprender. Sea diligente en su estudio y dependa por completo de nuestro gran maestro: el Espíritu Santo.

INTRODUCCIÓN PARA ESTUDIANTES Y MAESTROS

Para recibir el máximo conocimiento e inspiración durante las siguientes cincuenta y dos semanas, preste atención a las siguientes sugerencias. Están diseñadas para ayudarle a convertirse en un discípulo disciplinado de la Palabra de Dios.

"Requisitos" para el estudiante

- Asistir a cada lección por cincuenta y dos semanas.
- Leer la porción asignada al final de cada lección (lo mejor es leer todo el libro asignado; si no puede, entonces lea los capítulos clave).
- Marcar su Biblia con referencias clave de una escritura a otra.
- Tomar notas en clase.
- Buscar la escritura y marcar las referencias en clase. Escribir las escrituras en este cuaderno en los espacios provistos para ello.
- Prometer al Señor al menos dos o tres horas por semana para leer la escritura asignada para la lección y hacer sus tareas.

¿Por qué estos "requisitos"? Porque hemos esperado demasiado poco de nuestros estudiantes bíblicos en años anteriores. Ha llegado el momento de que los cristianos que van en serio con el Señor se dediquen al estudio de su Palabra y al aprendizaje de los principios básicos que todos deberíamos conocer. Prométase a usted y prométale a Dios que cumplirá estos "requisitos".

"Requisitos" para el maestro

Primero, debe prepararse espiritualmente leyendo:

- 1 Corintios 2:12-14
- Efesios 1:17-18
- Juan 14:26
- Juan 16:12-16

Estos pasajes le asegurarán como maestro que el Espíritu Santo le guiará y enseñará al estudiar su Palabra e impartirla a sus alumnos.

Si está en una iglesia, el programa se enseña mejor a los maestros cuando lo hace el pastor, ministro de educación, director de la escuela dominical o un maestro especialmente seleccionado. Debería hacerse una noche entre semana anterior al día del Señor siguiente.

Parte de la disciplina de este curso de estudio es que asista a cada sesión nocturna cada semana sin excepción.

Debe leer todo el libro asignado para la siguiente lección. La tarea está al final de cada lección. El autor ha sugerido que lea todo el libro o libros que debe enseñar la semana siguiente; también ha incluido capítulos clave para los alumnos si no pueden leer el libro completo.

Debe tomar notas y buscar los versículos bíblicos. Además, debe estar preparado para responder preguntas, añadir o eliminar de las preguntas según vea necesario para la edad de su grupo.

También debe:

- No salirse del tema de cada lección.
- No tener miedo a ser demasiado básico para sus alumnos.
- Ahondar en los temas principales, no en los secundarios.
- No complicar la enseñanza, hacerla lo más sencilla posible para todas las edades.
- No cambiar el bosquejo de la lección. Puede añadir ilustraciones e ideas, pero no cambiar los puntos principales del bosquejo.
- Usar su propia personalidad y dejar que el Espíritu Santo le use mientras enseña.
- Esperar que sus alumnos hagan su parte.

Debería enseñar al menos cuarenta y cinco minutos por lección. Aunque tenga que renovar el bosquejo de su clase para enseñar durante cuarenta y cinco minutos, se puede hacer. Los periodos de asamblea se pueden hacer más cortos. No es necesario tener un devocional antes de ir al estudio bíblico. Un canto y una oración son suficientes para los periodos de reunión. La ausencia de clase y otros asuntos se deben tratar en las reuniones de clase. Haga de su tiempo de estudio bíblico una hora de estudio bíblico concentrado.

Que Dios le bendiga, alumno o maestro, al comenzar su estudio de *Grandes verdades de la Biblia*. Dejen que el Espíritu Santo les enseñe a ambos.

PRÓLOGO

Primera de Pedro 2:2 dice: *Desead, como niños recién nacidos, la leche espiritual no adulterada, para que por ella crezcáis para salvación.* En Hebreos 5:12 leemos: *Porque debiendo ser ya maestros, después de tanto tiempo, tenéis necesidad de que se os vuelva a enseñar cuáles son los primeros rudimentos de las palabras de Dios; y habéis llegado a ser tales que tenéis necesidad de leche, y no de alimento sólido.* Luego, en Hebreos 5:14: *Pero el alimento sólido es para los que han alcanzado madurez* [espiritual], *para los que por el uso tienen los sentidos ejercitados en el discernimiento del bien y del mal.*

Este estudio se ha escrito pensando en la persona común y seglar. No contiene exposiciones teológicas profundas, pero sí requiere la búsqueda en la Escritura y la dependencia del "Maestro", el Espíritu Santo, para su completa comprensión.

Es bueno conocer las grandes verdades de la Escritura. Es mejor si estas verdades se convierten en una realidad viva en las vidas de todos los que estudian esta serie de lecciones. Al conocer las verdades de Dios, uno puede convertirse en un "hacedor" de la Palabra y no solo en un oidor (**véase** Santiago 1:22-25).

Se utiliza la versión Reina-Valera 1960 de la Biblia para la redacción de estas lecciones. Si se emplea otra versión, se indicará.

Las lecciones no se presentan necesariamente en orden cronológico; sin embargo, las cincuenta y dos lecciones llevarán al estudiante a través de la Biblia, mientras se presentan las grandes verdades desde Génesis hasta Apocalipsis.

Que el Espíritu Santo de Dios use estos estudios para su gloria, mientras su Palabra es magnificada, Jesús es glorificado, y su Iglesia es fortalecida.

¿A quién se enseñará ciencia, o a quién se hará entender doctrina? ¿A los destetados?, *¿a los arrancados de los pechos? Porque mandamiento tras mandamiento, mandato sobre mandato, renglón tras renglón, línea sobre línea; un poquito allí, otro poquito allá* (Isaías 28:9-10).

—Alan B. Stringfellow

ÍNDICE

Lección 1

EL CANON DE LA ESCRITURA

(Donde hay líneas, busque la cita y escríbala completa o su verdad principal).

I. INTRODUCCIÓN

Canon significa "una regla, una línea de medir, un estándar, un modelo". La palabra es muy inusual porque es la misma palabra con el mismo significado dondequiera que se halle: latín, griego, hebreo o español. El libro que encontró cabida en la Escritura es considerado canónico, que quiere decir que ha cumplido con el estándar, o la regla, para ser Palabra de Dios inspirada.

II. VERSÍCULOS BÁSICOS:

Mateo 23:35; Lucas 24:27, 44; 2 Timoteo 3:16; 2 Pedro 1:21; Hebreos 1:1-3.

III. EL NÚCLEO DE ESTA VERDAD

Los sesenta y seis libros de nuestra Biblia y cómo llegaron a ser parte de la Palabra de Dios. Mire 2 Timoteo 3:16.

IV. LA GRAN VERDAD: "EL CANON DE LA ESCRITURA"

A. LOS TREINTA Y NUEVE LIBROS DEL CANON DEL ANTIGUO TESTAMENTO DE LA ESCRITURA.

1. El Antiguo Testamento es una declaración profética de parte de Dios.

   Comenzamos con la idea principal expresada en 2 Pedro 1:21: *Porque nunca la profecía fue traída por voluntad humana, sino que los santos hombres de Dios hablaron siendo inspirados por el Espíritu Santo.*

   Un profeta era alguien que hablaba en nombre de Dios, no solo "prediciendo" el futuro sino también comunicando lo que Dios le inspiraba. Eran los portavoces de Dios. En griego, la palabra *profeta* significa "uno que habla en lugar de otro". Así, el Antiguo Testamento fue escrito por esos hombres de Dios que declararon y registraron sus verdades, tanto predictivas como no predictivas. Estaban los que eran llamados "profetas" y otros que poseían el "don profético", como Aarón (Éxodo 7:1) y David (Hechos 2:30).

2. El Antiguo Testamento es la Palabra de Dios inspirada.

   La segunda premisa se encuentra en 2 Timoteo 3:16: *Toda la Escritura es inspirada por Dios, y útil para enseñar, para redargüir, para corregir, para instruir en justicia.*

   El Antiguo Testamento afirma ser la Palabra de Dios inspirada. Consulte solo algunos de los pasajes que declaran la inspiración (que significa "soplada por Dios") de Dios:

   En Génesis 1 cuente las veces que encuentra la frase "y dijo Dios". Génesis 2:7 y 3:15 solo podrían haber sido escritos por la inspiración de Dios.

Busque Éxodo 32:16: ____

____

Escriba Levítico 1:1: ____

____

También Números 36:13: ____

____

También Deuteronomio 4:2: ____

____

También Josué 24:26: ____

____

A lo largo de todo el Antiguo Testamento encontrará las mismas verdades básicas de la inspiración de Dios.

3. La tradición judía atribuye el canon del Antiguo Testamento a Esdras y a los hombres de la Gran Sinagoga.

   Su tradición se basa en el celo y la capacidad de Esdras. Era "escriba versado en los mandamientos de Jehová y en sus estatutos a Israel" (Esdras 7:11). Fue un hombre que "había preparado su corazón para inquirir la ley de Jehová y para cumplirla, y para enseñar en Israel sus estatutos y decretos" (v. 10). Estos hombres estaban bien capacitados para tomar los oráculos de Dios y determinar su autenticidad. No tenemos razones sólidas para dudar que organizaron la Palabra inspirada en una forma sustancialmente similar a la actual.

   La tradición judía podría ser más que una simple tradición. Hay una gran evidencia de que Esdras y los hombres de la Gran Sinagoga desempeñaron un papel vital para establecer el canon del Antiguo Testamento.

4. La historia confirma el canon del Antiguo Testamento de la Escritura.

   Josefo, el famoso historiador judío, confirma los libros del canon del Antiguo Testamento cuando escribió su obra en el año 90 d. C. En *Contra Apión* 1:8 declara:

   > Porque nosotros (refiriéndose a los judíos) no tenemos una multitud innumerable de libros entre nosotros, discrepantes y contradictorios entre sí (como tienen los griegos), sino solo veintidós libros que contienen los registros de todos los tiempos pasados, los cuales justamente se creen divinos; y, de ellos, cinco pertenecen a Moisés, que contienen sus leyes y la tradición del origen de la humanidad hasta su muerte. Este intervalo de tiempo fue poco menos de tres mil años; pero, en cuanto al tiempo desde la muerte de Moisés hasta el reinado de Artajerjes, rey de Persia, que reinó después de Jerjes, los profetas posteriores a Moisés escribieron lo sucedido en sus tiempos en trece libros. Los cuatro libros restantes contienen himnos a Dios y preceptos para la conducta de la vida humana. Es cierto, nuestra historia ha sido escrita desde Artajerjes, con gran detalle, pero no ha sido estimada con la misma autoridad que los anteriores por nuestros antepasados, porque no ha habido una sucesión exacta de profetas desde ese tiempo; y cuán firmemente hemos dado crédito a esos libros de nuestra nación es evidente por lo que hacemos, pues durante tantos siglos como han pasado, nadie ha sido tan osado como para añadirles algo o quitárselo; sino que se vuelve natural para todos los judíos, inmediatamente y desde su nacimiento, considerar que esos libros contienen doctrinas divinas, persistir en ellas y, de ser necesario, estar dispuestos a morir por ellas.

   Los libros que constituían el canon del Antiguo Testamento se escribieron en veintidós libros, que datan desde Artajerjes, rey de Persia. En Esdras 7:11-26 se registra el decreto de Artajerjes a favor de Esdras. En Nehemías 2 se registra el decreto de Artajerjes a favor de Nehemías. Por lo tanto, los escritos de Josefo nos indican el número de libros en el canon del Antiguo Testamento y que el periodo de los profetas (portavoces inspirados de Dios) concluyó con Esdras y Nehemías.

Ningún libro fue admitido en el canon judío que no existiera en el tiempo de Esdras y Nehemías.

5. Los veintidós libros del Antiguo Testamento son los mismos que los treinta y nueve libros de nuestro Testamento.

5 libros de Moisés	13 Libros proféticos	4 Himnos a Dios
1. Génesis	1. Josué	1. Salmos
2. Éxodo	2. Jueces y Rut	2. Proverbios
3. Levítico	3. 1 y 2 Samuel	3. Eclesiastés
4. Números	4. 1 y 2 Reyes	4. Cantar de los Cantares
5. Deuteronomio	5. 1 y 2 Crónicas	
	6. Esdras y Nehemías	
	7. Ester	
	8. Isaías	
	9. Jeremías y Lamentaciones	
	10. Ezequiel	
	11. Daniel	
	12. Libros de los 12 profetas menores	
	13. Job	

a. El canon judío original, según lo nombra Josefo, contenía los libros descritos arriba.

   Estos son los treinta y nueve libros que ahora componen nuestro Antiguo Testamento, sin añadir ni quitar ninguno.

b. La razón por la que hay treinta y nueve libros en nuestro Antiguo Testamento es:

   - Los profetas menores son 12 libros, no 1 (desde Oseas hasta Malaquías);
   - Samuel, Reyes y Crónicas son 2 libros cada uno, no 1;
   - Esdras y Nehemías son 2 libros, no 1;
   - Rut y Jueces están separados;
   - Jeremías y Lamentaciones están separados.

   Con estas separaciones hay 17 libros añadidos a los 22 libros, o series de escritos, sumando un total de 39 libros. ¿Quién dividió los libros?

c. Cuando las Escrituras hebreas se tradujeron al griego, conocidas como la Septuaginta, se dividieron las Escrituras hebreas originales en:

   5 libros de Moisés – La Ley

   12 libros de historia – (Josué a Ester)

   5 libros de poesía – (Job a Cantar de los Cantares)

   17 libros de Profecía – (Isaías a Malaquías)

   Total: 39 libros en el canon del Antiguo Testamento.

   La traducción griega, realizada en Alejandría en el siglo III a. C., se convirtió en la Biblia de esa época porque el griego se había convertido en "la lengua" del mundo conocido entonces.

Por lo tanto, los mismos 22 libros mencionados por Josefo, traducidos al griego, corresponden a los 39 libros que conforman nuestro Antiguo Testamento.

6. Jesús y el Nuevo Testamento afirman el canon del Antiguo Testamento de la Escritura.
   a. Busque Lucas 24:44.

___

___

   b. El testimonio de Jesús y el Nuevo Testamento cumplen todo lo que se había prometido en la Ley, los profetas y los escritos. Todo el Antiguo Testamento está centrado en Cristo. Busque Lucas 24:27.

___

___

B. LOS VEINTISIETE LIBROS DEL CANON DEL NUEVO TESTAMENTO DE LA ESCRITURA.

1. El Nuevo Testamento fue inspirado por Dios el Espíritu Santo.

   La prueba válida de la inspiración de un escritor en el Nuevo Testamento era su relación con el Señor Jesús. Jesús es el gran hecho central del evangelio, y a través de Él, Dios se dio a conocer en forma humana. Jesús eligió a hombres divinamente calificados para enseñar y escribir sin error los hechos y doctrinas de su evangelio. Lea Hebreos 1:1-2 y subraye en su Biblia.

2. Los libros del Nuevo Testamento fueron escritos por un apóstol o compañero de un apóstol.
   a. Jesús prometió a los apóstoles que el Espíritu Santo les revelaría lo que no pudieron entender mientras Él estaba aún en la tierra. Lea Juan 16:12-15 y subraye en su Biblia. También Mateo 10:20. Busque Juan 14:25-26.
   b. Estas, y otras promesas, fueron dadas principalmente a los apóstoles para una tarea especial. También fueron dadas a la Iglesia a través de la enseñanza de los apóstoles (Efesios 2:19-22).
   c. Los apóstoles hablaron y escribieron con autoridad divina. Lea 1 Corintios 2:9-13 y subraye el v. 13 en su Biblia. Pablo declaró su autoridad nuevamente en Gálatas 1:11-12.

___

___

   Ahora busque Efesios 2:20 y subraye en su Biblia.

   d. Ejemplos de libros escritos por compañeros, conocidos como amanuenses (secretario), de los apóstoles se pueden encontrar en Marcos y Lucas. Marcos fue compañero de Pedro, y Lucas fue compañero de Pablo.

      Subraye 1 Pedro 5:13 en su Biblia.

      Lucas escribió el tercer Evangelio y fue compañero de Pablo durante sus viajes, como él mismo lo registra en Hechos.

      Busque Romanos 16:22 y subraye en su Biblia.

3. Todos los libros del Nuevo Testamento tenían autoridad apostólica.

Los veintisiete libros del Nuevo Testamento fueron colocados en el canon después de que fueron atesorados por las iglesias. Las iglesias intercambiaron cartas, las copiaron y las enviaron a otras iglesias. Solo las cartas con autoridad apostólica fueron aceptadas como parte del canon.

El Concilio de Cartago, en el año 397 d. C., dijo: "Nada será leído en las iglesias excepto el canon reconocido". Luego nombraron los veintisiete libros del Nuevo Testamento. El canon, o regla, que los guiaba era simplemente: "Un libro del Nuevo Testamento debe haberlo escrito un apóstol o un amanuense (compañero) de un apóstol".

La Biblia es la Palabra de Dios inspirada, escrita por hombres de Dios, preservada por el poder guardador del Espíritu Santo, y ha sido aceptada durante los siglos por el pueblo de Dios.

¡TENEMOS TODA LA PALABRA DE DIOS!

V. LO QUE ESTA VERDAD BÍBLICA NOS ENSEÑA HOY

Esta lección nos enseña que el canon de la Escritura es inspirado por Dios, escrito por hombres de Dios (profetas y apóstoles), revela la verdad de Dios, es guardada y preservada por el Espíritu Santo de Dios, y aceptada y amada por el pueblo de Dios.

Así que la fe es por el oír, y el oír, por la palabra de Dios (Romanos 10:17).

SU SIGUIENTE TAREA:

1. Lea Salmos 119; 1 Corintios 2:9-13; Isaías 28:9-13; 40:6-8; 2 Timoteo 3:16; 1 Pedro 1:23-25; 2 Pedro 1:19-21.
2. Repase los libros del Antiguo Testamento y el Nuevo Testamento en sus notas de la lección.
3. Subraye su Biblia donde haya aprendido nuevas verdades.

Lección 2

LA BIBLIA:
LA PALABRA DE DIOS INSPIRADA

I. INTRODUCCIÓN

Cada palaba de la Biblia es inspirada por Dios o "soplada por Dios". En 2 Timoteo 3:16 leemos: *Toda la Escritura es inspirada por Dios*. Dos palabras griegas usadas en este texto nos presentan la perspectiva apostólica sobre la inspiración de las Escritura. La primera palabra es *graphe*, que significa "escritura". *Theopneustos* significa "soplada por Dios". Es lo escrito, las Escrituras, lo que es "soplado por Dios" o inspirado. La inspiración provino de Dios hacia personalidades y mentes humanas para entregarnos la Biblia.

La palabra *Biblia* proviene del griego *biblos*, con su forma plural *biblia*. La forma moderna en español proviene del latín y del francés antiguo *biblid*, que significa "escritos". Es un solo libro: la Biblia.

II. VERSÍCULOS BÁSICOS:

Salmos 119; Isaías 28:9-13; 40:6-8; 1 Corintios 2:9-13; 2 Timoteo 3:16; 1 Pedro 1:23-25; 2 Pedro 1:19-21.

III. EL NÚCLEO DE ESTA VERDAD

Toda la Biblia es inspirada por Dios. Más de cuarenta hombres distintos hablaron, durante un periodo de 1500 años, siendo movidos por el Espíritu Santo. Las palabras que escribieron fueron inspiradas por Dios. Lea 2 Pedro 1:21.

____

Los hombres falibles murieron; pero las palabras infalibles que escribieron permanecen para siempre.

IV. LA GRAN VERDAD – "LA BIBLIA: LA PALABRA DE DIOS INSPIRADA"

A. LA BIBLIA ES SU PROPIO TESTIGO PARA SU INSPIRACIÓN.

1. Las afirmaciones que hace la Biblia sobre **sí misma**.

   a. Ningún otro libro o escrito podría hacer semejantes afirmaciones; solo la Palabra de Dios. Busque Éxodo 31:18.

____

____

   Subraye Salmos 119:89, 105, 152, 160. Busque Isaías 40:8 y compárelo con 1 Pedro 1:23-25.

   b. La Biblia afirma ser la Palabra de Dios, porque en el Antiguo Testamento aparece no menos de 3808 veces la frase: "Y Dios dijo..." o "Vino la Palabra de Dios, diciendo...". Los profetas siempre introducían su mensaje con la declaración: "Y vino la Palabra del Señor a...". El profeta transmitía el mensaje que era, y es, la Palabra de Dios. Por ejemplo, acuda a 1 Pedro 1:10-11 y lea despacio. Pedro declara que los profetas escribieron lo que Dios les dijo que escribieran. Ellos no originaron su mensaje, sino que este provenía de Dios.

Dios le dijo a Moisés en Éxodo 4:10-12: ______________________________

____

____

Cuarenta años después, Moisés dijo a Israel en Deuteronomio 4:2: ______________

____

Subraye 2 Samuel 23:1-2.

Busque Jeremías 1:6-9 y escriba el v. 9: ______________________________

____

Podríamos seguir así con más ejemplos. Ahora puede observar que la Biblia afirma ser la Palabra de Dios.

B. EL ESPÍRITU SANTO INSPIRÓ A LOS AUTORES DE LA BIBLIA.

1. Los santos hombres hablaron según eran movidos por el Espíritu Santo.

   Vuelva otra vez a 2 Pedro 1:21. El Espíritu Santo inspiró a los hombres que Dios seleccionó para darnos la Biblia. Dios usó diferentes métodos para originar el mensaje: la palabra de ángeles, la voz de Dios, los escritos de los apóstoles. De muchas maneras Dios habló, y lo que habló está en la Biblia. Vaya a Hebreos 1:1-2.

   ____

   ____

2. La fuente divina y el instrumento divino.

   En la Biblia hay varios pasajes donde se mencionan el autor divino y el instrumento divino. Escriba Mateo 1:22.

   ____

   ____

   Subraye Hechos 1:16 en su Biblia.

3. La Biblia es un milagro.

   A medida que las palabras fueron escritas a lo largo de los siglos, se puede ver que fue necesario que el Espíritu Santo guardara y guiara para que fuera registrado un mensaje verdadero y perfecto. Los escritos confirman un gran tema, Cristo, señalan a un único Dios verdadero, y nos ofrecen un único plan de salvación.

C. EL GRAN TEMA DE LA BIBLIA.

1. El gran tema de la Biblia es Jesucristo.

   Por un acto creativo, Dios rompió la cadena de la generación humana y produjo al Ser sobrenatural: Jesús, el Hijo de Dios. Lea Gálatas 4:4.

   ____

   ____

2. El gran tema, Jesús, unifica la Biblia.

   En el Antiguo Testamento, este tema se proclamó diciendo: "Alguien viene". El día de la encarnación, se anunció: "Alguien ha venido". En los tiempos del fin, se profetiza: "Alguien viene nuevamente". Jesús es el gran factor unificador que enlaza toda la Biblia en un solo mensaje: el plan de redención de Dios para nosotros. Subraye **Gálatas 4:5**-6. También Efesios 2:4-5, 8.

____

____

D. LA REVELACIÓN E INSPIRACIÓN DE LA BIBLIA.

1. La diferencia entre revelación e inspiración.

    a. La revelación se refiere a algo que Dios ha dado a conocer; es algo que Él ha mostrado o descubierto.

    Por ejemplo, fue una revelación cuando Moisés escribió el primer capítulo de Génesis. Moisés no estaba presente cuando Dios creó los cielos y la tierra. Ningún ojo humano lo vio. Así que Dios lo dio a conocer por revelación.

    Otro ejemplo se encuentra en el Nuevo Testamento. Fue una revelación cuando Juan escribió el libro de Apocalipsis. Ningún hombre puede ver el fin de los tiempos, mirando miles de años hacia el futuro conocido solo por Dios. Pero Dios reveló ese futuro a Juan, y Juan lo escribió.

    b. La inspiración se refiere a la transmisión o la escritura. Se trata del método que mantuvo esta escritura libre de error o equivocación. Por ejemplo, cuando Moisés escribió sobre el cruce del Mar Rojo, esa fue una escritura inspirada. Dios lo mantuvo libre de error. Moisés escribió mientras el Espíritu Santo lo dirigía. Moisés había visto con sus propios ojos el cruce de Israel a través del Mar Rojo. La transmisión, la escritura, fue por la inspiración del Espíritu Santo y estuvo libre de error.

    Otro ejemplo se encuentra en Juan 19. Cuando Juan (el mismo Juan que escribió el Apocalipsis) escribió el relato de la crucifixión de Jesús, lo hizo por inspiración. Juan estuvo presente y fue testigo de la muerte de nuestro Señor. Escribió, sin error, conforme al Espíritu Santo.

    (Hay muchas teorías sobre la revelación y la inspiración. Este estudio está dirigido a la persona común, por lo que no se incluirán argumentos en nuestro análisis. La presentación se ha escrito en términos comprensibles para que el estudiante pueda conocer el significado principal de la revelación y la inspiración).

2. La inspiración produjo la Biblia, un documento de la autorrevelación de Dios.

    a. Cuando hablamos de los autores inspirados de la Biblia, nos referimos a la inspiración de los escritos y no de los hombres. La inspiración se encuentra en la Palabra de Dios. Es lo que los hombres escribieron lo que está inspirado. Moisés, David, Juan y Pablo no fueron siempre ni en todo lugar inspirados. Como hombres, cometieron errores en su conducta, pero su falibilidad y sus errores nunca se transmitieron a los escritos sagrados.

    b. Cada autor bíblico rindió toda su personalidad a la voluntad del Espíritu Santo; por lo tanto, lo que escribieron fue inspirado por Dios. La verdad sobre la inspiración concierne al milagro por el cual el Espíritu de Dios produjo la Biblia: un documento en lenguaje humano que revela a Dios y su plan de redención para nosotros.

    La Biblia no contiene la Palabra de Dios; es la Palabra de Dios.

E. ¿CÓMO PODEMOS SABER CUÁL ES LA VERDADERA PALABRA DE DIOS?

1. Hay muchos libros que afirman estar inspirados por Dios.

    Algunos afirman ser una "adición" a la Palabra de Dios.

Se ha hablado mucho en nuestros días sobre "los libros perdidos de la Biblia".

Entonces, ¿cómo podemos saber la verdad con respecto a la Palabra de Dios?

2. Encontramos la respuesta en la Biblia.

   De una multitud de pruebas que podríamos seguir, consideraremos solo tres que se mencionan en la Biblia.

   a. La primera se encuentra en Deuteronomio 18:21-22. Léalo y subráyelo en su Biblia.

      Así, la *primera* prueba es si una profecía se cumple tal como fue anunciada por un profeta de Dios. La profecía no es predicción; la verdadera profecía está por encima de los pronósticos humanos. La verdadera profecía proviene de Dios.

      Por ejemplo, ocho siglos antes de Cristo, el profeta Miqueas declaró que Jesús nacería en Belén (Miqueas 5:2). Esto se cumplió (Lucas 2:1-7).

      Mil años antes de que ocurriera, David escribió: *Repartieron entre sí mis vestidos, y sobre mi ropa echaron suertes* (Salmos 22:18). Ahora, busque Mateo 27:35 y vea el cumplimiento de esta profecía.

      Miles de años antes, Dios profetizó cosas mediante sus profetas que se cumplieron en su tiempo. Esta es la primera prueba de la verdadera Palabra de Dios. El hombre no puede predecir el futuro ni con una hora de antelación, pero Dios revela el futuro con miles de años de anticipación.

   b. La *segunda* prueba se encuentra en Salmos 119:160: *La suma de tu palabra es verdad, y eterno es todo juicio de tu justicia.* La Biblia es verdad. Ha sido verdadera desde el principio. Desde la creación hasta la consumación de esta era, todo se encuentra en la Palabra de Dios. Él lo sabe todo y nos ha dado su Libro de Verdad.

   c. La *tercera* prueba es que la Palabra de Dios cumple su propósito. Lea Isaías 55:10-11 y escriba el v. 11:

____

____

      La Palabra de Dios cumple lo que Él desea. El propósito de la Palabra de Dios es que podamos ser liberados del castigo y el juicio por el pecado. No volverá vacía cuando se enseña, predica y estudia. La voluntad de Dios para su Palabra es: *Hará lo que yo quiero, y será prosperada en aquello para que la envié* (Isaías 55:11).

      Esa es la Palabra de Dios. Los 66 libros son la Palabra inspirada de Dios.

3. Si eso es cierto, ¿qué hay de los "libros perdidos" de la Biblia? (Solo podemos mencionar esto brevemente).

   El término *apócrifos* significa "ocultos o escondidos" y se refiere a un grupo de catorce libros. Estos libros fueron escritos después del tiempo de Esdras y Nehemías. (Consulte la Lección 1 sobre el canon de la Escritura). Aunque son grandes escritos, no fueron inspirados.

   Los apócrifos se encuentran en la Septuaginta, la traducción griega de las Escrituras hebreas realizada en Egipto alrededor del año 270 a. C. Jerónimo, quien tradujo la Septuaginta a la Vulgata latina, también incluyó los apócrifos. Jerónimo afirmó que los catorce libros eran inferiores a los libros canónicos.

   Recuerde las reglas para el canon de la Escritura. El Antiguo Testamento fue escrito en hebreo y concluyó con Esdras y Nehemías.

El Nuevo Testamento fue escrito en griego y debía ser escrito por un apóstol o un amanuense de un apóstol. Los sesenta y seis libros de nuestra Biblia son canónicos. Los apócrifos no cumplen con estas calificaciones; sin embargo, están presentes en algunas Biblias, pero no en la Biblia protestante. Los apócrifos no aparecieron en una Biblia hasta el Concilio de Trento en 1546 d. C.

Estos libros no se han perdido, simplemente no forman parte del canon de la Escritura.

La Biblia que usted tiene en sus manos es la Palabra de Dios inspirada. Tenga plena seguridad de este hecho. Ámela, estúdiela, enséñela y viva de acuerdo con sus enseñanzas.

V. LO QUE ESTA VERDAD BÍBLICA NOS ENSEÑA HOY

Esta lección nos enseña que la Palabra de Dios es su Palabra inspirada para nosotros. Los sesenta y seis libros nos hablan y presentan el plan redentor de Dios. Vuelva a leer 1 Pedro 1:24-25.

Escriba Juan 20:31: ____

____

____

El capítulo más largo de la Biblia trata sobre la Palabra de Dios. Cada versículo muestra la excelencia de la palabra escrita. Es el Salmo 119, y tiene 176 versículos. Lea el capítulo y subraye versículos que toquen su corazón.

Para siempre, oh Jehová, permanece tu palabra en los cielos (Salmos 119:89).

Lámpara es a mis pies tu palabra, y lumbrera a mi camino (Salmos 119:105).

SU SIGUIENTE TAREA:

1. Lea Mateo 5:17-19; 19:4-5; 22:29-32; 26:54-56; Lucas 24:25-32, 44-45; Juan 10:35; Romanos 15:4; 16:26; Gálatas 3:8; 1 Timoteo 5:18; 2 Timoteo 3:16.
2. Reflexione sobre esta lección. Subraye las citas. Haga anotaciones en su Biblia.

(Hubo una gran cantidad de literatura escrita conocida como *pseudoepígrafa*, que significa *pseudo* o "falsamente atribuido"; *epi*, "sobre"; y *graphi*, "escribir" o "escribir falsamente". Esta literatura fue escrita entre el 200 a. C. y el 600 d. C. bajo el nombre de otra persona (falsamente), como profetas, reyes o nombres del Nuevo Testamento. Se mencionan ocasionalmente dieciocho escritos falsos del Antiguo Testamento (aunque el número exacto no se conoce). Del Nuevo Testamento hay al menos 280 escritos pseudoepigráficos. Existen muchos "evangelios", como los evangelios de María, Tomás, Pedro, los Doce y otros. Gran parte de estos escritos tenían un carácter apocalíptico. Ningún canon o concilio reconoció estos escritos. Eusebio declaró que eran "totalmente absurdos e impíos").

Lección 3
LA BIBLIA: LA PALABRA AUTORITATIVA DE DIOS

I. INTRODUCCIÓN

La autoridad de la Biblia está en la Biblia misma. Una de las evidencias más importantes de su autoridad es también la más sencilla, ya que la Biblia es su propia prueba. No hay autoridad más alta. La Escritura nunca necesita ser defendida; la Biblia se defiende a sí misma. Dios el Padre, el Hijo y el Espíritu Santo dan testimonio de la autoridad de la Biblia. Por ejemplo, así como el Espíritu Santo da testimonio a cada creyente de que es hijo de Dios (Romanos 8:16), también da testimonio de que la Biblia es la Palabra de Dios (2 Pedro 1:20-21). Por lo tanto, la autoridad final para nuestra fe y práctica (vida diaria) es la Palabra de Dios.

II. VERSÍCULOS BÁSICOS:

Salmos 119; Isaías 40:6-8; Mateo 5:17-19; 19:4-5; 22:29-32; 26:54-56; Lucas 24:25-32, 44-45; Juan 10:35; Romanos 15:4; 16:26; Gálatas 3:8; 1 Timoteo 5:18; 2 Timoteo 3:16.

III. EL NÚCLEO DE ESTA VERDAD

Las enseñanzas de Jesús son nuestra máxima autoridad en referencia a la Biblia. Ninguna palabra de crítica puede ser dirigida contra su integridad. Incluso Pilato dijo: *Ningún delito hallo en este hombre* (Lucas 23:4). Jesús enseñó la Biblia con autoridad (Mateo 7:29). Si la autoridad de Jesús es negada en este punto, todo el fundamento del plan de redención de Dios cae con el Hijo de Dios.

La Biblia es la Palabra autoritativa porque Dios (el Hijo, Jesucristo) ha puesto su sello de autoridad sobre todo el Libro.

IV. LA GRAN VERDAD – "LA BIBLIA: LA PALABRA DE DIOS AUTORITATIVA"

A. EL TESTIMONIO DE DIOS EL PADRE.

1. El hablante y el oyente en el Antiguo Testamento.

a. La Biblia es la Palabra de Dios autoritativa porque Él estableció su Palabra en el cielo (Salmos 119:89) y *La suma de tu palabra es verdad* (Salmos 119:160). Frases como "Y el Señor habló a...", "Y Dios dijo...", y "La palabra del Señor vino a..." aparecen 3808 veces en el Antiguo Testamento.

b. Frases que aceptamos y a menudo pasamos por alto le dan a la Biblia su autoridad. Por ejemplo, tomemos treinta y cinco ejemplos en un solo libro y veamos las palabras: "Y el Señor habló a Moisés, diciendo...". Subraye estas en su Biblia:

Levítico 1:1
Levítico 4:1
Levítico 5:14
Levítico 6:1, 8, 19, 24
Levítico 7:22, 28
Levítico 8:1
Levítico 10:8
Levítico 11:1
Levítico 12:1
Levítico 13:1
Levítico 14:1, 33
Levítico 15:1
Levítico 16:1
Levítico 17:1
Levítico 18:1
Levítico 19:1
Levítico 20:1
Levítico 21:16

Levítico 22:1, 17, 26 | Levítico 25:1
Levítico 23:1, 9, 23, 26, 33 | Levítico 27:1
Levítico 24:1, 13

c. El que habla es el Señor Dios, y el que escucha es Moisés. Esto lo encontrará a lo largo del Antiguo Testamento. Dios habla, y el escritor registra "la palabra del Señor".

2. Dios habló para que su plan de redención existiera.
   a. Algunas de las palabras más importantes jamás pronunciadas por el Señor Dios se encuentran en Génesis 3. En este capítulo se registra la caída del hombre y el plan de redención de Dios.

      Subraye Génesis 3:14 y escriba Génesis 3:15.

____

____

   b. En la soberanía y voluntad de Dios, Él hizo un camino para que podamos ser salvos y conocerlo. Él habló para que existiera el plan de redención, sabiendo que su Hijo tendría que pagar el precio.

B. EL TESTIMONIO DE LA BIBLIA.

1. La evidencia interna de la autoridad de la Escritura.
   a. La Biblia se declara a sí misma como la Palabra de Dios.

      Lea Deuteronomio 6:1-9. Escriba los v. 5 y 6:

____

____

      Subraye Josué 1:8 y 8:32-35 en su Biblia.

   b. La Palabra es segura, perfecta, permanece para siempre, es verdad. Lea Salmos 12:6. Subraye Salmos 19:7-11. Note las palabras de autoridad.
   c. La Palabra es eterna.

Escriba Salmos 119:89: ____

____

      Subraye Salmos 119:152 y 160.

      Lea Isaías 40:6-8 y escriba el v. 8:

____

____

   d. La Palabra es efectiva; es el evangelio.

      Subraye 1 Tesalonicenses 2:13.

      Lea de nuevo 1 Pedro 1:23-25. Note las palabras "siendo renacidos… por la palabra de Dios" (v. 23).

C. EL TESTIMONIO DEL ESPÍRITU SANTO.

1. El Espíritu Santo da testimonio de que la Biblia es la Palabra de Dios.
   a. Lea de nuevo 2 Pedro 1:19-21, y preste atención especial a los vv. 19 y 21. Note "los santos hombres de Dios hablaron [escribieron] siendo inspirados por el Espíritu Santo" (v. 21).

b. Subraye 1 Pedro 1:10-11 en su Biblia. Pedro está diciendo que los profetas escribieron lo que les fue dicho que escribieran. No originaron ellos mismos el mensaje; el mensaje venía de Dios.

2. El Espíritu Santo de Dios dio el mensaje a los escritores.

a. Vaya a 2 Samuel 23:1-2 y escriba el v. 2:

____

____

b. Jeremías sintió su propia debilidad al hablar el mensaje de Dios a Israel. El Señor dijo que pondría las palabras en la boca de Jeremías. Lea Jeremías 1:6-9 y subraye el v. 9 en su Biblia.

c. En Daniel 12:8-9 Daniel escribió palabras que le fueron dadas por inspiración divina, las cuales él no podía entender. Estas palabras provenían de Dios.

3. Dios usó muchos medios para revelar su mensaje.

a. Usó "la voz de Dios", "ángeles" y "profetas".

Lea Hebreos 1:1-2 y note cómo Dios aún revela su mensaje.

b. Subraye Zacarías 4:6 y escriba la última parte del versículo:

No con ejército ni con fuerza…

____

____

c. El Espíritu Santo da testimonio al creyente de que es hijo de Dios. Escriba Romanos 8:16:

____

____

El Espíritu Santo revela lo verdadero y lo falso.

4. Las palabras de la Escritura son enseñadas divinamente por el Espíritu Santo (1 Corintios 2:9-13).

a. Subraye los vv. 9 y 10 de 1 Corintios 2 en su Biblia.

Escriba 1 Corintios 2:13: _______________________________

____

____

b. Las cosas espirituales se enseñan mediante palabras dadas por el Espíritu Santo. Esto se lleva a cabo "acomodando lo espiritual a lo espiritual", en verdad, "comparando la Escritura con la Escritura".

c. Note el propio testimonio de Pablo en 1 Corintios 2:4, y subraye la última frase del versículo.

D. EL TESTIMONIO DE JESUCRISTO.

1. La autoridad de Jesús.

El testimonio de Jesucristo es la autoridad más alta a la que podemos acudir para validar la autoridad de toda la Palabra de Dios. Si aceptamos las enseñanzas de Jesús, debemos aceptar también sus enseñanzas acerca de la Biblia.

2. Según Jesús, la revelación divina está en la Palabra de Dios.

   a. Lo que las Escrituras dicen, Dios lo dice. Jesús lo corrobora en Mateo 5:17-18. Escriba el v. 18:

____

También en Mateo 19:4.

Jesús también afirmó en Juan 10:35: *La Escritura no puede ser quebrantada.*

   b. Cuando una persona recibe al Hijo de Dios, la pregunta sobre la autoridad de la Escritura queda zanjada. Si aceptamos las enseñanzas de Jesús, debemos aceptar toda la Palabra de Dios.

3. Jesús consideró la Biblia como autoridad divina.

   a. Busque los siguientes pasajes como prueba:

Mateo 22:29: ____

____

Mateo 24:37: ____

____

Marcos 7:13: ____

____

Lucas 24:44: ____

____

Juan 5:39: *Escudriñad las Escrituras; porque a vosotros os parece que en ellas tenéis la vida eterna; y ellas son las que dan testimonio de mí.*

Juan 5:46: ____

____

   b. La manera en que Jesús usó las Escrituras muestra su amor y reverencia por la Palabra.
   La manera en que citó las Escrituras fue asombrosa. Al responder a los que le rodeaban, constantemente se refería a preguntas como: "¿Nunca habéis leído…?" y "Está escrito…", y "Escudriñad las Escrituras…" (Consulte el Sermón del Monte en Mateo 5–7 y observe cuántas veces usa las frases mencionadas anteriormente).

   En Mateo 4 Jesús usó las Escrituras para derrotar a Satanás. Observe los vv. 4, 7 y 10.

4. Jesús reclamó inspiración divina para sus enseñanzas.

   a. Jesús habló de la doctrina de Dios (Juan 7:16; 12:49): *Mi doctrina no es mía, sino de aquel que me envió.*

Escriba Juan 12:49: ____

____

____

   b. Jesús habló palabras divinamente inspiradas.
   Subraye Juan 6:63.

Escriba Juan 8:28: ____

____

____

Subraye Juan 8:42-43.

Escriba Juan 12:50: ____

____

____

Jesús habló según el Espíritu de Dios le decía que hablara.

Subraye Lucas 4:18.

5. Jesús comenzó su ministerio público citando las Escrituras.
   a. Lea el contexto de su mensaje en Lucas 4:16-21 y subraye el v. 21. Aquí, Jesús estaba citando Isaías 61:1-2.
   b. A partir de este punto, Jesús vivió, enseñó y predicó las Escrituras.
6. Jesús y las Escrituras, después de su resurrección.
   a. Fue después de la resurrección de nuestro Señor cuando puso su sello sobre todo el Antiguo Testamento. Si existía alguna duda sobre su conocimiento de toda la verdad en los días de su carne, no podría haber duda de su absoluto conocimiento después de la resurrección (Lucas 24:27).

Escriba Lucas 24:44: ____

____

____

Subraye los dos versículos siguientes, 45 y 46.

   b. Los judíos dividieron la Biblia, nuestro Antiguo Testamento, en tres partes: la Ley, los profetas y los salmos o "escritos". Observe que, después de su resurrección, Jesús reconoció las tres divisiones del Antiguo Testamento y puso su sello de autoridad sobre cada una de ellas.
7. Jesús prometió que los apóstoles serían dirigidos por el Espíritu Santo en sus escritos y enseñanzas.
   a. Jesús colocó su sello de autoridad sobre el Nuevo Testamento por anticipación. No se había escrito ningún libro del Nuevo Testamento cuando Jesús ascendió a la gloria. ¿Cómo autentificó Él el Nuevo Testamento escrito por los apóstoles?
   Jesús prometió la guía del Espíritu Santo sobre lo que los apóstoles dirían y escribirían acerca de Él (Mateo 10:19-20).
   Subraye el v. 19 y escriba el v. 20:

____

____

(Recuerde que esto fue justo después de que los doce fueron comisionados para ir a predicar, Mateo 10:7).

   b. Jesús reiteró la misma promesa en el relato de Marcos sobre el discurso de los Olivos (Marcos 13:11).

c. Jesús prometió a los apóstoles que tendrían al Espíritu Santo para enseñarles todas las cosas y para traer a su memoria todo lo que Él les había enseñado (Juan 14:26). Subráyelo en su Biblia.

d. La afirmación se repite en Juan 16:12-13. Este es uno de los pasajes más importantes del Nuevo Testamento.

   Subraye Juan 16:12 y escriba el v. 13:

____

____

e. El Nuevo Testamento fue dado por el Espíritu Santo, basado en la autoridad de Jesucristo. Contiene las verdades que Jesús quería que conociéramos después de su partida (Juan 15:26-27). Subraye el v. 26.

V. LO QUE ESTA VERDAD BÍBLICA NOS ENSEÑA HOY

Toda la Biblia es la Palabra de Dios autoritativa por el testimonio de Dios el Padre, el testimonio de la Biblia misma, el testimonio del Espíritu Santo y el testimonio de Jesucristo. La Biblia es la Palabra de Dios, y "no puede ser quebrantada" (Juan 10:35). *En el rollo del libro está escrito de mí* (Salmos 40:7; Hebreos 10:7), dijo Jesús.

Por lo tanto, lo único que nos queda es inclinarnos ante la autoridad de la Palabra de Dios y obedecer sus enseñanzas. Es el mensaje de Dios para el hombre: total y completo por fe para vivir victoriosamente. Asegura al creyente la vida eterna.

SU SIGUIENTE TAREA:

1. Lea Génesis 1–3; 11:1-9; 18:1-2, 33; Éxodo 20:3; Salmos 2:7, 12; 110:1; Isaías 6:8; 11:1-2; 48:16; 63:8-10; Mateo 3:16-17; 28:19-20; Juan 1:1; 8:54; 14:16-17; 15:26-27; 16:7-15; 17; 1 Corintios 1:3; 2 Corintios 13:14; 2 Tesalonicenses 2:13-14; Tito 3:4-6.
2. Esta lección es una de las más importantes de esta serie. Es el fundamento para nuestro estudio. Tome notas cuando le sea revelada una nueva idea o verdad. El Espíritu Santo le enseñará mientras estudia.
3. Marque su Biblia.

Lección 4

DIOS, LA TRINIDAD

I. INTRODUCCIÓN

Un entendimiento de la Trinidad *completo y detallado* no es posible porque somos finitos, mientras que Dios es infinito. La verdad de la Trinidad se encuentra a lo largo de la Escritura; por lo tanto, sabemos que la Biblia es la Palabra de Dios. Si los profetas y los apóstoles no hubieran sido inspirados por el Espíritu Santo, habrían omitido la Trinidad. Es demasiado difícil para el hombre "natural" comprenderla, pero el hijo de Dios acepta la Trinidad por fe.

La palabra *trinidad* no se encuentra en la Biblia, aunque la verdad de la Trinidad está presente desde Génesis hasta Apocalipsis. La palabra proviene del latín *trinitas*, que significa "triplicidad": la manifestación triple de Dios.

La declaración de la Trinidad se convirtió en algo común en la mayoría de las declaraciones de fe cristiana desde el año 160 d. C. La palabra "Trinidad" fue incluida por primera vez en el vocabulario de los escritos cristianos en el 317 d. C. en Alejandría. Desde ese tiempo hasta la era actual, todos los "credos" han incluido la Trinidad: el Credo Niceno (325 d. C.); el Credo de la Iglesia de Inglaterra en sus primeros tiempos; el Credo de los Apóstoles (usado en nuestros días), y muchos otros credos no mencionados aquí.

II. VERSÍCULOS BÁSICOS:

Génesis 1–3; 11:1-9; 18:1-2, 33; Éxodo 20:3; Salmos 2:7, 12; 110:1; Isaías 6:8; 11:1-2; 48:16; 63:8-10; Mateo 3:16-17; 28:19-20; Juan 1:1; 8:54; 14:16-17; 15:26-27; 16:7-15; 17; 1 Corintios 1:3; 2 Corintios 13:14; 2 Tesalonicenses 2:13-14; Tito 3:4-6.

III. EL NÚCLEO DE ESTA VERDAD

Esta verdad de la Biblia es pura revelación de Dios. Hay un solo Dios, no tres. Dios el Padre; Dios el Hijo; Dios el Espíritu Santo. Dios, el Padre eterno, no hizo al Hijo y al Espíritu Santo como sus creaciones en un momento determinado. En otras palabras, Dios el eterno Padre, el eterno Hijo y el eterno Espíritu Santo siempre han existido. La Deidad es una Trinidad en unidad.

Algunos han intentado explicar la Trinidad de diferentes maneras, como el agua en forma líquida; como vapor (humo); y como sólido (hielo).

Esto no es tan claro como la ilustración dada en la Escritura en 1 Tesalonicenses 5:23: *Y el mismo Dios de paz os santifique por completo; y todo vuestro ser, espíritu, alma y cuerpo, sea guardado irreprensible para la venida de nuestro Señor Jesucristo.* No somos tres personas, sino una persona tres en uno. Dios es tres en Uno.

IV. LA GRAN VERDAD – "DIOS, LA TRINIDAD"

A. LA TRINIDAD EN EL ANTIGUO TESTAMENTO.

1. La verdad es revelada en nombres en el Antiguo Testamento.

a. *En el principio creó Dios* [Elohim] *los cielos y la tierra* (Génesis 1:1). Este nombre, *Elohim*, es un sustantivo plural. Plural, en español, significa dos o más. En hebreo existen tres términos para referirse al número gramatical: singular, que significa uno; dual, que equivale a dos; y plural, que significa tres o más. Por lo tanto, *Elohim* es un sustantivo plural que indica tres o más.

Así, en el primer versículo de la Biblia vemos a Dios, *Elohim* (tres o más) en el acto de la creación. Los tres eran Dios el Padre, Dios el Hijo y Dios el Espíritu Santo. Moisés usó este nombre, *Elohim*, 500 veces en el Pentateuco.

b. *Entonces dijo Dios* [Elohim]: *Hagamos al hombre a nuestra imagen, conforme a nuestra semejanza [...]. Y creó Dios* [Elohim] *al hombre a su imagen, a imagen de Dios lo creó; varón y hembra los creó* (Génesis 1:26-27).

Este es otro uso del sustantivo plural, que indica la Trinidad en acción durante la creación del hombre, pero a la vez enfatiza un solo Dios en la frase "a su imagen". La Deidad es una Trinidad en unidad.

c. *El hombre es como uno de nosotros* (Génesis 3:22).

Observemos el nombre de quien habló: "Dijo Jehová Dios...". Aquí se usa el nombre "Jehová", nombre hebreo para referirse al nombre personal de Dios, porque significa "Redentor" y se usó solo después de la caída del hombre. "Jehová" siempre se relaciona de manera redentora con el hombre.

d. *Ahora, pues, descendamos y confundamos allí su lengua* (Génesis 11:7).

Aquí se encuentra nuevamente el nombre "Jehová". Es Dios hablándole a Dios: la Trinidad está involucrada.

Busque Isaías 6:8. ______________________________

____

____

2. Las Escrituras declaran la Trinidad.

a. El Espíritu Santo se menciona en Génesis 1:2.

____

____

También en Isaías 11:1-2 se encuentra el nombre del Espíritu Santo.

b. El Hijo, Jesucristo, se menciona en Salmos 2:7.

____

____

Nuevamente en el v. 12: *Honrad al Hijo, para que no se enoje y perezcáis en el camino.*

c. La Trinidad se revela en Génesis 18:1-2. Lea y subraye el v. 2.
La Trinidad también se revela en Isaías 48:16.

____

____

De nuevo, la Trinidad se observa en Isaías 63:8-10. Subráyelo en su Biblia.

B. LA TRINIDAD EN EL NUEVO TESTAMENTO.

1. Una declaración de la Trinidad en el Nuevo Testamento.

a. Una verdad representada por los profetas en el Antiguo Testamento, pero no completamente comprendida, puede encontrar usualmente mayor claridad en el Nuevo Testamento.

La Trinidad se declara en el Nuevo Testamento por el hecho de que los nombres del Padre, del Hijo y del Espíritu Santo se usan de manera separada y también juntos.

b. El Padre, el Hijo y el Espíritu Santo se declaran en las siguientes escrituras:

Juan 5:36: ____

____

Juan 5:37: ____

____

Subraye Juan 7:37 (una profecía del Espíritu Santo).

Escriba Juan 8:18: ____

____

Subraye Juan 8:42.

Escriba Juan 1:1: ____

____

Subraye Juan 1:32.

Finalmente, escriba Juan 3:34: ____

____

c. La oración del Señor (no el Padrenuestro) se encuentra en Juan 17. En este capítulo, Jesús está orando por los suyos. Lea y subraye la referencia al Padre y al Hijo.

2. El nacimiento del Señor da testimonio de la Trinidad.

   a. Subraye la Trinidad en Lucas 1:35.

      Lea el relato del nacimiento del Señor en Mateo 1:20-23, y subraye la Trinidad en este pasaje de la Escritura.

3. El bautismo del Señor demuestra la Trinidad.

   a. El bautismo de Jesús es una de las mayores pruebas de la Trinidad. Lea Mateo 3:13-17 y observe:

      - Jesús fue bautizado (v.16).
      - El Espíritu de Dios desciende como una paloma (v. 16).
      - El Padre habla (v. 17)

      Aquí vemos la manifestación de la Trinidad.

   b. Dios el Padre dijo las mismas palabras sobre el Hijo en Mateo 17:5 en la transfiguración.

   c. Marcos describe el bautismo de Jesús en Marcos 1:9-11. Lucas describe lo mismo en Lucas 3:21-22. Compare estos dos escritores con Mateo y verá la Trinidad en los tres relatos. (No olvide que los tres primeros Evangelios se llaman "Evangelios sinópticos", que significa "una misma visión").

      ¿Por qué Juan no registró el bautismo de Jesús? Juan escribió sobre los aspectos internos, divinos y privados de la vida de nuestro Señor.

4. Jesús anunció la Trinidad en la fórmula bautismal.

a. Antes de que Jesús ascendiera de nuevo a la gloria, nos dio algunas instrucciones específicas. Estas fueron sus últimas palabras a los once y al cuerpo de Cristo.
b. La Gran Comisión de Jesús está en Mateo 28:16-20.

Escriba Mateo 28:19: ______________________________

____

____

c. La fórmula para nuestro bautismo está en el v. 19. Note: ... *bautizándolos en el nombre* [singular] *del Padre, y del Hijo, y del Espíritu Santo.* No dijo "en los nombres de". Jesús declaró uno: nombre en singular pero tres Personas: Padre, Hijo y Espíritu Santo.

   La iglesia, su cuerpo, ha usado la fórmula desde entonces, al margen de la denominación o etiqueta.

5. Las epístolas de Pablo están llenas de referencias a la Trinidad.
   a. Pablo, en sus epístolas, expone el hecho de la Trinidad en tantos lugares que no podemos escribirlos todos en esta lección.

      Sin los escritos del apóstol Pablo tendríamos muy poco conocimiento de la iglesia primitiva. Tendríamos muy poca autoridad bíblica para el orden de nuestra iglesia hoy.
   b. Pablo declara la Trinidad en lo siguiente:

      Subraye Romanos 1:3-4.

Escriba Romanos 8:1: ______________________________

____

____

Subraye Romanos 8:3.

Subraye Romanos 8:11.

Escriba Romanos 8:16-17: ______________________________

____

____

____

Lea 1 Corintios 1:3-4; 2:10-13; 12:4-6.

Escriba 2 Corintios 3:3: ______________________________

____

En 2 Corintios 13:14 se encuentra la famosa bendición apostólica.

Escriba Gálatas 4:6: ______________________________

____

Subraye Efesios 2:18.

Note la Trinidad en Efesios 4:4-6 y de nuevo en Efesios 5:18-20.

Escriba Colosenses 1:9: ______________________________

____

Note 1 Tesalonicenses 5:18-19 y subráyelo.

Subraye 2 Tesalonicenses 2:13-14.

Escriba 1 Timoteo 3:16: ____

____

Subraye Tito 3:4-6.

Se podrían mencionar muchas otras citas. Estas son suficientes para indicar la enseñanza de Pablo acerca de la Trinidad.

6. Las epístolas generales y Apocalipsis declaran la Trinidad.

   a. Pedro habla de la Trinidad en 1 Pedro 1:2.

____

____

Subraye 1 Pedro 4:13.

   b. El apóstol Juan afirma la Trinidad en 1 Juan 4:2.

____

____

De nuevo en 1 Juan 4:12-15 subraye la Trinidad.

Escriba 1 Juan 5:7: ____

____

   c. Judas da la Trinidad en los vv. 20 y 21.

   d. Juan declara la Trinidad en Apocalipsis 1:4-6.

V. LO QUE ESTA VERDAD BÍBLICA NOS ENSEÑA HOY

Dios es Dios el Padre, el Hijo y el Espíritu Santo. Los tres son descritos como Personas distintas. El Hijo y el Espíritu Santo estaban desde el principio con Dios el Padre.

El Hijo, Jesús, es el segundo en la Trinidad. Vino como una manifestación de Dios. En Juan 5:26-27, 30, 36-37, Jesús distingue al Padre de sí mismo.

Dios es el Padre, quien envió a su Hijo unigénito (Juan 3:16; Gálatas 4:4).

El Espíritu Santo, la tercera Persona de la Trinidad, vino como el agente del Padre y del Hijo (Juan 14:16-17). El Espíritu Santo fue enviado por el Padre y el Hijo. Él fue el regalo de ascensión de Jesús para consolar, enseñar y testificar acerca del Hijo (Juan 14:26; 15:26).

Las tres Personas son iguales. Dios es Padre, Hijo y Espíritu Santo. Nosotros somos una trinidad, teniendo cuerpo, alma y espíritu, y sin embargo, somos una sola persona. El cuerpo no es la persona; el alma no es la persona; el espíritu no es la persona, de manera independiente y separada. Los tres son uno.

Así también es con la Trinidad. Los tres son Dios. Él siempre ha existido. Su existencia está en Él mismo. Dios estaba en el principio (Génesis 1:1), lo cual significa que el Hijo también estaba en el principio (Juan 1:1), y el Espíritu Santo estaba en el principio (Génesis 1:2). El nombre *Elohim* es un sustantivo plural que significa "tres o más".

Por lo tanto, Dios nos hizo como Él (a su imagen y semejanza). Somos tres en uno. Él nos creó, envió a su Hijo para redimirnos, y envió a su Espíritu Santo para sellarnos, enseñarnos, llenarnos, convencernos y guiarnos.

Nota: estudiaremos a cada Persona de la Trinidad por separado en las próximas lecciones. Esto le ayudará a entender esta lección.

SU SIGUIENTE TAREA:

1. Lea Génesis 1–3; 6:5-8; 11:10; 12:1-8; 15:1-6; Éxodo 3–4; 15:2; 20:2; Deuteronomio 6:3-5; 29:29; Salmos 9:10; 14:1; 33:6-9; 34:7; 90:2; 99:9; Job 37:16; Jeremías 23:6, 24; 32:17-18; Malaquías 3:6; Lucas 24:39; Juan 1:1, 14, 18; 3:16; 4:24; 13:13; 14:16-17; Hechos 14:15; 15:18; Efesios 1:19-21; 4:6; Colosenses 1:15-19; 1 Timoteo 3:16; Tito 2:12-13; Hebreos 12:29; Santiago 1:17; 1 Juan 1:5; 3:20; 4:8-16; 1 Pedro 1:20; 5:10; Apocalipsis 19:6.
2. Son muchos pasajes, pero no todos los que se podrían asignar sobre "Dios el Padre". Lea las citas asignadas y subraye las escrituras.
3. Repase su estudio sobre la Trinidad.

Lección 5
DIOS EL PADRE

I. INTRODUCCIÓN

"Dios el Padre" es un tema amplio y abrumador. La lección está escrita para los "corderos" y no para las "jirafas" que estudiarán el contenido de este volumen. No es una disertación teológica, sino un esquema simple con un fundamento bíblico. Después de todo, nuestro objetivo es alcanzar a las personas con "lo que la Biblia tiene que decir".

La palabra *theos* es griega y significa "Dios". Por lo tanto, la teología es el estudio de Dios. Antes de que algo existiera, Él era, es y será por siempre, porque Dios es *eterno*, lo que significa "que no tiene principio ni fin". Es el que existe, permanece y es eterno. Él estaba "en el principio". Cuándo fue ese principio, nadie lo sabe. Nosotros vivimos por los años, meses, semanas y días. Vivimos con el reloj, por las horas y los minutos. Para la persona promedio, con capacidad finita de comprensión, todo debe tener un principio y un fin. ¡NO ES ASÍ CON DIOS! Él creó las estaciones, los años y los días.

En el principio [nadie sabe cuándo fue] *creó Dios los cielos y la tierra* (Génesis 1:1).

II. VERSÍCULOS BÁSICOS:

Génesis 1–3; 6:5-8; 11:10; 12:1-8; 15:1-6; Éxodo 3–4; 15:2; 20:2; Deuteronomio 6:3-5; 29:29; Salmos 9:10; 14:1; 33:6-9; 34:7; 90:2; 99:9; Job 37:16; Jeremías 23:6, 24; 32:17-18; Malaquías 3:6; Lucas 24:39; Juan 1:1, 14, 18; 3:16; 4:24; 13:13; 14:6-7; Hechos 14:15; 15:18; Efesios 1:19-21; 4:6; Colosenses 1:15-19; 1 Timoteo 3:16; Tito 2:12-13; Hebreos 12:29; Santiago 1:17; 1 Juan 1:5; 3:20; 4:8-16; 1 Pedro 1:20; 5:10; Apocalipsis 19:6.

III. EL NÚCLEO DE ESTA VERDAD

La existencia de Dios está en Él mismo. Es existente por sí mismo. Él nos creó, pero nada lo creó a Él. Él siempre ha sido y siempre será Dios. Dios el Padre es el creador del hombre, pero solo es el Padre de aquellos que han aceptado a su Hijo. Nosotros, los cristianos, lo llamamos Padre. Toda la humanidad es creación de Dios, pero no todos son hijos de Dios. El nacimiento sobrenatural hace que una persona sea hijo: *Y si hijo, también heredero de Dios por medio de Cristo* (Gálatas 4:7). Cuando Jesús estaba en la cruz, exclamó: *Dios mío, Dios mío, ¿por qué me has desamparado?* (Mateo 27:46). Clamó "Dios mío, Dios mío" y no "Padre mío", porque estaba tomando el lugar del pecador, cargando con todos nuestros pecados: el Justo muriendo por los injustos. Por lo tanto, solo podía usar el título "Dios". Él es el Dios y Padre de nuestro Señor Jesucristo (Efesios 1:3).

IV. LA GRAN VERDAD – "DIOS EL PADRE"

A. LOS NOMBRES DE DIOS TIENEN SIGNIFICADOS.

1. Los nombres de Dios revelan su carácter.

   a. "*Elohim*", el título oficial de Dios, revela que Él es Dios (Génesis 1:1). *Elohim* es un sustantivo plural. En español, plural significa dos o más. En hebreo, plural significa tres o más: singular significa uno; dual equivale a dos; plural, significa tres o más. Por lo tanto, en Génesis 1:1 la Trinidad estaba presente: tres o más. En Génesis 1:26-27 la Trinidad aparece nuevamente en las palabras "hagamos" y "nuestra".

   b. "*El*" es la forma singular de *Elohim*. Se encuentra en los nombres bíblicos como:

      - "Bet **el**", que significa "casa de Dios" (Génesis 12:8).
      - "Dani **el**", que significa "Dios es mi juez" (Daniel 1:6).

- "**El** ías", que significa "mi Dios es Jehová" (1 Reyes 17:1).
- "Emanu **el**", que significa "Dios con nosotros" (Isaías 7:14).

Observe cuántas veces "*el*" se usa al principio o al final de un nombre. Siempre significa "Dios".

c. "*Jehová*" es el nombre personal de Dios. Este nombre significa "Redentor" y siempre se usa en relación con la redención o la liberación por parte de Dios. "*Jehová*" le dijo a Moisés que sacara a los hijos de Israel fuera de Egipto, para "liberarlos" de la esclavitud. Dios le dijo a Moisés que le dijera al pueblo: *Yo soy el que soy [...] me envió a vosotros* (Éxodo 3:14).

"*Jehová*" es el eterno "*Yo Soy*". En Éxodo 20:2, y en muchos otros lugares, leemos: "Yo soy Jehová tu Dios". Solo hay un Jehová (Deuteronomio 6:4). Usando las palabras correctas en hebreo, este pasaje dice: "Escucha, Israel, Jehová nuestro Elohim (tres o más) es un Jehová".

d. "*Adonai*" significa "Maestro" o "Señor". Se usa en el Antiguo Testamento para deidad y también para hombre. Aparece por primera vez en Génesis 15:2. En la versión King James en inglés, cuando se usa para referirse a la deidad se escribe con mayúsculas; para el hombre, con minúsculas.

2. Los nombres compuestos revelan a Dios.

(Los llamaremos "nombres dobles". Los nombres compuestos pueden incluir "El" o "Jehová". Aquí escribimos solo algunos).

- "*El Shaddai*" - "Dios Todopoderoso" (Génesis 17:1)
- "*El Olam*" - "Dios Eterno" (Génesis 21:33)
- "*Jehová Elohim*" - "Señor Dios" (Éxodo 34:6)
- "*Jehová-jiré*" - "El Señor proveerá" (Génesis 22:14)
- "*Jehová-shalom*" - "El Señor es nuestra paz" (Jueces 6:24)
- "*Jehová-shammá*" - "El Señor está allí" (Ezequiel 48:35).

3. Jehová es revelado en los nombres de otros.

a. Siempre que vea usted un nombre terminado en "**ías**" en la Escritura, significa "Jehová". Mire algunos de los nombres famosos terminados en -**ías:**

- Isaías significa "la salvación de Jehová".
- Jeremías significa "a quien Jehová ha designado".
- Uzías significa "el poder de Jehová".
- Zacarías significa "a quien Jehová recuerda".

Repase las Escrituras y observe los nombres que terminan en "**ías**".

B. LA NATURALEZA DE DIOS.

1. Dios es Espíritu.

a. Lea Juan 4:24.

____

____

b. Es invisible (Colosenses 1:15).

c. Juan el Bautista dijo en Juan 1:18:

____

____

d. Se ha revelado a sí mismo de diferentes maneras.

Al líder, Moisés, se manifestó en una zarza ardiente (Éxodo 3:4).

Se reveló como una columna de humo y fuego (Éxodo 13:21).

Se reveló a sí mismo en su Hijo Jesucristo (Juan 1:1, 14).

Lea también Gálatas 4:4.

____

____

Subraye Juan 1:18 y 32. También Juan 5:37.

Hay otras maneras en que Dios se ha revelado. Estos ejemplos deberían causar en usted la curiosidad de estudiar la Escritura.

2. Dios es luz.

   a. Escriba 1 Juan 1:5:

____

____

   b. Reflexione en las maravillosas palabras de Juan 1:4-5.

   Ahora, escriba Juan 1:9:

____

____

   c. Jesús, el Dios-Hombre, dijo que era Luz (Juan 8:12). Recuerde el estudio sobre la Trinidad en este punto. Jesús era Dios en carne (encarnado).

   d. Los últimos pasajes de Apocalipsis revelan que Dios es Luz (Apocalipsis 21:23).

3. Dios es amor.

   a. Escriba 1 Juan 4:8:

____

____

   b. El gran versículo de toda la Escritura demuestra el amor de Dios (Juan 3:16).

   c. Subraye Hebreos 12:6 y Apocalipsis 3:19.

   d. Lea el pasaje de 1 Juan 4:7-21 y subraye la palabra "amor". Ahora pase al siguiente, 1 Juan 5:1-3.

4. Dios es una persona.

   - No solo ama (versículo de arriba).
   - Se duele (Génesis 6:6)
   - Aborrece (Proverbios 6:16-19)
   - Provee (Mateo 7:7-11)
   - Cuida (1 Pedro 5:6-7)

Esto indica que Él es una Persona con una personalidad. Él creó el amor. También nos dio libre albedrío para escoger. Somos creamos a su imagen y semejanza.

Dios es más que una "primera causa", "una fuerza" o "un poder". En Juan 17 Jesús, que es Dios el Hijo, oró a Dios el Padre. Observe Juan 17:5, 11, 13. Jesús habló con el Padre, una Persona.

C. LOS ATRIBUTOS DE DIOS.

1. Dios es Omnipotente.

La palabra en latín *omni* significa "todo". La palabra *omnipotente* significa "todopoderoso". Él es el Dios Todopoderoso (Apocalipsis 19:6).

a. Dios tiene poder sobre los hombres y las naciones (1 Reyes 11:11).

Subraye Daniel 4:17 y la última parte de los vv. 25 y 32. También 2 Timoteo 2:13.

Escriba Mateo 19:26: ______________________________

____

b. Dios tiene poder sobre la naturaleza. Note Job 28:5-6, 25-26; Salmos 33:6-9.

c. Dios tiene poder sobre los ángeles (Salmos 103:20). Escriba Salmos 104:4:

____

Subraye Salmos 91:11 y Hebreos 1:14.

d. Dios tiene poder sobre Satanás y la muerte (Job 1:12; 2:6). Subraye Romanos 16:20 y Apocalipsis 20:2, 10. La muerte será destruida (Salmos 110:1; Apocalipsis 20:14).

2. Dios es omnisciente (omni = "toda"; ciencia = "conocimiento").

La palabra significa "lo sabe todo". Él es perfecto en conocimiento, sabiéndolo todo (Job 37:16).

a. Él sabe todo sobre la naturaleza (Isaías 40:28).

Escriba Salmos 147:4: ______________________________

____

Subraye Mateo 10:29.

b. Él lo sabe todo sobre el hombre (Mateo 10:30). Lea Salmos 94:11; 139:2; Hechos 1:15.

Subraye Hebreos 4:13.

Escriba 1 Juan 3:20: ______________________________

____

c. Él conoce el pasado, el presente y el futuro (Hechos 15:18). Lea 1 Pedro 1:20.

3. Dios es omnipresente.

La palabra significa "presente en todas partes". Dios está presente en todo lugar todo el tiempo (Jeremías 23:24).

a. Dios está en todas partes presente pero no está en todo lo que ocurre (Hechos 17:24-27).

b. Él habita en el cielo (Efesios 1:20; Apocalipsis 21:2).

c. Él está en cada creyente en el Señor Jesús (Juan 14:16-17; 15:26-27; 15:12-14).

4. Dios nunca cambia (Inmutabilidad de Dios).

Inmutabilidad significa "que no cambia". Él siempre es Dios.

a. Él nunca cambia en cuanto a sí mismo (Romanos 11:29).
   Subraye Malaquías 3:6.
b. Él nunca varía (Santiago 1:17).
c. Él es inmutable (Hebreos 6:17).

V. LO QUE ESTA VERDAD BÍBLICA NOS ENSEÑA HOY

Jesús declaró claramente en Juan 8:41-47 lo que significa "Dios el Padre". El significado es el mismo para todos nosotros hoy. Para conocer al Padre, primero debemos conocer al Hijo. Lea Juan 8:18-19. Luego, en el v. 42, Jesús dijo: *Si vuestro Padre fuese Dios, ciertamente me amaríais.* Jesús no anduvo con rodeos en este tema.

En el v. 44, Él dijo: ____

____

____

Subraye el v. 47.

¿Qué significa todo esto? Un hijo siempre tiene la naturaleza de su padre. La naturaleza de la raza adámica es pecaminosa. Todos nacemos con la naturaleza de Adán; por lo tanto, mediante el nacimiento natural somos pecadores y servimos al pecado y a Satanás.

Cuando aceptamos al Hijo, Jesús, como nuestro Redentor, experimentamos el nuevo nacimiento: un nacimiento sobrenatural. Entonces, y solo entonces, Dios es nuestro Padre.

El mundo está dividido en dos grupos identificables: los no salvos están identificados con Adán, y los salvos están identificados con Cristo. Todas las personas están identificadas con Adán por el nacimiento natural; los salvos están identificados por el nacimiento espiritual en Jesucristo.

Porque así como en Adán todos mueren, también en Cristo todos serán vivificados (1 Corintios 15:22).

Para llamar a Dios *Padre*, primero debe aceptar su plan de redención (que significa "ser comprado con un precio"). Jesús pagó el precio de nuestra redención en la cruz.

Es un privilegio orar diciendo: "Padre nuestro".
¿Puede usted hacerlo?

SU SIGUIENTE TAREA:

1. Lea Génesis 1–2; 18:1, 22; 22:11-13; 26:2, 24; 32:24-32; Éxodo 3:1-14; Deuteronomio 18:15-22; Isaías 6:1-13; 7:14; 9:6; 52:13–53:12; Zacarías 3:1-10; 6:12-15; Mateo 27–28; Lucas 1–2; Juan 1:1-14; 4:6; 6:35; 7:37; Juan 8 y 17; Hechos 1:8-11; Gálatas 4:4; Filipenses 2:6-7; Colosenses 1:15-29; 3:1-14; Apocalipsis 5:5; 22:13, 16.
2. Repase sus notas sobre "Dios el Padre".
3. Marque su Biblia, especialmente si ha aprendido una nueva verdad.

Lección 6

DIOS EL HIJO: SU PASADO – PARTE I

I. INTRODUCCIÓN

El estudio de "Dios el Hijo", la figura central de toda la Escritura, ocupará cuatro lecciones en esta serie. Consideraremos "su pasado" en dos lecciones, retrocediendo a "En el principio": sus apariciones en el Antiguo Testamento, sus nombres, su nacimiento, muerte, resurrección y ascensión. Entonces, exploraremos "su ministerio sacerdotal presente", y finalmente "su reino y gloria futuros". Estas cuatro lecciones presentarán a Jesucristo nuestro Señor de la manera más sencilla posible.

Jesús apareció en el Antiguo Testamento en manifestaciones preencarnadas. Esto significa que apareció en forma visible antes de la encarnación, es decir, antes de su nacimiento en Belén. Estas manifestaciones se llaman "teofanías", que son manifestaciones visibles de la deidad.

Al entrar en este estudio, ore para que el Espíritu Santo le enseñe toda la verdad. Busque cada referencia bíblica dada y mantenga un corazón receptivo a la Palabra.

II. VERSÍCULOS BÁSICOS:

Génesis 1–2; 18:1, 22; 22:11-13; 26:2, 24; 32:24-32; Éxodo 3:1-14; Deuteronomio 18:15-22; Isaías 6:1-13; 7:14; 9:6; 52:13–53:12; Zacarías 3:1-10; 6:12-15; Mateo 27–28; Lucas 1–2; Juan 1:1, 14; 4:6; 6:35; 7:37; Juan 8 y 17; Hechos 1:8-11; Gálatas 4:4; Filipenses 2:6-7; Colosenses 1:15-29; 3:1-4; Apocalipsis 5:5; 22:13, 16. Este es solo un pequeño fragmento de la Escritura para leer, ya que son demasiadas para mencionarlas todas.

III. EL NÚCLEO DE ESTA VERDAD

Dios el Hijo, el Señor Jesucristo, fue coeterno con Dios el Padre y el Espíritu Santo. Cristo estaba con el Padre en la eternidad pasada (Génesis 1:1). Juan afirmó lo mismo: *En el principio era el Verbo* [Jesús], *y el Verbo* [Jesús] *era con Dios, y el Verbo* [Jesús] *era Dios. Este era en el principio con Dios* (Juan 1:1-2).

En la eternidad pasada, el Dios omnisciente (que todo lo sabe), en su presciencia, sabía que el hombre pecaría y requeriría un plan de redención: el precio necesario para pagar el pecado.
Un Salvador, impecable y sin pecado, vendría como "el Cordero inmolado desde la fundación del mundo" (Apocalipsis 13:8). Dios el Hijo conocía las consecuencias del pecado del hombre, y vino voluntariamente a la tierra en forma humana para pagar ese precio (Filipenses 2:6-8).

La Iglesia, que es su cuerpo de almas redimidas, fue "escogida...en él antes de la fundación del mundo" (Efesios 1:4).

El núcleo de esta lección, explicado de forma sencilla, es el siguiente: Jesús estaba en el principio. Los profetas vieron a Aquel que había de venir. A medida que el tiempo se acercaba, la visión se volvió tan clara que habría sido posible describir la vida de Cristo solamente con el Antiguo Testamento. Jesús dijo del Antiguo Testamento: *Ellas son las que dan testimonio de mí* (Juan 5:39). Él fue revelado a lo largo del Antiguo Testamento; vino al mundo exactamente como las Escrituras habían dicho: vivió, murió, y salió del sepulcro para ascender de nuevo a la gloria.

Esta lección cubre solo "su pasado", Parte I, desde la eternidad pasada hasta su encarnación.

IV. LA GRAN VERDAD – "DIOS EL HIJO: SU PASADO" – PARTE I

A. APARICIONES DE JESÚS EN EL ANTIGUO TESTAMENTO (TEOFANÍAS).

1. Su manifestación a Abraham.

a. Uno de los tres ángeles era Jesús, quien prometió a Abraham un hijo en la vejez (Génesis 18:1-10).

b. El "ángel del Señor", que no es otro que Jesús preencarnado, habló a Abraham cuando ofrecía a Isaac (Génesis 22:11-12). Subraye el v. 8.

c. El "ángel del Señor" (Jesús) confirmó el pacto con Abraham por su fe (Génesis 22:15-16).

2. Su manifestación a Isaac.

a. Se le apareció a Isaac y le dirigió; confirmó el pacto abrahámico con Isaac (Génesis 26:2-5).

b. El Señor "apareció" a Isaac y le aseguró la bendición (Génesis 26:24-25).

3. Su manifestación a Jacob.

a. El "Ángel" luchó con Jacob, y el Señor cambió su nombre a "Israel" (Génesis 32:24-32). El "hombre" mencionado en el v. 24 era "el ángel del Señor" (Oseas 12:3-4). El concepto de ver a Dios, como se indica en el v. 30, no siempre es el mismo en la Escritura. En Éxodo 33:20 Dios dijo: "No podrá verme hombre alguno y vivir". Cuando Jacob dijo que había visto al Señor, quiso decir que había visto a una Persona divina, el ángel del Señor, Jesucristo (2 Corintios 4:6). Dios es Espíritu. Jesús era la única manifestación visible de Dios.

b. El "ángel que me liberta" no fue solo otro ser celestial (Génesis 48:15-16).

4. Su manifestación a Moisés.

a. "El ángel" se apareció a Moisés en una llama de fuego que salía de una zarza ardiente que no se consumía. Moisés escondió su rostro; por lo tanto, hubo una aparición visible de la deidad. El "ángel" nos da la respuesta. Moisés vio una "teofanía" (Éxodo 3:2-14).

b. "La roca" en el desierto era más que una simple roca (Éxodo 17:6). Ahora lea 1 Corintios 10:4 y escriba las palabras de Pablo:

____

____

5. Su manifestación a Josué.

a. Jesús se apareció a Josué como el Capitán divino (Josué 5:13-15).

6. Su manifestación a Isaías.

a. Subraye Isaías 6:1, 5, 8. En el v. 1, note: ... *vi yo al Señor...*

7. Su manifestación a Zacarías.

a. Las apariciones en este libro son numerosas. Consulte algunas de ellas: Zacarías 1:8-13; 2:1, 9; 3:1-10; 6:12-15.

8. Su ministerio preencarnado a lo largo de toda la Biblia.

a. "El ángel del Señor", "el ángel del pacto" y "el ángel de su presencia" son nombres que la mayoría de los estudiosos de la Biblia identifican como el Cristo preencarnado. Algunos ejemplos: Salmos 34:7; Génesis 31:11; Isaías 63:9; Malaquías 3:1.

b. Otras escrituras que sugieren su preexistencia: Salmos 110:1; Daniel 3:25; Éxodo 14:19; Juan 1:15; Colosenses 1:15-19.

B. PROMESAS Y PROFECÍAS DE LA MANIFESTACIÓN DE CRISTO.

1. El testimonio de los profetas.

(El espacio solo nos permite tener un destello de lo que dice el Antiguo Testamento sobre la primera venida de Cristo).

a. La profecía más antigua se encuentra en Génesis 3:15. Él sería la "simiente de la mujer", lo que indica el nacimiento virginal. Este término se usa en Génesis 3:15 y no se encuentra en ninguna otra parte. El principio de la sangre, en la concepción, es la contribución del hombre. Si Jesús no hubiera nacido de una virgen por la concepción del Espíritu Santo, entonces la simiente de Adán se mencionaría en esta primera profecía sobre Cristo.

Escriba Génesis 3:15: ____

____

____

b. La "simiente" continuó a través de Abel, Set y Noé (Génesis 6:8-10).

c. Dios eligió a una nación que produciría la simiente (Génesis 9:26). Sería un descendiente de Sem. Observe la genealogía desde Sem hasta Abraham (Génesis 11:10-26).

   La nación sería la nación hebrea (Israel).

d. Sería la simiente de Abraham, el primer hombre llamado hebreo (Génesis 12:2-3; 14:13). El pacto abrahámico fue un pacto incondicional de Dios para bendecir a Israel a través de la simiente de Abraham, y a la Iglesia en Cristo (Gálatas 3:16, 29). Lea Gálatas 3:14-29 y observe que Jesús es la simiente.

e. Vendría a través de Isaac (Génesis 17:26).

f. Vendría a través de Jacob (Israel) (Génesis 28:10-15).

g. La tribu que produciría la simiente sería Judá (Génesis 49:10) Compare ese versículo con Hebreos 7:14 y Apocalipsis 5:5.

h. Vendría de una familia específica, la casa de David, y sería heredero del trono de David (2 Samuel 7:12-15).

Escriba Romanos 1:3: ____

____

i. Su nacimiento sería en Belén (Miqueas 5:2).

j. Sería hijo de una virgen (Isaías 7:14). Isaías predijo esto a toda la "casa de David" (v. 13) y no solo a Acaz.

Escriba Isaías 7:14: ____

____

____

____

k. Isaías bosquejó la manifestación de Jesús (forma visible de la deidad) de forma muy detallada en Isaías 53:1-12.

l. Es imposible dar todo el testimonio de los profetas. El tema desde Moisés hasta Malaquías es el Mesías.

2. El testimonio de los ángeles.
    a. El ángel Gabriel anunció a Zacarías el nacimiento milagroso de un hijo: Juan el Bautista. Sería el predecesor de Jesús para preparar el camino del Señor Jesús (Lucas 1:11-19). Subraye el v. 13. Ahora subraye Lucas 3:4.
    b. El ángel Gabriel anunció a María que daría a luz un Hijo y lo llamaría Jesús (Lucas 1:26-33). Lea y subraye el v. 35.

Escriba el v. 31: ____

____

____

    c. El ángel anunció a José el nacimiento virginal de Jesús (Mateo 1:19-21). Observe el v. 25.

C. SUS NOMBRES INDICAN SU SER ETERNO.
1. Jesús, el nombre personal de nuestro Señor.
    a. Jesús es el nombre dado por el ángel Gabriel a José (Mateo 1:21) y María (Lucas 1:31). Jesús recibió este nombre personal antes de nacer.
    b. *"Jesús"* es la forma griega del nombre hebreo *Josué*. Ambos nombres significan "Jehová nuestro Salvador". El nombre *Jesús* es más prominente en los Evangelios: antes de su muerte, sepultura y resurrección. Es su nombre terrenal, el nombre de humillación y sufrimiento.

Escriba Mateo 1:21: ____

____

____

El nombre *Jesús* se usaba principalmente antes de que la salvación fuera completada.

2. Cristo, el título del Hijo de Dios.
    a. El nombre "Cristo" significa "el Ungido". Significa lo mismo que la palabra hebrea "Mesías" (Daniel 9:25).

Escriba Juan 1:41: ____

____

____

    b. Cristo es el nombre prominente después del Calvario. Las Epístolas describen la doctrina de la salvación por fe en el sacrificio de la cruz. Jesús fue "hecho Señor y Cristo", según Pedro en Hechos 2:36.

____

____

    c. Nosotros recibimos nuestro nombre de Cristo; se nos llama cristianos.

3. Señor, el título de divinidad y autoridad.
    a. La palabra *"Señor"* en el Nuevo Testamento viene de la palabra griega *kurios*, traducida como "Señor, Dios, Amo". En el Antiguo Testamento, los tres nombres de Dios se comprimen en un nombre: *"Señor"*.

   b. Lea Romanos 10:9: *Que si confesares con tu boca que Jesús es el Señor* [Jehová, Dios, Amo]...".
4. "*Yo Soy*", el nombre que incluye todos sus nombres
   a. Jesús dijo: *Antes que Abraham fuese, yo soy* (Juan 8:58). Veinte veces en el Evangelio de Juan, Jesús declaró las mismas palabras: "Yo soy el pan de vida", "Yo soy la luz del mundo", "Yo soy el buen pastor", "Yo soy la resurrección y la vida", etc.
   b. Escriba Juan 14:6:

____

____

5. El Hijo de Dios, su título de gloria y deidad.
   a. Jesús es el Hijo de Dios y lo ha sido por toda la eternidad. Nos convertimos en hijos de Dios cuando nacemos de nuevo.
   b. Subraye Lucas 1:35 y Juan 19:7.
6. Emanuel, "Dios con nosotros".
   a. Jesús es "Dios con nosotros", y cumplió la profecía de Isaías (Isaías 7:14).
   b. Escriba Mateo 1:23:

____

____

7. El Verbo, la Palabra viva.
   a. Jesús es el Verbo y ya lo era en el principio (Juan 1:1-2).
   b. El Verbo, en la carne, revela a Dios de forma visible (Juan 1:14, 18).
8. Salvador, Él nació para salvarnos del pecado.
   a. Lea Mateo 1:21; Lucas 2:11.
9. El Señor Jesucristo, el título completo
   Subraye Efesios 1:3.
10. Otros nombres.
   a. Hay 207 nombres para nuestro Señor en las Escrituras. Solo hemos mencionado unos pocos.
   b. Para su estudio personal, busque los siguientes nombres; es solo una lista parcial:
      - Hijo Unigénito
      - Alfa y Omega
      - Señor de gloria
      - Admirable
      - Consejero
      - Dios fuerte
      - Anciano de días
      - Hijo de Abraham
      - Hijo de David
      - El último Adán
      - Rabino

- Maestro
- Buen pastor
- Gran pastor
- Príncipe de los pastores
- Gran Sumo Sacerdote
- Puerta
- Vástago
- Piedra
- Redentor

V. LO QUE ESTA VERDAD BÍBLICA NOS ENSEÑA HOY

Jesús estuvo en el principio: en la eternidad pasada. Estaba con Dios y era Dios (Juan 1:1-2). Su preexistencia está establecida en el Nuevo Testamento con abundancia de escrituras. Él existió antes de toda la creación porque fue el Creador. *Todas las cosas por él fueron hechas, y sin él nada de lo que ha sido hecho, fue hecho* (Juan 1:3). En Efesios 3:9 leemos: *Dios, que creó todas las cosas por medio de Jesucristo.*

Escriba Colosenses 1:16-17: ____

____

____

Jesús apareció a lo largo del Antiguo Testamento. Los profetas hablaron de Él y de su venida. Sus nombres hablan de su ser eterno (Apocalipsis 22:13).

Él declaró: *En el rollo del libro está escrito de mí* (Hebreos 10:7 citando Salmos 40:7).

Hemos encontrado a Jesús en el Antiguo Testamento. Toda la Escritura, la historia, los Salmos y la profecía convergen hacia una Persona central: Jesucristo.

Ahora estamos listos para considerar su venida en carne, su vida, muerte, resurrección y ascensión en la próxima lección.

SU SIGUIENTE TAREA:

1. Todas las escrituras asignadas en la Lección 6 y las siguientes: Romanos 1:3-4; 8:3; 1 Corintios 15; 2 Corintios 8:9; 1 Juan 1:1-7; 5:20; Apocalipsis 1:5-6; 3:20.
2. Memorice la definición de "teofanía".
3. Repase sus notas de esta lección.
4. Marque su Biblia y anote las verdades importantes que haya aprendido.

Lección 7

DIOS EL HIJO: SU PASADO – PARTE II

I. INTRODUCCIÓN

La segunda parte de "Dios el Hijo: su pasado" comenzará con la encarnación: Dios manifestado en carne, su nacimiento virginal, sus dos naturalezas, su muerte, resurrección y ascensión. Estas son verdades fundamentales que cumplen todas las profecías del Antiguo Testamento. Basamos nuestra fe en las verdades de esta lección. Por fe, aceptamos lo que dice la Palabra de Dios sobre estas grandes doctrinas de la vida cristiana. La Biblia presenta los hechos, y el Espíritu Santo "os guiará a toda la verdad" (Juan 16:13).

No hay lugar para discusiones cuando habla la Palabra de Dios. Estamos entrando en un terreno sagrado, y la razón humana debe ser dejada de lado. El "hombre natural" no puede entender las cosas de Dios, "porque se han de discernir espiritualmente" (1 Corintios 2:14).

II. VERSÍCULOS BÁSICOS:

Toda la Escritura asignada en la lección 6 y las siguientes: Romanos 1:3-4; 8:3; 1 Corintios 15; 2 Corintios 8:9; 1 Juan 1:1-7; 5:20; Apocalipsis 1:5-6; 3:20.

III. EL NÚCLEO DE ESTA VERDAD

Dios se hizo carne cuando Jesús nació de una virgen. Esto fue profetizado a lo largo del Antiguo Testamento. La encarnación cumple todas las profecías exactamente como se habían anunciado desde Génesis 3:15 hasta Malaquías. Jesús dio testimonio personal acerca de su muerte, resurrección y ascensión citando la Escritura. El nacimiento y la muerte de Cristo fueron planeados antes de la fundación del mundo (Efesios 1:4). Se dio a sí mismo para ser hecho pecado por nosotros, para que nosotros fuéramos hechos justicia de Dios en Él (2 Corintios 5:21). Él vino al mundo para morir. *Y llamarás su nombre Jesús, porque él salvará a su pueblo de sus pecados* (Mateo 1:21).

IV. LA GRAN VERDAD – "DIOS EL HIJO: SU PASADO" – PARTE II

A. EL HECHO DE LA ENCARNACIÓN.

1. El significado de la encarnación.

   a. La palabra *encarnación* significa "en-carne". Cuando hablamos de la encarnación del Hijo de Dios, Cristo Jesús, nos referimos a Dios en la carne: Dios manifestado en carne. La palabra *manifestado* significa "hacer evidente, visible".

   b. Escriba Juan 1:14:

____

____

2. El propósito de la encarnación.

   a. Jesús fue hecho carne para revelar al Dios invisible. Dios es Espíritu.

Busque Juan 4:24. ____

____

____

   b. La única forma visible de Dios está revelada en su Hijo.

Busque Juan 1:18. ____

____

Queremos ver a Dios. Jesús nos revela a Dios en forma humana porque Él es Dios. El único Dios al que veremos jamás es Jesús (Juan 14:9).

c. Jesús fue hecho carne para cumplir los pactos de Dios.

Por ejemplo, con Abraham. Subraye Gálatas 3:8, 14, 16, y compárelo con Génesis 12:1-3 y 13:15.

Para cumplir el pacto con David (2 Samuel 7:12-16). Note "el trono de David" (Isaías 9:7) en la gran profecía de Isaías con respecto a Jesús (vv. 6-7). Pedro confirmó esto en su sermón el día de Pentecostés (Hechos 2:29-30). Subraye el v. 30.

d. La encarnación fue necesaria para proveer un sacrificio por el pecado.

Escriba 1 Juan 3:5: ____

____

Observe Hebreos 10:10; Hechos 13:38-39.

3. El misterio de la encarnación

a. Escriba 1 Timoteo 3:16:

____

____

b. La encarnación es un misterio para unos meros seres humanos. Dios reveló en su Palabra todo lo que teníamos que saber, para "entender".

Escriba Colosenses 2:2-3: ____

____

B. EL NACIMIENTO VIRGINAL DE JESÚS.

1. El significado del nacimiento virginal de Jesús.

a. La razón humana rechaza el nacimiento virginal, mientras que el discernimiento espiritual se recibe al aceptar y creer en el Hijo de Dios. El nacimiento virginal es contrario a las leyes de la naturaleza. Si la encarnación significa lo que implica, entonces este nacimiento fue el nacimiento de Dios en la carne. No podía ser conforme a la naturaleza sino conforme a Dios.

b. El nacimiento virginal fue profetizado por Isaías 750 años antes de que ocurriera (Isaías 7:14).

c. El nacimiento virginal fue anunciado a María, una virgen (Lucas 1:26-32). El mismo anuncio fue dado a José (Mateo 1:18-25).

d. ¿Quién fue el padre de Jesús? ¡Dios, el Padre! Incluso María dijo: *¿Cómo será esto? pues no conozco varón?* (Lucas 1:34). Subraye el v. 35.

Note la última frase de Mateo 1:20. ____

____

e. La concepción fue obra del Espíritu Santo (Mateo 1:20; Lucas 1:35). Esto lo llaman algunos la "inmaculada concepción". Sin embargo, no se refiere de ninguna manera a la "inmaculada concepción" de María, lo cual implicaría que María estaba sin pecado.

Jesús es quien debe ser enfatizado, no María. Ella era una virgen y había hallado favor delante de Dios, pero pertenecía a la raza adámica.

2. ¿La simiente de la mujer?
   a. Sí, Jesús iba a ser la "simiente de la mujer" como se anunció en Génesis 3:15.
   b. Jesús declaró su encarnación y fuente de humanidad (Juan 16:27-28).
   c. Pablo confirmó la simiente en Gálatas 3:16.

___

___

De nuevo, Pablo enfatizó que Jesús fue enviado de Dios y fue "nacido de mujer" (Gálatas 4:4).

   d. Dios creó a su Hijo en forma humana sin la simiente del hombre así como creó a Eva sin la ayuda de una mujer, así como creó al hombre (Adán) sin los elementos reproductivos del hombre y la mujer.

C. LAS DOS NATURALEZAS DE JESUCRISTO.

1. Se convirtió en Dios-Hombre.
   a. Jesucristo tenía una naturaleza divina y asumió una naturaleza humana, ambas completas en todos los sentidos. Cristo no era Dios y hombre, sino que se convirtió en el Dios-Hombre. Juan 1:14 dice: *Aquel Verbo fue hecho carne*, no "El Verbo se convirtió en un hombre".
   b. Nosotros nos hacemos participantes de su naturaleza divina cuando lo aceptamos. Tenemos una naturaleza humana y, en el momento de nuestro "nuevo nacimiento" se añade una naturaleza divina (2 Pedro 1:4).
2. Su humanidad.
   a. Jesús tenía un cuerpo físico humano (Mateo 26:12).
   b. Jesús tenía un alma (Mateo 26:38).
   c. Jesús tenía un espíritu (Lucas 23:46).
   d. Pablo dice que el hombre posee un cuerpo, alma y espíritu (1 Tesalonicenses 5:23). Escriba el versículo:

___

___

   e. Jesús tuvo una infancia, creció y se fortaleció en espíritu, sabiduría y estatura (Lucas 2:40-52).
   f. Jesús tenía necesidades humanas:
      - Tuvo hambre (Mateo 4:2).
      - Tuvo sed (Juan 19:28).
      - Se fatigó (Juan 4:6).
      - Sintió sueño (Mateo 8:24).
      - Experimentó tristeza (Mateo 26:38).

   Usted puede encontrar otras necesidades que tuvo Jesús al leer los cuatro Evangelios.

3. No conoció pecado.
    a. En su humanidad, fue el único que nunca tuvo una naturaleza pecaminosa (con la excepción de Adán, antes de la caída en pecado en Génesis 3). Escriba 2 Corintios 5:21:

___

___

    b. Después, siempre surge la pregunta: "Si Él no tenía una naturaleza pecaminosa y no podía pecar, entonces la tentación de Jesús no fue real; fue una burla". La respuesta es evidente. Siendo el Hijo de Dios, no podía haber querido ceder. No fue probado para ver si pecaría, sino para demostrar que no pecaría. (El autor ha escuchado a teólogos debatir esta cuestión durante horas. La respuesta es sencilla si no se olvida que Él era el Dios-Hombre).
4. Su deidad.
    a. Hemos cubierto su deidad en su nacimiento y en sus nombres. Ahora vemos su deidad en su ministerio.
    b. Era igual a Dios el Padre (Juan 17:5).
    c. Su deidad y su humanidad quedan presentadas por Pablo en el gran pasaje (Filipenses 2:6-8). Note: *No estimó el ser igual a Dios como cosa a qué aferrarse* (v. 6). Jesús era divino, era Dios-Hombre.

    Observe el v. 7: *Sino que se despojó a sí mismo, tomando forma de siervo, hecho semejante a los hombres.* ¿Se despojó de su deidad? ¡No! Jesús se despojó tomando la forma de un siervo. Vertió su deidad en la forma de un siervo y fue hecho semejante a los hombres.

    Él fue hecho hombre para humillarse y entregarse en la cruz por nosotros (v. 8).

    Subraye todo el pasaje en Filipenses 2:6-8.

D. LA MUERTE DE CRISTO EN LA CRUZ.
1. Su vida fue entregada, no tomada.
    a. Vino al mundo a morir (Juan 12:32-36).
    b. Oró por nosotros en Juan 17. Note sus referencias a su muerte en los vv. 1, 4, 5, 11, 13, 24.
    c. Su muerte fue por su propia voluntad (Juan 10:17-18). Escriba el v. 18:

___

___

2. Jesús murió por nuestros pecados, conforme a las Escrituras (1 Corintios 15:3).
    a. Él fue el sacrificio por nuestros pecados. Él es nuestra Pascua (1 Corintios 5:7).
    b. Él nos *reconcilió* con Dios (2 Corintios 5:19).

    Reconciliación significa "causar una restauración, una armonía, una amistad". Significa que Jesús, con su muerte, nos reconcilió (provocó un cambio en el hombre) con Dios.
    c. Él se convirtió en nuestra ofrenda (Hebreos 10:10, 14).
    d. Otros versículos añaden más sentido a su muerte:
        - 1 Juan 2:2: *Propiciación* significa "propiciatorio" y satisfacción (Éxodo 25:22).
        - 1 Timoteo 2:5-6: *Rescate* significa "el precio pagado".

- Efesios 1:7: *Redención* significa "liberar, salvar, pagando el precio". También lea 1 Corintios 6:20.
- Romanos 5:1: *Justificación* significa "como si nunca hubiera pecado" (Romanos 3:21, 26).

3. Su muerte ofrece vida eterna a todo el que cree.

   a. Escriba Juan 3:16:

____

____

   b. Escriba Romanos 5:6:

____

____

   Subraye Romanos 5:8.

   c. Escriba Juan 3:17:

____

____

E. LA RESURRECCIÓN Y ASCENSIÓN DE CRISTO.

1. La resurrección de Cristo.
   a. La resurrección de Jesucristo es la piedra angular de la fe cristiana y prueba su deidad (Hechos 2:24, 31-32).
   b. Cristo resucitó para dar vida de resurrección a todos los que creen (Juan 11:25-26).
   c. La resurrección fue la victoria sobre el pecado y la muerte (1 Corintios 15:54-57).
   d. La resurrección confirma nuestra fe y victoria en Él. Él fue las primicias de la resurrección (1 Corintios 15:14-26).
   e. Jesús siempre habló de su resurrección cuando hablaba de su muerte (Mateo 16:21; 17:22-23; 20:17-19; Lucas 9:22; 18:31-34; Juan 2:19-22).
   f. La prueba de su resurrección se encuentra en las diecisiete apariciones de Cristo en su cuerpo resucitado. Fue reconocido y habló con la gente. Algunos de los versículos son los siguientes (Mateo 28:9-10; Marcos 16:12-14; Lucas 24:34; Juan 20:11-17; 1 Corintios 15:6).
2. La ascensión de Cristo.
   a. Jesús habló de su ascensión (Juan 14:2-3).
   b. Jesús prometió el Espíritu Santo, enviado por el Padre, en el nombre de Jesús. Él, el Espíritu Santo, sería el Consolador y enseñaría toda la verdad (Juan 14:16-17, 26; 15:26-27).
   c. La ascensión marcó el final de su ministerio terrenal (Lucas 24:50-51; Hechos 1:9-11). Jesús, en su cuerpo vivo glorificado, ascendió de nuevo a la gloria, dando a entender que la obra de nuestra redención estaba terminada. Subraye Hechos 1:9-11 y observe que "Jesús... vendrá como le habéis visto ir al cielo".

V. LO QUE ESTA VERDAD BÍBLICA NOS ENSEÑA HOY

Jesús fue hecho carne y habitó en esta tierra. Esto fue una manifestación de Dios en la carne. Nació de una virgen. No tuvo un padre terrenal. Fue divinamente concebido en el vientre de María por el

Espíritu Santo, deidad y humanidad juntas, para dar al mundo al Señor Jesucristo, el Hombre-Dios. Él fue la "simiente de la mujer", como fue profetizado a lo largo de la Escritura.

Su humanidad fue real. Creció y tuvo necesidades humanas. No tenía una naturaleza pecaminosa. Tenía una naturaleza divina y una humana. Cambió su semejanza y su posición para venir como nuestro Redentor. Dio su vida por todo el pecado. Murió para salvar a todos los que creen. Salió de la tumba para conquistar el pecado y la muerte, y para asegurarnos una vida resucitada.

Ascendió de nuevo a la gloria para significar la obra terminada de redención y para enviar al Espíritu Santo a habitar en nosotros, enseñarnos y consolarnos.

SU SIGUIENTE TAREA:

1. Lea Mateo 22:44; Marcos 12:36; Lucas 20:42-43; Hechos 7:55-56; Romanos 8:34; Efesios 1:20; Filipenses 2:9-11; Colosenses 3:1; Hebreos 1:3-13; 7:22-28; 8:1; 10:12-14; 12:2; 1 Pedro 3:22.
2. Repase sus notas sobre esta lección. Esta lección es vital debido a las "grandes verdades" que enseña. Estas son las bases de la fe cristiana.
3. Marque su Biblia donde haya aprendido nuevas verdades.

Lección 8

DIOS EL HIJO: SU MINISTERIO PRESENTE

I. INTRODUCCIÓN

Esta tercera lección sobre "Dios el Hijo" cubre su ministerio presente entre nosotros. Después de la crucifixión, la resurrección y la ascensión, la obra del Señor no cesó. Él está dirigiendo a los suyos desde su lugar en la gloria. Su obra no se ha terminado, y su gran movimiento continúa hasta el final de la era.

Lo único que Jesús terminó en su vida terrenal fue el plan de salvación. Cuando ascendió de nuevo a la gloria, era el mismo Jesús que "fue hecho carne y habitó entre nosotros" (Juan 1:14). Él había pagado el castigo por el pecado y su vida en la carne había sido completada.

Ahora, su ministerio continúa a través de su cuerpo, es decir, todos los que creen en Él como Señor y Salvador.

II. VERSÍCULOS BÁSICOS:

Mateo 22:44; Marcos 12:36; Lucas 20:42-43; Hechos 7:55-56; Romanos 8:34; Efesios 1:20; Filipenses 2:9-11; Colosenses 3:1; Hebreos 1:3-13; 7:22-28; 8:1; 10:12-14; 12:2; 1 Pedro 3:22.

III. EL NÚCLEO DE ESTA VERDAD

Jesús murió para "salvar a su pueblo de sus pecados" (ver Mateo 1:21). Él murió para proveer el sacrificio necesario para que se nos perdonaran los pecados. Murió para proporcionar un camino de salvación: un camino para acercarnos a Dios a través de la sangre de Cristo. Él murió (tiempo pasado) para hacernos limpios; Él vive (tiempo presente) para mantenernos limpios. El maravilloso ministerio de nuestro Señor nunca cesa. Él vive en gloria para actuar por nosotros y para actuar en nosotros y sobre nosotros mediante su Palabra y su Espíritu. Él intercede ante Dios por nosotros y nos habla a nosotros en nombre de Dios. Él es el único mediador entre Dios y los hombres, el hombre Cristo Jesús (ver 1 Timoteo 2:5).

IV. LA GRAN VERDAD – "DIOS EL HIJO: SU MINISTERIO PRESENTE"

A. LA EXALTACIÓN DE CRISTO.

1. La restauración de su gloria.

    a. La gloria que Jesús poseía "antes que el mundo fuese" le es restaurada. Escriba Juan 17:5:

    ____

    ____

    b. Subraye Juan 17:1.

2. La exaltación de Cristo hecha por Dios el Padre.

    a. Después que Cristo vino a la tierra al humillarse a sí mismo, como describe Pablo en Filipenses 2:5-8, sigue la exaltación de Jesús en los vv. 9-11. Note los siete pasos ascendentes:

    b. La única forma visible de Dios está revelada en su Hijo.

        - *Por lo cual Dios también le exaltó hasta lo sumo*

- *y le dio un nombre que es sobre todo nombre,*
- *para que en el nombre de Jesús se doble toda rodilla*
- *de los que están en los cielos,*
- *y en la tierra,*
- *y debajo de la tierra;*
- *y toda lengua confiese que Jesucristo es el Señor, para gloria de Dios Padre.*

3. Jesús está sentado a la diestra de Dios.
   a. Se le ha dado todo poder en el cielo y en la tierra (Mateo 28:18).
   b. La diestra de Dios implica "autoridad y poder". Jesús había terminado su obra de redención y su lugar apropiado era a la diestra de Dios.

   Escriba el relato de Esteban en Hechos 7:55-56:

____

____

____

____

Escriba Romanos 8:34: ____

____

____

   c. En su lugar de autoridad, Jesús tiene poder sobre ángeles, autoridades y potestades (1 Pedro 3:22).
   d. El lugar y la posición de nuestro Señor fueron retomados después de ascender al cielo. Había probado la humanidad y había sido tocado con el sentimiento de nuestras enfermedades. Él "fue tentado en todo según nuestra semejanza, pero sin pecado" (Hebreos 4:15).

B. JESÚS ESTÁ PREPARANDO UN LUGAR PARA SUS SEGUIDORES.

1. Un mensaje de gran consuelo.
   a. Jesús dijo: *En la casa de mi Padre muchas moradas hay; si así no fuera, yo os lo hubiera dicho; voy, pues, a preparar lugar para vosotros. Y si me fuere y os preparare lugar, vendré otra vez, y os tomaré a mí mismo, para que donde yo estoy, vosotros también estéis* (Juan 14:2-3).
   b. Compartiremos su gloria (Juan 17:24).

C. CRISTO ES NUESTRO GRAN SUMO SACERDOTE.

1. Dios le hizo Sumo Sacerdote.
   a. La epístola de los Hebreos abunda con el sacerdocio de Jesús comparado con el sumo sacerdote del Antiguo Testamento, Aarón. El sacerdocio de Aarón era solo un tipo, una sombra del ministerio sacerdotal de Cristo. Aarón tenía que ofrecer sacrificios por su propio pecado, así como por los pecados de otros (Hebreos 7:26-27).
   b. Jesús, el Hijo de Dios, es nuestro gran Sumo Sacerdote.

Escriba Hebreos 4:14: ____

____

c. Ningún hombre podía hacerse a sí mismo sumo sacerdote, solo alguien a quien Dios había llamado, como Aarón (Hebreos 5:4). Así que Cristo no se glorificó a sí mismo, sino que fue llamado por Dios para ser sumo sacerdote (Hebreos 5:5-10).

Escriba el v. 10: ____

____

2. Jesús fue hecho como sus hermanos.
   a. Lea Hebreos 2:9-18 y escriba el v. 17:

____

____

____

   b. Por lo tanto, ¡considere a Jesús! Escriba Hebreos 3:1:

____

____

   Jesús es llamado apóstol (alguien enviado) y es llamado sumo sacerdote (alguien que representa a los suyos ante el trono de Dios). Este apóstol y sumo sacerdote es Cristo Jesús, a quien los "*hermanos santos*" (cristianos) han confesado como Señor.

3. Su sacerdocio es inmutable.
   a. El sacerdocio terrenal cambió debido a la muerte. Aarón, el sumo sacerdote, y sus hijos tuvieron un sacerdocio temporal. Ellos murieron (Hebreos 7:23).
   b. El sacerdocio de Jesús nunca cambia. Debido a que Él vive para siempre, tiene un sacerdocio inmutable (Hebreos 7:24). Subraye este versículo en su Biblia.
4. Jesús vive para interceder por los suyos.
   a. Una de las verdades más emocionantes de la Escritura es el hecho de que Jesús vive continuamente en la presencia de Dios por todos nosotros que hemos confiado en Él. Su ministerio es para nosotros y hacia nosotros, siempre allí, intercediendo ante el Padre por nosotros, en nuestros fracasos, en todos nuestros pecados. Él intercede por nosotros.

      Uno de los versículos más importantes es Hebreos 7:25. Observe en ese versículo: [Él vive] *siempre para interceder por* [nosotros].

Ahora, escriba el versículo completo: ____

____

____

   b. Nuestra vida de oración se ve afectada por esta verdad. ¿Por qué siempre oramos: "En el nombre de Jesús", "Por su causa"? Porque Él es nuestro intercesor. Oramos a Dios a través de Él. No necesitamos a alguien terrenal, ni a nadie más, para confesar nuestros pecados. Los confesamos a Él. Jesús es el único entre Dios y el hombre. Somos sostenidos por su precioso ministerio en todo momento. Él conoce nuestras necesidades y conoce las promesas del Padre. Estamos perfectamente seguros en su voluntad soberana (Hebreos 10:19-20).

Escriba Juan 14:13-14: ______________________________

____

____

c. Todos los creyentes tienen (posesión presente) un sumo sacerdote en Jesucristo. Escriba Hebreos 8:1:

____

____

____

Subraye Hebreos 8:2.

d. Jesús consiguió la redención por nosotros "por su propia sangre" (Hebreos 9:12), la cual vertió una vez y para siempre (Hebreos 9:11-12).

Escriba Hebreos 10:10 y 12: ______________________________

____

____

____

Sobre la base de su sacrificio en la cruz, podemos tener vida eterna. No es necesario ningún otro sacrificio. Él nos guarda y nos sostiene. Él escucha cada oración. La comunión entre Cristo y un creyente solo la puede romper el creyente. Tenemos que confesar nuestros pecados y Él nos limpia (1 Juan 1:9).

5. Cristo es nuestro Abogado.
   a. Un abogado es alguien que apela el caso de otro, un consejero. En nuestra sociedad, es un abogado.

      Jesús es nuestro abogado ante el Padre. Escriba 1 Juan 2:1:

____

____

Esto fue dirigido a los creyentes. El creyente peca, ya que nadie es perfecto. En nuestro abogado, Cristo, tenemos seguridad y perdón.

   b. Escriba Hebreos 9:24:

____

____

   c. Cristo es nuestro abogado contra Satanás que es "el acusador de los hermanos" (Apocalipsis 12:10). Mientras Cristo está rogando por los suyos, Satanás está allí acusando a todo el que pertenece a Cristo (Apocalipsis 12:10). Busque Apocalipsis 12:9-10 y subraye.

6. Somos sostenidos por su ministerio.
   a. Jesucristo nos da la capacidad y nos hace aptos para su servicio. Escriba Mateo 28:20:

____

____

(Nota: "Y he aquí yo estoy con vosotros todos los días, hasta el fin del mundo").

b. Tenemos que hacer una "obra mayor". Esta obra mayor es la difusión del evangelio mediante la predicación y enseñanza de la Palabra. Note las palabras de Jesús (Juan 14:12).

c. Tenemos que hacer su voluntad y lo que sea agradable a sus ojos (Hebreos 13:20-21).

D. LOS ATRIBUTOS DE CRISTO (VER ATRIBUTOS DE DIOS, LECCIÓN 5).

1. Jesús es omnipotente.

a. Jesucristo es todopoderoso.

Escriba Mateo 28:18: ____

____

____

b. Él tiene poder sobre la naturaleza (Colosenses 1:16-17).

c. Él tiene poder sobre la muerte (Juan 11:25-26). Subráyelo. Subraye también Apocalipsis 1:18.

2. Jesús es omnisciente.

a. Jesucristo lo sabe todo.

Busque Juan 16:30: ____

____

b. Pedro dijo: *Tú lo sabes todo* (Juan 21:17).

c. Jesús conoce nuestros pensamientos (Mateo 9:4).
Busque Mateo 12:25.

Escriba Juan 7:15: ____

____

3. Jesús es omnipresente.

a. Jesucristo está "presente en todo lugar".

Escriba Mateo 28:20: ____

____

____

b. Escriba Mateo 18:20:

____

V. LO QUE ESTA VERDAD BÍBLICA NOS ENSEÑA HOY

Se dice de Jesús que está "viviendo siempre para interceder por [nosotros]" (Hebreos 7:25). Tenemos un abogado que habla al Padre por nosotros en todas nuestras faltas, fracasos y pecados. Su amor es infinito. Él siempre está con nosotros. Podemos orar, y Él nos escucha. Conoce nuestras necesidades. ¿Cómo somos levantados cuando caemos? ¿Cómo somos restaurados a la comunión con el Señor? La respuesta es el tema principal de esta lección: Él "vive siempre para interceder por [nosotros]".

Ya que Jesús es nuestro sumo sacerdote, todos los creyentes somos sacerdotes. Lea Apocalipsis 1:6; 5:10 y 20:6. El sacerdocio del creyente es una verdad que anima a las personas a orar, aprender, enseñar y ganar almas. Nosotros, como sacerdotes, podemos entrar en el lugar santísimo, más allá del velo, y orar a Dios en el nombre de nuestro Señor Jesucristo.

Tenemos libertad, pero también tenemos un deber y una oportunidad. El ministerio presente de nuestro Señor es su amor y su interés por usted.

SU SIGUIENTE TAREA:

1. Lea Mateo 24–25; 1 Tesalonicenses 4:13-18; 5:6; Romanos 8:19-23; Filipenses 3:20; 1 Corintios 15:51-57; Hebreos 13:14; Colosenses 3:1-3; Apocalipsis 20:9-20.
2. Repase sus notas sobre esta lección.
3. Marque su Biblia donde haya aprendido nuevas verdades.

Lección 9

DIOS EL HIJO: SU MINISTERIO FUTURO

I. INTRODUCCIÓN

Esta cuarta lección sobre "Dios el Hijo" abarca el ministerio futuro de Cristo. Debemos recordar que Él es: *El Alfa y la Omega, el principio y el fin [...] el que es, y que era, y que ha de venir, el Todopoderoso*" (Apocalipsis 1:8; véase también 21:6; 22:13). Sus ministerios pasados y presentes son solo una parte de su misión sobrenatural. Su plan de redención fue conocido antes de la fundación del mundo. La Biblia lo deja muy claro, desde Adán hasta Cristo: *Porque así como en Adán todos mueren, también en Cristo todos serán vivificados* (1 Corintios 15:22). La misión y obra de Cristo están conectadas al pacto con Abraham: *En tu simiente serán benditas todas las naciones de la tierra* (Génesis 22:18). Pablo confirma esto en Gálatas 3:17. El pacto mosaico concluye en Cristo (Gálatas 3:25). Todas las revelaciones del Antiguo Testamento que Dios hizo a los hombres, desde Adán hasta Malaquías, presentan el plan de Dios de redimir completamente a todos los que aceptan a Cristo como Señor y Salvador.

En Juan 5:17-29 se presentan las asombrosas declaraciones de Jesús. Su posición en la gloria nos lleva a su triple ministerio como Profeta, Sacerdote y Rey.

II. VERSÍCULOS BÁSICOS:

Isaías 61:1-3; Mateo 24–25; 1 Tesalonicenses 4:13-18; 5:6; Romanos 8:19-23; Filipenses 3:20; 1 Corintios 15:51-57; Hebreos 13:14; Colosenses 3:1-3; Apocalipsis 20:9-20.

III. EL NÚCLEO DE ESTA VERDAD

Jesús tiene un triple ministerio como Profeta, Sacerdote y Rey. Estos fueron los tres oficios principales del Antiguo Testamento que se cumplieron en Cristo. En la era del Antiguo Testamento había tres unciones principales ordenadas por Dios. El aceite de la unción debía estar sobre el profeta, el sacerdote y el rey. En el Antiguo Testamento, su oficio fue prefigurado por el orden profético en Israel, por los sacrificios de sangre ofrecidos por Aarón y los sacerdotes, y por el trono de David como un trono eterno.

El núcleo es:

Jesús es Profeta, Sacerdote y Rey.

Él ocupa estos oficios por designación de Dios. Los oficios exaltados que posee atestiguan el título oficial que lleva, la autoridad de sus palabras y el carácter de su obra.

IV. LA GRAN VERDAD – DIOS EL HIJO: SU MINISTERIO FUTURO

(Nota: para comprender el ministerio futuro de Cristo, debemos estudiar su triple ministerio en una lección. La mayor parte de su ministerio futuro será estudiada cerca del final de este volumen).

A. LA UNCIÓN DE CRISTO.

1. El título divino: Cristo.

a. El título "Cristo" es el título oficial del Hijo de Dios. *Cristo* significa "el ungido".

Escriba Mateo 16:16: ____

____

____

b. Cuando se menciona al Ungido, nuestra mente va directa a Isaías 61:1-3 (lea y subraye). Jesús vino como cumplimiento de las profecías del Antiguo Testamento. Simón Pedro dijo: *Sepa, pues, ciertísimamente toda la casa de Israel, que a este Jesús a quien vosotros crucificasteis, Dios le ha hecho Señor y Cristo* [Mesías, Ungido] (Hechos 2:36).

2. En Cristo, los oficios de profeta, sacerdote y rey encuentran su más alto cumplimiento.
   a. Los primeros cristianos elevaron sus voces a Dios en oración citando a David en Salmos 2:2 (Hechos 4:26-27).
   b. Pedro declaró la unción de Jesús con el Espíritu Santo y poder (Hechos 10:38).

B. CRISTO EL PROFETA.

1. Fue profetizado por Jehová.
   a. Catorce siglos antes del nacimiento de Cristo, Jehová habló a Moisés sobre el Profeta (Deuteronomio 18:18).

Escriba Deuteronomio 18:18: ____

____

____

   b. Casi quince siglos después, Simón Pedro proclamó el cumplimiento de la promesa de Jehová (Hechos 3:18, 22, 26).

2. El significado de la palabra *profeta*.
   a. El término *profeta* significa "uno que habla por Dios". Es exactamente lo que hizo Jesús (Juan 12:49-50).
   b. Las palabras y obras de Cristo son las del Padre (Juan 14:9-10).

3. Jesús fue ungido como profeta.
   a. Jesús leyó el pasaje de Isaías 61:1-3 en la sinagoga en Nazaret. Estas palabras están registradas en Lucas 4:18-19 y dicen indudablemente: *Me ha ungido para dar buenas nuevas a los pobres* (v. 18).
   b. Pedro predicó en casa de Cornelio sobre la unción de Cristo (Hechos 10:38).
   c. ¿Dónde se produjo la unción? En el bautismo de Jesús (Mateo 3:16-17). Léalo y subráyelo en su Biblia.

      Cristo entró oficialmente en el oficio de profeta.
   d. La importancia de esta verdad es imperativa. Como profeta. Jesús autentificó el Antiguo Testamento (Lucas 24:44). Jesús habló por Dios y como Dios. Puso su sello sobre la Palabra (Mateo 5:18; 24:35; Juan 10:35).
   e. Jesús mismo se llamó profeta (Lucas 13:33).
   f. Habló con autoridad como profeta (Mateo 21:11; Lucas 7:16; 24:19; Juan 4:19).

4. Como profeta, anunció el futuro.
   a. El profeta del Antiguo Testamento poseía discernimiento y visión del futuro. Jesús, como el Profeta de Dios, predijo lo que habría de venir (Marcos 13:23).
   b. El futuro era tan detallado en su discurso como el pasado y el presente. En Mateo 13 Jesús hizo predicciones acerca de la "semilla sembrada" y la "cizaña y el trigo". En Mateo 24–25 Jesús profetizó eventos que ocurrirían antes de su regreso.

Él fue el verdadero Profeta de Dios. Su ministerio profético comenzó oficialmente en su bautismo y terminó en la cruz, cuando se convirtió en el sacrificio por el pecado.

C. CRISTO EL SACERDOTE (LA LECCIÓN 8 CUBRE ESTO DETALLADAMENTE).

1. Un sacerdote es un mediador.
   a. Jesús intercede delante de Dios por los pecadores culpables. Él es nuestro gran sumo sacerdote (Hebreos 4:14-15).
   b. Él es el único mediador entre Dios y los hombres (1 Timoteo 2:5).
2. Él cumplió el patrón bíblico de un sacerdote.
   a. El sacerdocio del Antiguo Testamento tenía un triple patrón:
      - ofrecer sacrificios por el pueblo;
      - entrar tras el velo para interceder por el pueblo;
      - salir para bendecir al pueblo.
   b. Estos son los actos de reconciliación, intercesión y bendición. Busque Hebreos 7:27; 8:3; Efesios 5:2.
3. Él es un sacerdote real.
   a. Fue sacerdote según el orden de Melquisedec (Hebreos 7:21). Como Melquisedec era tanto sacerdote como rey, así el sacerdocio de nuestro Señor es regio.
   b. Subraye Zacarías 6:13.

   (Para su ministerio de intercesión, vaya a la última lección, número 8).

D. CRISTO EL REY.

1. La naturaleza de su reinado.
   a. Como el Verbo eterno, Él autentificó las Escrituras del Antiguo Testamento, reveló al Padre a los hombres y profetizó lo que habría de venir. Como sacerdote, se ofreció a sí mismo sin mancha a Dios y entró en el lugar santísimo para presentarse en la presencia de Dios a favor de todos los creyentes. Así como Él cumplió los oficios de profeta y sacerdote, es necesario que cumpla el oficio de rey.
   b. El Padre le establecerá como Rey. Escriba 1 Timoteo 6:15:

____

____

   c. Jesús no es ahora el Rey del mundo. El tiempo de su reinado aún no ha llegado. Jesús dijo que había otro en control hasta que Él regresara. Aquel de quien Jesús hablaba se menciona en Juan 14:30.

____

____

   Pablo nos dice que él es "príncipe de la potestad del aire, el espíritu que ahora opera en los hijos de desobediencia" (Efesios 2:2).

   d. Jesús nació como "Rey de los judíos" (Mateo 2:2). Murió como "rey de los judíos" (Mateo 27:37). Su crucifixión marcó el rechazo total del mundo al Gobernante ungido de Dios (Hebreos 10:12-13).

   Jesús está esperando "los tiempos o las sazones, que el Padre puso en su sola potestad" (Hechos 1:7). Justo antes de su ascensión a la gloria, sus discípulos acudieron a Él preguntándole: *¿Restaurarás el reino a Israel en este tiempo?* (v. 6). Jesús dio una respuesta según su repetida enseñanza: el tiempo era un secreto de Dios. Escriba Mateo 24:36:

____

____

Subraye Mateo 24:42, 44; 25:13.

2. Profecías de Jesús como Rey.
    a. La Palabra de Dios está llena de profecías del Mesías como Rey.

       Jacob, en su lecho de muerte, dijo: *No será quitado el cetro de Judá, ni el legislador de entre sus pies, hasta que venga Siloh; y a él se congregarán los pueblos* (Génesis 49:10). "*Siloh*" significa "a quien le pertenece" o "descanso". "*Siloh*" significa Jesucristo.
    b. Balaam, forzado contra su voluntad a declarar profecías de bendición contra Israel, anunció a Cristo como Rey.

Escriba Números 24:17, 19: ______________________________

____

____

____

____

    c. El primer salmo mesiánico lo da Dios el Padre.

Escriba Salmos 2:6-8: ______________________________

____

____

____

Subraye Salmos 2:12.

    d. Lea la predicción de Salmos 110.
    e. Isaías 9:6-7 habla de este Rey. Subraye el v. 6 y escriba el v. 7:

____

____

____

Esto es en referencia al pacto davídico en 2 Samuel 7:8-16.

    f. Lea y subraye la profecía de Jeremías 23:5-6. Jeremías escribió: *No faltará a David varón que se siente sobre el trono de la casa de Israel* (Jeremías 33:17).
    g. Escriba Lucas 1:32:

____

____

3. Los súbditos del rey.
    a. En un sentido especial, Cristo ha de ser el Rey de los judíos. Dios en su propio tiempo hará que todo Israel regrese y Jesús verdaderamente será Rey de los judíos (Romanos 11:26).

Igualmente cierto es el hecho de que Jesucristo será Rey sobre las naciones. Su dominio alcanzará hasta los confines de la tierra.

b. Escriba Salmos 72:11:

____

____

c. Cristo, en su carácter real, es descrito en Daniel 7:14.

____

____

____

También en Apocalipsis 5:1-7. Lea el pasaje y escriba el v. 5:

____

____

Todo el mundo estará bajo el Rey, Jesucristo.

4. La bendita esperanza.
   a. Vendrá a este mundo una era dorada, que no será inaugurada por la Iglesia. Será inaugurada por el regreso de Cristo y establecida con su trono y su reino. Esta era, como todas las edades pasadas, es un registro del fracaso del hombre (Ezequiel 21:26-27).
   b. Solo hay una esperanza para el cristiano mientras vivimos en el poder del mundo. Estamos "aguardando la esperanza bienaventurada y la manifestación gloriosa de nuestro gran Dios y Salvador Jesucristo" (Tito 2:13).
      Estamos mirando hacia los cielos, esperando el regreso de nuestro Señor para que nos reciba junto a Él (1 Tesalonicenses 4:17).
   c. Luego, con sus santos glorificados, Cristo regresará a esta tierra como "Rey de Reyes y Señor de Señores" (Apocalipsis 19:16; véase también Apocalipsis 11:15).

Escriba Zacarías 14:9: ____

____

   d. Este es el ministerio futuro de Jesucristo.

V. LO QUE ESTA VERDAD BÍBLICA NOS ENSEÑA HOY

Dios es siempre fiel en cumplir su Palabra. Hemos visto el cumplimiento de profecías y pactos. Ya que ha sido fiel en cumplir sus promesas en el pasado, podemos estar seguros de que las profecías aún por cumplir se cumplirán.

Jesús es el centro de toda la Escritura. Fue nuestro Profeta (tenemos su Palabra), es nuestro Sacerdote (vive para interceder por nosotros, por eso oramos "en el nombre de Jesús"), y será Rey sobre toda la tierra. Actualmente, es la cabeza de la Iglesia. Nunca se le llama rey de la Iglesia. Vendrá por su novia, la Iglesia, y regresaremos para reinar con el Rey en su reino.

Los Salmos dan testimonio del ministerio de Cristo en sus oficios como Profeta, Sacerdote y Rey. La trilogía se encuentra en:

Salmos 22	Salmos 23	Salmos 24
PASADO	PRESENTE	FUTURO
Profeta crucificado	Sacerdote resucitado	Rey reinante
Salvador sufriente	Pastor viviente	Soberano exaltado
Buen pastor	Gran pastor	Príncipe de los pastores
Juan 10:11	Hebreos 13:20	1 Pedro 5:4
La cruz	El cayado	La corona

SU SIGUIENTE TAREA:

1. Lea Génesis 1:2; 6:3; Éxodo 28:3; 31:3; Números 11:17, 25, 29; 27:18; Isaías 11:2; 32:15; 42:1; 61:1; Joel 2:28-29; Zacarías 4:6; 12:10; Mateo 1:18, 20; 3:16; 10:20; 28:20; Juan 14:16-17, 26; 15:26; 16:7-15; Hechos 1–2; 13:2, 4, 9,10; Romanos 8; 1 Corintios 2:4, 11-12; 3:16; 12:3-13; 2 Corintios 1:22; 3:3, 6, 8; Gálatas 4:6; 5:5-25; Efesios 1:13-14, 17; 2:18; 4:3, 4, 30; 5:9; 6:17; Tito 3:5; Hebreos 3:7; 9:8; 10:15-16, 29; 1 Pedro 3:18; 4:6, 14; 1 Juan 4:2, 6, 13; 5:7-8; Apocalipsis 1:4, 10; 2:7, 11, 17, 29; 3:1, 6, 13, 22; 22:17.
2. Repase sus notas sobre esta lección.
3. Marque su Biblia donde haya aprendido nuevas verdades.

Lección 10

DIOS EL ESPÍRITU SANTO - PARTE I

I. INTRODUCCIÓN

¿Qué hay sobre la personalidad del Espíritu Santo? Esta es una pregunta extraña, pero es una que la mayoría de las personas no puede responder ni comprender. Tal vez el nombre ha causado gran confusión. En nuestro idioma español, la palabra "espíritu" o "fantasma" conlleva la connotación de una presencia maligna que posee a una persona, alguien que atormenta una casa, un habitante del mundo invisible que podría aparecer en forma corpórea, o algún tipo de "demonio".

El Espíritu Santo es la tercera Persona de la Trinidad. Él es Dios Espíritu Santo: una Persona. Es el Dios trino. Las Escrituras representan infaliblemente a Dios el Padre como una Persona (Génesis 3:8-9; Éxodo 33:11). La segunda Persona de la Trinidad, el Señor Jesucristo, es tanto Dios como hombre. En el relato de la ascensión (Lucas 24:50-53), el Señor Jesús extendió sus manos para bendecir a los discípulos, quienes lo adoraron como Dios. Él era Dios; Él era una Persona.

Sin embargo, ¿y la Persona del Espíritu Santo? No hay duda de que la Biblia presenta la deidad del Espíritu Santo. Jesús confirmó esto en unas pocas y breves declaraciones que estudiaremos. Jesús se refirió a "la promesa de mi Padre" (Lucas 24:49) en su discurso en el aposento alto a sus discípulos la noche en que fue traicionado

II. VERSÍCULOS BÁSICOS:

Génesis 1:2; 6:3; Éxodo 28:3; 31:3; Números 11:17, 25, 29; 27:18; Isaías 11:2; 32:15; 42:1; 61:1; Joel 2:28-29; Zacarías 4:6; 12:10; Mateo 1:18, 20; 3:16; 10:20; 28:20; Juan 14:16-17, 26; 15:26; 16:7-15; Hechos 1-2; 13:2, 4, 9-10; Romanos 8; 1 Corintios 2:4, 11-12; 3:16; 12:3-13; 2 Corintios 1:22; 3:3, 6, 8; Gálatas 4:6; 5:5-25; Efesios 1:13-14, 17; 2:18; 4:3-4, 30; 5:9; 6:17; Tito 3:5; Hebreos 3:7; 9:8; 10:15-16, 29; 1 Pedro 3:18; 4:6, 14; 1 Juan 4:2, 6, 13; 5:7-8; Apocalipsis 1:4, 10; 2:7, 11, 17, 29; 3:1, 6, 13, 22; 22:17.

III. EL NÚCLEO DE ESTA VERDAD

El Espíritu Santo es una Persona. Es el regalo de ascensión de Jesucristo. No podría haber descendido si Cristo no hubiera ascendido (Juan 16:7). El Padre envió al Espíritu Santo en el nombre de Jesucristo.

El Espíritu Santo habita en cada creyente. Antes de Pentecostés habitaba con los discípulos, pero no en ellos (Juan 14:17). En esta era de la Iglesia, la era de la gracia, la era en que Jesucristo está formando un Cuerpo para sí mismo, el Espíritu Santo habita en un nuevo templo: *usted* (si cree). Él toma su morada en el momento en que acepta a Jesucristo como su Señor y Salvador (1 Corintios 12:13).

Si usted, como alumno o aprendiz, puede comprender esta verdad central, podrá comprender mejor toda la enseñanza de la Biblia en referencia al Espíritu Santo.

IV. LA GRAN VERDAD – DIOS EL ESPÍRITU SANTO, PARTE I

A. EL ESPÍRITU SANTO EN EL ANTIGUO TESTAMENTO.

1. El Espíritu Santo estaba en el principio.
   a. El Espíritu Santo, siendo una Persona, la tercera Persona de la Trinidad, participó en la creación.

Escriba Génesis 1:1-2: ____

____

____

El nombre *"Dios"* en el v. 1 es un nombre plural que significa Dios el Padre, Dios el Hijo y Dios el Espíritu Santo. El Espíritu se nombra en el v. 2.

b. El soplo de Dios es el Espíritu de Dios. El salmista se refiere a la creación en Salmos 33:6-9. Subraye el v. 6.

Escriba Job 26:13: ____

____

____

____

c. El Espíritu Santo participó en la creación de la vida animal (Salmos 104:24-30).

Escriba el v. 30: ____

____

____

d. El Espíritu Santo participó en la creación del hombre (Génesis 1:26-27). Aquí la palabra en plural "hagamos" se refiere al Dios trino.

Note Génesis 2:7 y subraye.

Escriba Job 33:4: ____

____

2. El Espíritu Santo posee atributos divinos.

a. Él es omnipotente.

El Espíritu Santo es todopoderoso. Compartió la obra de la creación (como hemos visto arriba).

Vuelva a leer Salmos 33:6 y Génesis 1:2.

b. Él es omnipresente.

El Espíritu Santo está "presente en todo lugar". Lea las palabras de David (Salmos 139:7-10).

Escriba el v. 7: ____

____

c. Él es omnisciente.

El Espíritu Santo lo sabe todo. Subraye Job 32:8.

Lea Salmos 139:1-6 y escriba el v. 4:

____

____

3. La manifestación del Espíritu Santo en el Antiguo Testamento.
   a. *Descendió sobre* algunos hombres. Lea Números 11:17 y escriba el v. 25:

____

____

   Lea Números 24:2 y Jueces 3:10, 6:34; 11:29; 13:25; 14:6. Subraye 1 Samuel 10:6 y 10.
   b. Fue *derramado* sobre algunos hombres. Lea Proverbios 1:23.

Escriba Isaías 32:15: ____

____

____

   Subraye Isaías 44:3; Ezequiel 39:29; Joel 2:28-29; Zacarías 12:10.
   c. *Posó* sobre algunos hombres. Subraye Números 11:25-26.

Escriba Isaías 11:2: ____

____

____

4. Las referencias al Espíritu Santo en el Antiguo Testamento.
   a. El Espíritu Santo es mencionado aproximadamente 88 veces en el Antiguo Testamento. Estas referencias están ampliamente distribuidas en el canon y se encuentran en 22 de los 39 libros del Antiguo Testamento.
   b. En el Pentateuco (los primeros cinco libros), encontramos 14 referencias, distribuidas en solo 4 de los libros, ya que Levítico no tiene referencias.
   c. Dos de los libros proféticos, Isaías y Ezequiel, contienen 15 referencias cada uno.
   d. Otros libros, como Jueces y 1 Samuel, tienen 7 referencias cada uno; 2 Samuel tiene 1 referencia; y los Salmos contienen 5. Esto deja 24 referencias en los otros 11 libros.
   e. En estas referencias del Antiguo Testamento, el Espíritu Santo nunca habitó en las personas. Venía sobre ellas y las dejaba según su voluntad (Jueces 14:6; 16:20-21). El Antiguo Testamento contiene profecías sobre un futuro derramamiento del Espíritu sobre Israel (Ezequiel 37:14; 39:29) y sobre toda carne (Joel 2:28-29), pero recuerde que esto era algo futuro y no ocurrió durante la era del Antiguo Testamento.

B. EL ESPÍRITU SANTO EN EL NUEVO TESTAMENTO.

1. Participó en la revelación de la Palabra de Dios.
   a. El Espíritu Santo, en el Antiguo Testamento, participó en la inspiración y transmisión de la Palabra de Dios. Esto está verificado en las Escrituras del Nuevo Testamento.

Escriba 2 Pedro 1:21: ____

____

   Lea 2 Timoteo 3:16. Subraye Hechos 28:25.
   b. El Nuevo Testamento atribuye muchas escrituras del Antiguo Testamento directamente al Espíritu Santo.

Busque y subraye Mateo 22:43; Marcos 12:36; Hechos 1:16; 4:25; Hebreos 3:7; 10:15-16.

2. La diferencia que marcó Pentecostés.

   a. Antes de la ascensión de nuestro Señor, estaba reunido con sus apóstoles y les habló de "la promesa del Padre" (Hechos 1:4-5 y 8).

   b. Las propias palabras del Señor hablan de algo totalmente nuevo y distinto. Estas son las frases más importantes en relación con el descenso del Espíritu Santo.

Subraye Juan 14:16 y escriba el v. 17: ____

____

____

Escriba Juan 14:26: ____

____

____

Subraye Juan 15:26.

Escriba Juan 16:7: ____

____

____

Subraye Juan 16:12 y escriba el v. 13: ____

____

____

____

Subraye Juan 16:14.

   c. Tres aspectos marcan la diferencia en la obra del Espíritu Santo antes y después de la ascensión del Señor al cielo.

   - *Primero,* el Espíritu Santo entró en un nuevo templo, el cual está construido sobre el fundamento de Cristo con piedras vivas, que son los creyentes regenerados en Cristo (1 Pedro 2:5). En el día de Pentecostés, el Espíritu Santo vino a habitar en su novia, la Iglesia de Dios, el cuerpo de Cristo.

     En Pentecostés, el Espíritu Santo hizo residencia en los creyentes (Efesios 2:19-22; 1 Corintios 3:16-17).

   - *Segundo,* el Espíritu Santo no solo vino a habitar en la Iglesia como un cuerpo colectivo, sino que también vino en Pentecostés a habitar en cada creyente. Jesús dijo en Juan 14:17: *El Espíritu de verdad [...] vosotros lo conocéis, porque mora con vosotros y estará en vosotros.*

     En el Antiguo Testamento, el Espíritu Santo no moraba en los creyentes como lo hace hoy en la era de la gracia. Era un don otorgado a unos pocos individuos según su voluntad y siempre con un propósito especial de Dios.

Jesús habló de alguien a quien amaba: Juan el Bautista, a quien llamó una persona "grande" (Mateo 11:11). Sin embargo, Juan el Bautista vivió antes de Pentecostés. Jesús dijo: *El más pequeño en el reino de los cielos, mayor es que* ***él*** [Juan el Bautista].

- *Tercero*, el Espíritu Santo mora personalmente en el creyente en Jesús y nunca será retirado. La morada personal del Espíritu Santo garantiza nuestro discernimiento espiritual. Él es nuestro maestro y nos recuerda todo lo que necesitamos (Juan 14:26).

  En el Antiguo Testamento, el Espíritu Santo podía ser retirado. Un ejemplo se encuentra en la vida del primer rey de Israel: Saúl. En 1 Samuel 10:9-10 leemos: "Dios le cambió el corazón... y el Espíritu de Dios vino sobre él, y profetizó".

  Pero esa no es toda la historia.

  Una palabra trágica está escrita sobre Saúl en 1 Samuel 16:14.

Escriba el v. 14: ______________________________

____

____

En la era en la que vivimos, Jesús dijo que el don del Espíritu Santo es personal para cada hijo de Dios regenerado. A pesar de las faltas, pecados y vicios de los corintios, Pablo pudo escribirles: *¿O ignoráis que vuestro cuerpo es templo del Espíritu Santo, el cual está en vosotros, el cual tenéis de Dios...?* (1 Corintios 6:19).

3. El significado y la importancia de Pentecostés.
   a. Pentecostés ocurrió 50 días después de la fiesta de las Primicias. La fiesta de las Primicias era un símbolo de la resurrección de Cristo (Levítico 23:9-16).

      Pentecostés significa "cincuenta".
   b. La importancia de Pentecostés radica en que el Espíritu Santo descendió 50 días después de la resurrección de Jesús. **Él murió en la cruz, fue sepultado y salió de la tumba;** aun así, las personas lo reconocieron. Durante 40 días fue visto en un cuerpo glorificado.

Escriba Hechos 1:3: ______________________________

____

____

____

   c. Antes de su ascensión, Jesús les dijo a los apóstoles que esperaran "la promesa del Padre" (Hechos 1:4). La "promesa del Padre" era la venida del Espíritu Santo (Hechos 1:8).
   d. El periodo de espera no se menciona directamente, pero es fácil calcularlo. Si Jesús fue visto durante 40 días después de su resurrección y Pentecostés significa 50, esperaron 10 días.
   e. El Espíritu Santo vino en el momento exacto. Las fiestas del Antiguo Testamento enseñaron tanto al grupo como a nosotros el significado de Pentecostés (lea Levítico 23). El Espíritu Santo no podría haber descendido en otro momento.
   f. La fiesta de la Pascua se cumplió en el Calvario. Solo habrá un Calvario: una muerte de Jesús. "Cristo, nuestra pascua" (1 Corintios 5:7).

La fiesta de Pentecostés se cumplió con la venida del Espíritu Santo. Solo habrá un Pentecostés.

g. Dos cosas sucedieron en el día de Pentecostés:
   - Los creyentes fueron bautizados con el Espíritu, como Jesús les había dicho antes (Hechos 1:5). La palabra *bautismo* no aparece en Hechos 2.
   - Fueron llenos del Espíritu Santo (Hechos 2:4). El bautismo fue una cosa y la llenura fue otra. Observe que hablaron en lenguas porque estaban llenos del Espíritu, y las lenguas eran entendidas en sus propios idiomas (Hechos 2:6, 8). Esto no era una "lengua desconocida". Fue la manera en que el Espíritu Santo comenzó a difundir el evangelio de Jesucristo.

(Nota: la siguiente lección será sobre el Espíritu Santo y seguiremos con este estudio tan importante).

V. LO QUE ESTA VERDAD BÍBLICA NOS ENSEÑA HOY

El Espíritu Santo es una Persona que habita en todos los creyentes en Cristo. Es el Maestro, el Consolador, el Paráclito (el que está a nuestro lado) y el Guía en nuestras vidas.

El Espíritu Santo fue enviado por Dios el Padre en el nombre de Jesucristo. Por lo tanto, el Espíritu Santo es un don de la ascensión de Jesucristo. El Espíritu Santo siempre magnifica a Jesucristo. Es "la promesa del Padre". Hay más de 3000 promesas en la Escritura, pero solo una es llamada "la promesa del Padre" (Hechos 1:4; Lucas 24:49).

Esta verdad asegura a todos los creyentes que el Espíritu Santo mora en ellos y nunca los deja.

¡Qué verdad tan emocionante saber que Él habita en nosotros!

SU SIGUIENTE TAREA:

1. Lea las mismas escrituras mencionadas en esta lección. El próximo estudio también será sobre el Espíritu Santo.
2. Las tres lecciones, Números 10–12, son vitales para nuestra fe. No se pierda ninguna.
3. Marque las escrituras en su Biblia, especialmente las palabras de Jesús en referencia a la venida del Espíritu Santo.

Lección 11

DIOS EL ESPÍRITU SANTO - PARTE II

I. INTRODUCCIÓN

En nuestro estudio sobre el Espíritu Santo hemos visto solo una parte de su ministerio. En esta lección exploraremos las referencias en el Nuevo Testamento sobre el Espíritu Santo: los nombres del Espíritu Santo en su relación con el Padre y el Hijo, la obra del Espíritu Santo en la Iglesia, las características de la Persona, Dios el Espíritu Santo, la enseñanza de nuestro Señor sobre el Espíritu Santo y, finalmente, el fruto del Espíritu.

Estas lecciones le ayudarán a entender un poco más acerca del Espíritu Santo. No hay manera de cubrir toda la obra del Espíritu Santo en tres lecciones, pero tenemos un buen inicio, una base sólida. El estudio personal será más fácil en referencia a esta gran verdad.

II. VERSÍCULOS BÁSICOS

Lea todas las escrituras dadas en la Lección 10.

III. EL NÚCLEO DE ESTA VERDAD

El Espíritu Santo, la tercera Persona de la Trinidad, mora en los corazones y las almas de los creyentes en Cristo. Él está en el cuerpo de Cristo, la Iglesia. Esta es la era de la Iglesia, y desde Pentecostés, el Espíritu Santo ha sido el poder en la Iglesia para difundir el evangelio de Cristo y llamar a un pueblo para su nombre.

En esta era de gracia y de la Iglesia, el Espíritu Santo no es mayor, es posterior. Él vino después de que Jesús ascendiera. No podía venir hasta que Jesús dejara la tierra. Jesús dijo: *Si no me fuera, el Consolador no vendría a vosotros; mas si me fuere, os lo enviaré* (Juan 16:7). Esta es la era en la que el Espíritu Santo enseña a los creyentes todas las verdades de la Escritura (Juan 14:26). Él, el Espíritu Santo, es el Espíritu de verdad y da testimonio de Jesucristo (Juan 15:26).

El estudiante deberá observar algo significativo sobre el Espíritu Santo. El Maestro dijo: *Pero cuando venga el Espíritu de verdad, él os guiará a toda la verdad; porque no hablará por su propia cuenta [...]. Él me glorificará* (Juan 16:13-14).

IV. LA GRAN VERDAD – DIOS EL ESPÍRITU SANTO, PARTE II

A. REFERENCIAS AL ESPÍRITU SANTO EN EL NUEVO TESTAMENTO.

1. Hay 262 pasajes en el Nuevo Testamento que mencionan al Espíritu Santo.
    a. Estos 262 pasajes se centran en 24 de los 27 libros del Nuevo Testamento. Los únicos libros en los que no se menciona al Espíritu Santo son Filemón y 2 y 3 de Juan.
    b. Los cuatro Evangelios (Mateo, Marcos, Lucas y Juan) contienen 56 pasajes referentes al Espíritu Santo.
    c. Los Hechos de los Apóstoles (conocido también como Los Hechos del Espíritu Santo) contiene 57 referencias al Espíritu Santo.
    d. Las epístolas de Pablo contienen 113 pasajes con referencias al Espíritu Santo.
    e. Los otros libros, las epístolas generales y Apocalipsis, contienen 36 referencias al Espíritu Santo.
2. En ambos testamentos, Antiguo y Nuevo, hay 350 referencias al Espíritu Santo.

    El tema es de vital importancia dadas las veces que se menciona en la Escritura. La Biblia pone un gran énfasis en la Persona del Espíritu Santo. Deberíamos permitirle enseñarnos toda la verdad, incluyendo la verdad con respecto a sí mismo.

B. LAS ENSEÑANZAS DE JESÚS CON RESPECTO AL ESPÍRITU SANTO.

1. El testimonio que dio Jesús del Espíritu Santo.
   a. El primer testimonio con respecto al Espíritu Santo y la primera enseñanza clara sobre el Espíritu Santo vinieron del Señor Jesús.
   b. Sus enseñanzas se dieron antes de Pentecostés y esto no se debería olvidar.
2. Las enseñanzas específicas de Jesús sobre el Espíritu Santo.

   (Las enseñanzas no son cronológicas sino que están escritas para obtener cierto orden de doctrina).
   a. Jesús afirmó que era guiado y enseñado por el Espíritu Santo en todo lo que hacía. En su sermón de apertura en Lucas 4:18, Jesús dijo:

____

____

____

Escriba Juan 3:34: ____

____

   b. Jesús enseñó que el Espíritu Santo habló en el Antiguo Testamento y, de hecho, hizo que se escribiera (Mateo 22:43-44).
   c. Jesús enseñó que la salvación se debe a la obra del Espíritu Santo (Juan 3:5-6).
   d. Jesús enseñó la vida abundante a sus discípulos.

Escriba Juan 7:37-39: ____

____

____

   e. Jesús enseñó sobre el poder vivificante del Espíritu Santo (*vivificar* significa "dar vida") (Juan 6:63).
   f. Jesús dio la fórmula bautismal mencionando a la Trinidad. Observe: *En el nombre* [singular] *del Padre, y del Hijo, y del Espíritu Santo* (Mateo 28:19).
   g. Jesús prometió la presencia del Espíritu Santo en la obra de sus discípulos, incluyendo las palabras exactas que debían hablar (Marcos 13:11).
   h. Jesús dio un mensaje a la Iglesia con respecto a la enseñanza y al Maestro (Juan 16:13-16). Aquí se menciona su nombre: *El Espíritu de verdad*. También se menciona su función: glorificar a Cristo. En Juan 16:8-11 Jesús enumera los tres grandes temas del testimonio del Espíritu Santo. ¿Cuáles son?
      - *de pecado*, por la incredulidad.
      - *de justicia*, la cual Dios exige.
      - *de juicio*, ya declarado sobre la cruz.
   i. Por lo tanto, Jesús anunció la verdad mediante la cual el Espíritu Santo convence al mundo:
      - Mi pecado
      - La justicia de Cristo
      - El juicio de Dios

j. Así como el Hijo pasó su vida terrenal buscando glorificar al Padre, el Espíritu Santo pasa su tiempo buscando glorificar al Hijo.

C. LOS NOMBRES DEL ESPÍRITU SANTO EN EL NUEVO TESTAMENTO.

1. Nombres que expresan su relación con el Padre.
   a. *El Espíritu de Dios* (Mateo 3:16)
   b. *El Espíritu del Señor* (Lucas 4:18) (en Hechos 5:9 y 8:39, la expresión "Señor" puede referirse a Cristo)
   c. *El Espíritu de nuestro Dios* (1 Corintios 6:11)
   d. *El Espíritu del Dios vivo* (2 Corintios 3:3)
   e. *El Espíritu de vuestro Padre* (Mateo 10:20)
   f. *El Espíritu de gloria y de Dios* (1 Pedro 4:14)
   g. *La promesa del Padre* (Hechos 1:4)
2. Nombres que expresan su relación con el Hijo.
   a. *El Espíritu de Cristo* (Romanos 8:9)
   b. *El Espíritu de Jesucristo* (Filipenses 1:19)
   c. *El Espíritu de su* [de Dios] *Hijo* (Gálatas 4:6)
   d. *Otro Consolador* [*paracleto*] (Juan 14:16)
3. Nombres que expresan su propia deidad esencial.
   a. *Un Espíritu* (Efesios 4:4)
   b. *Siete espíritus* (el Espíritu completo y perfecto) (Apocalipsis 1:4; 3:1)
   c. *El Espíritu del Señor* (2 Corintios 3:18)
   d. *El Espíritu eterno* (Hebreos 9:14)
4. Nombres que expresan los dones que Él otorga.
   a. *El Espíritu de vida* (Romanos 8:2; véase también Apocalipsis 11:11)
   b. *El Espíritu de santidad* (Romanos 1:4)
   c. *El espíritu de sabiduría* (Efesios 1:17)
   d. *El espíritu de fe* (2 Corintios 4:13)
   e. *El Espíritu de verdad* (Juan 14:17; 16:13)
   f. *El Espíritu de gracia* (Hebreos 10:29)
   g. *El espíritu de adopción* (Romanos 8:15)
   h. *El espíritu… de poder, de amor y de dominio propio* (2 Timoteo 1:7)

   Esta variedad de nombres nos revela algo sobre su deidad, su poder, su influencia, su ministerio entre nosotros y en nosotros, y su Persona.

D. LA OBRA DEL ESPÍRITU SANTO EN LA IGLESIA.

1. La Iglesia se convirtió en un organismo espiritual.
   a. Jesús había prometido el bautismo del Espíritu Santo (Hechos 1:5).

      Cuando el Espíritu Santo descendió, habitó en los corazones de los creyentes, y estos se convirtieron en un organismo espiritual unificado, llamado el *cuerpo*, con Cristo como la cabeza (Colosenses 2:19).

Escriba Efesios 1:22-23: ____

____

____

b. El Espíritu Santo forma la Iglesia. ¿Cuándo se convierte alguien en parte del cuerpo de Cristo? En el momento en que aceptamos a Cristo como Salvador, aceptamos su perdón y expiación. Él, el Espíritu Santo, nos bautiza en el cuerpo de Cristo, la Iglesia.

Escriba 1 Corintios 12:13: ____

____

____

c. Cuando alguien recibe a Cristo, es sellado por el Espíritu Santo en Cristo (Efesios 1:13).

2. Los resultados de la obra del Espíritu Santo en la Iglesia.
    a. El día de Pentecostés, el Espíritu Santo cayó sobre las 120 personas en el aposento alto y las llenó (Hechos 2:1-4).
    b. Las dos operaciones del Espíritu Santo son distintas y están identificadas: el "bautismo", mencionado por Jesús en Hechos 1:5, y la "llenura" (Hechos 2:41).
    c. Pedro predicó el mensaje de Joel 2:28-29, y 3000 almas fueron salvas (Hechos 2:41).
    d. Bajo persecución, la predicación del evangelio causó que 5000 hombres, además de mujeres, aceptaran a Cristo (Hechos 4:4).
    e. En Hechos 8 el evangelio se extendió de los judíos a los samaritanos y al eunuco etíope. Luego, en Hechos 9, a Saulo de Tarso: Pablo.
    Después, en Hechos 10, a Cornelio el gentil.
    f. La expansión del evangelio siguió el esquema dado por Jesucristo en Hechos 1:8.
3. El Espíritu Santo aún hace su obra en el cuerpo.
    a. El Espíritu Santo vino para habitar y administrar la Iglesia de nuestro Señor.
    b. Él viene a habitar con usted para siempre. Él nunca nos deja.
    c. Él vino para enseñarnos sobre Jesús. Él hace esa obra en los creyentes y por medio de ellos: su Iglesia.

E. LAS CARACTERÍSTICAS DE LA PERSONA DEL ESPÍRITU SANTO.

1. En una personalidad hay cuatro características obvias.
    a. Una persona es alguien que puede pensar (tiene mente, entendimiento).
    b. Puede sentir (tiene emociones).
    c. Puede escoger (tiene voluntad, intención, propósito),
    d. Puede hacer (puede actuar).
2. Se pueden ver las cuatro características en el Espíritu Santo.
    a. El Espíritu Santo puede pensar, tiene mente y entendimiento. Se le presenta así en Hechos 15:28, 1 Corintios 2:10-11 y Efesios 1:17.
    b. Él, el Espíritu Santo, puede sentir (Efesios 4:30).
    c. El Espíritu Santo puede escoger; tiene voluntad (1 Corintios 12:11).

d. El Espíritu Santo puede hacer, puede actuar. Él es el autor de las Escrituras (2 Timoteo 3:16; Hechos 1:16; Hebreos 10:15-16).

   Él convence de pecado y es el instrumento de nuestra salvación (Tito 3:5-6; 1 Tesalonicenses 1:5).

   Él es el Maestro de la verdad (Juan 14:16; Romanos 8:14).

   Él nos ayuda y sostiene (Juan 14:16-18; Romanos 8:26-27).

F. EL FRUTO DEL ESPÍRITU SANTO.

1. El fruto del Espíritu revela el carácter cristiano.

   a. El fruto del Espíritu se encuentra en Gálatas 5:22-23.

____

   b. El "fruto" es singular. Uno puede saber que Cristo producirá algún "fruto" del Espíritu por la morada del Espíritu.

2. El fruto viene por la vida llena del Espíritu.

   a. El Señor Jesús es el gran ejemplo del fruto del Espíritu. Él poseía todas las cualidades de Gálatas 5:22-23.

   b. Uno no puede dar el fruto del Espíritu por su propia actividad o bondad, sino por entregarse al Espíritu Santo.

G. LA OBRA DEL ESPÍRITU SANTO EN LOS CRISTIANOS.

1. Andar en el Espíritu

   a. Escriba Gálatas 5:16:

____

____

   b. El Espíritu Santo guiará nuestro caminar. Él dirigirá nuestros aminos.

2. Renovación del Espíritu

   a. Escriba Tito 3:5:

____

____

   b. Esto se refiere a una renovación del Espíritu para vivir una vida cristiana victoriosa.

3. Guía del Espíritu

   a. Escriba Romanos 8:14:

____

____

   b. El Espíritu Santo siempre está presente para guiar nuestra vida. El secreto se encuentra en "Porque todos los que son guiados...".

4. Morada del Espíritu

   a. Escriba 1 Corintios 6:19:

____

____

   b. Lea y subraye Juan 7:37-39.

5. Oír con fe

   a. Escriba Gálatas 3:2:

____

____

   b. Subraye Juan 3:6-7.

V. LO QUE ESTA VERDAD BÍBLICA NOS ENSEÑA HOY.

La importancia del Espíritu Santo se expresa en las numerosas veces que su nombre aparece en las Escrituras: 262 veces en el Nuevo Testamento y 88 veces en el Antiguo Testamento. Jesús enseñó antes de Pentecostés sobre el Espíritu Santo y su obra en todos los que creen. Todas las verdades fundamentales acerca del Espíritu Santo fueron dadas por nuestro Señor. Jesús sabía que debía ascender para que el Espíritu pudiera venir.

El Espíritu Santo es uno de los temas más importantes en la Escritura; sin embargo, es uno de los más malentendidos y abusados. ¿Por qué? Porque Satanás trabaja arduamente en este punto. Sin embargo, el tema es malinterpretado debido a la falta de comprensión y al poco estudio.

Por ello, dedicaremos una tercera lección a este tema.

SU SIGUIENTE TAREA:

1. Agregue a las escrituras de la Lección 10 las siguientes para leer: Romanos 4:11; 1 Corintios 12:1, 8:11; 12:28-30; 2 Corintios 13:14; Gálatas 6:7-8; Efesios 3:16; 4:11; 5:18; Filipenses 1:19; 2 Tesalonicenses 2:13-14; 2 Timoteo 2:19; 1 Pedro 1:2.
2. Vuelva a leer la lección 10 y luego esta lección.
3. Marque en su Biblia donde aprenda nuevas verdades. (Marque las nuevas verdades en su cuaderno durante la clase. Luego transfiéralas a su Biblia en casa. Escriba muy claramente en su Biblia; estará ahí por muchos años).

Lección 12

DIOS EL ESPÍRITU SANTO – PARTE III

I. INTRODUCCIÓN

Hay muchas enseñanzas diferentes en referencia al Espíritu Santo. La Biblia es la única fuente de verdad. El Espíritu Santo es el Maestro de esa verdad. Entonces, ¿por qué tanta controversia sobre este tema? Satanás, "el acusador de nuestros hermanos", constantemente divide a los miembros del cuerpo de Cristo. Permitimos que Satanás gobierne en lugar de la Palabra de Dios.

En esta lección, la última sobre el Espíritu Santo, consideraremos algunos de los temas más difíciles. Estudiaremos solo lo que la Biblia dice sobre la Persona o el poder del Espíritu Santo, los dones ministeriales del Espíritu, el sello del Espíritu Santo, los pecados contra el Espíritu Santo y los emblemas del Espíritu Santo.

II. VERSÍCULOS BÁSICOS:

Todas las escrituras de la Lección 10. Agregue las siguientes escrituras para leer: Romanos 4:11; 1 Corintios 12:1, 8-11; 12:28-30; 2 Corintios 13:14; Gálatas 6:7-8; Efesios 3:16; 4:11; 5:18; Filipenses 1:19; 2 Tesalonicenses 2:13-14; 2 Timoteo 2:19.

III. EL NÚCLEO DE ESTA VERDAD

Existe una tendencia a pensar en el poder o la fuerza como un "eso". Es fácil caer en el error de considerar al Espíritu Santo como un "eso", una influencia, una energía, un poder, una fuerza. Cuando separamos a la Persona del poder del Espíritu Santo, corremos el peligro de convertir al Espíritu Santo en un indefinido y misterioso "eso". Perdemos toda idea de Él como Persona.

El medio por el cual el Espíritu Santo realiza su obra en nosotros es la Palabra de Dios. La Iglesia, el cuerpo de Cristo, es nuestra escuela. En la escuela hay dos cosas: el libro de texto (la Biblia) y el Maestro (el Espíritu Santo), quien nos hace entender. El maestro es una persona, no un "eso".

El Espíritu Santo usa "la espada del Espíritu" (Efesios 6:17), la Biblia, para explicar, consolar y enseñar las verdades de Dios. Para que aprendamos y crezcamos, debemos creer que "la Palabra de Dios es viva y eficaz, y más cortante que toda espada de dos filos" (Hebreos 4:12). También debemos creer que el Espíritu Santo "nos guiará a toda la verdad" (Juan 16:13). Tomar uno sin el otro es tomar al Maestro sin el libro o el libro sin el Maestro.

La Persona del Espíritu Santo nos guarda, nos ayuda, nos sella y nos da dones que deben ser usados para la gloria de Dios.

IV. LA GRAN VERDAD – DIOS EL ESPÍRITU SANTO, PARTE III

A. EL ESPÍRITU SANTO – UNA PERSONA – UN PODER.

1. ¿Cuándo descendió el Espíritu Santo con poder?

a. Muchos estudiosos separan la venida del Espíritu Santo del poder del Espíritu Santo. Llegan a esta conclusión basándose en la escritura de Juan 20:22: *Y habiendo dicho esto, sopló, y les dijo: Recibid el Espíritu Santo.*

Escritores fundamentales como Arthur Pink expresaron la idea de separar la venida del Espíritu Santo del poder de Pentecostés. Arthur Pink, en su *Exposición del Evangelio de Juan, Volumen III,* escribe: "Lo que ocurrió en Pentecostés fue el bautismo de poder, no la venida del Espíritu para morar en ellos".

b. Hay algunas dificultades en esta teoría si comparamos la Escritura con la Escritura y buscamos el significado real de las palabras de Jesús.

c. Antes de su ascensión, nuestro Señor dijo expresamente que la promesa del Padre aún era futura. Mire Lucas 24:49-53 y escriba el v. 49:

___

___

Estas palabras fueron dichas después de las palabras que habló en Juan 20:22, y justo antes de su ascensión al cielo (Lucas 24:51; Hechos 1:4-5).

d. Las instrucciones las repitió nuestro Señor en Hechos 1:4. Los apóstoles tenían que esperar "la promesa del Padre". La "promesa del Padre", según Juan 14:16-17, era el Espíritu Santo mismo.

El día de Pentecostés, Pedro dijo: *Y habiendo recibido del Padre la promesa del Espíritu Santo...* (Hechos 2:33). Esto confirmó las palabras de Jesús.

e. Lo que sucedió, entonces, el día de Pentecostés, fue la venida del Espíritu Santo, la cual el Padre había prometido a su Hijo, el Señor Jesucristo.

f. Pablo llamó al Espíritu Santo "el Espíritu Santo de la promesa" (Efesios 1:13).

2. ¿Por qué la dificultad?

a. La dificultad radica en el hecho de que no se tradujo correctamente una palabra. En Juan 20:22 encontramos la palabra "recibid": "Recibid el Espíritu Santo". La palabra griega que usó Juan es *labete*, que se puede traducir de dos maneras: "tomar, aceptar" o "recibir".

La misma palabra se usó en Juan 18:31 al citar a Poncio Pilato en el juicio de Cristo: "**Tomadle**... juzgadle".

La palabra exacta se traduce de dos formas distintas en Juan 10:18: *Tengo poder para volverla a tomar. Este mandamiento* ***recibí*** *de mi Padre.*

En Mateo 26:26, al instituir la santa cena, el Señor dijo: "**Tomad**, comed".

b. Por lo tanto, en Juan 20:22, cuando Jesús sopló sobre los discípulos, fueron avivados en fe y esperanza. No fue la venida de "la promesa del Padre". Jesús les dio la garantía, el anticipo del poderoso regalo. Jesús dio primero la promesa, el soplo, y después la presencia: Pentecostés.

3. La venida del Espíritu Santo

a. Cuando decimos que el Espíritu Santo fue dado en Juan 20:22, y el poder vino en Pentecostés en Hechos 1:4, separamos la persona del poder como si fueran dos cosas distintas.

b. El Espíritu Santo no podía venir con poder hasta que Jesús ascendiera. Jesús lo dijo en Juan 16:7:

___

___

c. Jesús "sopló" sobre los discípulos para que entendieran que el Espíritu Santo había sido el soplo de su vida. Él había vivido en y por el Espíritu Santo; había sido concebido en María por el Espíritu Santo (ver Génesis 2:7).

d. El Espíritu Santo, la promesa del Padre, vino en poder en el momento exacto, en el lugar exacto, a las personas exactas tal como Jesús había dicho.

Ellos estaban listos para tomar el Espíritu Santo, con la mano de la fe, el día de Pentecostés; no antes. Jesús había dicho que esperaran la promesa en Jerusalén. Al final de los diez días, estaban listos para "tomar". (Lea de nuevo Juan 14:17 y note las palabras "con" y "en").

B. LOS EMBLEMAS DEL ESPÍRITU SANTO.

1. La Biblia contiene similitudes (parecido, semejanza, imagen).
    a. La Biblia es un libro de símiles, metáforas, alegorías, parábolas, tipos, símbolos y emblemas. Para entender mejor la Escritura debemos entender estas similitudes:
        - Un *símil* es una figura retórica en la que una cosa se compara con otra. (Ejemplo Salmos 102:6).
        - Una *metáfora* es una figura retórica en la que a una cosa se le llama otra. (Ejemplo: Juan 1:29).
        - Una *alegoría* es una metáfora prolongada. (Ejemplo: Jueces 9:1-21).
        - Una *parábola* es una verdad ilustrada mediante una historia; una historia terrenal con un significado celestial. (Ejemplo: Mateo 13, donde vemos siete parábolas de Jesús).
        - Un *tipo* es un objeto o evento usado para prefigurar otro objeto o evento. (Ejemplo: Juan 3:14).
        - Un *emblema* es una señal visible de una idea; un objeto que simboliza otro objeto o idea. (Ejemplo: Lucas 3:22).
        - Un *símbolo* es una cosa o un acto que representa algo espiritual. (Ejemplo: Génesis 9:12-13).
    b. Con estas palabras en mente, seremos más capaces de entender la Palabra de Dios al hablar de los "emblemas" del Espíritu Santo.
2. Los emblemas del Espíritu Santo mencionados.
    a. *La paloma.* En Mateo 3:16, Lucas 3:22 y Juan 1:32 leemos acerca del Espíritu Santo descendiendo sobre Jesús "como una paloma". El Espíritu nunca descendió de esta manera sobre otro. Subraye estos pasajes en su Biblia. La paloma reposó sobre Cristo, "permaneció sobre él" (Juan 1:32). El Espíritu Santo reposó sobre Cristo, permaneció en Él y, a través de Él, sobre todos nosotros que creemos.
    b. *El aceite de la unción.* Cuando los sacerdotes en el Antiguo Testamento eran ungidos con aceite, este se aplicaba primero en la oreja: debían escuchar la Palabra de Dios; en el pulgar: sus acciones debían hacerse con manos santas; en el dedo gordo del pie: debían caminar con Dios (Éxodo 29:20-21). El aceite es uno de los emblemas más característicos del Espíritu Santo. Busque Hechos 10:38.

Escriba 1 Juan 2:20: ____

____

    c. *El viento.* La palabra "aliento" tiene el mismo significado que "viento" tanto en hebreo como en griego, y ambos significan "Espíritu".

Escriba Juan 3:8: ____

____

____

Subraye Hechos 2:2.

d. *El fuego.* El fuego simboliza al Espíritu de Dios. Es el fuego el que purifica, consume, prueba, ilumina y vigoriza. Subraye Isaías 4:4 y 6:6-7.

Escriba Hechos 2:3: ______________________________

____

____

e. *La vestidura.* La vestidura de poder es otro emblema del Espíritu Santo. Busque Jueces 6:34: *El Espíritu de Jehová vino sobre* [literalmente, "se vistió"] *Gedeón.* Lo mismo se menciona en 2 Crónicas 24:20.

En Lucas 24:49 Jesús dijo: *Hasta que seáis investidos de poder desde lo alto.* La palabra "investidos" literalmente significa "ponerse" o "ser vestidos." El Espíritu Santo es nuestra protección. La vestidura es para protección.

f. *El sello.* Pertenecemos a Dios (si somos salvos) y el Espíritu nos sella. Subraye Efesios 1:13.

Escriba 2 Corintios 1:21-22: ______________________________

____

____

____

____

Subraye Juan 6:27 y Efesios 4:30.

El Espíritu Santo es el sello, y el sello significa propiedad (2 Timoteo 2:19).

g. *Las arras.* Unas "arras" son una garantía, un compromiso. Tres veces en el Nuevo Testamento se menciona al Espíritu Santo como unas "arras" que Dios da a los santos. Lea nuevamente 2 Corintios 1:22 y observe la palabra "arras".

Escriba 2 Corintios 5:5: ______________________________

____

____

Escriba Efesios 1:14: ______________________________

____

____

Las "arras" es la promesa y señal de que Dios dará todo lo que ha prometido. El Espíritu Santo es las "arras".

C. LA COMUNIÓN DEL ESPÍRITU SANTO.

1. El Espíritu Santo se asocia con los creyentes.

a. Pablo da la gran bendición, nombrando la Trinidad.

Escriba 2 Corintios 13:14: ______________________________

____

____

b. La palabra "comunión" se traduce mejor como "compañerismo", y estas dos palabras se resumen bien en nuestra palabra *sociedad*.

c. El Espíritu entra en una sociedad con nosotros en lugar de llevarnos a una sociedad con Él, y aquí encontramos un gran hecho en la vida cristiana. Cuando aceptamos a Cristo, Él (el Espíritu Santo) entra y mora en nosotros, estableciendo esta sociedad sobre la base de nuestra aceptación de Cristo, no sobre nuestro historial pasado. Él siempre está con nosotros como socio. Tenemos compañerismo con Él.

2. La diferencia entre su comunión y la del Padre y el Hijo.

a. La misma palabra para "compañerismo" se usa en 1 Juan 1:3: *Nuestra* ***comunión*** *verdaderamente es con el Padre, y con su Hijo Jesucristo.*

Algo llamativo en esta Escritura es la ausencia de cualquier referencia al Espíritu Santo. Hay posibles razones para esto. Observe cómo el lenguaje difiere: es "nuestra comunión con el Padre", pero es "la comunión del Espíritu Santo".

En 1 Juan 1:3 somos partícipes con el Padre y Cristo. En 2 Corintios 13:14 el Espíritu Santo es partícipe con nosotros.

b. Otro pensamiento: el Espíritu Santo dirige la atención lejos de sí mismo; por lo tanto, no causa que su nombre sea mencionado en 1 Juan 1:3.

3. La asociación es con una Persona.

a. Su asociación está limitada por nosotros. Él no puede ser socio en planes que puedan tener la apariencia de pecado. Su colaboración debería mantenernos cerca del Señor Jesús.

b. Esta asociación es con la Persona, el Espíritu Santo. El Espíritu Santo comparte un pensamiento común con nosotros. La "comunión" surge de la "unión," y la "unión" es la "unión del creyente con Cristo".

c. Jesús habló de nuestra relación con el Padre a través de Él. Subraye Juan 17:21. Observe las palabras "para que también ellos sean uno en nosotros". Esta relación es la base común de la comunión del Espíritu con nosotros. La cruz está en el trasfondo; donde el Espíritu encuentra a Cristo en nosotros, encuentra la raíz de la Unión y la Comunión.

Se podrían escribir páginas sobre este tema. Tal vez su alma haya sido tocada para investigar más acerca de su Socio y su relación con Él.

V. LO QUE ESTA VERDAD BÍBLICA NOS ENSEÑA HOY

El Espíritu Santo es una Persona, ahora.

El Espíritu Santo es un poder que vino a morar en los creyentes en Pentecostés. No se puede separar a la Persona del poder.

La Biblia es un libro de comparaciones, que nos enseña a través de símiles, metáforas, alegorías, parábolas, tipos, símbolos y emblemas. Si somos cristianos, tenemos una asociación. Nuestro Socio es el Espíritu Santo.

La comunión surge de la unión con Jesucristo. Esta lección es muy práctica. Aplíquela a su vida hoy.

SU SIGUIENTE TAREA:

1. Lea (no en orden cronológico a propósito) los siguientes pasajes: Salmos 8:4-5; 68:17; 103:20; 104:4; Génesis 16:1-13; 21:17-19; 22:11-16; 31:11-13; Éxodo 3:2-4; Judas 9; 1 Tesalonicenses 4:16; Colosenses 1:16; Hebreos 1:4-14; 12:12; Mateo 25:31; 28:2-4; 22:30; Lucas 20:35-36; Efesios

3:10-11; 6:12; 1 Pedro 1:10-12; 3:22; 2 Pedro 2:10-11; Hechos 5:19-20; 8:26; 27:23-25; Apocalipsis 1:1; 20.

2. El tema de nuestro próximo estudio será los ángeles. Lea solo los pocos pasajes asignados.
3. Repase sus notas sobre el Espíritu Santo y marque su Biblia.

Lección 13
ÁNGELES SANTOS

I. INTRODUCCIÓN

El estudio de los ángeles revela dos grupos de seres espirituales: los ángeles santos y los ángeles caídos, conocidos como demonios. Este estudio tratará sobre los ángeles santos. La próxima lección cubrirá a los ángeles caídos.

El hecho de la existencia de los ángeles se encuentra en toda la Palabra de Dios. Más de 273 veces en la Escritura vemos a los ángeles llevando a cabo la voluntad y el propósito soberano de Dios.

En hebreo y griego, la palabra "**ángel**" se traduce como "mensajero, embajador, ministro". El término "**ángel**" no es un nombre personal, sino un título que describe una función. Siempre se usa en masculino, aunque nunca se les asigna género en términos humanos.

II. VERSÍCULOS BÁSICOS:

Salmos 8:4-5; 68:17; 103:20; 104:4; Génesis 16:1-13; 21:17-19; 22:11-16; 31:11-13; Éxodo 3:2-4; Judas 9; 1 Tesalonicenses 4:16; Colosenses 1:16; Hebreos 1:4-14; 12:12; Mateo 25:31; 28:2-4; 22:30; Lucas 20:35-36; Efesios 3:10-11; 6:12; 1 Pedro 1:10-12; 3:22; Hechos 5:19-20; 8:26; 27:23-25; Apocalipsis 1:1, 20; 2 Pedro 2:10-11.

III. EL NÚCLEO DE ESTA VERDAD

Los ángeles constituyen un grupo creado directamente por el Señor Dios. No fueron traídos a la existencia por reproducción, sino que son creaciones directas de Dios. Son seres espirituales inmortales e infinitos. El número de ángeles permanecerá igual a lo largo de su existencia eterna, ya que no se reproducen. Son los siervos y mensajeros de Dios. Los ángeles son reales. Son un tema sagrado. La Biblia declara lo que han hecho, lo que están haciendo y lo que harán en el futuro.

Actualmente, son "enviados para servicio a favor de los que serán herederos de la salvación" (Hebreos 1:14). Esto significa que todos los cristianos tienen dos grandes regalos de Dios el Padre y de Dios el Hijo:

- primero, el Espíritu Santo habita en nosotros;
- segundo, los ángeles nos ministran.

El hecho de que el Espíritu Santo habite en nosotros y de que vastos ejércitos de ángeles ministren por nosotros debería dar ánimo incluso al creyente más débil.

IV. LA GRAN VERDAD – ÁNGELES SANTOS

A. LA CREACIÓN DE LOS ÁNGELES.

1. Los ángeles fueron los primeros seres creados y los **más elevados.**

a. Estuvieron presentes en la creación de la tierra (Job 38:4-7).

Escriba el v. 7: ____

____

____

El término "hijos de Dios" en el v. 7 son ángeles.

b. Esto se afirma en Colosenses 1:16-17. Busque y subraye en su Biblia.

2. Se afirma su propia creación.

a. En el gran salmo de alabanza a Dios por su creación, Salmos 148, verá que se mencionan "ángeles" y "ejércitos" antes que el sol, la luna y las estrellas.

Escriba Salmos 148:2: ______________________________

____

Subraye el v. 5.

B. LA FORMA Y NATURALEZA DE LOS ÁNGELES.

1. Los ángeles son espíritus.
   a. Esto se confirma en Hebreos 1:7 (ver Salmos 104:4).

____

____

También en Hebreos 1:14. ______________________________

____

____

2. Los ángeles tienen poder para hacerse visibles.
   a. Los ángeles tienen cuerpos de algún tipo y realizan actos corporales, pero no como nuestros cuerpos. Aparecen con semejanza de forma humana (Lucas 1:28-29).

Escriba Juan 20:12: ______________________________

____

____

   b. En Génesis 19:1-3 los ángeles eran visibles y Lot les preparó comida, y comieron.
3. Los ángeles se manifestaron en forma de hombre.
   a. Los pronombres masculinos siempre se usan para referirse a ellos (Mateo 28:2-6).
   b. El género, en el sentido humano, nunca se asigna a los ángeles. Escriba Mateo 22:30:

____

____

4. Los ángeles nunca morirán.
   a. Nunca dejan de existir. Los ángeles no envejecerán y morirán (Lucas 20:35-36).
   b. El número, por lo tanto, nunca disminuirá ni aumentará.
5. Los ángeles son incontables.
   a. Escriba Hebreos 12:22:

____

____

   b. Lea y subraye los siguientes versículos: Daniel 7:10; Lucas 2:13; Mateo 26:53. Todos estos versículos comunican un sentido de inmensidad más allá de toda computación humana.
6. Los ángeles moran en "los cielos".

a. Escriba Apocalipsis 5:11.

____

____

b. Vaya a Apocalipsis 7:11 y Salmos 103:19-21 y subraye.

7. Los ángeles están sometidos a Dios.

a. Ver Salmos 103:20.

____

b. Vaya a Génesis 19:13, y subraye Salmos 91:11.

8. Los ángeles poseen poder y fuerza.

a. Los ángeles no son omnipotentes y todopoderosos, pero sí poseen el poder que Dios les ha dado. Uno de los ejemplos de poder está registrado en 2 Reyes 19:35.

____

____

____

b. Lea Hechos 5:19; 12:5-11, 23.

C. LA CLASIFICACIÓN DE LOS ÁNGELES.

1. La Escritura revela varios rangos y funciones de ángeles.

a. Los *querubines* (plural de querubín).

La primera aparición de los querubines es en el huerto del Edén, donde Dios los había puesto para guardar la entrada al árbol de la vida de Adán el caído (Génesis 3:24).

En el arca del pacto se colocaron réplicas de oro de los querubines sobre ambos lados del propiciatorio en el lugar santísimo, donde Dios habitaba con su pueblo (Éxodo 25:18-22; Salmos 80:1; Éxodo 26:1; 1 Reyes 6:23-25).

El propiciatorio, en su uso, era un tipo del trono de Dios. Su santidad divina la guardaban los querubines.

b. Los serafines

Esta es una palabra plural que aparece solo una vez en la Escritura. En la visión de Isaías, vio *serafines*, que significa "quemadores", rodeando el trono de Dios. Lea Isaías 6:1-8 y escriba el v. 6:

____

____

Estos ángeles expresan esa santidad que demanda limpiarse antes de servir.

2. Tres ángeles con nombres.

a. Miguel, el arcángel, es jefe o principal de los ángeles. Su nombre significa "¿quién como Dios?". Es el mensajero de la ley y el juicio.

Su nombre se menciona cinco veces en la Escritura.

En Daniel 10:13 Miguel es llamado "uno de los principales príncipes". Otras dos escrituras en Daniel se refieren a Miguel (Daniel 10:21; 12:1).

Miguel se opuso a Satanás en cuanto al cuerpo de Moisés (Judas 9). Es Miguel quien lidera al ejército angelical en el cielo contra "la serpiente antigua, llamada el diablo" (Apocalipsis 12:9) y sus ángeles (v. 7).

"La voz del arcángel" en 1 Tesalonicenses 4:16 será la voz de Miguel. Solo hay un arcángel (la Escritura no habla de "arcángeles" en plural).

b. *Gabriel* significa "hombre de Dios" o "héroe de Dios". Su nombre aparece cuatro veces en la Escritura. Gabriel recibió mensajes importantes de Dios para ser entregados a Daniel, Zacarías y María, la madre de Jesús.

- Subraye Daniel 8:16.
- Gabriel entregó a Daniel una revelación de la visión de las "setenta semanas" (Daniel 9:24). Gabriel explicó el significado de la visión. Vaya a Daniel 9:20-27. Subraye los vv. 21 y 23.
- Dios envió el mensaje a Daniel por medio de Gabriel; por lo tanto, lo que usualmente se llama "las setenta semanas de Daniel" debería llamarse "las setenta semanas de Dios".
- Gabriel entregó el mensaje a Zacarías anunciando el nacimiento de Juan, el precursor de Jesús. Escriba Lucas 1:19:

____

____

- Gabriel anunció el nacimiento del Salvador a la virgen María. Lea Lucas 1:26-35 y escriba el v. 26:

____

____

c. Lucifer (el tercer ángel con nombre, lo estudiaremos en la siguiente lección).

D. EL MINISTERIO DE LOS ÁNGELES SANTOS.

1. Alaban y adoran al Señor.

a. Escriba Hebreos 1:6:

____

____

b. Lea y subraye Isaías 6:3 y Apocalipsis 5:11-12.

2. Revelan la voluntad de Dios al hombre.

a. Subraye Lucas 1:11-13 y Hechos 1:9-11.

b. Escriba Hebreos 2:2:

____

____

3. Ministran a los santos de Dios.

a. Escriba Hebreos 1:14:

____

____

b. Subraye 1 Reyes 19:5-7 y Hechos 10:3-7.

4. Animan al hijo de Dios.
    a. Subraye Hechos 27:23-24.
    b. Lea Hechos 12:5-15 y escriba el v. 7:

____

____

    c. Escriba Hechos 5:19-20.

____

____

5. Son espectadores celestiales.
    a. Escriba Lucas 12:8-9.

____

____

____

    b. Subraye 1 Corintios 4:9.
6. Se regocijan cuando alguien recibe la salvación.

Escriba Lucas 15:10: ______________________________

____

____

7. Se preocupan del bienestar de los creyentes.
    a. Subraye Salmos 34:7 y 91:11.
    b. Subraye Daniel 6:22.
    c. Escriba Mateo 18:10.

____

____

8. Transmiten y confirman la Palabra.
    a. Escriba Gálatas 3:19:

____

____

    b. Subraye Hebreos 2:2.

(No podríamos mencionar todos los ministerios de los ángeles por falta de espacio).

E. LOS ÁNGELES Y EL MINISTERIO TERRENAL DE JESÚS.

(Debido a limitaciones de espacio escribiremos solo los acontecimientos).

1. Su vida fue vista por los ángeles (1 Timoteo 3:16).
2. Los ángeles deseaban entender el secreto de tan grande salvación (1 Pedro 1:10-12).
3. Gabriel anunció su nacimiento (Lucas 1:31-33).
4. Un ángel aseguró a José el propósito de Dios (Mateo 1:18-25).
5. Los ángeles anunciaron su nacimiento (Lucas 2:10-11; Hebreos 1:6).

6. Los ángeles asistieron a Cristo en la tentación (Mateo 4:1-11).
7. Los ángeles asistieron a Cristo en Getsemaní (Lucas 22:39-44).
8. Ningún ángel ministró en la crucifixión (Jesús tuvo que soportar el castigo y la agonía completa por nuestro pecado. No podía recibir ayuda. Debía beber la copa solo).
9. Los ángeles anunciaron la resurrección de Cristo (Mateo 28:5-7).
10. Los ángeles asistieron en su ascensión (Hechos 1:10-11).

F. LOS ÁNGELES Y EL FINAL DE LOS TIEMPOS.

1. Los ángeles exaltarán al Cordero de Dios (Apocalipsis 5:11-12).
2. Los ángeles acompañarán a Cristo en su venida (Mateo 25:31; 2 Tesalonicenses 1:7).
3. Siete ángeles están en la presencia de Dios (Apocalipsis 8:2).
4. A los siete ángeles se les entregan las trompetas del juicio (Apocalipsis 8–9).
5. Los siete ángeles con las copas de la ira de Dios (Apocalipsis 15:5-8).
6. Miguel y sus ángeles luchan contra el diablo y sus ángeles (Apocalipsis 12:7-12).
7. El ángel y el evangelio eterno (Apocalipsis 14:6-7).
8. Un ángel anuncia la caída de Babilonia (Apocalipsis 14:8).
9. Un ángel anuncia la condenación de los seguidores del anticristo (Apocalipsis 14:9-11).
10. La visión de Armagedón (Apocalipsis 14:14-20).
11. Los santos ángeles adorarán a Dios (Apocalipsis 7:11-12).

G. EL ÁNGEL DEL SEÑOR – EL CRISTO PREENCARNADO.

1. Se habla de un ser majestuoso conocido como "el ángel del Señor", distinto de otros seres angelicales.

   Este "ángel del Señor" es el Cristo preencarnado, y se le llama una *teofanía*, que significa "la manifestación de Dios".

   Jesús, el Cristo encarnado del Nuevo Testamento, se ve a lo largo de la Escritura en tipos, figuras y como el "ángel del Señor" (Jehová).
2. Muchas escrituras mencionan al "ángel del Señor" (Jehová).
   a. Se apareció a Agar (Génesis 16:7-14).
   b. Se apareció a Abraham y es llamado Señor seis veces (Génesis 18).
   c. Se apareció a Abraham (Génesis 22:11-18).
   d. Se apareció a Jacob en Peniel (Génesis 32:24-32).
   e. Se apareció a Moisés en la zarza ardiente (Éxodo 3:2-6).
   f. Se apareció a Josué (Josué 5:13-15).
   g. Se apareció a Gedeón (Jueces 6:11-23).
   h. Compare Éxodo 17:2-7 y 23:20-21 con 1 Corintios 10:9 y 10:4.

   (Estas son solo algunas de las escrituras que indican al "**ángel de Jehová**").

V. LO QUE ESTA VERDAD BÍBLICA NOS ENSEÑA HOY

Hoy en día hay muchas personas que niegan la existencia de los ángeles, como lo hicieron los saduceos en el tiempo de Cristo. También puede haber quienes divinicen el oficio de los ángeles, como lo hicieron los esenios.

El ministerio de guía, intercesión y fortaleza en nuestros corazones (de todos los que pertenecen a Cristo) nunca fue asignado a los ángeles. El Espíritu Santo mora en nosotros, y Jesús es el único mediador entre Dios y los hombres.

Los ángeles ministran a todos los herederos de la salvación. Jesús pudo haber llamado 12 legiones (72 000) de ángeles (Mateo 26:53). Los ángeles trabajan para nosotros y con nosotros. El Espíritu Santo obra en nosotros.

Recuerde Hebreos 1:14 cuando tenga dudas sobre los ángeles.

SU SIGUIENTE TAREA:

1. La Escritura tratará sobre los ángeles caídos: el diablo y sus ángeles. Las escrituras están listadas en el orden de nuestro estudio.
2. Lea Isaías 14:12-15; Ezequiel 28:15-17; Lucas 10:18; Génesis 3:1-19; Job 1:6-12; 1 Samuel 18:10; 1 Crónicas 21:1; 2 Crónicas 11:15; Deuteronomio 18:10-12; 1 Juan 3:12; Judas 6-9; Mateo 2:13-16; 4:1-11; 5:1-13; 16:23; Lucas 22:3; Efesios 2:2; 6:12; Hechos 5:3, 16; 1 Tesalonicenses 2:18; 2 Timoteo 3:1-9; 4:3-4; 1 Timoteo 4:1; Mateo 25:41; 2 Tesalonicenses 2:9; 2 Pedro 2:4; Apocalipsis 12:7-12; 16:13-16; 19:20; 20:1-3; 20:7-10.
3. Repase sus notas sobre esta lección.
4. Marque su Biblia donde aprenda nuevas verdades.

Lección 14
SATANÁS Y SUS ÁNGELES - PARTE I

I. INTRODUCCIÓN

Cuando estudiamos un tema como Satanás y sus ángeles, también llamados *demonios*, debemos darnos cuenta de que la mejor y más única estrategia de Satanás es convencer a las personas de que él no existe. Satanás hará todo lo posible para impedir que el autor escriba esta lección. Observe por usted mismo las maneras y la frecuencia con la que su atención se desvía de este estudio.

Satanás existe como el líder de los ángeles caídos. Jesús habló de "el diablo y sus ángeles", identificándolos juntos. La Biblia registra para nosotros los nombres, títulos, origen, obras, poder y limitaciones de Satanás y sus colaboradores. Desde el comienzo de la historia de la humanidad, vemos a Satanás en desafío a Dios y acosando al hombre; pero sabemos que, al final, Satanás será destruido de manera total y para siempre.

II. VERSÍCULOS BÁSICOS:

Isaías 14:12-15; Ezequiel 28:15-17; Lucas 10:18; Génesis 3:1-19; Job 1:6-12; 1 Samuel 18:10; 1 Crónicas 21:1; 2 Crónicas 11:15; Deuteronomio 18:10-12; 1 Juan 3:12; Judas 6-9; Mateo 2:13-16; 4:1-11; 5:1-13; 16:23; Lucas 22:3; Efesios 2:2; 6:12; Hechos 5:3, 16; 1 Tesalonicenses 2:18; 2 Timoteo 3:1-9; 4:3-4; 1 Timoteo 4:1; Mateo 25:41; 2 Tesalonicenses 2:9; 2 Pedro 2:4; Apocalipsis 12:7-12; 16:13-16; 19:20; 20:1-3; 20:7-10.

III. EL NÚCLEO DE ESTA VERDAD

El tema de Satanás y los ángeles caídos aparece de manera destacada en la Escritura, que revela a Satanás y sus ángeles como una fuerza personal, corruptiva y maligna en los asuntos del hombre.

Satanás y los ángeles caídos deben estudiarse como un solo tema, ya que estuvieron unidos en su rechazo de Dios. Si Satanás nunca se hubiera convertido en Satanás, no habrían existido los ángeles caídos (demonios).

Esta fuerza siniestra se revela progresivamente en la Escritura, volviéndose más numerosa y definida a medida que se anuncian las profecías de Cristo y cuando Él aparece como el Cristo encarnado. La batalla entre Cristo y Satanás comenzó en Génesis 3:15 y continúa hasta el día de hoy. Conocer la verdad nos hará libres. Debemos ser conscientes de todas las verdades de Dios. Después de conocer al Señor Jesús y su gracia salvadora, debemos conocer la verdad acerca de Satanás. Él es como un "león rugiente... buscando a quién devorar" (1 Pedro 5:8).

La guerra del cristiano tiene tres frentes: el mundo, la carne y el diablo.

IV. LA GRAN VERDAD – SATANÁS Y SUS ÁNGELES, PARTE I

A. EL ORIGEN DE SATANÁS.

1. Satanás es un ser creado.
    a. Satanás fue creado como el más grande de todos los seres angelicales (Ezequiel 28:15). Se le dio el título celestial de *"Lucero, hijo de la mañana"* (Isaías 14:12), que es simbólico de su estado en el cielo.
    b. A través de Isaías, Dios lo llamó por su título celestial, "Lucifer". A través de Ezequiel, Dios lo llamó por su título terrenal, "rey de Tiro", simbolizando la más baja profundidad de depravación moral. Estos títulos expresan el poder creativo más elevado y la profundidad más baja de pompa y orgullo, como la de Tiro.

c. En Ezequiel 28:12-15 Dios va más allá del rey de Tiro para hablar de Satanás. Dios se dirigió indirectamente a Satanás en Génesis 3:14-15 y en Mateo 16:23. También en Isaías 14:12. No se podría hacer referencia a ninguna persona en los pasajes de Isaías o Ezequiel.

d. Por lo tanto, Satanás era "Lucero, hijo de la mañana". Lucifer significa "estrella del día, portador de luz" (Isaías 14:12). Estaba "lleno de sabiduría y perfecto en hermosura" (Ezequiel 28:12), y había estado "en Edén, el huerto de Dios" (v. 13) y se le dijo "tú querubín grande, protector" (v. 14).

2. El estado no caído de Satanás.

   a. El estado de Lucifer antes de su caída se describe en Ezequiel 28:12-15. Subraye el v. 12 en su Biblia.

Escriba Ezequiel 28:15: ____

____

   b. Era el "querubín protector", lo que indica que supervisaba el trono celestial de Dios. Era "perfecto en todos tus caminos desde el día que fuiste creado, hasta..." (Ezequiel 28:15). En esa pequeña palabra "hasta", Dios abre el tema de la iniquidad, el pecado, la rebelión y el orgullo.

   c. Dios creó a todos los ángeles, incluido Lucifer. Hizo a Lucifer superior en todo sentido: en sabiduría, belleza, autoridad: ungido y perfecto.
   Por lo tanto, Dios creó al ángel Lucifer, pero debido al pecado del orgullo, Lucifer se convirtió en Satanás.

B. EL PECADO Y LA CAÍDA DE SATANÁS.

1. ¿Qué transformó a Lucifer en el diablo?

   a. Lucifer, "el querubín ungido", se convirtió en Satanás al introducir el pecado original, el orgullo, en el universo.

   b. En Isaías 14:13-14 se describe en detalle este pecado. Observe las palabras "Yo subiré" en los dos versículos:

      - *Subiré al cielo...*
      - En lo alto, junto a las estrellas de Dios, levantaré mi trono...
      - En el monte del testimonio me sentaré...
      - Sobre las alturas de las nubes subiré...
      - Seré semejante al Altísimo...

   c. Lucifer se convirtió en Satanás al elegir su propia voluntad sobre la voluntad de Dios.
   Cuando Lucifer dijo: "Subiré", el pecado comenzó.
   Pregunta: ¿dónde se originó el pecado?
   Respuesta: en el cielo, en el corazón de Lucifer.

2. La caída de Satanás.

   a. Dios determinó la sentencia. Ya sea ángel u hombre, la criatura es creada para centrarse en Dios. Lucifer fue capaz de cometer error cuando se centró en sí mismo.

   b. La sentencia de Dios fue: *Pecaste; por lo que yo te eché del monte de Dios, y te arrojé de entre las piedras del fuego; oh querubín protector* (Ezequiel 28:16). *¡Cómo caíste del cielo, oh Lucero, hijo de la mañana! ¡Cortado fuiste por tierra!* (Isaías 14:12).

   c. Somos parte de esa caída cuando decimos: "Mi voluntad" y no "la voluntad de Dios".

d. Jesús dijo: *Yo veía a Satanás caer del cielo como un rayo* (Lucas 10:18).

C. LOS NOMBRES Y TÍTULOS DE SATANÁS.

1. *Satanás,* que significa "adversario".
   Ver 1 Crónicas 21:1 y 1 Pedro 5:8.
2. *Diablo,* que significa "calumniador".
   Escriba Apocalipsis 12:9:

____

3. *Beelzebú,* que significa "príncipe de los demonios".
   Subraye Mateo 12:24 en su Biblia.
4. *Belial,* que significa "el vil".
   En el margen de su Biblia, escriba la palabra Satanás junto a 2 Corintios 6:15.
5. Aquella serpiente antigua.
   Consulte Génesis 3:15 y Apocalipsis 12:9.
6. Dios de este siglo.
   Subraye 2 Corintios 4:4 en su Biblia.
7. Príncipe de este mundo.

Escriba Juan 12:31: ____

____

8. Príncipe de la potestad del aire.

Escriba Efesios 2:2: ____

____

____

9. Dragón.
   Vea Apocalipsis 20:2 y subraye el nombre.
10. Ángel de luz.

Escriba 2 Corintios 11:14: ____

____

11. Acusador de nuestros hermanos.
    Lea Apocalipsis 12:10.
12. Padre de mentira.
    Subraye Juan 8:44 en su Biblia.
    (Hay más nombres para Satanás de los que se han listado. Su carácter se revela en los nombres y títulos que se le otorgan).

D. LA ESFERA DE LA ACTIVIDAD DE SATANÁS.

1. Tiene acceso al trono de Dios.
   a. Escriba Job 1:6:

____

____

Satanás se presentó de nuevo ante el Señor (Job 2:1).

b. Aún tiene acceso al trono de Dios. En la última parte de Apocalipsis 12:10 una gran voz dijo: *Porque ha sido lanzado fuera el acusador de nuestros hermanos, el que los acusaba delante de nuestro Dios día y noche.*

2. Tiene acceso a la tierra.

a. *Y dijo Jehová a Satanás: ¿De dónde vienes? Respondiendo Satanás a Jehová, dijo: De rodear la tierra y de andar por ella"* (Job 1:7; también 2:2).

b. Satanás apareció en el huerto del Edén en forma de serpiente. Su ambición impía fue atacar a Dios derrotando el propósito eterno de Dios en el hombre.

Satanás engañó a Eva, y Adán la siguió en esa elección fatal. El pecado entró en el corazón del hombre. Esto se conoce como "la caída del hombre" (Génesis 3:1-19).

Dios habló de su plan de redención (Génesis 3:15). Esta es la primera profecía directa de Jesús, la simiente de la mujer.

c. Otro ejemplo del acceso de Satanás a la tierra se encuentra en 1 Crónicas 21:1: *Pero Satanás se levantó contra Israel, e incitó a David a que hiciese censo de Israel.*

d. Satanás tiene acceso como príncipe de la potestad del aire (Efesios 2:2). Él gobierna las tinieblas de este mundo y la maldad en las regiones celestes (Efesios 6:12).

E. LO QUE SATANÁS HACE.

1. Satanás tienta a las personas a pecar.

a. Desde Génesis 3:15 hasta Mateo 4 el objetivo de Satanás fue frustrar el plan de Dios. En Mateo 4 Satanás se enfrentó cara a cara con Jesús. Satanás tuvo la oportunidad de probar o tentar al Maestro (Mateo 4:1-11).

No eran desconocidos entre sí. Se conocían desde la creación de Lucifer (los ángeles fueron creados, pero Jesús era el Creador).

Jesús derrotó a Satanás en las tres tentaciones, y el diablo lo dejó (v. 11).

b. Satanás entró en Judas Iscariote (Lucas 22:3).

c. Lea sobre Ananías y Safira (Hechos 5:1-11).

Escriba el v. 3: ____

____

2. Satanás engaña al mundo.

a. *El dios de este siglo cegó el entendimiento de los incrédulos* (2 Corintios 4:4). Él ciega la mente.

b. Satanás quita la Palabra de los corazones (Mateo 13:19).

c. Satanás atrapa a los hombres: "el lazo del diablo" (2 Timoteo 2:26), "las asechanzas del diablo" (Efesios 6:11) y "el diablo…anda alrededor buscando a quién devorar" (1 Pedro 5:8).

3. Satanás obstaculiza la obra de Dios.

a. Se opuso al ministerio de Pablo.

Escriba 1 Tesalonicenses 2:18: ____

____

b. Satanás usa las acciones piadosas para su provecho si se le permite.

Escriba 2 Corintios 2:11: ______________________________

____

____

c. Satanás sacude a los siervos de Dios.

Escriba Lucas 22:31: ______________________________

____

____

d. Satanás siembra cizaña entre el pueblo de Dios.

Escriba Mateo 13:38-39: ______________________________

____

____

e. Satanás puede causar problemas constantemente al siervo del Señor.

Escriba el testimonio de Pablo en 2 Corintios 12:7: ______________________________

____

____

F. LAS LIMITACIONES DE SATANÁS

1. Satanás no es omnipotente (no tiene todo el poder).
    a. Dios ha limitado el poder de Satanás. Tiene poder, pero no es todopoderoso. En Job 1–2, la gran revelación no es el poder de Satanás sino la *limitación* de su poder. Satanás no puede forzar a la gente a pecar. Puede tentar, coaccionar y seducir, pero no tiene poder para forzar la transgresión.
    b. Lea Job 2:6. Dios limita el poder de Satanás. Subraye Job 1:22.
2. Satanás no es omnisciente (no lo sabe todo).
    a. Satanás es sabio, pero no tan sabio como Dios; él no lo sabe todo. Sabe a quién atacar, dañar y afligir.
    b. Escriba 1 Pedro 5:8:

____

____

Lea Lucas 22:31 y preste atención a las palabras de Jesús a Simón Pedro sobre Satanás.

3. Satanás no es omnipresente (no está en todas partes).
    a. Satanás no puede estar en más de un lugar al mismo tiempo. Cuando estaba con Jesús, no estaba en ningún otro lugar. Cuando dejó a Jesús, está registrado (Mateo 4:11).
    b. Debido a que Satanás no puede estar en todas partes, tiene agentes, demonios, que envía según su voluntad. Él tiene un reino propio. Jesús habló de ese reino satánico (Mateo 12:26).

V. LO QUE ESTA VERDAD BÍBLICA NOS ENSEÑA HOY

Ahora que sabemos el origen de Satanás, sus nombres, dónde trabaja y cómo trabaja, la única arma para derrotarlo es la Palabra de Dios. Jesús usó la Palabra (Mateo 4). Pablo nos instruye acerca del enemigo y cómo vencerlo en nuestras vidas (Efesios 6:12-17). Satanás está libre en la tierra solo por la voluntad permisiva de Dios. No puede ir más allá de lo que Dios le permite, pero nosotros debemos cumplir con nuestras responsabilidades como cristianos. No debemos darle oportunidad a Satanás (Efesios 4:27). Siempre debemos aceptar la vía de escape que Dios nos ofrece cuando somos tentados (1 Corintios 10:13).

Nuestro Señor es omnipotente, omnisciente y omnipresente. Él siempre está con nosotros (1 Pedro 5:7). También, 1 Juan 4:4.

SU SIGUIENTE TAREA:

1. Lea las escrituras asignadas en la Lección 14, y además Mateo 10:8; Lucas 9:1-49; 10:17-20; Marcos 16:17-18; Hechos 8:7; 16:16-18; 19:12-17; Marcos 1:23-28; Mateo 8:28-31; 1 Juan 2:16-18.
2. Esta lección ha tratado principalmente sobre Satanás, el diablo. Repase sus notas sobre este tema.
3. Marque su Biblia donde aprenda nuevas verdades.

Lección 15

SATANÁS Y SUS ÁNGELES - PARTE II

I. INTRODUCCIÓN

Hemos estudiado a los santos ángeles en la Lección 13 y a Satanás en la Lección 14. Ahora pasamos a un estudio más detallado de Satanás y sus ángeles: los ángeles caídos.

Esta lección tratará con todos nosotros: dónde estamos, lo que hemos sentido en el pasado, y lo que enfrentamos cada día, porque Satanás siempre intenta atraparnos. La persona que conoce a Cristo tiene suficiente fortaleza para vencer a Satanás, porque "mayor es el que está en vosotros, que el que está en el mundo" (1 Juan 4:4). Esto no elimina la tentación, que siempre está presente, apelando a la naturaleza carnal.

La persona que no conoce a Cristo como Señor y Salvador busca constantemente las cosas de este mundo. *Todo lo que hay en el mundo, los deseos de la carne, los deseos de los ojos y la vanagloria de la vida, no proviene del Padre, sino del mundo* (1 Juan 2:16). Estas personas están abiertas al poder de Satanás y sus emisarios.

II. VERSÍCULOS BÁSICOS:

Todas las escrituras asignadas en la lección 14, más Mateo 10:8; Lucas 9:1-49; 10:17-20; Marcos 16:17-18; Hechos 8:7; 16:16-18; 19:12-17; Marcos 1:23-28; Mateo 8:28-31; 1 Juan 2:16-18.

III. EL NÚCLEO DE ESTA VERDAD

Los ángeles caídos son los siervos de Satanás, el viejo diablo. La palabra *diablo* se traduce mejor como "demonio". Hay un solo diablo y él es el líder de su ejército de demonios. La posesión demoníaca sí ocurre en nuestros días (1 Timoteo 4:1). La única solución para tal mal es Jesucristo. Los demonios lo conocen y reconocen su autoridad (Mateo 8:28-32).

Los ángeles caídos sirven al diablo y son espíritus inmundos, seductores y malignos llamados *demonios*.

IV. LA GRAN VERDAD – SATANÁS Y SUS ÁNGELES, PARTE II

A. LA CAÍDA DE LOS ÁNGELES.

1. Hay dos clases de ángeles caídos.

a. Los ángeles caídos y encadenados (2 Pedro 2:4; Judas 6).

(1) Estos son los ángeles que pecaron. Dios no los perdonó sino que los echó al "Tártaro" (pozo de la oscuridad) donde están en espera del juicio. Están encadenados.

Escriba 2 Pedro 2:4: ______________________________

____

____

Escriba Judas 6: ______________________________

____

____

(2) Algunos eruditos afirman que el pecado de este grupo de ángeles caídos se remonta a Génesis 6:4. Sostienen que los "hijos de Dios" eran ángeles caídos.

Esta intrusión en la esfera humana produjo una raza de gigantes a través de las "hijas de los hombres".

(3) Pero resulta muy difícil aceptar esta interpretación. Los ángeles fueron creados como un orden completo y perfecto. No fueron creados con la capacidad de reproducción (Mateo 22:30). La idea de que pudieran cambiar su naturaleza (de un orden a otro orden de seres creados a voluntad) no tiene apoyo en las Escrituras.

La referencia en Génesis 6:2-6 trata sobre la ruptura de la separación entre la línea piadosa de Set y la línea impía de Caín a través del matrimonio.

El contexto de Génesis 6:5-6 indica que Dios "vio que la maldad de los hombres era mucha... Y se arrepintió [le pesó en su corazón] el Señor de haber hecho al hombre en la tierra, y le dolió en su corazón".

(4) El argumento de que los ángeles aparecieron en forma humana en el Antiguo Testamento no cambia el significado de este tema. Los ángeles que aparecieron en forma humana siempre fueron ***ángeles sagrados***. Fueron enviados y dotados de forma por el poder soberano de Dios, con un propósito soberano. Dios hizo que su presencia fuera visible y comprensible para los hombres.

(5) Cualquiera que sea la interpretación que se adopte, no cambia el mensaje de Dios. Es evidente que Satanás intentó corromper la raza humana para que el Mesías no pudiera venir a redimir al hombre; sin embargo, Dios preservó un remanente y una línea piadosa (Génesis 6:7-8).

(6) Todas las teorías y argumentos tienen poca relevancia frente al hecho de que algunos ángeles caídos, según 2 Pedro 2:4 y Judas 6, ya están reservados esperando el juicio que vendrá sobre todos los demonios y ángeles caídos.

b. Los ángeles caídos y libres (Efesios 6:12).

(1) Estos son los ángeles caídos que están libres para realizar la obra del diablo. El diablo es su líder. Este grupo cayó junto con aquellos que fueron arrojados al abismo de oscuridad. Todos ellos fueron expulsados del cielo junto con Lucifer, quien se convirtió en Satanás.

(2) Al mencionar la obra de Satanás y sus ángeles, recordemos que él es el "príncipe de este mundo" (Efesios 6:12, Juan 12:31).

B. EL PODER DE LOS ÁNGELES CAÍDOS Y LIBRES.

1. Sus nombres denotan su actividad.

a. Los ángeles caídos y libres son llamados "demonios", que significa "conocer" o "saber". Solo hay un diablo, pero hay una gran multitud de demonios (Mateo 7:22).

b. "Satanás" es una palabra hebrea que significa "adversario". "Diablo" es una palabra griega que significa "acusador" y no se usa en el Antiguo Testamento.

c. También son conocidos como:

- *Espíritus familiares* (Levítico 19:31; 20:6)
- *Espíritus inmundos* (Marcos 1:23–27)
- *Espíritus malignos* (Lucas 7:21)
- *Espíritus engañadores* (1 Timoteo 4:1)
- *Espíritus inmundos* (Marcos 9:25)

2. Sus actividades reflejan su poder.

a. Los demonios aumentan el poder de Satanás contra la Iglesia (todos los cristianos). Satanás es el "príncipe de la potestad del aire" (Efesios 2:2).

b. Los demonios aumentan el poder de Satanás para controlar principados y potestades; son los gobernadores de las tinieblas. Su morada está en los lugares celestiales (altos) (Efesios 6:12).

c. Poseen los cuerpos de individuos. Lea toda la historia de un hombre poseído por demonios (Marcos 5:1-9). Observe su poder: *Nadie podía atarle, ni aun con cadenas* (v. 3). Una persona poseída por demonios tiene poder sobrehumano.

d. Poseen a personas y causan enfermedades físicas (Mateo 9:32; 12:22; Marcos 9:25-29).

e. Poseen a personas incitándolas al deseo, el asesinato y la mentira (Juan 8:44).

f. Los demonios siempre hablan a través de las bocas de aquellos a quienes poseen (Marcos 5:6-12).

Escriba Marcos 5:9: ____

____

____

g. Son la fuerza detrás de la idolatría (Hechos 16:16). En este pasaje, el "espíritu de adivinación" es en realidad "el espíritu de Pitón", un ídolo.

h. Todos los términos utilizados en la Escritura para describir la obra de los demonios son demasiado extensos para ser cubiertos en esta lección. Algunos de estos términos están volviendo a ser populares en nuestra época:

- Hechicería (Hechos 8:9-11)
- Brujería (Gálatas 5:20)
- Nigromancia (Isaías 8:19; Deuteronomio 18:10-12)
- Astrólogos (Daniel 1:20; 2:2; 4:7)
- Adivinación (Ezequiel 13:6-7; Hechos 16:16)
- Magos (Daniel 1:20; Éxodo 7:11, 22)

La palabra en Gálatas 5:20 (traducida como "hechicería" en la versión autorizada) es la palabra griega *pharmakeia*. El uso de "pociones mágicas" (no para sanar) para obtener un "éxtasis" o alterar la mente es más frecuente que nunca. La misma palabra *pharmakeia* significa "brujería". Hoy los llamaríamos "adivinos," personas que abusan de la mente con drogas, o quienes afirman tener poderes mágicos.

La palabra "nigromancia" significa "quien conversa con los muertos". Aquí se debe leer Deuteronomio 18:9-12.

Estos términos y otros similares aparecen en los titulares de nuestros días. Incluso hay programas de televisión donde un "adivino" conversa con los familiares fallecidos de los espectadores.

Todo esto es demoníaco y obra de Satanás. No subestime el poder de los ángeles caídos y libres.

C. EL REINO DE SATANÁS VERSUS CRISTO.

1. Satanás, tiene un reino.

   a. Jesús habló del reino de Satanás.

Escriba Mateo 12:26: ____________________

____

b. Pablo habló de "gobernadores de las tinieblas" cuando habló del poder de Satanás.

Escriba Efesios 6:12: ____________________

____

2. Los súbditos del reino de Satanás.
   a. Los demonios (ángeles caídos) son sus súbditos. Jesús los menciona en Mateo 25:41. Subráyelo en su Biblia.
   b. Los seres humanos no regenerados (los que aún no son salvos). En Mateo 13:38, Jesús dijo: *La cizaña son los hijos del malo.*

      Jesús fue muy específico en este asunto. Subraye Juan 8:44 en su Biblia. Este versículo habla de la paternidad de Satanás (el diablo). En contraste, Juan 1:12 habla de la paternidad de Dios.
3. Satanás y sus demonios tienen terror de Cristo.
   a. Satanás y sus fuerzas están en control de este mundo presente apareciendo como un "ángel de luz" (2 Corintios 11:14).
   b. La gran noticia es que Satanás fue juzgado en la cruz. Mirando hacia la cruz, Jesús declaró el destino de Satanás.

Escriba Juan 12:31: ____________________

____

Subraye Juan 12:32-33. Este pasaje dice cómo iba a morir Jesús.

   c. *También los demonios creen, y tiemblan* (Santiago 2:19).
4. Los demonios reconocen a Cristo como el Hijo de Dios y como su futuro juez.
   a. Escriba Mateo 8:29:

____

____

   b. Escriba Marcos 1:24:

____

____

   c. Los demonios conocían a Jesús. Escriba Marcos 3:11:

____

____

Subraye Marcos 3:22 en su Biblia.

   d. Los demonios conocían a Cristo porque lo habían conocido en la eternidad pasada. Habían estado en su presencia hasta su caída. Aunque estas citas parecen indicarnos que los demonios estaban ante Cristo por primera vez, en realidad estaban declarando su autoridad divina.

D. EL DESTINO DE LOS ÁNGELES CAÍDOS – DEMONIOS

1. Serán juzgados.

a. Los ángeles caídos (demonios) serán juzgados. La Escritura indica que serán juzgados en "el gran día". Este "gran día" es el día del Señor (Isaías 2:9-22). Refiérase a Judas 6.

b. El juicio ocurre porque los santos, los "salvos," juzgarán a los ángeles con Cristo.

Escriba 1 Corintios 6:3: ____

____

2. Satanás es juzgado.

a. Satanás será juzgado y lanzado al "lago de fuego" (Apocalipsis 20:10). Su condena está sellada.

b. Los ángeles caídos, incluso aquellos que están encadenados, están "reservados para juicio" (2 Pedro 2:4). (Nota: esto se tratará con más detalle en las lecciones sobre "el tiempo del fin" y los "juicios" cerca del final de este estudio).

V. LO QUE ESTA VERDAD BÍBLICA NOS ENSEÑA HOY

La demonología es una realidad en la actualidad. Sí, existió en los tiempos del Antiguo Testamento, pero aún persiste en formas como la brujería, los adivinos, los astrólogos, el abuso de drogas, el deseo carnal, los ídolos y muchas más.

El material publicado sobre estos temas es un gran negocio. La mejor manera de evitar caer en estas trampas es alejarse de toda apariencia de estas cosas: libros, películas de temática psíquica, juegos, adivinos, grupos ocultistas, astrología y similares. Satanás opera a través de estos canales demoníacos.

Los incrédulos en Cristo están abiertos a estas influencias. El cristiano debe tener discernimiento espiritual con respecto a estas cosas. Incluso el más débil de los creyentes, el recién nacido en Cristo, tiene las provisiones que Cristo Jesús ofrece. Algunas escrituras que debe recordar son: 1 Pedro 5:8; 1 Juan 5:18; Efesios 6:10-17; 2:2-7.

Cuando se enfrente a estos objetos demoníacos, la única forma efectiva de lidiar con ellos es usando el nombre de Jesucristo (Santiago 2:19; Mateo 8:29).

SU SIGUIENTE TAREA:

1. Lea Génesis 1:26-31; 2:7-25; 3:1-20; Juan 3:6; 1 Tesalonicenses 5:23; 1 Corintios 15:22-53; Filipenses 3:21; Romanos 5:12-21; 8:7-8; Hebreos 9:27; 2 Pedro 1:4.
2. Esta lección ha tratado un tema que prevalece en nuestros días y que prevalecerá más en los últimos tiempos. Satanás y los demonios son realidades con las que debemos lidiar tanto dentro como fuera de la Iglesia. Repase sus notas sobre esta lección.
3. Marque su Biblia donde aprenda nuevas verdades.

Lección 16

EL HOMBRE, SU CREACIÓN Y CAÍDA

I. INTRODUCCIÓN

Toda la Palabra de Dios ha sido inspirada, escrita y preservada específicamente para el hombre. Es el mensaje de Dios al hombre y contiene todas las doctrinas (enseñanzas) de Dios. Cada verdad de la Escritura está relacionada con el hombre; por lo tanto, es necesario considerar lo que la Biblia dice sobre el hombre.

En el mundo científico, este estudio se llamaría *antropología*. La palabra proviene del griego *anthropos*, que significa "hombre". La antropología es "la ciencia del origen del hombre". La única fuente verdadera para estudiar el origen del hombre es la Biblia. En ella encontramos la fuente de la creación del hombre, su caída, y la maravillosa provisión de redención de Dios.

Este tema se ha convertido en un campo de batalla en las escuelas e incluso en algunos círculos teológicos. Nuestro propósito no es discutir sobre el tema. Hay solo una fuente de verdad que es factual y precisa en todos los aspectos, y esa es la Biblia. Deje a un lado las ideas preconcebidas sobre este tema, y entonces abra su corazón y su alma a lo que Dios tiene que decir en su Palabra. El Espíritu Santo le enseñará "toda la verdad" mientras estudia.

II. VERSÍCULOS BÁSICOS:

Génesis 1:26-31; 2:7-25; 3:1-20; Juan 3:6; 1 Tesalonicenses 5:23; 1 Corintios 15:22-53; Filipenses 3:21; Romanos 5:12-21; 8:7-8; Hebreos 9:27; 2 Pedro 1:4.

(Hay muchas escrituras sobre este tema. El tiempo y el espacio no permiten estudiarlas todas. Busque en su concordancia bajo el término "hombre" para obtener más referencias).

III. EL NÚCLEO DE ESTA VERDAD

Jesús dijo: *Y no temáis a los que matan el cuerpo, mas el alma no pueden matar... Pues aun vuestros cabellos están todos contados... Así que, no temáis; más valéis vosotros que muchos pajarillos* (Mateo 10:28, 30-31).

Jesús puso énfasis en el hombre: su valor, su cuerpo y su alma, y en el conocimiento de Dios sobre el hombre hasta en los detalles más pequeños. Jesús "se hizo carne" (Juan 1:14) y fue "hecho semejante a los hombres; y hallándose en forma de hombre" (Filipenses 2:7-8). Jesús nunca pasó por ninguna fase de evolución para convertirse en hombre; más bien, todo lo contrario. Descendió, bajó, para hacerse hombre. *Evolucionar* significa "desarrollo, crecimiento, avance". Dado que Jesús es nuestro ejemplo supremo en todas las cosas, debemos comenzar con Él. Él enseñó a los hombres como hombres con cuerpo, mente e intelecto. Jesús fue el Creador (Colosenses 1:16). Él creó todas las cosas "según su género" (Génesis 1:11). En la Escritura nunca encontrará un registro de que un animal se convierta en hombre. David dijo: *Te alabaré; porque formidables, maravillosas son tus obras* (Salmos 139:14).

IV. LA GRAN VERDAD – EL HOMBRE, SU CREACIÓN Y CAÍDA

A. LA CREACIÓN DEL HOMBRE.

1. El hombre es la obra culminante de Dios en la creación.

a. El hombre fue creado mediante un acto directo de Dios.

"Crear" significa hacer algo de la nada. El relato general de la creación del hombre se narra en Génesis 1:26-27.

b. Dios el Padre, Dios el Hijo y Dios el Espíritu Santo crearon al hombre. Note las veces que aparece el plural en Génesis 1:26. La Trinidad en unidad.

c. La Trinidad es Uno. *Y creó Dios* [singular] *al hombre a su imagen, a imagen de Dios lo creó* [singular]; *varón y hembra los creó* [singular] (Génesis 1:27).

d. El relato general de la creación del hombre en Génesis 1:26-27 es una doble trilogía. En el v. 26 la Trinidad se menciona tres veces: ***Hagamos*** *al hombre a* ***nuestra*** *imagen, conforme a* ***nuestra*** *semejanza.*

   En el v. 27 la palabra "crear" se utiliza tres veces.

e. El relato particular de la creación del hombre se encuentra en Génesis 2:7, 21-23. Esto no es otra creación en el capítulo 2, sino un relato más específico y detallado de cómo Dios creó al hombre y a la mujer. Subraye Génesis 2:21-23.

Escriba Génesis 2:7: ____

____

____

2. La imagen original del hombre.

   a. En Génesis 1:26 el hombre fue creado a imagen y semejanza de Dios. ¿Qué implica eso?

      - *Imagen* es "la representación, la capacidad moral".
      - *Semejanza* es "el carácter, el parecido espiritual".

   b. Dios siempre ha tenido una forma de manifestarse; sin embargo, la Biblia dice que Dios es Espíritu (Juan 4:24); Dios es invisible (Colosenses 1:15).

      (1) Entonces, ¿cómo se manifiesta Dios?

      Dios se manifestó en el Antiguo Testamento en apariciones conocidas como "teofanías". Eran apariciones preencarnadas del Dios el Hijo (Isaías 6:1).

      (2) Dios se manifestó especialmente en Jesucristo en la carne (encarnado). En esta forma el hombre vio a Dios (Juan 1:14). Escriba la última frase de Juan 14:9: *El que me ha visto a mí...*

____

____

   Subraye en su Biblia Filipenses 2:6-7.

   c. Adán, entonces, fue creado en la forma e imagen de Cristo. Cristo no fue creado a imagen o forma de Adán. (Esta es una verdad vital).

Escriba Romanos 5:14: ____

____

____

   (Observa la última frase de ese versículo: Adán "es figura del que había de venir").

3. La triple naturaleza del hombre.

   a. El hombre fue creado con una triple naturaleza. Fue creado como una trinidad, compuesto por cuerpo, alma y espíritu. Por lo tanto, el hombre fue creado a imagen de Dios, y Dios es una Trinidad.

Escriba 1 Tesalonicenses 5:23: ____

____

____

Escriba Hebreos 4:12: ____

____

____

b. *El cuerpo. Entonces Jehová Dios formó al hombre del polvo de la tierra* (Génesis 2:7). Esta fue la formación del cuerpo, la parte externa y visible del hombre. El cuerpo es la sede de los cinco sentidos: vista, olfato, oído, gusto y tacto.

   El cuerpo es el medio de la "consciencia del mundo".

c. *El alma. Y* [Dios] *sopló en su nariz aliento de vida; y fue el hombre un ser viviente* (Génesis 2:7). El alma es la sede de la emoción, la memoria, el afecto, la conciencia y la razón (Génesis 41:10; Marcos 14:34).

   Lea y subraye Salmos 42:1-6.

   El alma es el medio de la "consciencia de uno mismo".

   El "*corazón*" en la Escritura se usa casi de manera sinónima con "alma" (Hebreos 10:22).

   Un pensamiento de interés para la mayoría de las personas es simplemente este hecho: *Y sopló en su nariz aliento de vida, y fue el hombre un ser viviente.* Ahora observe: la transfusión del "aliento de Dios" (espíritu) en el "hombre formado" (cuerpo) produjo un alma. La unión del cuerpo y el espíritu hizo que el hombre se convirtiera en un alma viviente.

d. *El espíritu. El aliento* [espíritu] *de vida* (Génesis 2:7). El espíritu del hombre es la diferencia entre el hombre y todas las criaturas (Hebreos 12:9). El espíritu del hombre es esa parte del hombre que sabe y conoce.

Escriba 1 Corintios 2:11: ____

____

____

____

   El espíritu es la parte más profunda del hombre. Dentro del espíritu del hombre están las facultades de fe, esperanza, adoración, oración, veneración y respeto.
   El espíritu es el medio de la "consciencia de Dios".

B. LA CONDICIÓN DEL HOMBRE ANTES DE LA CAÍDA.

   1. El hombre podía pensar, tenía conocimiento.

      a. Adán fue hecho hombre con capacidades de razonamiento. Tenía un intelecto, podía pensar. No era un bebé. Era adulto y puso nombres a todos los animales que creó Dios.

Escriba Génesis 2:20: ____

____

b. El hombre fue creado con la capacidad de hablar, de expresar lo que concebía su mente.

2. Las responsabilidades atribuidas al hombre.

   a. Él debía "ser fructífero, multiplicarse... llenar la tierra, y sojuzgarla... tener dominio sobre los peces del mar, y sobre las aves del cielo, y sobre todo ser viviente que se mueve sobre la tierra" (Génesis 1:28).

   Adán puso nombre a Eva. Él la nombró después de que cayeron. Su nombre significa "madre de todos los vivientes" (Génesis 3:20) e indica la fe de Adán en Dios y en las promesas de Dios.

   Génesis 2:21-23 registra que Dios hizo una "ayuda idónea" (v. 20) para Adán. Dios hizo a Eva sin la ayuda de una mujer, así como había hecho a Adán sin la ayuda de hombre ni mujer. En Génesis 3:15, Él anuncia a Cristo, hecho sin la ayuda de hombre. (Usted y yo fuimos hechos solo por hombre y mujer). Así que Adán y Eva tenían la responsabilidad de la reproducción.

   b. Él debía ser obediente a Dios. Dios puso una restricción sobre Adán y Eva; solo una. Eso se encuentra en Génesis 2:17.

___

___

   La prueba era la prueba de la obediencia. El árbol no era un "manzano" sino "el árbol del conocimiento del bien y del mal" (v. 9).

   c. El hombre debía guardar el jardín (Génesis 2:15). El trabajo era de gozo, no de trabajo arduo. No hubo espinas ni cardos, ni tierra maldita hasta después de la caída (Génesis 3:17-18). En Génesis 1:29 y Génesis 2:16 el Señor les dijo que podían comer de las hierbas y los frutos; en otras palabras, verduras verdes y frutas. Eran vegetarianos al principio. (Nota: en Génesis 9:3, después del diluvio, a Noé se le dijo que podía comer carne).

   La palabra "guardar" en Génesis 2:15 también tiene el significado de "proteger" o "fortaleza". Por lo tanto, debían "labrar y guardar el huerto". No hace falta decir que, con la caída, perdieron el huerto.

C. LA CAÍDA DEL HOMBRE.

1. El único requisito de Dios.

   a. Ya hemos visto que Dios puso una restricción sobre Adán y Eva (Génesis 2:17). La primera pregunta y también natural que la mayoría de las personas hacen es: "¿Por qué Dios permitió que fueran tentados por Satanás?". Dios hizo al hombre (y a los ángeles) con "libre albedrío" o "libre elección". No somos marionetas en un hilo.

   b. Dios permitió la prueba (aunque Él conocía el resultado en su conocimiento previo) del hombre para probarlo. Adán fue creado en inocencia. La inocencia es "la falta de pecado" porque nunca ha enfrentado una prueba.

   La justicia es inocencia que ha sido probada y ha sido victoriosa en la prueba.

   Adán debía ser obediente. Su inocencia fue probada y falló en la prueba.

2. El pecado entró por un hombre: Adán.

a. Pablo establece el hecho. Escriba Romanos 5:12:

____

____

b. Satanás, en forma de serpiente, fue la fuente de la tentación (Génesis 3:1-6). Satanás actuó a través de Eva:
   - lanzando duda sobre la Palabra de Dios (Génesis 3:1)
   - la primera mentira (Génesis 3:4)
   - apelando a su orgullo (Génesis 3:5)

c. La caída está registrada en Génesis 3:6.

d. Los resultados de la caída fueron inmediatos. En Génesis 3:7 el hombre se volvió consciente de sí mismo; en el v. 10 avergonzado y temeroso; en el v. 17 condenado a vivir en tierra maldita con dolor; en el v. 18 entre espinos y cardos; y en el v. 19 a sudar y trabajar.

   En Génesis 3:7 su necesidad de cubrir su desnudez surgió por su desobediencia.

   En Génesis 3:8 vemos la separación: el hombre escondiéndose, Dios buscando. Ellos conocieron el bien sin el poder para hacerlo y conocieron el mal sin el poder para evitarlo.

   El pecado fue la desobediencia; lea nuevamente Génesis 3:17.

3. La caída de toda carne.

   a. El pecado está en el torrente sanguíneo de la humanidad, puesto allí por un hombre: Adán.

Escriba 1 Corintios 15:22: _______________________________

____

____

   b. Todos nacemos con la naturaleza de Adán.

Escriba Romanos 5:12: _______________________________

____

____

   Subraye Romanos 3:23. También, Romanos 3:10, 19.

   c. La naturaleza pecaminosa es parte de nosotros.

Escriba Salmos 51:5: _______________________________

____

   d. Estamos muertos espiritualmente a menos que el segundo Adán (Jesucristo) haya sido invitado a nuestras vidas.

Escriba Efesios 2:1: _______________________________

____

D. LA GRACIA DE DIOS.

1. Cómo Dios proveyó para toda la humanidad.

a. En Génesis 3:15 Dios prometió una "simiente de mujer". Esa simiente era Cristo. En el punto de partida del hombre, Dios suplió la necesidad. Lea Gálatas 4:4.
b. En el pecado, Adán tuvo fe en la simiente prometida de Génesis 3:15 cuando nombró a su esposa Eva "la madre de todos los vivientes" (Génesis 3:20).
c. Jesús, el Redentor, se hizo carne y tomó nuestros pecados sobre Él en la cruz. Él fue el segundo, o último, Adán (1 Corintios 15:45, 47).

2. El hombre debe aceptar el regalo de Dios para escapar del castigo del pecado.
   a. Cuando aceptamos a Cristo, somos nuevas criaturas en Cristo (2 Corintios 5:17; Juan 3:16).
   b. Somos salvos al aceptar a Jesús (2 Timoteo 1:9).
   c. Tenemos vida eterna al aceptarlo (Juan 5:24).
   (Los límites de espacio nos impiden continuar en este punto; sin embargo, habrá una lección sobre la salvación. No podíamos dejar esta lección sin mencionar el camino de salvación).

V. LO QUE ESTA VERDAD BÍBLICA NOS ENSEÑA HOY

Todos nosotros, sin importar nuestra ascendencia, nacemos en pecado. Somos pecadores por naturaleza. Todos descendemos de Adán. El pecado es parte de la naturaleza heredada. El único antídoto para el veneno del pecado es la fe en Jesucristo. La mayoría de las personas piensan que son "buenas", y probablemente lo sean, pero la cuestión no es ser bueno o malo. La pregunta es: ya que "todos han pecado", ¿han aceptado el plan de gracia de Dios? ¿Lo ha hecho usted?

SU SIGUIENTE TAREA:

1. Lea Isaías 14:12-15; Ezequiel 28:11-19; 2 Samuel 24:17; Salmos 51:5; Romanos 3:23; 4:5; 5:12; 7:7; Gálatas 5:19-21; Efesios 2:2; 5:6; 2 Tesalonicenses 1:7-9; 2:4, 8, 12; Hebreos 12:6; Apocalipsis 20:12, 14.
2. Repase sus notas sobre "El hombre: su creación y caída".
3. Marque su Biblia donde aprenda nuevas verdades.

Lección 17
EL PECADO

I. INTRODUCCIÓN

Se habló del origen del pecado en la Lección 14. En ese estudio aprendimos que el pecado se originó en el corazón y la mente de un ángel, Lucifer, hijo de la mañana. El pecado fue el orgullo, el deseo de estar por encima de Dios. El pecado trajo el juicio de Dios. *Y pecaste; por lo que yo te eché del monte de Dios, y te arrojé de entre las piedras del fuego, oh querubín protector* (Ezequiel 28:16). El relato de Lucifer y su caída se encuentra en Ezequiel 28:15-17 e Isaías 14:12-15. Jesús declaró: *Yo veía a Satanás caer del cielo como un rayo* (Lucas 10:18).

No había pecado antes de Lucifer. Él se convirtió en el diablo, Satanás. Este gran engañador usó la forma de una serpiente para tentar a los primeros seres humanos en la tierra. El pecado entró en la raza humana a través del engaño.

Es necesario entender la mente de Dios en relación con el pecado. Esto solo puede encontrarse en las Escrituras. Vivimos en una sociedad permisiva. Ya no es popular usar las palabras "pecado, perdido, eternamente condenado, depravado" porque estos términos son demasiado fuertes para la "gente buena". En la iglesia, la clase bíblica y el estudio privado de la Palabra de Dios nunca debemos cambiar la terminología de Dios para ajustarnos a los llamados estándares morales de la sociedad. Por lo tanto, este no será un estudio popular, pero sí necesario en nuestro tiempo. La verdad de Dios siempre ayuda, aunque a veces pueda doler.

II. VERSÍCULOS BÁSICOS:

Isaías 14:12-15; Ezequiel 28:11-19; 2 Samuel 24:17; Salmo 51:5; Romanos 3:23; 4:5; 5:12; 7:7; Gálatas 5:19-21; Efesios 2:2; 5:6; 2 Tesalonicenses 1:7-9; 2:4, 8, 12; Hebreos 12:6; Apocalipsis 20:12, 14.

III. EL NÚCLEO DE ESTA VERDAD

La mayoría, si no todos, reconocen el conflicto entre la conciencia y la conducta. El hombre tiene una tendencia natural a desviarse, a pensar y actuar de manera degradante. Hay una lucha interminable por hacer el bien, pero el mal está siempre presente para distorsionar, para desviar. El conflicto es real dentro del corazón y el alma.

¿Por qué el conflicto entre conciencia y conducta? Algo le sucedió a la naturaleza del hombre. Sucedió en la "caída del hombre" en Génesis 3. Desde entonces, el pecado ha sido heredado. Heredar significa "recibir de los progenitores". Nacemos con una naturaleza pecaminosa. Si duda de esto, responda a la siguiente pregunta: "¿Se tiene que enseñar a un niño a hacer lo malo?". Todo lo contrario: se tiene que enseñar al niño a hacer lo correcto.

Si esto no fuera cierto, el sacrificio por el pecado, pagado por Cristo en la cruz, sería innecesario. Jesús vino y murió para impartir una "nueva naturaleza" a todo aquel que cree.

Las personas que no entienden la naturaleza del pecado se ofenden cuando alguien les habla como pecadores. Su defensa generalmente es parecida a lo siguiente: "Soy una buena persona, pago mis deudas, voy a la iglesia de vez en cuando, soy bueno con mi familia y mis amigos, soy una persona moralmente buena"; y así siguen. La cuestión no es la "bondad". La pregunta es: "¿Ha sido lavado en la sangre del Cordero?". Él da una nueva naturaleza, haciendo que todos los que vienen a Él se den cuenta de que no hay bondad en el hombre. Él se convierte en la fuente de la consciencia espiritual, y las buenas acciones que se hacen son para Él y para su gloria.

Esta lección no trata de la "bondad" de las "personas buenas", sino del "pecado de toda la humanidad".

IV. LA GRAN VERDAD – EL PECADO

A. EL HECHO DEL PECADO.

1. El origen del pecado

a. El pecado se originó con Satanás (Isaías 14:12-14).

b. El pecado entró en el mundo por medio de Adán.

Escriba Romanos 5:12: ______________________________

____

2. El pecado es universal.

a. El pecado era entonces, y sigue siendo, universal; con la única excepción de Jesús.

Escriba Romanos 3:23: ______________________________

____

____

También Gálatas 3:22: ______________________________

____

____

b. Incluso la naturaleza proclama el hecho del pecado.

Escriba Romanos 8:22: ______________________________

____

B. LA NATURALEZA DEL PECADO

1. Las siete caras del pecado.

a. El pecado es "infracción", que es sobrepasar la ley, el límite divino. Hubo pecado antes de la ley, pero no transgresión (Josué 7:11, 15). Subraye los versículos en su Biblia. Refiérase a 1 Juan 3:4.

b. El pecado es "iniquidad", que es un acto inherentemente malo; mala moralidad (Colosenses 3:5-9).

Escriba Marcos 7:20: ______________________________

____

Subraye las palabras de Jesús en Marcos 7:21-23.

c. El pecado es "desobediencia", que es rebelión contra la autoridad.

Escriba Efesios 5:6: ______________________________

____

____

d. El pecado es "errar el blanco", que es fallar a la hora de cumplir el estándar divino de Dios.

Escriba Romanos 3:23: ____

____

e. El pecado es "traspasar", que es colocar la voluntad propia en la esfera de la autoridad divina, invadiendo la voluntad de Dios (Efesios 2:1).

Escriba Mateo 6:14: ____

____

____

f. El pecado es "impiedad". Las Escrituras se explican por sí solas.

Escriba Romanos 4:5: ____

____

____

También Romanos 5:6: ____

____

g. El pecado es "incredulidad". Escriba Marcos 9:24:

____

____

Otras citas: 1 Juan 5:10; Romanos 3:3.

Escriba Mateo 13:58: ____

____

2. Lo que el pecado les hace a las personas.
   a. El pecado provoca una *visión distorsionada* de las cosas espirituales. Subraye Juan 9:39. Escriba Romanos 7:19:

____

____

   b. El pecado *corrompe* el alma. Subraye Romanos 1:21.22.

Escriba Romanos 1:32: ____

____

____

   c. El pecado *ciega*. Escriba Efesios 4:18:

____

____

   d. El pecado *endurece* la conciencia. Escriba Efesios 4:19:

____

____

Hemos enumerado solo unos cuantos efectos del pecado. Hay muchos otros. Escriba lo que vengan a su mente.

C. EL ALCANCE DEL PECADO.

1. Toda injusticia es pecado.
   a. Una buena definición de pecado es simplemente "toda injusticia es pecado", como dice la Palabra de Dios.

Escriba 1 Juan 5:17: ____________________

____

   b. No hay ninguno justo (Salmos 14:1-3).

Escriba Romanos 3:10: ____________________

____

2. Las dos clases de pecado.
   a. Los pecados *declarados*; son los pecados cometidos de forma abierta, pública, como profanar, mentir, robar, etc.

Escriba Salmos 90:8: ____________________

____

   b. Los pecados *secretos*; pensados en las cámaras secretas del corazón, como envidia, celos, lujuria, orgullo, o rencor. El mismo versículo (Salmos 90:8) revela los pecados secretos abiertamente en "la luz de tu rostro".

Escriba Jeremías 17:9: ____________________

____

____

3. Las tres formas en las que aparece el pecado.
   a. Jesús presenta el orden del pecado (Marcos 7:21-23).

Escriba Marcos 7:21: ____________________

____

   b. Las tres formas de pecado en la Escritura son:
      - en la naturaleza humana – "del corazón"
      - en la mente humana – "malos pensamientos"
      - en la acción humana – "adulterio, fornicación, homicidio, hurtos", etc.
   c. En Marcos 7:21-22 Jesús menciona 13 pecados del corazón humano. Jesús estaba hablando a sus discípulos sobre el corazón del hombre. Se debe leer todo el contexto (Marcos 7:14-23).

Escriba Marcos 7:23: ____________________

____

4. La totalidad del pecado.
   a. Todo en el hombre es pecador: su cuerpo, alma y espíritu. Subraye Romanos 3:11-12 en su Biblia. También, Gálatas 3:22.

b. Todos nacemos con una naturaleza pecaminosa.

Escriba Salmos 51:5: ______________________________

____

c. La naturaleza pecaminosa es como veneno.

Escriba Salmos 58:3-4: ______________________________

____

D. LA PAGA DEL PECADO (EL CASTIGO).

1. La paga del pecado es algo que nos ganamos.
   a. El término *paga* significa que trabajamos por un resultado final. En esta vida, por un salario, por fama, por bienes materiales.
   b. *La paga del pecado es muerte* (Romanos 6:23). "Muerte" en la Escritura nunca significa "aniquilación". Significa "destrucción eterna" (2 Tesalonicenses 1:9).
   c. "destrucción" (Mateo 7:13)
   d. "castigo eterno" (Mateo 25:46)
   e. "condenados". Escriba Juan 3:18:

____

____

2. Los resultados del pecado en el cristiano.
   a. Dios castiga a los suyos. Escriba Hebreos 12:6:

____

____

El castigo eterno es para el no creyente. Dios trata con los suyos como un Padre. Un padre natural solo castiga a sus propios hijos.

   b. El cristiano debería juzgarse a sí mismo.

Escriba 1 Corintios 11:31-32: ______________________________

____

____

   c. La confesión de pecado es necesaria para una limpieza.

Escriba 1 Juan 1:9: ______________________________

____

____

Memorice el versículo. Es la pastilla de jabón del cristiano.

E. EL ÚNICO REMEDIO PARA EL PECADO.

1. El evangelio de Jesucristo.
   a. *Porque no me avergüenzo del evangelio, porque es poder de Dios para salvación a todo aquel que cree* (Romanos 1:16).
   b. Él, Jesús, pagó el castigo por todo pecado. Subraye 1 Juan 2:2.

2. Creer en el Señor Jesucristo.
    a. Recuerde Juan 3:16. ¿Ha creído usted?
    b. *La dádiva de Dios es vida eterna en Cristo Jesús Señor nuestro* (Romanos 6:23).

    (Habrá una lección completa sobre la salvación. Solo se ofrece un breve esquema aquí por si alguien quiere aceptar a Cristo).

V. LO QUE ESTA VERDAD BÍBLICA NOS ENSEÑA HOY

El pecado más grande de todos los pecados es rechazar el regalo gratuito de la salvación a través de la fe en Jesucristo como Señor y Salvador. Las personas no están perdidas por su pecado, sino porque no quieren rendir sus corazones y vidas a Cristo. Hay una diferencia entre "pecado" y "pecados". El pecado es esa tendencia o disposición a pecar heredada de Adán. Los pecados son los actos específicos de pecado que uno comete como resultado de la naturaleza pecaminosa.

Jesús vino para proporcionar la expiación por el pecado, no por los pecados. Vino para cambiar los corazones de todos los que lo aceptan. Él da a todos los que lo aceptan una nueva naturaleza, una naturaleza para apartarse de la vida vieja y abrazar una nueva vida. Pablo dijo: *De modo que si alguno está en Cristo, nueva criatura es; las cosas viejas pasaron; he aquí todas son hechas nuevas* (2 Corintios 5:17).

Pablo expresa en unos pocos versículos la diferencia entre los dos Ad**á**n: *Fue hecho el primer hombre Adán alma viviente; el postrer Adán* [Jesús] *espíritu vivificante* (1 Corintios 15:45). *El primer hombre es de la tierra, terrenal; el segundo hombre, que es el Señor, es del cielo* (v. 47). Subraye el v. 48.

Porque así como en Adán todos mueren, también en Cristo todos serán vivificados (1 Corintios 15:22).

No somos pecadores porque pecamos.

Pecamos porque somos pecadores.

Cree en el Señor Jesucristo, y serás salvo (Hechos 16:31).

SU SIGUIENTE TAREA:

1. Lea Génesis 3:15; 12:1-3; Mateo 1:21; Juan 3:3-8; 3:14-17; Romanos 5:8-9; 10:9; 1 Corintios 1:18; 2 Corintios 6:2; Efesios 1:13; 2:5-8; 1 Tesalonicenses 5:9; 2 Tesalonicenses 2:13; Hebreos 2:14-15; 5:9; 9:28; 1 Pedro 1:5-12; 4:13.
2. Repase sus notas sobre el pecado. Recuerde las escrituras y las verdades que le ayudaron.
3. Marque su Biblia cuando la lección indique un pasaje a subrayar. Escriba en los márgenes de su Biblia.

Lección 18
LA SALVACIÓN

I. INTRODUCCIÓN

¿Alguna vez se ha preguntado por qué tantas personas son fieles al trabajo del Señor semana tras semana e incluso año tras año? La mayoría de las personas que son fieles lo hacen porque han sido salvas y quieren que otros sean ganados para Cristo. Es cierto que mucha "actividad religiosa" no tiene nada que ver con alcanzar a las personas. En muchos casos, el grupo o la persona interesada en ganar a alguien para Cristo nunca es conocido. Así es como la mayoría de los "ganadores de almas" preferirían que fuera desde el principio.

La salvación de las almas perdidas es la razón por la que Jesús murió, la razón por la que Él estableció la Iglesia, la razón por la que le dio a la Iglesia sus dones de "apóstoles... profetas... evangelistas... pastores y maestros" (Efesios 4:11). Estos dones fueron dados a la Iglesia para la salvación de los perdidos, luego para el crecimiento de la nueva persona en Cristo, y "para perfeccionar a los santos [los salvos] para la obra del ministerio, para la edificación del cuerpo de Cristo" (v. 12).

La salvación se puede obtener de una sola manera, y solo de una manera. La forma es la manera de Dios, y es el tema de este estudio.

II. VERSÍCULOS BÁSICOS:

Génesis 3:15; 12:1-3; Mateo 1:21; Juan 3:3-8; 3:14-17; Romanos 5:8-9; 10:9; 1 Corintios 1:18; 2 Corintios 6:2; Efesios 1:13; 2:5-8; 1 Tesalonicenses 5:9; 2 Tesalonicenses 2:13; Hebreos 2:14-15; 5:9; 9:28; 1 Pedro 1:5-12; 4:13.

III. EL NÚCLEO DE ESTA VERDAD

La salvación es la obra de Dios por la cual Él salva al hombre de la condena eterna del pecado. En la salvación, Él da al hombre las riquezas de su gracia, lo cual significa vida eterna ahora y para siempre. La salvación es la obra de Dios y no una obra del hombre para Dios.

La salvación es el "nuevo nacimiento". Jesús le dijo a Nicodemo: *Os es necesario nacer de nuevo* (Juan 3:7). El nuevo nacimiento es un nacimiento espiritual, y es tan real como el nacimiento natural. La única manera de convertirse en cristiano es ser "nacido de nuevo".

El significado de la *salvación* en hebreo y griego implica las ideas de liberación, seguridad, preservación, sanidad y solidez. Hasta que una persona reciba a Cristo como Salvador, esa persona está perdida y no tiene seguridad de liberación, seguridad, etc. Las buenas obras nunca darán salvación a un alma. Ser una buena persona no es salvación. La Biblia declara que no somos salvos por obras. Primero es la salvación, seguida de las obras (Efesios 2:10).

IV. LA GRAN VERDAD – LA SALVACIÓN

A. LA SALVACIÓN: EL PROPÓSITO EXTERNO DE DIOS.

1. La salvación fue concebida en la mente de Dios.

a. El plan de salvación estaba en la mente de Dios antes de la fundación del mundo.

Escriba Efesios 1:4: ____

____

____

b. La salvación fue el resultado de la presciencia de Dios. El plan de salvación no fue una ocurrencia tardía de Dios. Él sabía de antemano (siendo omnisciente) la necesidad de un plan de redención.

Escriba 1 Pedro 1:20: ____

____

____

También Tito 1:2: ____

____

2. La salvación: la gracia de Dios.

a. La salvación no es un resultado de nada que podamos hacer, sino el resultado de la gracia de Dios.

La palabra "gracia" significa: Riquezas de Dios a costa de Cristo.

Escriba 2 Timoteo 1:9: ____

____

____

Escriba Tito 2:11: ____

____

b. La salvación se ofreció por el amor de Dios hacia nosotros.

Escriba Romanos 5:8: ____

____

____

Subraye 1 Juan 4:9.

B. LA SALVACIÓN ANTES Y DESPUÉS DE LA CRUZ.

1. La salvación antes de la cruz.

a. Dios trató con el pecado antes de la cruz mediante la expiación. *Expiación* significa "cubrir" (Levítico 16).

b. Las ofrendas levíticas "cubrían" los pecados hasta y en anticipación de la cruz, pero no "eliminaban" esos pecados (Hebreos 9:15).

Escriba Romanos 3:25: ____

____

Note las palabras "haber pasado por alto, en su paciencia, los pecados pasados". La palabra "remisión" significa "pasar por alto".

c. La ofrenda levítica de sacrificio se ofrecía en anticipación al sacrificio supremo, Jesucristo. Dios había prometido un Cordero (Génesis 3:15; 22:8) y había perdonado el pecado con base en su promesa.

d. Pablo, en su discurso a los hombres de Atenas en el Areópago, dijo: *Pero Dios, habiendo **pasado por alto** los tiempos de esta ignorancia...* (Hechos 17:30).

2. La salvación después de la cruz.

a. El método divino de tratar con el pecado desde la muerte de Cristo se basa en UNA OFRENDA: la ofrenda de Cristo en la cruz (Hebreos 10:12, 14).

b. En su muerte, Cristo no "cubrió" el pecado sino que lo quitó (limpió completamente). *He aquí el Cordero de Dios, que quita el pecado del mundo* (Juan 1:29).

Escriba Colosenses 2:14: ____________________

____

____

C. EL PRECIO PAGADO POR LA SALVACIÓN.

1. El Hijo de Dios, Jesucristo, tuvo que morir para proveer salvación.

a. Mediante la muerte, sepultura y resurrección de Cristo, proveyó un camino de salvación para la humanidad.

Escriba Romanos 8:11: ____________________

____

____

b. *Porque de tal manera amó Dios al mundo, que ha dado a su Hijo unigénito, para que todo aquel que en él cree, no se pierda, mas tenga vida eterna* (Juan 3:16).

Dios dio, Cristo murió, su sangre derramó, el precio de la salvación demuestra el amor de Dios por nosotros.

2. Jesús sufrió por los pecados del mundo.

a. Sufrió "para llevarnos a Dios".

Escriba 1 Pedro 3:18: ____________________

____

____

b. Su sangre fue derramada "para remisión de los pecados". La palabra "remisión" significa "perdón". Jesús habló de esto cuando instituyó la cena del Señor.

Escriba Mateo 26:28: ____________________

____

____

D. SALVACIÓN DEL CASTIGO DEL PECADO.

1. Cristo salva de la culpa y el castigo del pecado.

a. Esto habla de pecados pasados. Cuando la persona acepta a Cristo, se elimina la culpa. El castigo de los pecados pasados ha sido cubierto porque Cristo se hizo pecado por todos los que creerían.

Escriba 2 Corintios 5:21: ____________________

____

____

b. La vida pasada es perdonada. Lea Efesios 4:31 y escriba Efesios 4:32:

____

____

2. Cristo salvará a todos los que acudan a Él.

a. Él siempre cumple sus promesas. Él no desea que ninguno perezca.

Escriba 2 Pedro 3:9: ____

____

____

b. Observe en 2 Pedro 3:9 que la decisión final es del individuo. Dios nunca fuerza, aunque su voluntad es que ninguno perezca. La acción por parte del individuo se encuentra en la última frase del v. 9: *Sino que todos procedan al arrepentimiento.*

E. SALVACIÓN DEL PODER DEL PECADO.

1. Cristo vive siempre para interceder por nosotros.

a. Como el cristiano ha sido salvado de la culpa y el castigo del pecado, el Señor Jesús provee al cristiano un día a día de salvación del poder y dominio del pecado.

Escriba Romanos 6:14: ____

____

También Hebreos 9:25: ____

____

____

b. Esta verdad habla del tiempo presente. Aunque una persona sea salva, los cristianos aún siguen teniendo la disposición a pecar.

Escriba 1 Juan 2:1: ____

____

____

2. El cristiano puede vivir una vida victoriosa.

a. Aunque una persona acepte el plan de salvación de Dios, sigue en posesión de las dos naturalezas en su corazón y alma. Está la vieja naturaleza adámica y la naturaleza espiritual divina recibida mediante el nuevo nacimiento. Estas dos naturalezas pelean constantemente por el control. Pablo descubre este conflicto en su propia alma (Romanos 7:15-25).

b. La pelea en cada cristiano se puede terminar. Pablo fue victorioso.

Escriba Romanos 8:1: ____

____

____

Subraye Romanos 8:2-3.

c. El Espíritu Santo terminará con la pelea en el corazón del creyente (Romanos 8:14-16).

Subraye Romanos 8:26-27.

Escriba 1 Juan 5:20: ____

____

____

F. SALVACIÓN DE LA PRESENCIA DEL PECADO.

1. Jesús regresará para apartar a los redimidos de la presencia del pecado.
    a. Esto habla del tiempo futuro. El hijo de Dios ha sido salvado del *castigo del pecado* (pasado); está siendo salvo del *poder del pecado* (presente); y será salvado de la *presencia del pecado* (futuro).

Escriba Hebreos 9:28: ____

____

____

    b. Pedro habló de una herencia futura.

Escriba 1 Pedro 1:4-5: ____

____

____

2. Dios ve a los cristianos como un día serán.
    a. Nosotros no esperamos ser hijos de Dios, ¡ya lo somos! Todos los que han aceptado a Cristo son hijos de Dios AHORA. Subraye 1 Juan 3:1.
    b. Sabemos que Él marcará la diferencia cuando regrese por los suyos. Uno de los preciosos versículos que debería memorizar es 1 Juan 3:2, escríbalo:

____

____

G. LA SALVACIÓN ES EL REGALO GRATUITO DE DIOS.

1. ¿Cómo puede ser salva una persona?
    a. La salvación es un regalo de Dios para todo aquel que cree.

Escriba Efesios 2:8-9: ____

____

____

____

    b. Como la salvación es un regalo de Dios y su gracia está provista, ¿qué debe hacer una persona? Admitir y confesar que es pecadora (Romanos 3:23).
    c. Una persona sin Cristo se gana la muerte espiritual.

Escriba Romanos 6:23: ____

____

____

La paga es aquello por lo que trabajamos cada día. La "paga del pecado es muerte", esa es la parte mala. Es decisión del hombre.

d. "Mas la dádiva de Dios es vida eterna en Cristo Jesús, Señor nuestro". Ese es el regalo de Dios magnífico y glorioso. La decisión es de cada individuo.

2. ¿Cómo puede una persona vivir la vida cristiana?

a. El poder para vivir la vida cristiana se le da a todo el que cree.

Escriba 1 Juan 1:12: ____

____

____

b. Confiese cada pecado y reciba el perdón.

Escriba 1 Juan 1:9: ____

____

Esto no es una licencia para pecar. Es la manera de Dios de mantenernos limpios. Decir que no tenemos pecado es pecado y la verdad no está en nosotros (1 Juan 1:8).

V. LO QUE ESTA VERDAD BÍBLICA NOS ENSEÑA HOY

La salvación es un regalo gratuito de un Dios santo a un mundo pecador. Se obtiene únicamente al creer en el Hijo de Dios y recibirlo en su corazón. Es un acto de fe. No se puede alcanzar la salvación por méritos propios, ni se puede comprar. Es una decisión personal. Nadie más puede salvar a una persona. Ser miembro de una iglesia no es lo mismo que la salvación, pero debería ser un resultado natural de ella.

"El evangelio de Cristo… es poder de Dios para salvación a todo aquel que cree" (Romanos 1:16). Es la "buena noticia" de que Jesús pagó el precio del pecado en la cruz, y ese es el poder de Dios. Para crear, Dios sopló. Habló y todo fue creado. Para salvar al hombre del pecado y del tormento, tuvo que dar su sangre (Juan 3:16; Hechos 20:28).

La salvación cambia el corazón, la mente y cada parte de una persona. Nos convertimos en una *nueva criatura* (en realidad, "una nueva creación") (2 Corintios 5:17).

No debemos preocuparnos por ser lo suficientemente buenos para ser salvos, porque una persona nunca alcanza ese grado de excelencia. Si alguien lo hiciera, no necesitaría salvación. "Todos han pecado" es una verdad inclusiva.

Una vez que pertenecemos a Cristo, aprendemos a depender de Él. Él está con nosotros cada momento de cada día. Pablo dice: *Estando persuadido de esto, que el que comenzó en vosotros la buena obra, la perfeccionará hasta el día de Jesucristo* (Filipenses 1:6).

SU SIGUIENTE TAREA:

1. Lea Mateo 3:1-2; 4:17; Marcos 6:12; Lucas 13:5; 24:47; Hechos 2:38; 11:18; 20:21; 26:20; Romanos 2:4; 2 Corintios 7:10; 2 Timoteo 2:24-25; Apocalipsis 2:5, 16, 21; 3:3, 19.
2. Repase sus notas sobre la salvación.
3. Marque su Biblia donde aprenda nuevas verdades.

Lección 19
EL ARREPENTIMIENTO

I. INTRODUCCIÓN

La verdad presentada en esta lección se suele mencionar poco. El arrepentimiento no es un tema popular, pero es absolutamente necesario e indispensable para la salvación. Dondequiera que este tema se enseñe, produce frutos. La fe en Cristo es el objetivo de la enseñanza y la predicación, pero dicha enseñanza y predicación deben enfatizar el arrepentimiento. Jesús afirmó que el arrepentimiento era una necesidad para la salvación (Lucas 13:3).

Webster define el arrepentimiento como "apartarse del pecado y dedicarse a la enmienda de la vida; sentir pesar o contrición". Esto es parcialmente correcto. El sustantivo en griego es *metanoia*, que significa "cambio de mente". El verbo correspondiente significa "cambiar de parecer". En el sentido bíblico, el arrepentimiento significa "dar la vuelta, cambiar de vida, cambiar de dirección". El significado básico que debe recordar es "dar la vuelta en relación con el pecado".

II. VERSÍCULOS BÁSICOS:

Mateo 3:1-2; 4:17; Marcos 6:12; Lucas 13:5; 24:47; Hechos 2:38; 11:18; 20:21; 26:20; Romanos 2:4; 2 Corintios 7:10; 2 Timoteo 2:24-25; Apocalipsis 2:5, 16, 21; 3:3, 19.

III. EL NÚCLEO DE ESTA VERDAD

El arrepentimiento y la fe son dos elementos indispensables para la conversión. El arrepentimiento es volverse del yo; la fe es volverse hacia Dios. El arrepentimiento mira hacia adentro; la fe mira hacia lo alto. El arrepentimiento ve nuestra agonía; la fe ve a nuestro Salvador.

El arrepentimiento es una acción triple:

- En el *entendimiento*: conocimiento del pecado.
- En los *sentimientos*: dolor y pesar.
- En la *voluntad*: un cambio de mente (*metanoia*) y un cambio de dirección. Es una comprensión del yo, la desesperación por la culpa, y una renuncia al yo.

Pablo expresa lo mismo en una breve escritura: *¡Miserable de mí! ¿Quién me librará de este cuerpo de muerte?* (Romanos 7:24).

El Señor [...] no quiere que nadie perezca (2 Pedro 3:9, NVI). La condición que Dios ha establecido es que una persona debe creer en su Hijo Jesucristo (recibirlo). Ahora recuerde esto: La salvación consiste en:

- *Regeneración*: parte divina; Dios regenera.
- *Arrepentimiento y fe*: parte humana; conversión.

La conversión, que significa arrepentimiento y fe, es la condición para la regeneración (nacer de nuevo). Si entiende esta verdad, esta lección no volverá de vacío. El arrepentimiento es una verdad importante de la Palabra de Dios.

IV. LA GRAN VERDAD – EL ARREPENTIMIENTO

A. EL ARREPENTIMIENTO DE DIOS.

1. El arrepentimiento de Dios no es igual que el del hombre.

a. La palabra "arrepentimiento" en el Antiguo Testamento significa "sentir lástima, sentirse consolado". Para describir la naturaleza de Dios en términos que podamos entender, es necesario describirlo en términos de una personalidad humana. La

Biblia dice: *Dios no es hombre, para que mienta, ni hijo de hombre para que se arrepienta* (Números 23:19).

b. Los escritores del Antiguo Testamento usaron la palabra "arrepentimiento" en el sentido de *metanoia*, que significa "cambiar de idea". Esto se ve mediante el estudio de todas las citas del Antiguo Testamento.

2. El arrepentimiento de Dios se basa en pactos condicionales e incondicionales que ha hecho con el hombre.
   a. Pareciera una contradicción en la Escritura. La Biblia dice en algunos lugares que Dios nunca se arrepiente. En otras partes de la Biblia vemos que se arrepiente.
   b. Las frases (como veremos) no se contradicen. La Biblia nunca es contradictoria. Si Dios se arrepiente o no, está basado en la respuesta de la gente.
3. Dios se arrepiente, con base en sus condiciones.
   a. Dios "se arrepintió [...] de haber hecho hombre en la tierra" (Génesis 6:6). El arrepentimiento de Dios en este pasaje está basado en la advertencia condicional de Génesis 6:3.

Escriba Génesis 6:3: ______________________________

____

____

La advertencia fue desestimada y el hombre no cambió. De hecho, el hombre se hizo más malvado (Génesis 6:5).

Por la decisión del hombre de no cambiar, Dios se arrepintió. Sintió "haber hecho hombre en la tierra, y le dolió en su corazón" (Génesis 6:6).

b. El arrepentimiento de Dios significa un cambio de relaciones y circunstancias. Un buen ejemplo de esto se encuentra en Jeremías 18:5-13.

En este pasaje puede leer acerca del arrepentimiento de Dios: *Pero si esos pueblos se convirtieren de su maldad contra la cual hablé, yo me arrepentiré del mal que había pensado hacerles* (Jeremías 18:8).

Escriba Jeremías 18:10: ______________________________

____

____

c. Dios se arrepintió con respecto a Nínive porque se alejaron del mal cuando Jonás les predicó lo que Dios le había dicho (Jonás 3:2, 9-10). Subraye los vv. 9 y 10.

d. De estos pocos ejemplos, puede ver que Dios se arrepiente solo cuando la gente cumple sus condiciones. Él "abandona" el juicio si la gente cambia. Él también "actúa" con juicio si la gente no obedece su Palabra.

4. Dios no se arrepiente con base en pactos incondicionales.
   a. Cuando Dios hace un pacto incondicional, nunca se arrepiente, nunca "cambia". Permanece para siempre (1 Samuel 15:29).
   b. Dios hizo un pacto incondicional con Abraham (Génesis 12:1-3). Ese pacto permanecerá para siempre.

Escriba la primera frase de Salmos 110:4: ______________________________

____

____

c. El pacto que Dios hizo con David es incondicional (2 Samuel 7:12-16).

Escriba el v. 16: ______________________________

____

____

El pacto es inmutable (Salmos 89:27-36). Todo el salmo es una confirmación del pacto davídico. Subraye los vv. 27, 34 y 36.

d. Dios declaró a Cristo como Sacerdote según el orden de Melquisedec y no se arrepentirá (Salmos 110:4). Subraye Hebreos 7:21.

B. EL ARREPENTIMIENTO DEL HOMBRE.

1. El significado del arrepentimiento para el hombre.

a. En el Nuevo Testamento hay tres palabras griegas para arrepentimiento.

(1) El verbo *metamelomai* significa "lamento, estar molesto con el resultado del pecado, remordimiento". Esta es la palabra que usó Judas Iscariote (Mateo 27:3). Note las palabras "viendo que era condenado, devolvió arrepentido". La palabra no tiene implícita la idea de cambiar de idea. Judas estaba lleno de remordimiento. Esto no es un arrepentimiento para salvación.

(2) El verbo más usual es *metanoeo*, que significa "cambiar de idea".

(3) El sustantivo correspondiente es *metanoia*, que significa "cambiar de idea con respecto al pecado".

b. El significado de *arrepentimiento* es "un cambio, un acto de la voluntad con respecto al pecado que conduce a un cambio de conducta. Es cambiar la dirección que uno lleva e ir hacia Dios".

2. Juan el Bautista predicó arrepentimiento.

a. Isaías había profetizado la misión de Juan el Bautista en Isaías 40:3-5. Él cumplió la profecía al anunciar al Mesías (Juan 1:19-23).

b. Escriba Mateo 3:2:

____

Subraye Mateo 3:8, 11 en su Biblia.

3. Jesús predicó arrepentimiento.

a. Jesús comenzó su ministerio público predicando arrepentimiento.

Escriba Mateo 4:17: ______________________________

____

____

b. Llamó a los pecadores al arrepentimiento.

Escriba Mateo 9:13: ______________________________

____

____

c. Jesús usó a Jonás para enseñar sobre el arrepentimiento.

Escriba Mateo 12:41: ______________________________

____

____

4. Los apóstoles predicaron arrepentimiento.
   a. Pedro predicó arrepentimiento. Subraye Hechos 2:38.

Escriba Hechos 3:19: ______________________________

____

____

b. Pedro, Juan y Felipe predicaron arrepentimiento en Samaria. Subraye Hechos 8:22 en su Biblia.
c. Pablo predicó arrepentimiento a los atenienses en el Areópago.

Escriba Hechos 17:30: ______________________________

____

____

d. Cuando Pablo predicó a los efesios, dio el gran versículo sobre el arrepentimiento. Debería memorizar, subrayar y escribir Hechos 20:21:

____

____

Note que el arrepentimiento es hacia Dios; la fe es hacia nuestro Señor Jesucristo. Se necesita arrepentimiento y también fe para ser salvo.

e. La enseñanza de Pablo sobre Israel y su futuro es aplicable a nosotros.

Escriba Romanos 11:29: ______________________________

____

____

f. Pablo habló acerca de la "tristeza que es según Dios" en 2 Corintios 7:10. Él dijo: *La tristeza que es según Dios produce arrepentimiento para salvación* [que no hay que lamentar]. La simple tristeza no es arrepentimiento. La tristeza sentida por lo que el pecado significa en relación con Dios es "tristeza que es según Dios". Muchas personas pecan, enfrentan la terrible sentencia de un tribunal, enfrentan vergüenza y deshonra, y sienten tristeza por lo que enfrentan. Pero no muestran "tristeza que es según Dios".
g. En todas las escrituras estudiadas, el gran tema ha sido volverse del pecado hacia el Señor Jesús como Salvador. Un cambio en la forma de pensar sobre el pecado: *Arrepentimiento para con Dios, y de la fe en nuestro Señor Jesucristo* (Hechos 20:21).

C. LA EVIDENCIA DEL ARREPENTIMIENTO.

1. Una ilustración perfecta del arrepentimiento.
    a. La parábola del hijo pródigo es la enseñanza de nuestro Señor sobre el arrepentimiento verdadero (Lucas 15:11-32).
    b. Lea la parábola y subraye los vv. 17-18 y 21 en su Biblia.
2. El arrepentimiento se evidencia de tres maneras (en esta parábola).
    a. Intelectualmente: un cambio de mente; "volviendo en sí" (v. 17)
    b. Emocionalmente: un cambio de corazón; "he pecado" (v. 18)
    c. Volitivamente: un cambio de voluntad; "Me levantaré e iré a mi padre" (v. 18)
3. La evidencia del arrepentimiento vista en otros hombres.
    a. Tomás se arrepintió de su incredulidad con su confesión: ***¡Señor mío, y Dios mío!*** (Juan 20:28). Subraye Juan 20:25 y 27.
    b. Pablo se arrepintió en el camino de Damasco (Hechos 9:1-18). Subraye Hechos 9:3 y 5.

Escriba el v. 6: ____

____

____

    c. El carcelero de Filipos "se regocijó con toda su casa de haber creído a Dios" (Hechos 16:34) después que Pablo y Silas respondieran su súplica pidiendo ayuda. Todo el relato está en Hechos 16:25-34. Subraye los vv. 30:31 en su Biblia.

D. INCENTIVOS PARA EL ARREPENTIMIENTO.

1. Las consecuencias del pecado.
    a. El pecado lleva a la destrucción. *La paga del pecado es muerte* (Romanos 6:23). Solo hay una manera de evitar la destrucción eterna.
    b. Jesús dijo: *No; antes si no os arrepentís, todos pereceréis igualmente* (Lucas 13:3).
2. La bondad de Dios
    a. Su bondad se revela en las bendiciones diarias. Pablo dijo en Romanos 2:4: *¿O menosprecias las riquezas de su benignidad, paciencia y longanimidad, ignorando que su benignidad te guía al arrepentimiento?* Cada día Él nos da muestras de su bondad.
    b. Su bondad se revela en su misericordia y paciencia. ¿Por qué soporta Dios a las personas pecadoras? La respuesta está en 2 Pedro 3:9. Subraye este versículo en su Biblia.
    c. La suprema revelación del amor de Dios por los perdidos y de su bondad hacia la humanidad se encuentra en el regalo de su Hijo (Juan 3:16). En la cruz vemos la bondad de Dios; eso, por sí solo, debería quebrantar los corazones de los hombres y llevarlos al arrepentimiento.

V. LO QUE ESTA VERDAD BÍBLICA NOS ENSEÑA HOY

Ser convertido es "dar la vuelta". Cuando una persona se convierte, se aparta de algo y se vuelve hacia algo. Uno se aparta del pecado y luego se vuelve a Cristo. El apartarse del pecado se llama arrepentimiento; el volverse a Cristo se llama fe. Estos son los dos pasos en la conversión: arrepentimiento y fe. Pablo lo expresa claramente en Hechos 20:21: *Arrepentimiento para con Dios, y de la fe en nuestro Señor Jesucristo.*

- Así, ser salvo es ser convertido.
- La conversión requiere arrepentimiento y fe.
- Esta es la parte del hombre en su propia conversión.

Una vez que el hombre, por su libre albedrío, confiesa su pecado y se vuelve a Dios por medio de la fe en Jesucristo, ha hecho la parte que le corresponde al hombre (Romanos 10:9-10). Entonces, Dios realiza la salvación, la regeneración. Él da la nueva vida en Cristo.

Convertirse en cristiano no requiere un conocimiento extenso de la Biblia; eso viene después de ser salvo.

Para ganar a una persona para Cristo no es necesario un gran conocimiento de la Biblia, solo unos pocos versículos y saber dónde encontrarlos. Este es un plan sencillo:

Romanos 3:23: "Todos pecaron…".

Romanos 6:23: "La paga del pecado…".

2 Tesalonicenses 1:9: "Excluidos de la presencia del Señor…" (lo que significa la muerte espiritual para los que no son salvos).

Juan 3:16: "Porque de tal manera amó Dios al mundo…" (el evangelio en un versículo).

Juan 1:12: "Mas a todos los que le recibieron…" (el poder, la fortaleza para vivir la vida cristiana).

SU SIGUIENTE TAREA:

1. Lea Deuteronomio 32:20; Habacuc 2:4; Mateo 6:20; 8:26; 14:31; 17:20; Lucas 7:9; 17:5; 18:8; Hechos 3:16; 11:24; 20:21; Romanos 1:17; 3:28; 10:17; 1 Corintios 12:8-9; 15:14; 2 Corintios 1:24; 5:7; Gálatas 2:20; 3:11; Efesios 2:8-9; 4:5; Filipenses 1:25; Colosenses 1:23; 2:5; 1 Timoteo 1:5; 3:13; 4:1; Hebreos 11; 12:2; Santiago 2:14-18; 1 Pedro 1:7; 2 Pedro 1:1; Judas 20; Apocalipsis 14:12.
2. Repase sus notas sobre el arrepentimiento. La siguiente lección será sobre la fe. Estas dos lecciones van juntas porque son la parte del hombre en la salvación.
3. Marque su Biblia donde aprenda nuevas verdades.

Lección 20
LA FE

I. INTRODUCCIÓN

En la última lección aprendimos sobre el primer paso en la conversión: el arrepentimiento. El arrepentimiento es apartarse del pecado, un acto de la voluntad. Pablo dice: *Arrepentimiento para con Dios* (Hechos 20:21). Ahora pasamos al segundo paso en la conversión: la fe. En Hechos 20:21 Pablo completa la declaración: *Fe en nuestro Señor Jesucristo.* Sin fe en el Señor Jesús, el arrepentimiento se convierte en remordimiento y el resultado parece infructuoso. Es la fe en el Señor Jesucristo la que salva: *Porque por gracia sois salvos por medio de la fe* (Efesios 2:8).

La fe toma el corazón arrepentido y lo guía hacia Dios, el Dios del perdón. La conversión en sí misma es doble: apartarse de la vida antigua y volverse al Señor Jesucristo. El "apartarse de" es arrepentimiento. El "volverse a" es fe (1 Tesalonicenses 1:9). El arrepentimiento mira hacia adentro; la fe mira hacia el cielo. El arrepentimiento ve nuestra miseria; la fe ve a nuestro Salvador.

II. VERSÍCULOS BÁSICOS:

Deuteronomio 32:20; Habacuc 2:4; Mateo 6:20; 8:26; 14:31; 17:20; Lucas 7:9; 17:5; 18:8; Hechos 3:16; 11:24; 20:21; Romanos 1:17; 3:28; 10:17; 1 Corintios 12:8-9; 15:14; 2 Corintios 1:24; 5:7; Gálatas 2:20; 3:11; Efesios 2:8-9; 4:5; Filipenses 1:25; Colosenses 1:23; 2:5; 1 Timoteo 1:5; 3:13; 4:1; Hebreos 11; 12:2; Santiago 2:14-18; 1 Pedro 1:7; 2 Pedro 1:1; Judas 20; Apocalipsis 14:12.

III. EL NÚCLEO DE ESTA VERDAD

La convicción de pecado proviene de cierto grado de conocimiento de Dios. El hombre tiene una naturaleza tripartita: cuerpo, alma y espíritu. Debido a la naturaleza pecaminosa del hombre, la parte espiritual está inactiva hasta que abre su corazón al Señor Jesús. Ese espíritu inactivo permite a una persona "escuchar" el mensaje del amor de Dios. La convicción comienza por el poder del Espíritu Santo.

Para tener fe, es necesario ser informado sobre el poder salvador al aceptar a Jesús como Señor. Es imposible tener fe sin algún versículo o pasaje de la Palabra de Dios. Pablo dijo: *La fe es por el oír, y el oír, por la Palabra de Dios* (Romanos 10:17). En realidad, una persona experimenta la fe y su poder al conocer la fuente de la fe. Uno debe recibir (creer) en Jesucristo por fe. Recibirlo significa confiar en Él para salvación.

El núcleo, explicado de manera simple, es que "la fe viene por el oír la Palabra de Dios", lo que lleva a una persona a recibir a Cristo (creer) como Señor y Salvador. Confiar, una confianza total, en Jesús y en su poder para salvar, es depositar la fe completamente en Él para la salvación eterna. Para aumentar su fe, simplemente estudie la Palabra de Dios.

IV. LA GRAN VERDAD – LA FE

A. EL OBJETO DE LA FE.

1. La fe que salva es una fe en una Persona divina.
    a. "Fe en nuestro Señor Jesucristo" es la famosa frase de Pablo en Hechos 20:21. La fe en cualquier otra cosa, persona u organización no es fe salvadora. La fe se debe poner en Jesucristo.
    b. La fe no es un consentimiento intelectual. Es fe en el Redentor que produce una transformación en la vida del creyente en Cristo.

Busque Juan 11:25. ______________________________

____

____

2. La fe es absolutamente esencial para la salvación.
   a. *Porque no me avergüenzo del evangelio, porque es poder de Dios para salvación a todo aquel que cree* (Romanos 1:16).
   b. Pablo hizo la declaración del poder de Dios en el evangelio. Después, en Romanos 1:17 Pablo dice: *Porque en el evangelio...*

Escriba Romanos 1:17: ______________________________

____

____

Escriba Romanos 3:22: ______________________________

____

____

¡El objeto de la fe es Jesucristo!

B. EL SIGNIFICADO DE LA FE.
1. La Biblia da la definición.
   a. A lo largo de los siglos, los eruditos bíblicos han dado muchas teorías acerca del significado de la fe. En la Biblia está el mejor significado de la fe, la única "definición" de fe.
   b. Esa declaración de fe se encuentra en Hebreos 11:1.

____

____

   c. El significado del versículo es que alguien con fe tiene la capacidad espiritual para confiar en Dios y su Palabra incluso cuando no haya evidencia a la vista. Esto se explica en 2 Corintios 4:18.

____

____

2. La fe es creer lo que Dios dice.
   a. En la vida de oración, la fe es: *La confianza que tenemos en él, que si pedimos alguna cosa conforme a su voluntad, él nos oye* (1 Juan 5:14).

Escriba 1 Juan 5:15: ______________________________

____

____

   b. La fe agrada a Dios. Sin fe es imposible agradarle.

Escriba Hebreos 11:6: ______________________________

____

Este versículo es la *condición de la oración.*

C. LA FE ES EL REGALO DE LA TRINIDAD.

1. La fe es un regalo del Padre.

Escriba Romanos 12:3: ______________________________

____

____

____

2. La fe es un regalo de Dios el Hijo.

Escriba Hebreos 12:2: ______________________________

____

____

3. La fe es un regalo de Dios el Espíritu Santo.

Escriba Gálatas 5:22: ______________________________

____

____

D. LOS GRADOS DE FE.

1. La medida de la fe.

   a. *Poca fe.* Jesús usó la frase cuando calmó las olas por el temor de los discípulos (Mateo 8 :26).

      Usó la frase cuando Pedro anduvo sobre el agua y tuvo miedo y dudó.

Escriba Mateo 14:31: ______________________________

____

____

   b. *Fe débil.* Pablo enseñó a la iglesia a recibir a los "débiles en la fe". La iglesia no debía discutir por cuestiones de libertad personal cuando las cosas no estaban prohibidas en la Escritura. Lea el contexto de Romanos 14:1-6 y escriba Romanos 14:1:

____

____

   c. *Fe vana.* La fe en la verdad de la resurrección de Cristo es esencial.

Escriba 1 Corintios 15:17: ______________________________

____

____

      Subraye 1 Corintios 15:14.

   d. *Fe muerta.* Santiago puso énfasis en una fe viva. La verdadera fe produce obras. Las obras nunca producirán fe. Santiago ilustró esta verdad usando a Abraham y Rahab del Antiguo Testamento (Santiago 2:21-26).

Escriba Santiago 2:20: ____

____

____

Subraye Santiago 2:17.

e. La *medida de fe,* mencionada en Romanos 12:3, se dio para el servicio, no para hacer a unos espiritualmente superiores a otros en el cuerpo de Cristo. Hasta ahora, hemos analizado grados menores de fe: "pequeña, débil, vana, muerta". Hay lecciones en cada una de estas categorías, y podemos colocarnos a nosotros mismos en uno o más de estos tipos de "fe".

Ahora nos enfocaremos en tipos de fe victoriosa:

2. La proporción de fe.

   a. *Gran fe.* Jesús reconoció una "gran fe" en el oficial romano (centurión) que confió en que Jesús podía sanar a su siervo enfermo y a punto de morir (Lucas 7:1-8).

Escriba Lucas 7:9: ____

____

____

   b. *Lleno de fe.* Los doce apóstoles pidieron a la multitud que eligieran siete hombres para atender las necesidades del pueblo. Entre los elegidos estuvo Esteban. En Hechos 6:5 leemos: *Y eligieron a Esteban, varón lleno de fe.* La frase se vuelve a usar.

Escriba Hechos 6:8: ____

____

____

   c. *Rica en fe. ¿No ha elegido Dios a los pobres de este mundo, para que sean ricos en fe y herederos del reino que ha prometido a los que le aman?* (Santiago 2:5).

   d. *Fe viva.* Pablo expresó las famosas palabras con respecto a su vida en Cristo.

Escriba Gálatas 2:20: ____

____

____

   e. *Firmes en la fe.* Pedro nos dio el dulce versículo: *Echando toda vuestra ansiedad sobre él, porque él tiene cuidado de vosotros* (1 Pedro 5:7). Después, nos advierte sobre el diablo, que busca devorarnos (1 Pedro 5:8).

Ahora, escriba 1 Pedro 5:9: ____

____

____

Pablo mencionó "la firmeza de vuestra fe" (Colosenses 2:5).

   f. *Fe preciosa.* Pedro describió la fe en Jesucristo como "preciosa".

Escriba 2 Pedro 1:1: ____

____

____

La fe es el fundamento de la vida cristiana. Lea 2 Pedro 1:5-7 y subraye los atributos que debemos añadir a la fe.

g. *Fe santa.* Judas nos dio solo 25 versículos bíblicos. Todos ellos nos ayudan en la fe.

Escriba Judas 1:20: ____

____

E. LA VIDA CRISTIANA ES UNA VIDA DE FE.

1. La vida de fe es una vida de total confianza.
   a. La fe es saber que "a los que aman a Dios, todas las cosas les ayudan a bien" (Romanos 8:28).
   b. El cristiano camina por fe.

Escriba 2 Corintios 5:7: ____

____

____

   c. La vida cristiana es una vida de victoria.

Escriba 1 Juan 5:4: ____

____

____

   d. El cristiano hace buenas obras.

Escriba Tito 3:8: ____

____

____

   e. El cristiano vive por fe.

Escriba Gálatas 2:11: ____

____

____

2. La fe debería ser la fuerza impulsora de la vida.
   a. Por fe, el cristiano actúa basado en la Palabra de Dios cuando no hay evidencia a la vista de que la acción es correcta.
   b. En Hebreos 11 tenemos el "salón de la fe". La fe de los santos del Antiguo Testamento nos inspira y enseña:
      - Por la fe Abel (v. 4)
      - Por la fe Enoc (v. 5)
      - Por la fe Noé (v. 7)
      - Por la fe Abraham (vv. 8-19)

- Por la fe Sara (v. 11)
- Escriba el v. 13:

____

____

- Por la fe Isaac (vv. 17-19)
- Por la fe Jacob (vv. 20-21)
- Por la fe José (v. 22)
- Por la fe Moisés (v. 23-29)
- Por la fe Josué e Israel (v. 30)
- Por la fe Rahab (v. 31)
- Los incontables héroes de la fe (vv. 32-40)

c. Todos ellos tenían fe. Algunos podrían preguntar: "¿En qué?". En las promesas de Dios en Génesis 3:15 y 12:7. La promesa de Jesucristo. Estos santos del Antiguo Testamento tenían fe al mirar hacia la cruz. Nuestra fe mira hacia atrás, hacia la cruz. Los santos del Antiguo Testamento nos enseñan el verdadero significado de Hebreos 11:1: *La fe* [es] *la certeza de lo que se espera, la convicción de lo que no se ve*. La "certeza" es la seguridad de que Dios será fiel a sus promesas. La "convicción" es el abundante testimonio de Dios en la dirección de sus vidas.

V. LO QUE ESTA VERDAD BÍBLICA NOS ENSEÑA HOY

La fe es una acción triple:

- En entendimiento: estar convencido de la redención.
- En los sentimientos: descansar en su amor salvador.
- En la voluntad: devoción al Salvador personal.

La fe no consiste en provocar sentimientos, en torturarse a uno mismo, ni en depender de otra persona excepto Jesucristo. Tampoco consiste en cubrir la culpa, sino en tener una relación personal con Cristo. La fe experimenta el presente: ¡Cristo aquí y ahora! La "certeza" y la "convicción" están en la Palabra de Dios; por lo tanto, creemos. *A quien amáis sin haberle visto, en quien creyendo, aunque ahora no lo veáis, os alegráis con gozo inefable y glorioso, obteniendo el fin de vuestra fe, que es la salvación de vuestras almas* (1 Pedro 1:8-9).

SU SIGUIENTE TAREA:

1. Lea Juan 3:1-21; Romanos 8:7-8; 10:9-10; Efesios 2:1-18; 4:24; 5:26; Colosenses 1:27; Tito 3:5; 2 Corintios 5:17; 1 Pedro 1:23-25; 2 Pedro 1:4; 1 Juan 5:10-12.
2. Repase sus notas sobre la fe.
3. Marque su Biblia donde aprenda nuevas verdades.

Lección 21

REGENERACIÓN

I. INTRODUCCIÓN

En la mayoría de los estudios bíblicos, conversión y regeneración se consideran la misma experiencia. A menudo, en la enseñanza y la predicación se utilizan como términos recíprocos. Los dos eventos están estrechamente relacionados, pero hay una marcada diferencia doctrinal entre ellos.

En todos los tratos de Dios con la humanidad hay un lado divino y un lado humano. Esto puede verse en la entrega de las Escrituras. En 2 Pedro 1:21 leemos: *Porque nunca la profecía fue traída por voluntad humana, sino que los santos hombres de Dios hablaron siendo inspirados por el Espíritu Santo.* El lado humano de la revelación de la Escritura se observa en la frase "los santos hombres de Dios hablaron". El lado divino de la revelación está en la frase "siendo inspirados por el Espíritu Santo".

También hubo un lado humano y un lado divino en Jesucristo. Él fue tanto Dios como hombre. *En el principio era el Verbo* [Jesús], *y el Verbo* [Jesús] *era con Dios, y el Verbo* [Jesús] *era Dios* (Juan 1:1). Ese fue el lado divino de nuestro Señor. *El Verbo* [Jesús] *fue hecho carne, y habitó entre nosotros* (Juan 1:14). Ese fue el lado humano de Jesús.

En la experiencia de la salvación también hay un lado humano y un lado divino. El lado humano lo llamamos *conversión*. El lado divino lo llamamos *regeneración*.

En esta lección se enseñará la distinción entre los dos términos; sin embargo, el enfoque de nuestro estudio será el lado divino de la salvación: la regeneración.

II. VERSÍCULOS BÁSICOS:

Juan 3:1-21; Romanos 8:7-8; 10:9-10; Efesios 2:1-18; 4:24; 5:26; Colosenses 1:27; Tito 3:5; 2 Corintios 5:17; 1 Pedro 1:23-25; 2 Pedro 1:4; 1 Juan 5:10-12.

III. EL NÚCLEO DE ESTA VERDAD

Regeneración, en latín y griego, significa "renacimiento". La regeneración es la obra de Dios en el corazón de "todos los que le recibieron [a Jesús], a los que creen en su nombre, les dio potestad de ser hechos hijos de Dios; los cuales no son engendrados de sangre, ni de voluntad de carne, ni de voluntad de varón, sino de Dios" (Juan 1:12-13).

Para recibir el "nuevo nacimiento", una persona debe ser "convertida", debe arrepentirse del pecado y poner su fe en el Señor Jesucristo. El hombre debe creer y recibir a Jesús por fe. *Por gracia sois salvos;* pero ¿cómo? "Por medio de la fe" (Efesios 2:8).

Entonces, instantáneamente Dios hace la obra divina en el corazón. Es la regeneración: el "nuevo nacimiento".

El término "nacer de nuevo" ha sido muy visible en los últimos años. No es un término nuevo en el idioma español. Jesús usó el término y lo hizo popular mientras ministraba en este mundo.

IV. LA GRAN VERDAD – REGENERACIÓN

A. EL SIGNIFICADO DE REGENERACIÓN.

1. La regeneración es un renacimiento.

   a. Es un nuevo nacimiento: un segundo nacimiento. Es "nacer de nuevo". Es un acto de Dios en el corazón.

Escriba Juan 1:13: ____

____

____

b. Jesús le habló a Nicodemo sobre el nuevo nacimiento.

Escriba Juan 3:3: ____

____

____

2. La regeneración es por la misericordia de Dios.
   a. La regeneración es de Dios, y el hombre no puede hacer ninguna obra para salvarse a sí mismo.

Escriba Tito 3:5: ____

____

____

b. Esta es la única vez que se usa "regeneración" en la Biblia para referirse al hombre. (Se encuentra una segunda vez en Mateo 19:28 y se refiere a una renovación terrenal).

c. El amor de Dios y la bondad de Dios fueron dadas con abundancia a través de Jesucristo.

Escriba Tito 3:4: ____

____

____

Y Tito 3:6: ____

____

3. El nuevo nacimiento es una experiencia instantánea.
   a. La experiencia de la salvación puede ser una experiencia única que lleve a ello, y comprenderlo puede no ser algo inmediato. La experiencia del "nuevo nacimiento" es instantánea en el momento en que el Espíritu Santo viene al corazón.

Escriba Juan 3:6: ____

____

b. El nacimiento natural es un proceso largo. El tiempo del nacimiento natural es instantáneo. El bebé nace, respira por primera vez, y llora emitiendo su primer sonido.

   Igual con el nacimiento espiritual. Cuando uno sufre el dolor del pecado en esta vida, viéndose perdido y sin Dios, se da cuenta de que necesita alejarse del pecado y dirigirse a Dios mediante la fe; entonces, ha "nacido de nuevo".

B. LA NECESIDAD DEL NUEVO NACIMIENTO.

1. Una necesidad declarada por el Señor Jesucristo.
   a. Jesús le habló a Nicodemo tres veces sobre la necesidad del nuevo nacimiento. Nicodemo era un fariseo y "principal entre los judíos" (Juan 3:1). Era miembro del

Sanedrín. Era un hombre religioso, muy culto y educado. Estaba destituido de la gracia de Dios. Estaba perdido. Jesús le dijo: *Os es necesario nacer de nuevo* (Juan 3:7).

2. Una necesidad, debido a la naturaleza pecaminosa del hombre.
    a. El hombre tiene una naturaleza humana. El hombre nace en pecado.

Escriba Salmos 51:5: ______________________________

____

Escriba Efesios 2:3: ______________________________

____

____

    b. El nuevo nacimiento es una necesidad por la depravación universal de la naturaleza humana.

Escriba Romanos 3:23: ______________________________

____

C. LA NATURALEZA DE LA REGENERACIÓN.

1. La regeneración, el nuevo nacimiento, es una obra limpiadora.
    a. El nuevo nacimiento es del "agua y del Espíritu".

Escriba Juan 3:5: ______________________________

____

____

    b. ¿Cuál es el significado de "nacer del agua"? En la Escritura, el agua simboliza la Palabra de Dios.

Escriba 1 Pedro 1:23: ______________________________

____

Escriba Juan 15:3: ______________________________

____

Vuelva a leer Tito 3:5. Note las palabras: *Nos salvó [...] por su misericordia, por el lavamiento de la regeneración.*

Escriba Efesios 5:26: ______________________________

____

____

2. La regeneración es el regalo y la obra de Dios.
    a. El nuevo nacimiento es el regalo de Dios.

Escriba Efesios 2:8: ______________________________

____

____

    b. Es la obra de Dios en el corazón arrepentido.

Escriba Efesios 2:4-5: ______________________________

____

____

____

Subraye Efesios 2:1. También, subraye Efesios 2:6-7.

3. La regeneración es una nueva creación de Dios.
    a. El nuevo nacimiento no es una reforma, sino una nueva creación.

Escriba 2 Corintios 5:17: ______________________________

____

____

    b. La nueva creación se ve en Efesios 1:10.

____

____

D. LA REGENERACIÓN ES LA OBRA DE LA TRINIDAD.

1. Dios el Padre efectuó el nuevo nacimiento.
    a. *Los cuales no son engendrados de sangre, ni de voluntad de carne, ni de voluntad de varón, sino de Dios* (Juan 1:13)
    b. Escriba 1 Juan 3:1:

____

____

2. Jesús dio su vida para redimir a la humanidad.
    a. Jesús le dijo a Nicodemo: *Y como Moisés levantó la serpiente en el desierto, así es necesario que el Hijo del Hombre sea levantado, para que todo aquel que en él cree, no se pierda, mas tenga vida eterna* (Juan 3:14-15). Después, sigue un resumen concentrado del evangelio (Juan 3:16).

Escriba Juan 3:17: ______________________________

____

____

    b. Lea Juan 12:23-31 y escriba Juan 12:32-33:

____

____

La muerte a la que se refería Jesús era la crucifixión.

3. El Espíritu Santo está activo en la regeneración.
    a. El Espíritu Santo es quien convence de pecado y presenta la gloria de Jesús el Hijo. Es quien habita en todos los creyentes (Juan 16:7-15).
    b. El Espíritu Santo limpia, renueva y vivifica, o da vida (Tito 3:5; Efesios 2:1).
    c. Jesús usó la ilustración del viento para explicar la obra del Espíritu a Nicodemo.

Escriba Juan 3:8:

____

____

____

Por lo tanto, la obra de Dios el Padre, Jesús el Hijo, y el Espíritu Santo produce el nuevo nacimiento, que es la *regeneración*. Todo ello es obra de la Trinidad, no la obra o las obras del hombre. Lo único que el hombre puede hacer es arrepentirse y poner su fe en el Señor Jesucristo. El plan de la vida eterna se ofrece, pero el hombre debe aceptar y recibir ese plan como su regalo de Dios.

E. LAS EVIDENCIAS DE LA REGENERACIÓN.

1. Las marcas de la regeneración.

a. Alguien regenerado tiene el testimonio *en sí mismo*.

Escriba 1 Juan 5:10: ____

____

____

Subraye Romanos 8:16.

b. Alguien regenerado *habita en Cristo*.

Escriba 1 Juan 3:24: ____

____

____

c. Alguien regenerado *ama a los hermanos*.

Escriba 1 Juan 3:14: ____

____

____

d. Alguien regenerado *vence al mundo*.

Escriba 1 Juan 5:4-5: ____

____

____

____

e. Alguien regenerado es *guiado por el Espíritu Santo*.

Escriba Romanos 8:14: ____

____

____

2. La regeneración es una experiencia de transformación de vida.

a. Debido a que una persona reconoce la necesidad de una nueva vida en Cristo, confiesa su pecado, se aparta de la vida vieja hacia Cristo y lo acepta por fe, Dios realiza la obra regeneradora en el corazón. Esto cambia la naturaleza, los pensamientos y las acciones de la persona. Subraye 2 Pedro 1:4 en su Biblia.

b. El nuevo nacimiento coloca a uno entre los "conciudadanos de los santos y miembros de la familia de Dios" (Efesios 2:19).

c. Uno recibe una nueva vida en Cristo Jesús.

Escriba 1 Juan 5:12: ____

____

____

d. Uno se convierte en una nueva creación en Cristo. Subraye 2 Corintios 5:17.

e. Uno recibe una mente nueva en Cristo.

Escriba Filipenses 2:5: ____

____

f. Uno recibe la "esperanza bienaventurada" (Tito 2:13) de estar con el Señor cuando está ausente del cuerpo.

Escriba 2 Corintios 5:8: ____

____

____

Subraye 2 Corintios 5:6-7.

V. LO QUE ESTA VERDAD BÍBLICA NOS ENSEÑA HOY

El pecador (no redimido) recibe el perdón de su culpa sobre la base del sacrificio sacerdotal de Cristo en la cruz. En esto, es renovado (Tito 3:5), transformado (1 Corintios 6:11), vivificado (Efesios 2:5) y nacido de Dios (1 Juan 5:1). La regeneración es la verdadera entrada a su redención (Tito 3:5).

Jesús era Dios, quien "fue hecho a semejanza de los hombres" para impartir su vida a todos los que lo aceptan, lo cual es un misterio: *Cristo en vosotros, la esperanza de gloria* (Colosenses 1:27). Solo por la regeneración nos convertimos en "nuevos" hombres (Colosenses 3:10) y miembros de su cuerpo.

La regeneración es el lado divino de la salvación del hombre. La conversión es doble: arrepentimiento y fe. La conversión es el lado humano de la salvación del hombre.

El nuevo nacimiento es una necesidad para heredar la vida eterna. La reforma y las buenas intenciones no salvarán. Solo la fe en la sangre de Jesús, nuestro Señor.

La regeneración, el nuevo nacimiento, es tan fácil de entender que un niño puede comprenderlo y aceptarlo, mientras que un sabio como Nicodemo hará preguntas necias. Lo asombroso son las respuestas que Jesús dio, más que las preguntas hechas (Juan 3).

¿Tiene usted las marcas de la regeneración en su vida?

SU SIGUIENTE TAREA:

1. Lea Hechos 13:37-39; Romanos 3:20, 24, 26; 4:1-8, 24-25; 5:1-13; 8:33; 1 Corintios 6:11; Gálatas 2:16-17; 3:8, 11, 24; Efesios 4:6; Tito 3:7; Hebreos 11:7; Santiago 2:21-32.
2. Repase sus notas sobre la regeneración.
3. Marque su Biblia donde aprenda nuevas verdades.

Lección 22
JUSTIFICACIÓN

I. INTRODUCCIÓN

La doctrina de la justificación recorre toda la Palabra de Dios. Se encuentra en Génesis 15:6 en los tratos de Dios con Abraham. En el Nuevo Testamento encontramos la enseñanza de esta verdad en toda su plenitud. Pablo interpreta de manera única la enseñanza de la justificación en el libro de Romanos. En un momento de la historia, esta enseñanza estuvo casi cubierta por falsas doctrinas. La religión se convirtió en un sistema de formas, rituales y ceremonias. Fue el redescubrimiento de la doctrina de la justificación por la fe lo que dio lugar a la Reforma protestante. Martín Lutero, mientras subía los 28 escalones de mármol (que, según la tradición, provenían del palacio de Pilato, por donde Jesús habría subido, y que fueron llevados a Roma por la emperatriz Helena, madre de Constantino), detuvo su ascenso mientras proclamaba con nuevo significado la declaración: "El justo por la fe vivirá". Este momento lo transformó. Fue el inicio de la Reforma. Martín Lutero había encontrado el verdadero significado de Romanos 1:17 y Gálatas 3:11 (citando a Habacuc 2:4).

II. VERSÍCULOS BÁSICOS:

Hechos 13:37-39; Romanos 3:20, 24, 26; 4:1-8, 24-25; 5:1-13; 8:33; 1 Corintios 6:11; Gálatas 2:16-17; 3:8, 11, 24; Efesios 4:6; Tito 3:7; Hebreos 11:7; Santiago 2:21-32.

III. EL NÚCLEO DE ESTA VERDAD

La regeneración es el cambio en el hombre interior a través de la fe en Cristo, mientras que la justificación es un término legal que describe el nuevo estatus del creyente ante Dios. La justificación se fundamenta en el hecho de que el pecado del hombre fue puesto sobre Cristo (Isaías 53:6). Jesús carga el pecado de todos los que lo aceptan. Él es nuestro sustituto (1 Pedro 2:24). Así como la naturaleza pecaminosa del hombre fue causada por la caída, un único evento (Génesis 3), de la misma manera, el hombre debe ser levantado de la caída por el Señor Jesucristo a través de un único evento supremo: la cruz (Romanos 5:18-19).

¿Quién es el que justifica? Pablo responde en Romanos 8:33: *Dios es el que justifica.* Nadie puede justificarse a sí mismo. Jesús les dijo a los fariseos: *Vosotros sois los que os justificáis a vosotros mismos delante de los hombres; pero Dios conoce vuestros corazones; porque lo que los hombres tienen por sublime, delante de Dios es abominación* (Lucas 16:15).

Nadie puede justificarse delante de Dios fuera de la fe en Cristo.

IV. LA GRAN VERDAD – JUSTIFICACIÓN

A. EL SIGNIFICADO DE LA JUSTIFICACIÓN.

1. La justificación se origina en la gracia de Dios.

a. Justificar no significa hacer justo a alguien. Dios, en su gracia, justifica gratuitamente.

Escriba Romanos 3:24: ____

____

____

b. Por la gracia de Dios, su amor fue derramado en abundancia mediante Jesucristo nuestro Salvador (Tito 3:4-7).

Escriba Tito 3:7: ____

____

2. La justificación es el acto de Dios mediante el cual el pecador culpable es declarado justo por la fe en Cristo.
   a. El creyente justificado es declarado justo; Dios no le hace justo. Es el acto judicial de Dios. Los pecados del creyente se trasladaron a la cuenta de Cristo y Él pagó el precio completo. Subraye Romanos 8:1, 31-32.

Escriba Romanos 8:33: ____

____

____

   b. Dios declara que un cristiano es justo en Cristo Jesús, no un criminal perdonado. Dios ve al cristiano como si nunca hubiera pecado.

Escriba Hechos 13:38-39: ____

____

____

____

   Este es uno de los grandes versículos sobre la justificación. Subráyelo en su Biblia.

3. La justificación está basada en la obra completa de Cristo.
   a. La obra redentora de Cristo es algo más que su muerte expiatoria en la cruz. Incluye también su resurrección.

Escriba Romanos 4:25: ____

____

   b. La justificación, por lo tanto, es el acto de Dios que declara a los cristianos no solo perdonados, sino también justos. Él "fue entregado por nuestras transgresiones [pecados]", es decir, murió por nuestros pecados y fue "resucitado para nuestra justificación".

      La obra redentora (*redimir* significa "liberar pagando un precio") de Jesucristo en la cruz pagó el castigo del pecado por el pecador. Es a través de la resurrección de Cristo como el pecador es declarado justificado. A partir de entonces, está ante los ojos de Dios no como un pecador perdonado sino como un santo justificado, y está en Cristo delante de Dios como si nunca hubiera cometido ni un solo pecado.
   c. El creyente es justificado primero por la sangre de Cristo, y luego por la resurrección.

Escriba Romanos 5:9: ____

____

B. UN EJEMPLO EN EL ANTIGUO TESTAMENTO DE JUSTIFICACIÓN.

1. La enseñanza inspirada de Pablo sobre la justificación.
   a. Pablo describe en los tres primeros capítulos de Romanos a tres tipos de pecadores que representan a todo el mundo culpable ante Dios. Primero, el pagano bárbaro e incivilizado (Romanos 1:18-23). Segundo, el gentil farisaico (Romanos 2:1-3, 14). Tercero, el judío de los tiempos de Pablo (Romanos 2:17).

Pablo acusa a los tres de estar bajo el juicio de Dios: *Por cuanto todos pecaron, y están destituidos de la gloria de Dios* (Romanos 3:23).

b. Pablo concluyó que la salvación es completamente por gracia y solo por gracia.

Escriba Romanos 3:28: ____

____

2. La ilustración familiar de Abraham.

a. Pablo eligió la ilustración de Abraham en Génesis 15 porque todos estaban familiarizados con Abraham. Esto se encuentra en Romanos 4. Note el v. 1, donde Pablo llama a Abraham "nuestro padre según la carne".

b. Pablo está ilustrando en Romanos 4 la justificación por fe sin las obras de la ley. Lea Génesis 15:1-6 y subraye los vv. 4 y 6.

Escriba Romanos 4:3: ____

____

____

c. Dios le había dicho a Abraham que haría lo imposible: les daría a él y a Sara un hijo en su vejez, cuando ya habían pasado la edad de concebir. Abraham simplemente creyó (tuvo fe) "y le fue contado por justicia". Solo tenía la Palabra de Dios, nada más. Eso fue suficiente para Abraham.

d. Lea y subraye Romanos 4:13. La promesa a Abraham no fue a través de la ley, sino a través de la fe. Abraham no fue justificado por la ley, porque la ley llegó 430 años después.

Escriba Gálatas 3:17: ____

____

____

¿A qué pacto se refiere en el v. 17? La respuesta está en el siguiente versículo: Gálatas 3:18:

____

____

e. Abraham no fue salvo por medio de la religión ni de ceremonias. Leemos en Romanos 4:11-12 que Abraham fue considerado justo antes de recibir el sello de la circuncisión. Subraye Romanos 4:12.

Por lo tanto, ni la ley ni las obras tuvieron algo que ver con la justificación de Abraham. Subraye Romanos 4:20-24. (Ya hemos discutido el v. 25).

3. Dios no ha cambiado.

a. La salvación sigue siendo solo por gracia y se alcanza mediante la fe en Dios a través de Jesucristo nuestro Señor. No necesitamos más evidencia o señales. La Biblia contiene la Palabra y contiene todo el mensaje de la justificación.

b. El hombre no es justificado por las obras.

Escriba Gálatas 3:11: ____

____

Escriba Romanos 4:5: ____

____

c. Abraham está en el salón de la fe en Hebreos 11. Lea Hebreos 11:8-19. Subraye las palabras "por la fe" en esta parte de la Escritura. Subraye el v. 13.

C. EL MÉTODO DE JUSTIFICACIÓN.

1. El hombre es justificado solo por la fe.
   a. Pablo afirma que la justificación no es por las obras de la ley, sino por la fe en Cristo.

Escriba Romanos 3:28: ____

____

   b. Solo la fe en Cristo justifica.

Escriba Romanos 3:26: ____

____

____

2. Santiago declara que el hombre es justificado por las obras.
   a. ¿Presenta esto un conflicto? ¡No! Pablo y Santiago no están en conflicto, porque ambos escribieron bajo la inspiración del Espíritu Santo. La dificultad radica en nuestra comprensión, no en la Palabra de Dios. Pablo afirma: *Siendo justificados gratuitamente por su gracia, mediante la redención que es en Cristo Jesús* (Romanos 3:24). Lea nuevamente Romanos 3:28.
   b. Santiago dice: *Vosotros veis, pues, que el hombre es justificado por las obras, y no solamente por la fe* (Santiago 2:24).

      Esto no es un conflicto. Pablo y Santiago no están en desacuerdo en su teología. Cuando se lee el contexto de Santiago 2:21-26 se revela que las obras de Abraham perfeccionaron su fe. Las obras fueron el resultado de la fe (v. 22). Lo mismo se presenta con respecto a Rahab (v. 25).
   c. *La fe sin obras es muerta* (Santiago 2:26). Esto es cierto, así como un árbol sin fruto es inútil. ¿Cuál es la explicación a esta aparente cuestión entre Pablo y Santiago?
      Santiago dice: *Muéstrame tu fe [...] y yo te mostraré mi fe* (Santiago 2:18).
      Jesús dijo: *Por sus frutos los conoceréis* (Mateo 7:20).
      Pablo nos dice que el pecador es justificado ante los ojos de Dios por la fe, aparte de las obras. Santiago habla de aquellos que ya han sido justificados por la fe y cómo estas personas pueden ser justificadas a los ojos de los hombres. Por lo tanto, los dos grandes escritores simplemente dicen:
      - ante Dios: "Justificados por fe";
      - ante los hombres: "Justificados por obras".
3. Dios mira el corazón.
   a. Dios no necesita ver nuestras obras para saber que una persona cree. Él mira el corazón, mientras que los hombres miran las apariencias externas (1 Samuel 16:7).
   b. Pero nadie sabrá que una persona es salva hasta que vea evidencia en su vida y sus obras. Las obras son la evidencia de la fe. Dios ve la fe; los hombres ven las obras y nunca creerán que alguien es salvo hasta que vean un cambio en sus acciones y actitudes.

c. Para subrayar esta verdad, Santiago usa a Abraham como ilustración, al igual que Pablo. Pablo seleccionó Génesis 15, que declara que Abraham "creyó en el Señor, y le fue contado por justicia".

   Santiago seleccionó Génesis 22 para ilustrar cómo un hombre es justificado por obras (ver Santiago 2:21). Es un incidente completamente diferente en la vida de Abraham el que Santiago utiliza. Abraham ofreció a su hijo Isaac como evidencia de su fe en Dios. Esto ocurrió muchos años después de que Abraham había sido justificado por fe ante los ojos de Dios. Dios demostró ante todo el mundo la fe que justificó a Abraham. Dios conocía la fe de Abraham, pero los hombres necesitaban verla. Lea Santiago 2:23-24.

4. Fe que obra por el amor.

   a. Pablo declara: *Porque en Cristo Jesús ni la circuncisión vale algo, ni la incircuncisión, sino la fe que obra por el amor* (Gálatas 5:6).

   b. El mundo busca una demostración real de fe que opere en amor. No simplemente correr a una reunión, un servicio o una organización religiosa, y luego pelear y discutir entre cristianos como si se destruyeran unos a otros.
   El mundo necesita amor, bondad, gentileza, una sonrisa en medio del desaliento, una palabra de fe, una mano amiga. Todo eso hecho con amor porque hemos sido "justificados".

V. LO QUE ESTA VERDAD BÍBLICA NOS ENSEÑA HOY

En la justificación, el pecador se presenta ante Dios como acusado y es declarado libre (Romanos 8:33). El pecador es perdonado. En el perdón, se presenta ante Dios como un deudor y recibe su liberación (Efesios 1:7; 4:32).

Somos "justificados gratuitamente por su gracia mediante la redención que es en Cristo Jesús" (Romanos 3:24). Dios nos ve en Cristo y es como si nunca hubiéramos pecado. ¡Alabado sea Dios!

¿Demuestra nuestra vida la fe que confesamos? Nunca deberíamos estar satisfechos solo con la justificación ante Dios, sino esforzarnos para que nuestra fe se demuestre ante el mundo de modo que puedan ver nuestra justificación.

SU SIGUIENTE TAREA:

1. Lea Josué 3:5; 7:13; 1 Samuel 16:5; Jeremías 1:5; Juan 10:36; 17:17-19; Hechos 20:32; 26:18; Romanos 15:16; 1 Corintios 1:2, 30; 6:11; Efesios 5:26; 1 Tesalonicenses 5:23; 2 Tesalonicenses 2:13; 1 Timoteo 4:5; 2 Timoteo 2:21; Hebreos 2:11; 10:10, 14; 13:12; 1 Pedro 3:15; Judas 1.
2. Repase sus notas sobre la justificación.
3. Marque su Biblia donde aprenda nuevas verdades.

Lección 23
SANTIFICACIÓN

I. INTRODUCCIÓN

La verdad, la doctrina, la enseñanza de la *santificación* ha sido descuidada en la mayoría de los círculos de estudio bíblico. Debido a que algunos utilizan términos diferentes o interpretan el tema de manera diferente, muchos han dejado de lado el estudio de la santificación. (Lo mismo se puede decir sobre la segunda venida de Cristo). La santificación es una de las grandes verdades de la Palabra de Dios, y deberíamos aprender lo que la Biblia dice sobre el tema. Dado que el Espíritu Santo es nuestro maestro, y Él nunca divide y nunca confunde, debemos buscar su guía para entender la Palabra. Las personas que han nacido de nuevo serán llevadas una y otra vez a la Biblia, si hay alguna pregunta en sus corazones. (Antes de entrar en el estudio, debo decir que las diferencias en el estudio de la santificación generalmente se encuentran en la terminología. Independientemente de la terminología, una persona "santificada", una persona que es "santa", "apartada", nunca se volverá intolerante ni crítica con otro cristiano. Los cristianos pueden diferir en amor, el primer fruto mencionado en el "fruto del Espíritu" (Gálatas 5:22-23). Si este estudio le lleva a la Biblia, habrá hecho su trabajo).

II. VERSÍCULOS BÁSICOS:

Josué 3:5; 7:13; 1 Samuel 16:5; Jeremías 1:5; Juan 10:36; 17:1-19; Hechos 20:32; 26:18; Romanos 15:16; 1 Corintios 1:2, 30; 6:11; Efesios 5:26; 1 Tesalonicenses 5:23; 2 Tesalonicenses 2:13; 1 Timoteo 4:5; 2 Timoteo 2:21; Hebreos 2:11; 10:10, 14; 13:12; 1 Pedro 3:15; Judas 1.

III. EL NÚCLEO DE ESTA VERDAD

La santificación comienza con la experiencia del nuevo nacimiento, continúa con un proceso de crecimiento y desarrollo, y se consuma en una gloriosa transformación del alma y el cuerpo a la imagen del Hijo de Dios (1 Juan 3:2; Romanos 8:29).

IV. LA GRAN VERDAD – SANTIFICACIÓN

A. EL SIGNIFICADO DE LA SANTIFICACIÓN.

1. Se han producido dos falsas enseñanzas.

   a. La visión antinomiana. El término *antinomiano* significa "en contra de la ley" y enseña que el perdón encontrado en Cristo hace legítimo que un cristiano haga cosas que la Biblia prohíbe. En otras palabras, uno puede vivir como quiera. Cuanto más se peca, más oportunidad hay para que la gracia divina obre. Pablo menciona esta falsa visión en su enseñanza: *¿Qué, pues, diremos? ¿Perseveraremos en el pecado para que la gracia abunde? En ninguna manera* (Romanos 6:1-2). Esta es una visión pervertida de la verdad.

   b. La visión perfeccionista. Esta teoría enseña que una persona puede llegar a estar perfectamente libre de pecado en esta vida. Esto se llama perfección sin pecado. No hay fundamento en la Escritura para esta creencia. Nadie, excepto Jesús, afirmó estar sin pecado. Pablo nunca hizo tal afirmación. Pablo declaró todo lo contrario al describir las dos naturalezas (Romanos 7:15-25). La Biblia declara definitivamente que nadie está sin pecado.

Escriba 1 Juan 1:8: ____

____

El Dr. A. J. Gordon dijo una vez: "Si la doctrina de la perfección sin pecado es una herejía, la doctrina de la satisfacción con la imperfección pecaminosa es una herejía aún mayor. No es edificante ver a un cristiano mundano lanzar piedras a un cristiano perfeccionista". Cualquiera de los dos extremos es peligroso y no es bíblico.

2. El significado bíblico de la santificación.
   a. *Santificación* significa "ser apartado" o "separación". Santificar siempre significa ser apartado para un propósito: el propósito de Dios.
   b. Hay dos palabras en el original de donde proviene nuestra palabra en español santificación. Una está en el hebreo del Antiguo Testamento, *qadash*, y la otra en el griego del Nuevo Testamento, *hagios*. Estas dos palabras son la raíz de varias palabras en español. Por ejemplo:
      - La palabra hebrea se traduce como "santo, santificar, consagrar, santificar, dedicar".
      - La palabra griega se traduce como: "santo, santificación, santidad, consagración, dedicación".

      (Ahora usted puede ver la razón de algunos malentendidos).
   c. El Antiguo Testamento usa el término, generalmente hablando, para describir cosas. El Nuevo Testamento usa el término para denotar personas. A lo largo de la Escritura, tanto personas como cosas se mencionan como "santas", "apartadas" para un propósito divino.

B. DIOS SANTIFICA A LOS CREYENTES PARA SIEMPRE PARA SÍ MISMO.
1. Los tres pasos en la santificación.
   a. *La experiencia del creyente* (pasado).

Escriba 1 Corintios 6:11: ______________________________

____

____

Somos santificados en el momento en que creemos. La escritura anterior declara que somos santificados antes de ser justificados, descartando una segunda o tercera obra de gracia. Subraye 1 Corintios 1:2 y note la misma colocación de las dos palabras.

Escriba 2 Tesalonicenses 2:13: ______________________________

____

____

Subraye 1 Pedro 1:2. La santificación está primero en todas las escrituras anteriores. Dios nos coloca en esa posición y nunca quiere que nos "apartemos" de otros con una actitud falsa o santurrona. Así, en la experiencia de la salvación, Dios nos "santificó" en el momento de ser "apartados" para Él.

Escriba 1 Tesalonicenses 4:3-4: ______________________________

____

____

   b. *El estado presente de crecimiento del creyente.*

      Una persona es santificada cuando es salva. Dios hace esa obra en nosotros. La justificación es lo que Cristo ya hizo por nosotros en la cruz. La santificación es lo que

Él está haciendo ahora en nosotros. (La santificación es una experiencia pasada en el momento de nuestro nuevo nacimiento, y una obra progresiva presente en nosotros ahora).

El creyente debe crecer en gracia. La santificación es "ser apartado" cada día para Cristo. Es un proceso de crecimiento a través del estudio de la Biblia, la oración, la rendición, la purificación y el esfuerzo por ser más como Cristo. Este crecimiento continúa a lo largo de la vida.

Escriba las palabras de Jesús en Juan 17:19:

____

____

Subraye Juan 17:14 y 16.

Escriba Colosenses 1:10: ____

____

____

Escriba Hebreos 2:11: ____

____

____

c. *La santificación final de los creyentes* (futuro).

Finalmente, seremos completamente perfeccionados en Él. Este es el objetivo de nuestra salvación, el propósito final de nuestra redención. Cuando nos encontremos con el Señor, entonces seremos como Él, sin pecado. Pablo habla de la Iglesia (los salvos) cuando dice: *A fin de presentársela a sí mismo, una iglesia gloriosa, que no tuviese mancha ni arruga ni cosa semejante, sino que fuese santa y sin mancha* (Efesios 5:27). La novia estará totalmente santificada y lista para la boda.

Escriba 1 Tesalonicenses 5:23-24: ____

____

____

La santificación tiene que ver no solo con nuestras almas y espíritus sino también con nuestros cuerpos. Dado que estos cuerpos no serán redimidos de forma completa, plena y efectiva hasta que Jesús regrese, nuestra santificación no puede estar completa hasta que nuestros cuerpos sean perfectamente redimidos.

Escriba Filipenses 3:20: ____

____

____

Subraye 1 Tesalonicenses 3:12-13.

Escriba 1 Juan 3:2: ____

____

____

C. LA FUENTE DE LA SANTIFICACIÓN.

1. No es obra del hombre.

    a. La santificación no solo tiene que ver con nuestra alma y nuestro espíritu, sino también con nuestro cuerpo. Dado que estos cuerpos no serán redimidos de forma completa, plena y efectiva hasta que Jesús regrese, nuestra santificación no puede estar completa hasta que nuestros cuerpos sean perfectamente redimidos.

    b. La vieja naturaleza no puede ser erradicada por una experiencia que haga que una persona sea sin pecado en esta vida. Si *santificación* significa "perfección sin pecado", ¿por qué no lo encontramos en la Escritura? Jesús fue santificado, pero sin pecado (Juan 10:36), el único. Los cristianos carnales son santificados, pero esto no elimina la naturaleza pecaminosa (1 Corintios 3:1-3).

2. La santificación proviene de Dios.

    a. Dios santifica.

Escriba Judas 1: ____

____

____

    b. Tenemos que santificar al Señor Dios en nuestros corazones.

Escriba 1 Pedro 3:15: ____

____

____

3. La santificación es obra de Cristo.

    a. La aceptación de Cristo como Señor es esencial para ser "apartados" para Dios. Jesús murió por nuestra santificación.

Escriba Hebreos 10:10: ____

____

    b. La obra de Jesús fue perfecta y eterna.

Escriba Hebreos 10:14: ____

____

    Lea de nuevo 1 Corintios 6:11.

4. La santificación es obra del Espíritu Santo.

    a. El Espíritu Santo nos convence y está activo en nosotros, y es la causa activa de la santificación.

Escriba 2 Tesalonicenses 2:13: ____

____

    b. Pablo habla de la santificación por el Espíritu Santo en referencia a los gentiles.

Escriba Romanos 15:16: ____

____

____

Lea de nuevo 1 Pedro 1:2.

5. La santificación es mediante la Palabra de Dios.
   a. Jesús declaró el hecho de la santificación por la Palabra.

Escriba Juan 17:17: ______________________________

____

   b. Pablo predicó la santificación por la Palabra.

Escriba Efesios 5:26: ______________________________

____

D. LA EVIDENCIA DE LA SANTIFICACIÓN.

1. Los santos tienen que servir.
   a. Jesús dijo en Juan 17:19: *Y por ellos yo me santifico a mí mismo, para que también ellos sean santificados en la verdad.* ¿Qué quiso decir Jesús con "yo me santifico a mí mismo"? Él era perfecto, santo y sin pecado. La respuesta está en Juan 17:18.

____

Jesús está hablando de servicio en este mundo. Se refiere a un servicio con poder para cumplir la misión que les encomendó. Él se "apartó" en la forma de la humanidad por nosotros. Él era santo, era Dios, y se hizo carne "por nosotros".

   b. Los "salvos" (llamados "santos") deben servir incluso en la adversidad.

Escriba 1 Pedro 1:6: ______________________________

____

____

Subraye el v. 7 en su Biblia.

2. Los santos tienen que manifestar el fruto del Espíritu.
   a. El fruto (note, en singular) del Espíritu debe ser evidente en la vida del creyente.

Escriba Gálatas 5:22-23: ______________________________

____

____

   b. Las buenas obras deben agradar al Señor Jesús. Subraye Hebreos 13:21.

3. Los santos tienen que ser obedientes a la Palabra de Dios.
   a. El cristiano es limpiado por la Palabra.

Escriba Juan 15:3: ______________________________

____

   b. Estudiar la Palabra es un deleite.

Escriba Salmos 1:2: ______________________________

____

4. Los santos tienen que separarse del pecado y someterse a Dios.
   a. Los "salvos" tienen que resistir al diablo.

Escriba Santiago 4:7: ____

____

b. Los cristianos han de estar cerca del Señor y humillarse ante Él.

Escriba Santiago 4;8 y 10: ____

____

____

c. Los cristianos tienen que ser "santos"; "apartados" en la conversación. Subraye 1 Pedro 1:15. Tenemos que ser santos porque Él es santo (1 Pedro 1:16).

V. LO QUE ESTA VERDAD BÍBLICA NOS ENSEÑA HOY

La santificación se presenta en tres tiempos: pasado, presente y futuro. Todo creyente nacido de nuevo ya ha sido santificado (apartado, dedicado, consagrado, separado), y esa santificación es una vez y para siempre. Ahora estamos siendo santificados mediante el Espíritu y la Palabra. Finalmente, seremos completa y totalmente santificados cuando nos encontremos con el Señor Jesucristo.

Todo cristiano tiene aún dos naturalezas: la vieja naturaleza adámica y carnal, y la nueva naturaleza espiritual (1 Corintios 3:1-3). El crecimiento de la naturaleza espiritual se logra mediante una dedicación diaria, una limpieza diaria (1 Juan 1:9), un estudio diario de la Palabra y una oración constante en el corazón. Crecemos en santificación, pero nunca podemos alcanzar la santificación total en esta vida. Cada creyente es un "santo", una persona "apartada" para Dios. *Por lo cual también Jesús, para santificar al pueblo mediante su propia sangre, padeció fuera de la puerta* (Hebreos 13:12).

SU SIGUIENTE TAREA:

1. Lea Salmos 49:8; 111:9; Lucas 2:38; 21:28; Romanos 3:24; 5:1-21; 8:23; Gálatas 1:4; capítulos 3 y 4; Efesios 1:2; Colosenses 1:9-23; Hebreos 9–10; Tito 2:14; 1 Pedro 1:18-19; Apocalipsis 5:9.
2. Repase y entienda la santificación. Estudie las citas para encontrar respuestas a cualquier pregunta.
3. Marque su Biblia donde aprenda nuevas verdades.

Lección 24

REDENCIÓN

I. INTRODUCCIÓN

Las verdades de la *redención* y la *expiación* son dos de las doctrinas cardinales de la fe cristiana. Esta lección tratará sobre la redención. La próxima lección abordará la expiación. Ambas verdades son el resultado de la obra consumada de Cristo en la cruz.

La redención y la expiación son la base para la *regeneración, justificación, santificación, reconciliación* y todas las doctrinas de la gracia. Por lo tanto, estamos en terreno sagrado en esta lección y la siguiente.

La redención es el gran plan de Dios y abarca la obra de Dios en Cristo. La Biblia está llena de redención. El tema central de toda la Escritura es Jesucristo, pero el mensaje de la Biblia es la redención.

II. VERSÍCULOS BÁSICOS:

Salmos 49:8; 111:9; Lucas 2:38; 21:28; Romanos 3:24; 5:1-21; 8:23; Gálatas 1:4; capítulos 3 y 4; Efesios 1:2; Colosenses 1:9-23; Hebreos 9–10; Tito 2:14; 1 Pedro 1:18-19; Apocalipsis 5:9.

III. EL NÚCLEO DE ESTA VERDAD

La redención es de Dios a través de la Persona de su Hijo, Jesucristo, nuestro Señor. Toda gran verdad de la Escritura depende de la "sangre de Cristo". La redención está basada en la sangre de Cristo (Hebreos 9:12). La sangre de Cristo es para la Biblia lo que la sangre es para nuestros cuerpos (vida). La muerte de Cristo es el rescate o precio de redención pagado a las demandas de Dios por el pecado del mundo.

IV. LA GRAN VERDAD – LA REDENCIÓN

A. EL SIGNIFICADO DE LA REDENCIÓN.

1. La redención en el Antiguo Testamento.

a. La primera promesa de un redentor se encuentra en Génesis 3:15. Dios hizo la promesa de que habría Uno que derrotaría a Satanás.

Escriba Génesis 3:15: ____

____

____

b. El linaje del redentor prometido no fue un accidente. La línea piadosa incluyó a Abel, Set, Noé, Sem, Abraham, Isaac, Jacob, Judá, David, hasta llegar a Cristo: Emanuel. Él fue el Redentor prometido.

c. Levítico 25 establece la ley del "*goel*" o pariente-redentor. *Goel* es la palabra hebrea para pariente-redentor. Otros pasajes del Antiguo Testamento sobre el *goel* se encuentran en Números 35 y Deuteronomio 19 y 25.

d. Había tres requisitos para el pariente-redentor:

(1) Debía estar dispuesto a redimir (Levítico 25:25).

(2) Debía ser un pariente, tener el derecho de redimir (Levítico 25:48-49).

(3) Debía tener los medios, el poder para redimir (Levítico 25:52).

e. La historia de Rut y Booz (Rut 2–4) es una ilustración perfecta del pariente-redentor. Booz es un retrato del Pariente-Redentor prometido en Génesis 3:15.

2. El significado se dibuja en el Antiguo Testamento.
   a. Vemos que la redención fue una promesa de Dios.
   b. El Señor Dios lo había escrito en la ley.
   c. Se puso en práctica en la vida de Israel.
   d. Por lo tanto, debe tener un mensaje o lección para nosotros. Lo encuentra en Romanos 15:4.

____

____

3. El significado de la redención en el Antiguo Testamento.
   a. Hay tres palabras hebreas que expresan verdades similares.
      Simplemente, "redención" o "redimir" significan...
      - "Liberar, dejar ir". Escriba Deuteronomio 21:8:

____

____

      - "Fuera de la esclavitud". Escriba Éxodo 14:30:

____

____

      - "Rescatar, recuperar". Escriba Éxodo 6:6:

____

____

   b. A partir de estas verdades del Antiguo Testamento podemos ver el corazón de Dios. La redención en el Antiguo Testamento significa "liberar, rescatar, salvar, recuperar, sacar de".
   c. Hasta ahora, falta un elemento: no se ha mencionado la "sangre". Esto se ha hecho intencionalmente. La palabra "distinción" en Éxodo 8:23 (NVI) proviene del hebreo y significa "redención". La "distinción" entre Israel y los demás fue lograda por la sangre. La sangre rociada de un cordero sin mancha fue el precio de la redención (Éxodo 12:12-13). Subraye estos dos versículos en su Biblia.
      ¿Ve ahora el cuadro?
   d. La redención era el pago de un precio para liberar a un esclavo, viuda o incluso a la nación de Israel. El pago fue hecho por alguien capaz y dispuesto a pagar el precio del rescate, como lo hizo Booz en el libro de Rut. Cuando se requería sangre, se ofrecía un cordero sin mancha, como en Éxodo 12. Este es el significado en el Antiguo Testamento.

4. El significado de la redención en el Nuevo Testamento.
   a. Todo lo que hemos estudiado hasta ahora señala al verdadero Redentor: Cristo (1 Corintios 10:11).
   b. En el Nuevo Testamento, redención significa...

- "El precio pagado", "liberar pagando un rescate", "salvar pagando un precio". Escriba Tito 2:14:

____

- "La redención es a través de la sangre de Cristo".

Escriba Efesios 1:7: ____________________

____

- "Comprar fuera del mercado" agrega la idea de la remoción de la venta, así como el precio de compra. Escriba Gálatas 3:13:

____

____

____

c. La suma del significado de redención en el Antiguo y Nuevo Testamento es "liberar pagando un precio" por un pariente cercano.

   El precio fue pagado por Cristo en la cruz y cumplió las profecías de redención del Antiguo Testamento.

B. LA PERSONA DE LA REDENCIÓN.

1. Los requisitos del pariente-redentor.

   a. Anteriormente en esta lección estudiamos los requisitos del redentor-pariente en el Antiguo Testamento. Eran sombras reales del supremo Redentor-Pariente en el Nuevo Testamento: Jesucristo.

      (1) Debía estar dispuesto a redimir. Jesús estuvo dispuesto a "pagar el precio". Se hizo carne para redimir a todos los que lo aceptan.

Escriba Gálatas 4:4-5: ____________________

____

____

Subraye Filipenses 2:6-7 y escriba el v. 8:

____

(2) Debía ser un pariente: tener el derecho de redimir. Cristo, como nuestro Redentor-Pariente, tiene el derecho.

Escriba Hebreos 2:11: ____________________

____

____

(3) Debía tener el poder: los medios para redimir. Jesús tuvo el poder y los medios para redimir.

Escriba Juan 10:11: ____________________

____

____

También Juan 10:18: ____

____

____

b. Cristo ha cumplido todos los requisitos para ser nuestro Redentor. Ha pagado el precio en la cruz. Todo el que cree es redimido.

C. EL PRECIO DE LA REDENCIÓN.

1. La preciosa sangre de Cristo.

a. El precio de nuestra redención fue alto. Fue necesaria la sangre incorruptible de nuestro Señor Jesucristo.

Escriba 1 Pedro 1:18-19: ____

____

____

____

b. La sangre de Cristo es indestructible porque sigue obrando. Su sangre era sangre inocente (Mateo 27:4). Incluso hoy las personas son redimidas por la sangre sin pecado de Cristo. Nunca perderá su poder.

2. La vida está en la sangre.

a. *La vida de la carne en la sangre está* (Levítico 17:11). Sin sangre en nuestras arterias y venas no podríamos vivir. Debía ser sangre humana, "según nuestro género".

b. La sangre de los seres humanos es una sola sangre.

Escriba Hechos 17:26: ____

____

____

La Biblia clasifica a la humanidad en naciones, tribus, lenguas y pueblos. La Escritura nunca dice que estemos divididos en muchas razas. Por nuestro nacimiento natural hay solo una raza humana, y esta raza está distribuida entre personas, naciones, tribus y lenguas. Pertenecemos a la misma raza caída de Adán "porque no hay diferencia" (Romanos 3:22). Las únicas dos razas reconocidas en la Escritura por el Señor Dios son la raza caída de Adán y la raza redimida del Señor Jesús. Todos somos de una misma sangre, al margen del origen o el lugar geográfico.

c. La sangre de Cristo sitúa a los creyentes en la raza redimida.

Escriba Hebreos 10:22: ____

____

Subraye Hebreos 10:14 en su Biblia.

d. Cristo ha comprado la Iglesia, "los llamados a salir", con su propia sangre.

Escriba Hechos 20:28: ____

____

D. LA CONSUMACIÓN DE LA REDENCIÓN.

1. Una posesión para redimir.

a. Cristo murió por todos; Él pagó el precio completo por el mundo. Solo los que le reciben tienen parte en la redención por su sangre (1 Pedro 1:18).

b. La Escritura indica una futura redención. Pablo dice en Efesios 1:13: *En él también vosotros, habiendo oído la palabra de verdad, el evangelio de vuestra salvación, y habiendo creído en él, fuisteis sellados con el Espíritu Santo de la promesa.*

Ahora, escriba Efesios 1:14: ____

____

____

Note una palabra en el v. 14, "hasta". ¿Hasta qué? Pablo da la respuesta.

c. Aún hay una posesión que redimir.

Escriba Romanos 8:21: ____

____

____

Adán perdió la herencia de la tierra como Dios la había creado, y pasó a estar en posesión de Satanás. Cristo ha pagado el precio de compra de la creación pero su redención aún está en el futuro.

Subraye Romanos 8:19-20 y 22.

2. La redención del cuerpo.

a. Al alma del creyente ha sido redimida pero no su cuerpo. La resurrección del cuerpo es algo que nos cuesta comprender. La transfiguración de Cristo nos da solo una idea de ese cuerpo; también su cuerpo resucitado nos da otra leve idea de lo que será cuando se consume la redención. Pablo nos lo dice detalladamente.

Escriba Romanos 8:23: ____

____

____

b. La redención no está completa hasta que estos cuerpos viles sean cambiados.

Escriba Filipenses 3:21: ____

____

____

c. Lea detalladamente 1 Corintios 15:25-50. Subraye los vv. 38, 39, 42-45, 49, 50.

d. Una vez redimidos por la sangre de Cristo, somos sellados hará "el día de la redención".

Escriba Efesios 4:30: ____

____

____

E. LAS BENDICIONES DE LA REDENCIÓN.

1. Las bendiciones presentes en Cristo.

a. "No somos nuestros". Le pertenecemos a Él (1 Corintios 6:19-20).

b. "Tenemos, perdón de pecados" (Efesios 1:7).
c. "Él nos limpia" (1 Juan 1:9).
d. "Él nos guarda" (Filipenses 4:7).
e. "Dios nos da poder (el Espíritu Santo), amor y dominio propio" (2 Timoteo 1:7).
f. *Porque no nos ha dado Dios espíritu de cobardía* (2 Timoteo 1:7). Hay cientos de bendiciones para los redimidos. El espacio no nos permite más. Esta es la parte positiva de esta vida. Piense en las cosas de las que hemos sido redimidos, por ejemplo: Gálatas 4:5; 3:13; Tito 2:14.

2. *Levantad vuestra cabeza, porque vuestra redención está cerca* (Lucas 21:28).
   a. El Señor Jesús dijo estas palabras en su discurso en el Monte de los Olivos. Estaba hablando sobre su regreso.
   b. La redención total y completa será en el regreso de nuestro Señor Jesucristo (1 Corintios 15:52).
   c. Los redimidos de todas las edades gimen con nosotros a la espera de ese día glorioso de consumación de la redención.

V. LO QUE ESTA VERDAD BÍBLICA NOS ENSEÑA HOY

Ser cristiano, una persona redimida, conlleva una responsabilidad y una obligación de glorificar siempre al Padre, porque hemos sido comprados por un precio. El precio pagado por nuestra redención fue la sangre derramada de Jesucristo, la única cosa y la única Persona que podía redimir al hombre pecador. Debemos estar dispuestos a proclamar su Palabra, hablar de su gracia salvadora, vivir una vida que refleje la vida de una persona redimida. *Levantad vuestra cabeza, porque vuestra redención está cerca* (Lucas 21:28). *Aguardando la esperanza bienaventurada y la manifestación gloriosa de nuestro gran Dios y Salvador Jesucristo* (Tito 2:13). Él podría aparecer en cualquier momento. ¿Es Él su "esperanza bienaventurada", su Señor y Salvador?

SU SIGUIENTE TAREA:

1. Lea Génesis 3:15-21; Éxodo 12; Levítico 16–17; Romanos 3 y 5; 2 Corintios 5:21; 1 Timoteo 2:5; Hebreos 9–10; 1 Pedro 1:13-19; 2:23.
2. Repase sus notas sobre la redención.
3. Marque su Biblia donde haya aprendido nuevas verdades.

Lección 25
EXPIACIÓN

I. INTRODUCCIÓN

Hay un misterio en torno a la *expiación* que hace imposible que nuestras mentes finitas comprendan completamente la plenitud de esta verdad; sin embargo, es el fundamento y la base de todas las demás doctrinas relacionadas con la salvación de todos aquellos que aceptan a Cristo. La sangre de Jesucristo es claramente el precio pagado por la expiación. Es una doctrina central de la Biblia. La palabra aparece muchas veces en el Antiguo Testamento, pero solo se encuentra una vez en la versión *King James* en inglés del Nuevo Testamento. La *Revised Standard Version* (Versión Estándar Revisada) no usa la palabra en el Nuevo Testamento. No obstante, el hecho de la expiación se encuentra en los Evangelios y en los escritos de Pablo, Pedro y Juan.

En teología, expiación es una palabra que abarca toda la obra sacrificial de Cristo. En el Antiguo Testamento, expiación es la palabra en español para traducir a la hebrea *kaphar,* que significa "cubrir, hacer una cobertura".

Antes de avanzar en el estudio de la expiación, es imprescindible comprender algunas palabras clave. Ya hemos estudiado algunas de estas palabras antes, pero las presentamos juntas para que recuerde su significado mientras profundizamos en esta lección sobre la expiación.

- *Reconciliación*: "la restauración del hombre a la comunión con Dios".
- *Propiciación*: "la satisfacción de las demandas justas de la santidad de Dios para el castigo del pecado".
- *Redención*: "un rescate, el precio pagado para liberar a un esclavo, para ser comprado, liberar pagando un precio".
- *Justificación*: "declarar justo a alguien (justificar no significa hacer a alguien justo). Dios declara justa a una persona sobre la base de la aceptación de la sangre derramada de Cristo".
- *Sustitución*: "la muerte de Cristo fue sustitutoria, en nuestro lugar, porque Él probó la muerte por cada hombre".
- *Sacrificio*: "Aquel que da lo necesario para reconciliar a Dios y al hombre; Cristo fue sacrificado por nosotros".
- *Tipo o Sombra*: "una persona o incidente que tiene un significado profético más allá de sí mismo. Los tipos del Antiguo Testamento son imágenes de su cumplimiento en el Nuevo Testamento, como el sistema sacrificial del Antiguo Testamento, que era un tipo del sacrificio definitivo: la expiación de Cristo en la cruz".

II. VERSÍCULOS BÁSICOS:

Génesis 3:15-21; Éxodo 12; Levítico 16–17; Romanos 3 y 5; 2 Corintios 5:21; 1 Timoteo 2:5; Hebreos 9–10; 1 Pedro 1:13-19; 2:23.

III. EL NÚCLEO DE ESTA VERDAD

La expiación es la obra reconciliadora de Cristo, que, a través del sacrificio de sí mismo en lugar de los hombres pecadores, hizo posible el perdón del hombre al satisfacer las demandas justas y santas de Dios. Es Cristo pagando el precio para hacer al hombre "uno" con Dios. La expiación es "unidad" con Dios.

IV. LA GRAN VERDAD – LA EXPIACIÓN

A. LOS SACRIFICIOS DEL ANTIGUO TESTAMENTO ERAN SOMBRAS DE LA EXPIACIÓN DE CRISTO.

1. La promesa de la expiación.
   a. La cruz no fue una idea de última hora de Dios. Fue la ejecución de un plan y propósito eterno de Dios. Fue el cumplimiento de una promesa de Dios. La cruz habló del "Cordero que fue inmolado desde el principio del mundo" (Apocalipsis 13:8).
   b. La promesa de la expiación se encuentra en Génesis 3:15. La promesa se encuentra en la declaración de Dios de la maldición sobre la serpiente.

Escriba Génesis 3:15: ____

____

____

   c. Esta fue una profecía de un conflicto que culminaría con la victoria en la cruz. Satanás iba a ser derrotado por la "simiente de la mujer". Esa Simiente era y es Jesucristo.

2. Sombras de la expiación.
   a. Cuando Dios hizo túnicas de piel para cubrir la desnudez del hombre pecador, presagiaba la expiación (Génesis 3:21).
   b. El sacrificio del cordero de la Pascua y la aspersión de la sangre en los postes de las puertas de los hogares apuntaban a la cruz del Calvario. Jesús derramó su sangre y se convirtió en nuestra Pascua (1 Corintios 5:7).
   c. En el sistema de sacrificios del Antiguo Testamento, establecido por el Señor Dios, se representaba la expiación. Durante todos esos años, Dios mantuvo ante el pueblo una gran "lección objetiva". El derramamiento de la sangre de los sacrificios animales les recordaba el hecho de que sin sangre no podía haber expiación por sus pecados. Había un día al año designado como el "día de la expiación" (Levítico 16:29-30). Lea Levítico 16, donde encontrará el gran capítulo del Antiguo Testamento sobre la expiación. En este capítulo, la palabra expiación se menciona 16 veces, y debería subrayarlas en su Biblia.
   d. La sangre de los sacrificios animales solo "cubría" los pecados de Israel en anticipación de la cruz. Los sacrificios del Antiguo Testamento eran simplemente una "ofrenda", un medio temporal divinamente designado para "expiar", "cubrir", los pecados del pueblo.

Escriba Hebreos 10:4: ____

____

Lea Hebreos 9:1-10 para entender el significado del tabernáculo.

Todos los sacrificios del Antiguo Testamento eran "sombras", "imágenes", que apuntaban a Cristo y se cumplieron en Él.

B. LA PERSONA DE LA EXPIACIÓN.

1. La figura central de la expiación.
   a. En el Antiguo Testamento, el sumo sacerdote era la figura central. Era él quien ofrecía el sacrificio y rociaba la sangre de la expiación sobre el propiciatorio, en el lugar santísimo, en el tabernáculo.

b. En el Nuevo Testamento, Jesucristo es el gran Sumo Sacerdote. Él no solo ofreció el sacrificio para hacer expiación por el pecado, sino que Él mismo fue el sacrificio. La sangre de Cristo es claramente el precio involucrado en la expiación. Subraye Hebreos 9:11.

Escriba Hebreos 9:12: ____

____

____

Subraye Hebreos 9:26 en su Biblia. Note el hecho de que Jesús, en su obra expiatoria, no solo cubrió el pecado, sino que lo "quitó".

2. Él debía ser sin pecado.
   a. En el Antiguo Testamento, el sumo sacerdote se lavaba con agua y se ponía vestiduras limpias (Levítico 16:4, 24) en el día de la expiación. Él debía estar limpio para ministrar.

      Los sacrificios que se ofrecían debían ser sin defecto (Levítico 4:3).
   b. Esto era una sombra de Cristo, nuestro sacrificio, sin mancha ni defecto. Él era sin pecado.

Escriba Hebreos 4:15: ____

____

____

Para expiar nuestros pecados, Jesús tenía que ser sin pecado.

3. Tenía que ser divino.
   a. La expiación está basada en la deidad de Cristo. Jesús afirmó su propia deidad.

Escriba Juan 10:17: ____

____

Subraye Juan 10:18, 28, 30.

   b. Su carácter y su imagen demuestran que era divino.

Escriba Colosenses 1:15: ____

____

4. Tenía que identificarse con la humanidad.
   a. Jesús fue hecho carne y vivió entre los hombres sin pecado alguno. Fue hecho Dios-hombre (Juan 1:14).
   b. Para ser un sumo sacerdote misericordioso y hacer reconciliación, tenía que identificarse con el hombre.

Escriba Hebreos 2:17: ____

____

____

____

C. EL PLAN DE LA EXPIACIÓN.

1. La expiación eliminó los pecados de los santos del Antiguo Testamento.
   a. El día de la expiación solo "cubría" los pecados de los santos del Antiguo Testamento. La obra expiatoria de Cristo eliminó los pecados "pasados".

Escriba Romanos 3:25: ______________________________

____

____

   b. El sacrificio de Cristo estableció el nuevo pacto y redimió las transgresiones que había bajo el antiguo pacto.

Escriba Hebreos 9:15: ______________________________

____

____

2. La expiación era el plan divino de Dios.
   a. La encarnación de Jesús fue para el propósito de la expiación.

Escriba Romanos 5:8: ______________________________

____

   b. La expiación fue necesaria para reconciliar a Dios y al hombre. El amor de Dios proveyó al Redentor para tomar nuestros pecados y no solo "cubrirlos", sino "quitarlos". "Remisión" significa "enviar fuera o apartar". La expiación, la sangre derramada de Cristo, fue para la remisión de los pecados (Mateo 26:28).

Escriba Salmos 103:12: ______________________________

____

____

D. EL PROPÓSITO DE LA EXPIACIÓN.

1. La expiación es la doctrina central de la Escritura y comprende la obra total de Cristo en la cruz.
   a. La expiación incluye la *reconciliación* (vea la Introducción).

Escriba Romanos 5:10: ______________________________

____

____

   Subraye 2 Corintios 5:19.

   b. La expiación incluye la *propiciación* (vea la Introducción).

Escriba 1 Juan 2:2: ______________________________

____

   c. La expiación incluye la *redención* (vea la Introducción).

Escriba Colosenses 1:14: ______________________________

____

Subraye 1 Corintios 1:30 en su Biblia.

d. La expiación incluye la *justificación* (vea la Introducción).

Escriba Romanos 3:28: ____

____

e. La expiación incluye la *sustitución* (vea la Introducción).

Escriba 1 Pedro 2:24: ____

____

____

Escriba 2 Corintios 5:21: ____

____

f. La expiación incluye el *sacrificio* (vea la Introducción).

Escriba 1 Corintios 5:7: ____

____

Escriba Hebreos 10:12: ____

____

2. El alcance de la expiación es ilimitado.

a. La muerte de Cristo fue para todos los pecados del mundo.

Escriba Mateo 20:28: ____

____

b. Dios envió a su Hijo para salvar al mundo.

Escriba Juan 3:17: ____

____

c. El regalo de Dios es la vida eterna.

Escriba Romanos 6:23: ____

____

E. EL PODER DE LA EXPIACIÓN.

1. La expiación de Cristo venció el pecado.

a. Solo fue necesaria una expiación.

Escriba Hebreos 9:28: ____

____

b. Jesús vino para salvar del pecado.

Escriba Mateo 1:21: ____

____

2. La expiación limpia.

a. La sangre de Cristo limpia.

Escriba 1 Juan 1:7: ____

____

b. La expiación transforma una vida. Subraye Romanos 12:2.

V. LO QUE ESTA VERDAD BÍBLICA NOS ENSEÑA HOY

La expiación impone varias obligaciones a todos los cristianos. Deberíamos aborrecer el pecado. Fue nuestro pecado lo que clavó a Jesús en la cruz. Él derramó su sangre para que podamos llegar a ser "nuevas criaturas en Cristo". Su muerte en la cruz fue el precio que tuvo que pagar por nuestra salvación.

Debemos amar al Señor con todo nuestro ser. Si Él nos amó lo suficiente como para dejar su lugar en el cielo, hacerse carne a nuestra semejanza, ofrecerse a sí mismo en la cruz y morir para que podamos vivir, entonces deberíamos amarlo lo suficiente como para vivir para Él e incluso morir por Él si fuera necesario.

Debemos contarle al mundo el mensaje de nuestro Señor. Él es nuestro Salvador. Es nuestra paz, nuestra esperanza, nuestro gozo, nuestro amor, nuestra luz, nuestro intercesor, nuestro descanso, nuestra seguridad de vida eterna.

¿Es usted "uno" con Cristo?

SU SIGUIENTE TAREA:

1. Lea Zacarías 4:7; Juan 1:14-17; Hechos 4:33; 11:23; 14:3; Romanos 3:21-26; 4:4-5, 24-25; 5:2, 20; 2 Corintios 12:9; Efesios 2:1-9; Tito 3:5-7; Santiago 4:6; 2 Pedro 3:18.
2. Repase sus notas sobre la expiación.
3. Marque su Biblia donde aprenda nuevas verdades.

Lección 26
GRACIA

I. INTRODUCCIÓN

La enseñanza de la *gracia* pocas veces se aborda en la mayoría de los estudios bíblicos. Se ha convertido en un hecho aceptado que los alumnos ya saben lo que significa la gracia y no necesitan que se les explique. Pasar por alto la importancia de este tema es ignorar el verdadero carácter de Dios.

Las palabras *gracia* y *misericordioso* se encuentran casi 200 veces en la Escritura. La palabra proviene del griego *charis*, y los griegos admiraban este término. Se refiere a esa atracción sincera hacia alguien. Los griegos a menudo usaban la palabra para expresar generosidad, sin esperar recompensa o favor de la otra persona. Los cristianos exaltaron la palabra para que significara "un regalo", llegando a referirse al "regalo de la salvación" y "la bondad y el amor de Dios al perdonarnos y salvarnos".

En nuestros días, se dice que una persona tiene *carisma*, refiriéndose a alguien con una personalidad atractiva y con magnetismo.

II. VERSÍCULOS BÁSICOS:

Zacarías 4:7; Juan 1:14-17; Hechos 4:33; 11:23; 14:3; Romanos 3:21-26; 4:4-5, 24-25; 5:2, 20; 2 Corintios 12:9; Efesios 2:1-9; Tito 3:5-7; Santiago 4:6; 2 Pedro 3:18.

III. EL NÚCLEO DE ESTA VERDAD

Probablemente, la definición más conocida de este importante término bíblico es "favor inmerecido" o "favor divino": un favor otorgado libremente a aquellos que son totalmente incapaces de devolverlo. La gracia es la acción libre de Dios a favor de aquellos que no tienen mérito.

La gracia demuestra la bondad de Dios hacia aquellos que merecen su ira. Sobre la base de la muerte sustitutiva de Cristo, la gracia de Dios ofrece un camino para otorgar el regalo gratuito de la vida eterna a un pecador culpable. Merecíamos castigo; pero la gracia de Dios elimina el castigo y nos otorga la salvación que no merecíamos. Es verdaderamente "favor inmerecido".

IV. LA GRAN VERDAD – LA GRACIA

A. EL SIGNIFICADO BÍBLICO DE LA GRACIA.

1. Palabras de gracia de nuestro Señor.

   a. El significado de la gracia fue proclamado por el Señor Jesús al abrir el libro y leer las palabras del profeta. En la sinagoga de Nazaret, Jesús era conocido como "el hijo de José". Cuando habló, ellos "estaban maravillados de las palabras de gracia que salían de su boca" (Lucas 4:22).

   b. El Señor tiene gracia con todos los que han probado su Palabra.

Escriba 1 Pedro 2:2-3: ____

____

____

2. La definición bíblica de *gracia*.

   a. La mayoría de los eruditos aceptan Tito 3:4-5 como la definición bíblica de la gracia. Hay otras escrituras que son muy significativas, pero aceptemos esta como base para la definición.

Escriba Tito 3:4-5: ______________________________

____

____

____

b. La gracia expresa el amor de Dios hacia aquellos que son desagradables. La gran misericordia y amor de Dios, incluso cuando estábamos muertos en pecado, es gracia.

Escriba Efesios 2:4-5: ______________________________

____

____

c. La gracia precede a la misericordia. Es una expresión del amor de Dios. Pablo utilizó este orden en la mayoría de sus epístolas: *Gracia, misericordia y paz, de Dios nuestro Padre y de Cristo Jesús nuestro Señor* (1 Timoteo 1:2 y 2 Timoteo 1:2).

B. LOS CANALES DE LA GRACIA.

1. La gracia llega a nosotros de Dios el Padre.
   a. La gracia caracteriza la naturaleza de Dios.

Escriba 1 Pedro 5:10: ______________________________

____

Escriba Santiago 4:6: ______________________________

____

____

b. La gracia es un atributo de Dios.

Escriba 2 Timoteo 1:9: ______________________________

____

2. La gracia llega a nosotros de Cristo Jesús.
   a. El hijo de Dios vino "lleno de gracia y de verdad".

Escriba Juan 1:14: ______________________________

____

b. Juan dio testimonio de la gracia mediante Jesucristo.

Escriba Juan 1:17: ______________________________

____

3. El espíritu de gracia viene del Espíritu Santo.
   a. La promesa del Espíritu de gracia fue dada en Zacarías 12:10. Subráyelo en su Biblia.
   b. La definición bíblica de gracia se dio en Tito 3:4-5. Ahora lea los vv. 6 y 7. Somos renovados por el Espíritu Santo "el cual derramó en nosotros abundantemente por Jesucristo, nuestro Salvador, para que, siendo justificados por su gracia". Esta es una declaración inclusiva de Dios el Padre, el Espíritu Santo, Jesucristo y la gracia. Subraye Tito 3:6-7.

C. LA GRACIA DE DIOS PROVEE SALVACIÓN.

1. La gracia es el amor y la misericordia de Dios en acción.
    a. Dios mostró misericordia en amor mediante la muerte de su Hijo en la cruz.

Escriba Juan 3:16: ______________________________

____

____

    b. Esta frase le hará recordar la verdad de la gracia de Dios:
    LAS RIQUEZAS DE DIOS A EXPENSAS DE CRISTO.
    Todos los creyentes tienen las riquezas de Dios porque Cristo ha pagado el precio completo.

2. Somos justificados por su gracia.
    a. Para que los hombres sean justificados y tengan paz con Dios, Él trata con ellos en gracia (Tito 3:7).

Escriba Romanos 3:24: ______________________________

____

____

    b. El perdón de los pecados es según su gracia.

Escriba Efesios 1:7: ______________________________

____

____

    Subraye Efesios 1:8 en su Biblia.

3. Somos salvos por gracia.
    a. La bondad de Dios hacia nosotros es gracia.

Escriba Efesios 2:7: ______________________________

____

____

    Subraye Efesios 2:4-5.
    b. El gran pasaje sobre la gracia y la fe es Efesios 2:8-9.

Escriba el pasaje: ______________________________

____

____

____

    Ahora intente memorizar esos dos versículos.

4. La gracia de Dios es suficiente.
    a. Un "aguijón en mi carne, un mensajero de Satanás" (2 Corintios 12:7) impedía que Pablo se exaltara desmedidamente.
    b. La respuesta del Señor es una frase dinámica para cada cristiano.

Escriba 2 Corintios 12:9: ____________________

____

____

____

D. LA MANIFESTACIÓN DE LA GRACIA DE DIOS.

1. La gracia es abundante.

   a. El Señor puede hacernos fuertes en nuestra debilidad.

Escriba 1 Timoteo 1:14: ____________________

____

   b. La gracia produce paciencia. En 1 Pedro 2:19 leemos: *Porque esto merece aprobación* [gracia], *si alguno a causa de la conciencia delante de Dios, sufre molestias padeciendo injustamente.*

2. La gracia imputa la justicia.

   a. Por la gracia de Dios, la justicia de Dios pasa a la cuenta de cualquiera que acepte a Cristo.

Escriba Romanos 4:4-5: ____________________

____

____

   b. A través de Jesucristo tenemos acceso a su gracia.

Escriba Romanos 5:2: ____________________

____

____

3. La gracia produce una nueva naturaleza.

   a. Cuando somos salvos nos convertimos en personas nuevas.

Escriba Efesios 2:10: ____________________

____

____

   b. Nuestra mente queda renovada.

Escriba Efesios 4:24: ____________________

____

4. La gracia da instrucción.

   a. Un cristiano puede aprender cosas espirituales. La gracia que salva también enseña verdades espirituales.

Escriba Tito 2:11-12: ____________________

____

   b. Debemos hablar con gracia.

Escriba Efesios 4:29: ____

____

____

E. LA ERA DE LA GRACIA.

1. Había gracia antes de la encarnación de Cristo.
   a. La primera referencia a la gracia en la Escritura está en Génesis 6:8: *Pero Noé halló gracia ante los ojos de Jehová.*
   b. Moisés encontró gracia a los ojos del Señor (Éxodo 33:12).

Escriba Éxodo 33:17: ____

____

____

   c. A lo largo del libro hay referencias a la gracia de Dios.
2. La diferencia entre la era antigua y la era nueva.
   a. La diferencia entre las dos eras no es cuestión de nada de gracia y algo de gracia, sino más bien que hoy la gracia reina (*Biblia de Referencia Scofield*).

Escriba Romanos 5:21: ____

____

____

   b. Bajo el antiguo pacto, las ovejas morían por el pastor. Bajo el nuevo pacto, el Pastor murió por las ovejas (Juan 10:14).
   c. Pablo habla de "la administración de la gracia de Dios" (Efesios 3:2). Habla de liberación del antiguo principio de las obras para entrar en el principio de la gracia.

Escriba Romanos 6:14: ____

____

   d. El ministerio a los gentiles (todas las personas que no eran israelitas) fue todo por gracia.

Escriba Efesios 3:8: ____

____

____

F. LA GRACIA Y EL CRECIMIENTO CRISTIANO.

1. La salvación es por gracia; después viene el crecimiento.
   a. La salvación es un acto de gracia (Hechos 15:11). No podemos crecer en una relación de gracia con Dios; las obras no producirán gracia. La gracia es un regalo de Dios como resultado de nuestra fe en su Hijo.
   b. Una vez que experimentamos la salvación por gracia, deberíamos comenzar a crecer en gracia.

Escriba 2 Pedro 3:18: ______________________________

____

____

2. La gracia es la base del crecimiento cristiano.
   a. Las marcas de la gracia deberían ser obvias en la vida cristiana. Las marcas de la gracia vienen por el estudio de la Palabra, que debería morar en nosotros en toda riqueza y sabiduría.

Escriba Colosenses 3:16: ______________________________

____

____

   b. La gracia cambia nuestro lenguaje.

Escriba Efesios 4:29: ______________________________

____

____

Escriba Colosenses 4:6: ______________________________

____

____

   c. La gracia nos hace orar con valentía. Subraye Hebreos 4:16.
   d. La gracia cambia nuestra actitud hacia dar para la obra del Señor. Dar es una gracia.

Escriba 2 Corintios 8:7: ______________________________

____

____

Subraye 2 Corintios 9:7-8.

   e. La gracia da consuelo, esperanza y fortaleza para cada necesidad. Subraye 2 Tesalonicenses 2:16-17.

V. LO QUE ESTA VERDAD BÍBLICA NOS ENSEÑA HOY

La gracia es de Dios. No podemos producirla ni podemos trabajar para ganarla. Cuando aceptamos a Jesucristo, Pablo dice: *Porque por gracia sois salvos por medio de la fe; y esto no de vosotros, pues es don de Dios; no por obras* (Efesios 2:8-9). La gracia es lo que Dios hace en nuestro corazón; la fe es nuestra parte. La salvación es un acto de gracia. A medida que crecemos en gracia, debemos tener menos de nuestro propio ego y orgullo. Debemos humillarnos ante el Señor, y Él nos exaltará. La gracia se convierte en una realidad y fuerza en la vida. Debemos darnos cuenta de que, como cristianos, tenemos todas "las riquezas de Dios a expensas de Cristo". La gracia es el favor de Dios hacia nosotros; es su amor hacia nosotros. No merecemos nada. Él da perdón, salvación y vida eterna a todos los que aceptan a Jesucristo como Salvador. *Para mostrar en los siglos venideros las abundantes riquezas de su gracia en su bondad para con nosotros en Cristo Jesús* (Efesios 2:7). El último versículo de la Biblia dice: *La gracia de nuestro Señor Jesucristo sea con todos vosotros. Amén* (Apocalipsis 22:21).

SU SIGUIENTE TAREA:

1. Lea Éxodo 20:1-26; 21:1-31:18; Mateo 5-7; Juan 1:17; Hechos 15:1-31; Romanos 3:21-31; 7:4; 10:3-10; Gálatas 2:19; 3:13-25; 5:16-18; 1 Timoteo 1:9-10.
2. Repase sus notas sobre la gracia.
3. Marque su Biblia donde aprenda nuevas verdades.

Lección 27

LEY Y GRACIA

I. INTRODUCCIÓN

Este tema está claramente enseñado en la Escritura; sin embargo, es uno de los más debatidos y mal utilizados en el círculo de la fe cristiana. Algunos argumentan que el pecado debe abundar para que la gracia abunde más. Esto generalmente se argumenta porque las personas no conocen la Escritura. También están aquellos que viven bajo el "legalismo", que es otra palabra para "su interpretación" de la ley.

Ambos grupos están equivocados. La Biblia nos enseña claramente sobre la era en la que vivimos: la era de la gracia, la era de la iglesia. Cuando la Palabra de Dios habla, no hay lugar para la discusión.

En la última lección se trató el tema de la "gracia". En esta lección consideraremos tanto la *ley* como la *gracia*. ¿Cuál es la diferencia? ¿Cómo nos afecta el tema en la era de la Iglesia? ¿Por qué se dio la ley? ¿Cuál fue el propósito de la ley? Las Escrituras dan las respuestas.

II. VERSÍCULOS BÁSICOS:

Éxodo 20:1-26; 21:1-31:18; Mateo 5-7; Juan 1:17; Hechos 15:1-31; Romanos 3:21-31; 7:4; 10:3-10; Gálatas 2:19; 3:13-25; 5:16-18; 1 Timoteo 1:9-10.

III. EL NÚCLEO DE ESTA VERDAD

El propósito de la ley nunca fue salvar. La ley era un "ayo, para llevarnos a Cristo" (Gálatas 3:24). La ley revelaba la pecaminosidad y la insuficiencia del hombre. La ley proporcionaba un estándar perfecto por el cual el hombre podía medirse moral y espiritualmente. En la ley vemos la perfección de Dios y la imperfección del hombre. La palabra "ayo" (*paidagogos*, la palabra griega para "líder de niños") se refiere a los esclavos a quienes se les confiaba la responsabilidad de los niños (en griego, *didaskalos*). Pablo usa la misma imagen del "ayo" (*paidagogos*), "líder de niños", para llevarnos al Maestro, Jesucristo, para que podamos ser salvos. Después de haber sido entregados al Maestro, ya no hay necesidad del *paidagogos*: el "líder de niños". Pablo dice: *Pero venida la fe, ya no estamos bajo ayo* (Gálatas 3:25).

IV. LA GRAN VERDAD – LEY Y GRACIA

A. EL PROPÓSITO DE LA LEY.

1. *Por medio de la ley es el conocimiento del pecado* (Romanos 3:20).
   a. La ley fue dada para que los hombres supieran lo que es pecado, ya que "por medio de la ley es el conocimiento del pecado" (Romanos 3:20).
   b. Pablo dijo: *Yo no conocí el pecado sino por la ley.*

Escriba Romanos 7:7: ______________________________

____

____

2. La ley declara al mundo culpable delante de Dios.
   a. La ley fue dada para "cerrar bocas".

Escriba Romanos 3:19: ______________________________

____

____

b. La ley de Dios condena al hombre. David revela esto en Salmos 14:2-3. Subráyelo en su Biblia.

Escriba Romanos 3:10: ____

____

3. La ley fue dada para mostrar la naturaleza real del pecado.
   a. Pablo da su propio testimonio personal del efecto de la ley en su vida (Romanos 7:7-14). Cuando Pablo se convirtió, vino una nueva revelación sobre la ley.

      Dice: *Y yo sin la ley vivía en un tiempo; pero venido el mandamiento* [ley], *el pecado revivió y yo morí* (Romanos 7:9).
   b. La ley era de Dios, y santa.

Escriba Romanos 7:12: ____

____

   c. El pecado es extremadamente pecaminoso cuando se mide con el estándar de la ley.

Escriba Romanos 7:13: ____

____

____

____

B. ¿POR QUÉ ENTONCES LA LEY?

1. *Entonces, ¿para qué sirve la ley?* (Gálatas 3:19).
   a. Una traducción literal de la pregunta en Gálatas 3:19 sería simplemente: "¿Por qué, entonces, sirve la ley?".
   b. La ley fue "añadida a causa de las transgresiones". Añadida ¿a qué? El verbo *"añadida"* indica que la ley fue añadida a algo, y Pablo da la respuesta a la pregunta por lo que ha dicho en la primera parte de Gálatas 3.
   c. En Gálatas 3:6-8 Pablo dice que todos nosotros (los santos del Antiguo Testamento y los santos del Nuevo Testamento) somos salvos por gracia y no por la ley, así como Abraham creyó a Dios y le fue contado por justicia.

Escriba Gálatas 3:7-8: ____

____

____

2. El pacto abrahámico y las promesas de Dios fueron primero.
   a. La ley fue añadida al pacto abrahámico. Pablo dijo que el pacto y la promesa hechos a Abraham precedieron a la ley 430 años. Dios dio a Abraham y a sus descendientes un camino de salvación 430 años antes de que se diera la ley.

Escriba Gálatas 3:17: ____

____

____

   b. Dios hizo una promesa y la cumplió.

Escriba Gálatas 3:18: ____

____

c. La ley fue "añadida" al pacto y las promesas de Dios, "hasta". Subraye las dos palabras en Gálatas 3:19.

d. "Hasta que viniese la simiente". La simiente es Cristo, un descendiente de Abraham.

Escriba Gálatas 3:16: ____

____

____

____

Subraye este versículo en su Biblia.

e. *Por la ley ninguno se justifica para con Dios.* Pablo declara esto en Gálatas 3:11. Para sustanciar el hecho, cita Habacuc 2:4: *El justo por su fe vivirá.*

Subraye Gálatas 3:11 en su Biblia.

3. ¿Por qué dio Dios la ley?

   a. La ley fue dada para que pudiéramos ver cuán pecaminoso es el pecado. La ley es una plomada que nos permite ver cuán desordenadas están nuestras vidas sin Cristo. La plomada no hará que uno se enderece, pero demostrará que está torcido. Subraye Amós 7:7-8 e Isaías 28:17.

      Entonces, la ley fue añadida por causa de las transgresiones, para que pudiéramos ver cuán pecadores somos.

   b. En segundo lugar, Pablo dice que la ley fue dada para que, al ser hallados pecadores según el estándar de la ley, todos pudiéramos ser salvos por medio de la fe en Jesucristo, quien es la simiente de Abraham. La ley implantó en el corazón del hombre su sentido del pecado y su necesidad de un Salvador. La ley no podía salvar (Gálatas 3:21). La ley revela nuestra pecaminosidad, nuestra perdición.

   c. En la ley, somos llevados a encontrar perdón en Jesucristo. Sin un sentido de perdición, nunca buscaríamos el perdón ni conoceríamos el verdadero significado de Cristo como Salvador.

C. EL SEÑOR JESÚS NACIÓ BAJO LA LEY.

1. Jesús, nacido bajo la ley, rindió una obediencia completa a la ley.

   a. Nació bajo la ley.

Escriba Gálatas 4:4: ____

____

   b. Fue circuncidado y presentado al Señor Dios en el templo judío. Se ofreció un sacrificio de palominos "conforme a... la ley del Señor" (Lucas 2:24).

2. Jesús vino para cumplir la ley, no para destruir la ley (Mateo 5:17).

   a. Vivió en perfecta obediencia a la ley (Mateo 3:17; 17:5; Lucas 2:39).

   b. Confirmó las promesas hechas a los padres bajo la ley (Romanos 15:8).

   c. Cumplió todos los tipos de la ley mediante su vida y muerte sacrificial (Hebreos 9:11-26). Lea el pasaje.

d. Redimió al hombre de la maldición de la ley para que las bendiciones del pacto abrahámico pudieran llegar a todo el que cree.

Escriba Gálatas 3:13-14: ____

____

____

____

____

e. Él es el mediador del nuevo pacto en su sangre (Hebreos 8:6-13).

D. ANTES Y DESPUÉS DE LA LEY.

1. Antes de la ley.

a. Antes de que se diera la ley, no había transgresión. No se puede transgredir algo que no existe. La palabra "transgresión" proviene de dos palabras, "*trans*" y "*gresso*", y significa "ir más allá". La Escritura es clara en este punto.

Escriba Romanos 4:15: ____

____

____

b. La pregunta en cada mente en este punto es: "¿No había pecado antes de la ley?" Sí; y tan malo y terrible como después de que se diera la ley. El hombre no comprendía la gravedad de su pecado y Dios dio la ley para revelar la pecaminosidad del pecado. El pecado que siempre había sido moralmente incorrecto ahora se convirtió en legalmente incorrecto.

c. La ley reveló que el pecado es una transgresión contra Dios y para convencer al pecador de su necesidad de salvación. Pablo dice: *Pues antes de la ley el pecado, había pecado en el mundo; pero donde no hay ley, no se inculpa* [se le carga a alguien, se le culpa a alguien] *de pecado* (Romanos 5:13).

El pecado estaba en el mundo antes de la ley. La única pena específica pronunciada sobre el pecado en general era la muerte, dada cuando Dios dijo a Adán: *El día que de él comieres, ciertamente morirás* (Génesis 2:17). No había ley para pecados específicos como asesinato, robo, adulterio, etc. Solo se pronunciaba la pena de muerte.

2. Después de la ley.

a. La ley vino de Dios con instrucciones detalladas y penas específicas. La ley les dio a los pecados la naturaleza de transgresión que nunca habían tenido antes de que se diera la ley.

La ley no produjo el pecado, ni la ley misma fue pecado. Fue dada para mostrar la excesiva pecaminosidad del pecado.

b. La ley mostró la verdadera naturaleza del pecado. *Pero la ley se introdujo para que el pecado abundase* (Romanos 5:20).

c. La ley agitó el pecado dentro del corazón humano.

Escriba Romanos 7:5: ____

____

____

Observe la palabra "obraban". Pablo dice que la ley puso al pecado en movimiento. Antes de la ley se cometían los mismos pecados, pero no eran perturbados por una ley que los castigara y revelara. La ley agita el pecado, y se siente culpabilidad porque se puede colocar la culpa.

Un buen ejemplo: los padres pueden prohibirle a un niño que suba al ático. Hasta ese momento, el ático nunca había sido de interés para el niño, pero ahora los padres han despertado una curiosidad, un deseo de saber por qué no se puede ir al ático. Los padres han puesto "en movimiento" algo en lo que el niño nunca había pensado antes. La demanda no era incorrecta, pero despertó una tentación. Ahora, lea nuevamente Romanos 7:5. Tiene un nuevo significado, ¿verdad?

d. La ley es para los pecadores, no para los salvos (santos). Pablo expresa esta verdad en términos definitivos. Lea 1 Timoteo 1:5-8 y escriba el v. 9:

---

3. ¿Está el cristiano bajo la ley?

   (Esta es siempre una pregunta en los estudios bíblicos. La respuesta será solo bíblica).

   a. Los cristianos no están bajo la ley. Lea Romanos 6:14 y subráyelo en su Biblia.
      - También, Romanos 6:15.
      - También, Gálatas 5:18.
      - También, 1 Corintios 9:20.

   b. El cristiano no está bajo la ley como medio para ser salvo. Subraye Romanos 3:20. Dice: *Por las obras de la ley ningún ser humano será justificada delante de él.*

      Lea nuevamente Romanos 6:14 y Gálatas 3:12.

      Subraye Romanos 8:3-4 en su Biblia.

      Lea Hechos 15:1-11.

   c. El cristiano ha sido librado de la ley.

      Subraye Romanos 10:4.

      Lea detalladamente 2 Corintios 3:6-18.

      La respuesta: ¡No, el cristiano no está bajo la ley!

V. LO QUE ESTA VERDAD BÍBLICA NOS ENSEÑA HOY

Los contrastes que la Biblia da entre la ley y la gracia permanecerán en nuestros corazones como verdad para cada día:

- La ley prohíbe – la gracia invita y da.
- La ley condena al pecador – la gracia redime al pecador.
- La ley dice "haz"– la gracia dice "está hecho".
- La ley maldice – la gracia bendice.
- La ley condena al mejor hombre – la gracia salva al peor hombre.
- La ley revela el pecado – la gracia expía el pecado.
- La ley fue dada por Moisés – la gracia y la verdad vinieron por Jesucristo.
- La ley exige obediencia – la gracia da poder para obedecer.
- La ley fue escrita en piedra – la gracia está escrita en el corazón.
- La ley fue abolida en Cristo – la gracia permanece para siempre.

- La ley dice: *El alma que pecare, esa morirá* (Ezequiel 18:20) – y la gracia "cree y vive".

SU SIGUIENTE TAREA:

1. Lea Romanos 3:21-28; 4:1-7; 8:3-4; 10:1-10; 1 Corintios 1:29; 2 Corintios 5:21; Filipenses 3:7-9; Santiago 2:23. (Habrá muchos más pasajes de la Escritura utilizados, pero por favor lea estos antes del estudio de la lección).
2. Repase sus notas sobre ley y gracia.
3. Marque su Biblia donde aprenda nuevas verdades.

Lección 28
JUSTICIA

I. INTRODUCCIÓN

La *justicia* es un regalo de Dios a través de Jesucristo. El hombre está lejos de ser justo. La Escritura declara la pecaminosidad del hombre y la justicia de Dios.

En consecuencia, el término justicia se aplica a la condición del hombre para designar el estado de todos aquellos que han respondido con fe a la obra redentora de Dios a través de Cristo. Al responder al plan de salvación, el hombre es aceptado y aprobado por Dios.

La enseñanza sobre la "bondad" del hombre solo señala la pecaminosidad del corazón humano. La Escritura dice: *No hay justo, ni aun uno* (Romanos 3:10).

La justicia y la justificación son inseparables en la Escritura por el hecho de que se utiliza la misma palabra para ambas. La justificación es a través de la obra redentora de Cristo. Es por fe, no por obras, y es el acto judicial de Dios por el cual Él puede declarar justo legítimamente a quien cree en Jesucristo. Estas dos verdades son vitales para nuestra comprensión de la vida cristiana.

II. VERSÍCULOS BÁSICOS:

Romanos 3:21-28; 4:1-7; 8:3-4; 10:1-10; 1 Corintios 1:29; 2 Corintios 5:21; Filipenses 3:7-9; Santiago 2:23.

III. EL NÚCLEO DE ESTA VERDAD

Por un acto de la gracia de Dios, la justicia de Dios es acreditada, otorgada y puesta en la cuenta (todos estos significan "imputar") de un pecador creyente. La justicia requiere aquello que es correcto en carácter. Dios nunca exige algo que no sea justo, ni nos enseña a hacer lo incorrecto (Hebreos 1:8-9). La justicia de Dios solo puede obtenerse aceptando a Jesucristo como Salvador y Señor.

IV. LA GRAN VERDAD – LA JUSTICIA

A. DIOS ES JUSTO.

1. Dios ama la justicia y aborrece el pecado.

   a. Dios no aceptará la injusticia, no puede.

Escriba Deuteronomio 25:16: ____

____

____

   b. La ira de Dios se revela contra toda injusticia.

Escriba Romanos 1:18: ____

____

____

2. La justicia y la injusticia nunca se pueden mezclar.

   a. La comunión entre las dos es imposible.

Escriba 2 Corintios 6:14: ____

____

____

b. Dios juzga la injusticia. Es contra su naturaleza. Subraye Romanos 2:5-6.

3. La naturaleza de Dios es la justicia.

a. Dios es la fuente de justicia.

Escriba Romanos 1:17: ____

____

____

____

(En realidad, "una justicia que tiene a Dios como su fuente").

b. La justicia de Dios es lo único que Él demanda.

Escriba Romanos 3:21: ____

____

(Hablaremos de la "manifestación" después).

B. LA INJUSTICIA DEL HOMBRE.

1. La Biblia declara el pecado del hombre.

a. Con la revelación en la Escritura de que Dios es supremamente justo, está también la revelación de que "todas nuestras justicias [son] como trapo de inmundicia".

Escriba Isaías 64:6: ____

____

____

b. *No hay justo, ni aun uno.* En Romanos 3:9-18 Pablo declara el estado pecaminoso de la raza humana. Este pasaje es una imagen de la naturaleza real del hombre caído.

Escriba Romanos 3:10-11: ____

____

____

____

2. El corazón del hombre es perverso.

a. El corazón del hombre es increíblemente malvado. Satanás ha probado todas sus tácticas para propagar la mentira de que el corazón del hombre es "bueno por naturaleza". La Biblia dice justamente lo contrario.

Escriba Jeremías 17:9: ____

____

____

b. La mente carnal es contraria a Dios. Lea Romanos 8:5-8 y escriba los vv. 7-8:

____

____

____

____

3. La justicia propia no puede producir salvación.

a. Siempre ha habido el vano esfuerzo por parte del hombre de "ser bueno", de producir (aunque bajo la ley) un carácter que Dios pueda aprobar. Pablo da un ejemplo perfecto de esto en su propia vida en Filipenses 3:4-8.

Escriba el v. 8: ____

____

____

____

____

b. Las personas todavía "andan procurando establecer su propia justicia". En otras palabras, las personas "andan" (se mantienen ocupadas), corren de una "buena" acción a otra, con el fin de aparentar (establecer) su propia justicia. Intentan compensar con sus acciones lo que les falta en su ser. Uno de los grandes versículos sobre la justicia propia se encuentra en Romanos 10:3.

Escriba Romanos 10:3: ____

____

____

____

____

c. *La ira del hombre no obra la justicia de Dios* (Santiago 1:20).

C. LA BASE PARA LA JUSTICIA.

1. La justicia de Dios es en Cristo Jesús.

a. Nosotros no somos justos. Toda la justicia que Dios requiere y aprueba se encuentra en su Hijo, Cristo Jesús. Él cumplió todos los requisitos y manifestó (visibilizó) la justicia de Dios (Romanos 3:21).

Escriba Romanos 3:22: ____

____

____

b. Jesucristo "nos ha sido hecho justificación".

Escriba 1 Corintios 1:30: ____

____

____

2. La justicia es un regalo de Dios.
    a. Así como por un hombre el pecado entró en el mundo (el primer Adán), en Jesucristo (el segundo Adán) viene el regalo gratuito de la justicia.

Escriba Romanos 5:17: ______________________________

____

____

Subraye Romanos 5:12 y 15.

    b. Cristo es la justicia de Dios para todo el que creerá.

Escriba Romanos 10:4: ______________________________

____

____

También, escriba Romanos 10:9: ______________________________

____

____

____

3. Jesús fue hecho pecado para que nosotros fuéramos hechos justos.
    a. Subraye 2 Corintios 5:14-15. Jesús, que no conoció pecado, fue hecho pecado por nosotros (Jesús tomó nuestros pecados sobre sí mismo).

Escriba 2 Corintios 5:21: ______________________________

____

____

    b. Jesús se convirtió en la ofrenda de pecado por todo el mundo. Cuando alguien acepta a Cristo, Dios mira a esa persona como alguien que ha muerto con Cristo.

Escriba Romanos 6:6: ______________________________

____

____

    c. Jesús murió por nosotros; probó la muerte por todos.

Escriba Hebreos 2:9: ______________________________

____

____

4. La justicia de Dios es dada a todos los creyentes.
    a. Un creyente en Cristo se convierte en parte del cuerpo de Cristo.

Escriba 1 Corintios 12:13: ______________________________

____

____

b. Dios ve a un creyente a través de su Hijo Jesucristo, y está justificado al perdonar el pecado. Cristo cumplió las justas demandas de un Dios justo mediante su sangre derramada. Jesús se convirtió en la "propiciación", el "propiciatorio", la satisfacción que Dios requería. La propiciación es satisfacer la justicia de Dios y hacer posible que Él perdone.

Escriba Romanos 3:25: ____

____

c. Jesús es el abogado justo para los creyentes.

Escriba 1 Juan 2:1: ____

____

____

También, 1 Juan 2:2: ____

____

____

d. Cristo es la justicia de Dios; por lo tanto, los que son salvos son hechos la justicia de Dios, la cual no aumenta con las obras ni disminuye con los errores (2 Corintios 5:21).

e. Las obras no pueden producir justicia; solo la fe en Jesucristo.

Escriba Romanos 4:5: ____

____

____

Subraye Romanos 4:6.

5. Los cristianos son hechos la justicia de Dios en Cristo.

a. El creyente está completo en Cristo. Pablo usa el término "en Cristo" a lo largo de sus escritos.

Escriba Colosenses 2:9-10: _____________________________________

____

____

____

b. En Efesios y Filipenses, subraye los siguientes versículos, todos ellos afirmando que el creyente está "en Cristo":

Efesios 1:1	Efesios 5:8	Efesios 2:13	Filipenses 2:5
Efesios 1:3	Efesios 6:10	Efesios 2:21	Filipenses 3:3
Efesios 1:4	Filipenses 1:1	Efesios 2:22	Filipenses 3:14
Efesios 2:6	Filipenses 1:13	Efesios 3:6	Filipenses 4:1
Efesios 2:10	Filipenses 1:14	Efesios 4:15	

c. La justicia del creyente, como vemos en la Escritura, no es *algo, sino Alguien*.

D. LA JUSTICIA ES POR FE EN CRISTO.

1. La justicia de Dios es por fe en Cristo.

   a. La fe en Cristo elimina la justicia propia.

Escriba Filipenses 3:9: ____________________

____

____

____

   b. El evangelio contiene el poder de Dios para salvación, y la justicia de Dios.

Escriba Romanos 1:16-17: ____________________

____

____

   c. Lea y subraye Romanos 3:22.

2. Abraham fue un buen ejemplo.

   a. *Creyó Abraham a Dios, y le fue contado* [imputado] *por justicia* (Romanos 4:3).

   b. La fe de Abraham era fuerte. Subraye Romanos 4:13, 16, 19-20.

E. LA JUSTICIA DE DIOS DEBERÍA SER EVIDENTE EN LA VIDA CRISTIANA.

1. Las cosas espirituales deberían ser primero.

   a. La vieja batalla de la carne y el espíritu es por lo general la más evidente.

Escriba Romanos 8:5: ____________________

____

____

   b. Lo espiritual no debería ser un "espectáculo" para que el mundo lo vea, sino un estilo de vida que atraiga a la gente a Jesucristo.

Escriba Romanos 8:10: ____________________

____

____

2. El Espíritu Santo produce el fruto y el caminar del Espíritu.

   a. El fruto del Espíritu es una parte del carácter cristiano, una manifestación de las gracias de Gálatas 5:22-23.

____

____

____

   b. Nuestro caminar debería ser en el Espíritu.

Escriba Gálatas 5:25-26: ____________________

____

____

3. Una vida justa es el resultado de la salvación.

   a. Por la gracia de Dios, el cristiano puede vivir de manera justa porque ha sido hecho justo al aceptar a Cristo.

Escriba 1 Juan 3:7: ______________________________

____

____

____

   b. Tenemos que buscar primero lo que va *primero*.

Escriba Mateo 6:33: ______________________________

____

____

Memorice este versículo y deje que sea parte de su vida cotidiana.

V. LO QUE ESTA VERDAD BÍBLICA NOS ENSEÑA HOY

Cuando Cristo murió en la cruz, fue la mayor evidencia de la justicia de Dios. Los pecados "pasados" habían sido pasados por alto, y Dios había "guiñado el ojo" o los había "ignorado"; pero en la cruz, Dios pagó el precio completo. Solo la muerte expiatoria de su Hijo, nuestro Salvador y Señor Jesucristo, podía justificar el pasado, el presente y el futuro de un Creador justo y supremo del mundo.

Todo el pasado pudo ser "pasado por alto" antes de la muerte de Cristo, porque Dios preveía la cruz (Romanos 3:25).

Todo perdón futuro es justo únicamente al mirar hacia atrás a la cruz (Romanos 3:26).

Toda injusticia presente es hecha justicia mediante su limpieza (1 Juan 1:9).

El pasado, el presente y el futuro se encuentran en la cruz (Romanos 5:8). La justicia de Dios se revela en el evangelio de Jesucristo (Romanos 1:17).

Por lo tanto, ninguno de nosotros es justo. La justicia es de Dios. Si hemos aceptado a su Hijo, entonces Él ve en nosotros "la justicia de Dios en [Cristo]" (2 Corintios 5:21).

SU SIGUIENTE TAREA:

1. Lea Juan 6:37; 10:27-28; 14:27; 16:33; 19:30; 20:19-31; Romanos 1:7; 5:1; 8:31-39; 16:20; 1 Corintios 1:3; 2 Corintios 6:10; Gálatas 5:22-23; Efesios 2:12-17; Filipenses 1:6; 4:7; Colosenses 1:20; 2:2, 13; 3:4; 1 Tesalonicenses 1:5; 5:23; 2 Timoteo 1:12; Tito 2:13; Hebreos 2:18; 3:6, 14; 6:11; 7:25; 10:22; 12:24; 13:5; 1 Pedro 1:4-5, 23; 2 Pedro 1:4; 3:14; 1 Juan; Judas 24–25.
2. Repase sus notas sobre la justicia.
3. Marque su Biblia donde aprenda nuevas verdades.

Lección 29
SEGURIDAD Y PAZ

I. INTRODUCCIÓN

La *seguridad* es un regalo de Dios mediante la fe en Jesucristo. El mundo podría llamar a este regalo paz mental, entendida como que todo estará bien en el futuro. La psicología lo definiría como una personalidad libre de toda frustración. La Biblia presenta este don de la seguridad como una certeza, un conocimiento, una confianza con respecto a la relación personal con Dios. Para el creyente, la seguridad es una posesión legítima, y Dios quiere que la poseamos como un regalo de Él.

La seguridad es una consciencia y confianza interna de que existe una relación correcta entre usted y Dios. Es una experiencia subjetiva. Muchos que creen en la "seguridad del creyente" no tienen seguridad de su salvación. No honra a Dios dudar o carecer de seguridad. La salvación no es temporal ni condicional (1 Juan 5:12-13). Isaías dice: *Y el efecto de la justicia será paz; y la labor de la justicia, reposo y seguridad para siempre* (Isaías 32:17).

Una ilustración sencilla podría ayudar en este punto. Un conductor experto de autos de carreras le invita a subir con él durante una prueba. Usted tiene miedo, pero tiene suficiente fe para finalmente subirse al auto. Toda la seguridad que ofrecía el auto era tanto suya como de él. Usted temblaba en cada curva, mientras que él tenía el entendimiento, conocimiento y experiencia para disfrutar el viaje. Él tenía seguridad; usted no; sin embargo, ambos tenían la misma protección. ¿Ahora lo entiende?

La seguridad es absolutamente necesaria para tener paz mental y del alma. Esto es cierto en todas las áreas de la vida. Tiene seguridad del amor de su familia o amigos, y tiene paz en esa área de la vida. Tiene cierto grado de seguridad acerca de su capacidad para trabajar, y tiene paz. Podría tener la seguridad de buena salud (después de ver al médico), por lo que sale de su consultorio con una sensación de paz.

Dios quiere que sea feliz en Cristo, que disfrute su salvación. Él se interesa por usted y le da seguridad y paz.

Por lo tanto, esta lección abarca tanto la seguridad como la paz. No puede haber paz sin seguridad.

II. VERSÍCULOS BÁSICOS:

Juan 6:37; 10:27-28; 14:27; 16:33; 19:30; 20:19-31; Romanos 1:7; 5:1; 8:31-39; 16:20; 1 Corintios 1:3; 2 Corintios 6:10; Gálatas 5:22-23; Efesios 2:12-17; Filipenses 1:6; 4:7; Colosenses 1:20; 2:2, 13; 3:4; 1 Tesalonicenses 1:5; 5:23; 2 Timoteo 1:12; Tito 2:13; Hebreos 2:18; 3:6, 14; 6:11; 7:25; 10:22; 12:24; 13:5; 1 Pedro 1:4-5, 23; 2 Pedro 1:4; 3:14; 1 Juan; Judas 24–25.

III. EL NÚCLEO DE ESTA VERDAD

La Biblia está llena de exhortaciones para que cada creyente tenga plena seguridad y paz mental y del alma. Los regalos de seguridad y paz son de Dios y son dados a cada creyente que los acepte de un Padre amoroso. ¿Podemos saber que somos hijos de Dios? Sí. Pablo dice: *Estando persuadido de esto, que el que comenzó en vosotros la buena obra, la perfeccionará hasta el día de Jesucristo* (Filipenses 1:6). ¿Podemos conocer una paz profunda en el alma? Sí. *Y la paz de Dios, que sobrepasa todo entendimiento, guardará vuestros corazones y vuestros pensamientos en Cristo Jesús* (Filipenses 4:7).

La seguridad es necesaria para la paz mental. En un mundo que anhela paz, debe haber paz individual para que exista. Esta paz individual solo puede durar si está basada en la fe en el Señor

Jesucristo. Entre las verdades de la Biblia, ninguna es más personal y satisfactoria que la seguridad de la fe y la paz de Dios.

IV. LA GRAN VERDAD – SEGURIDAD Y PAZ

A. LA SEGURIDAD VIENE DE DIOS.

1. El testimonio de la Palabra de Dios da seguridad.

a. Las promesas de Dios son tan válidas hoy como en los días del Antiguo Testamento. Las promesas incondicionales de Dios no dependen de los recursos humanos.

Una de las grandes proclamaciones de la seguridad es Romanos 8:28:

____

____

b. En el propósito eterno de Dios, mediante el evangelio de Cristo, Él asegura su amor a cada creyente. Una de las grandes cumbres de verdad bíblica se encuentra en Romanos 8:31-39.

Escriba Romanos 8:31-32: ____________________________

____

____

____

____

c. Subraye Romanos 8:33-34. Escriba el v. 35:

____

____

Escriba Romanos 8:37: ____________________________

____

____

Escriba Romanos 8:38-39 e intente memorizar estos versículos: ____________

____

____

____

____

2. Creer lo que Dios dice da seguridad.

a. No es necesario dudar de las promesas de Dios. Simplemente creer lo que Dios dice da seguridad.

Memorice y escriba 2 Timoteo 1:12: ________________________

____

____

b. La Biblia declara muchas veces que el creyente está “en Cristo”.

Escriba Colosenses 2:6: ______________________________

____

Subraye Colosenses 2:7.

Escriba Colosenses 2:10: ______________________________

____

Escriba Colosenses 3:2-3: ______________________________

____

____

Pablo expresa el hecho de que el creyente está "en Cristo" a lo largo de sus escritos.

3. El poder de Dios es suficiente para dar seguridad.
   a. Dios quiere asegurarle que es su hijo mediante la fe en Jesucristo.

      Mas a todos los que le recibieron, a los que creen en su nombre, les dio potestad de ser hechos hijos de Dios; los cuales no son engendrados de sangre, ni de voluntad de carne, ni de voluntad de varón, sino de Dios (Juan 1:12-13).
   b. El cristiano es guardado por el poder de Dios. Subraye 1 Pedro 1:3-4 en su Biblia y escriba 1 Pedro 1:5:

____

____

____

B. LA OBRA DE CRISTO DA SEGURIDAD.

1. La obra consumada de Jesús da una bendita seguridad.
   a. Cuando Jesús murió en la cruz, pagó el precio completo para salvar a todo el que le rinda su vida.

Escriba Juan 19:30: ______________________________

____

   b. En la oración de Jesús (no en la oración modelo de Mateo 6:9-13) en Juan 17, Jesús habla siete veces de los creyentes que le han sido entregados por el Padre (Juan 17:2, 6 dos veces, 9, 11-12, 24).
   c. Jesús terminó la obra redentora que fue enviado a completar. Subraye Hebreos 10:10 y 12.

Escriba Hebreos 10:14: ______________________________

____

2. La intercesión de Cristo como nuestro Sumo Sacerdote da seguridad.
   a. El creyente tiene acceso a Dios el Padre porque Jesús es nuestro Sumo Sacerdote, quien intercede por los suyos. Subraye Hebreos 10:19-22; 7:26-27.

Escriba Hebreos 7:25: ______________________________

____

____

b. La mayoría en el cristianismo ora a Dios "en el nombre de Jesucristo". ¿Por qué la mayoría de las oraciones terminan con estas palabras?

Escriba 1 Timoteo 2:5: ______________________________

____

3. Jesús, como nuestro presente Abogado en el cielo, da seguridad.

a. El ministerio de Jesús que nunca falla es su defensa (un abogado, alguien que defiende) en el cielo a favor de los creyentes. Los cristianos no son perfectos y Satanás se gloría al ser capaz de acusar a los hermanos "delante de Dios día y noche" (Apocalipsis 12:10). Pero Jesús está en el cielo por nosotros.

Escriba Hebreos 9:24: ______________________________

____

____

b. La obra presente de Jesús da a los cristianos una evidencia indisputable de seguridad. Jesús es siempre fiel al defender a los suyos cuando se confiesan los pecados en oración.

Escriba 1 Juan 1:9: ______________________________

____

____

Escriba 1 Juan 2:1: ______________________________

____

____

Subraye los dos versículos (de arriba) en su Biblia.

C. LA OBRA DEL ESPÍRITU SANTO DA SEGURIDAD.

1. El Espíritu Santo da poder a la Palabra.

a. Las palabras son más que palabras cuando el Espíritu Santo las implanta en el corazón.

Escriba 1 Tesalonicenses 1:5: ______________________________

____

____

b. Observe 1 Pedro 1:22 y escriba 1 Pedro 1:23:

____

____

2. El Espíritu Santo habita en los cristianos.

a. La seguridad le pertenece al cristiano porque el Espíritu Santo habita constantemente en el corazón del creyente.

Escriba 1 Corintios 3:16: ______________________________

____

____

b. El cristiano no se pertenece a sí mismo, sino a Cristo. Subraye 1 Corintios 6:19 y escriba el v. 20.

____

____

c. Los cristianos son sellados por el Espíritu Santo. Subraye Efesios 4:30. Todos estos versículos, y cientos más, dan la "bendita seguridad de que Jesús es mío".

D. LA PAZ QUE SOBREPASA TODO ENTENDIMIENTO.

1. Paz con Dios.

a. Cuando una persona acepta a Cristo, esa persona entra en la obra de Cristo por fe.

Escriba Romanos 5:1: ______________________________

____

b. Jesús es nuestra paz.

Escriba Efesios 2:14: ______________________________

____

____

Y observe los vv. 15 al 17. Note la palabra "paz".

2. Paz de Dios.

a. Esta es una paz interior.

Escriba Filipenses 4:7: ______________________________

____

____

b. La paz interior viene como resultado de entregar toda ansiedad a Dios en oración. Subraye Filipenses 4:6.

c. Jesús dio su paz a los suyos.

Escriba Juan 14:27: ______________________________

____

____

3. Paz dada por Dios.

a. Las grandes invocaciones de las epístolas hablan de "paz de Dios". Pablo usó el término en Romanos 1:7.

____

____

También en 1 Corintios 1:3. ______________________________

____

Subraye 2 Corintios 1:2; Gálatas 1:3; Efesios 1:2; Filipenses 1:2; 1 Tesalonicenses 1:1; 2 Tesalonicenses 1:2; 1 Timoteo 1:2; 2 Timoteo 1:2; Tito 1:4; Filemón 3. Todas estas salutaciones de Pablo hablan de "paz de Dios" (dada por Dios).

b. Juan usó esta frase en 2 Juan 3.

c. Todas estas salutaciones que usan "paz de Dios" se refieren a la paz de Dios en nuestra vida diaria. En cada una de las frases se dice en el mismo sentido que "gracia y misericordia". El significado es que la "paz de Dios" rodearía, guardaría y bendeciría a cada hijo de Dios.

V. LO QUE ESTA VERDAD BÍBLICA NOS ENSEÑA HOY

La ausencia de seguridad en la vida cristiana produce dudas y frustración, lo que significa ausencia de paz. Hemos tratado de mostrarle suficiente escritura para darle paz y seguridad. Ahora, si todavía tiene dudas sobre la seguridad, lea la pequeña carta de 1 Juan. Allí encontrará la palabra "conocer" unas 38 veces. Esta epístola es el "libro de la seguridad". Este debería ser el primer libro de la Biblia recomendado a los nuevos cristianos.

La seguridad puede ser suya si es salvo. Satanás intentará que dude de su salvación cada día. La única forma de vencer a Satanás es creer, permanecer en la Palabra de Dios, y orar sin cesar.

La paz nos fue dada por Dios el Padre y nuestro Señor Jesucristo. Jesús dijo: *Mi paz os doy* (Juan 14:27). ¿Aceptamos su Palabra? La seguridad de nuestra relación con Jesucristo nos da "la paz de Dios, que sobrepasa todo entendimiento" (Filipenses 4:7). La única manera de tener paz y seguridad es:

- Permanecer en la Palabra; estudiarla.
- Orar sin cesar.
- Estar en comunión con los santos. Eso por lo general se encuentra en una buena iglesia basada en la Biblia. Usted necesita reunirse con la familia de Dios.

SU SIGUIENTE TAREA:

1. Lea Levítico 4:1-4, 12; 16:21-22; Salmos 22:1-26; Isaías 53:4-12; Mateo 20:28; Lucas 22:37; Romanos 4:25; 5:6-8; 2 Corintios 5:14-21; Gálatas 1:4; 3:13; Hebreos 9:12, 22, 26, 28; 1 Pedro 2:21-25.
2. Repase sus notas sobre seguridad y paz.
3. Marque su Biblia donde aprenda nuevas verdades.

Lección 30
SUSTITUCIÓN

I. INTRODUCCIÓN

El tema de esta lección es mencionado frecuentemente por maestros y predicadores, pero pocas veces se enseña o se explica. Los que estamos en el ministerio a menudo nos referimos a la *muerte sustitutoria* de Cristo como su expiación vicaria. Las palabras *vicario* y *sustitución* tienen el mismo significado. El diccionario define sustitución como "una persona que toma el lugar de otra". Define vicario como "un sacrificio sustitutivo sufrido por una persona en lugar de otra". Como puede ver, las dos palabras son sinónimas. Rara vez se menciona este hecho a una clase o congregación. Después del pecado de Adán y Eva, Dios no podía ignorar la pena que les había declarado: *El día que de él comieres, ciertamente morirás* (Génesis 2:17). Dios había hablado y no podía quebrantar su palabra. Se hizo necesario que el castigo, si no recaía sobre Adán y Eva, recayera sobre alguien que pudiera y estuviera dispuesto a tomar su lugar. El sustituto que Dios proveyó fue Él mismo en la persona de Jesucristo. Jesús no era otro sino Dios manifestado en carne. *Grande es el misterio de la piedad: Dios fue manifestado en carne* [Jesús], *justificado en el Espíritu, visto de los ángeles, predicado a las naciones, creído en el mundo, recibido arriba en gloria* (1 Timoteo 3:16). La *sustitución* se basa en la representación: un representante es alguien designado para actuar en lugar de otro.

La sustitución es una de las doctrinas básicas de la Biblia, aunque las palabras *sustitución* y *vicario* no aparecen en ella. La Escritura revela el hecho de que la muerte de Cristo fue vicaria, lo cual significa que Él sufrió en lugar del pecador. Fue un sustituto: alguien que tomó el castigo del pecado para satisfacer a un Dios santo. La muerte de Cristo como sustituto en la cruz fue el precio redentor pagado a las demandas de Dios por el pecado, liberando al pecador de la condenación una vez que acepta a Cristo como Salvador.

II. VERSÍCULOS BÁSICOS:

Levítico 4:1-4, 12; 16:21-22; Salmos 22:1-26; Isaías 53:4-12; Mateo 20:28; Lucas 22:37; Romanos 4:25; 5:6-8; 2 Corintios 5:14-21; Gálatas 1:4; 3:13; Hebreos 9:12, 22, 26, 28; 1 Pedro 2:21-25.

III. EL NÚCLEO DE ESTA VERDAD

Jesús ya ha tomado sobre sí mismo los juicios divinos contra el pecador para la completa satisfacción de Dios. Solo queda una cosa por hacer para el pecador: tomar una decisión. Esa decisión es aceptar al sustituto, Jesús, como Salvador, o permanecer en su condición pecaminosa y recibir el castigo eterno.

Es importante notar que la palabra "por", que significa "en lugar de" o "en sustitución de", se usa en cada pasaje donde se menciona la muerte de Cristo como rescate. Por ejemplo: *El cual se dio a sí mismo en rescate **por** todos, de lo cual se dio testimonio a su debido tiempo* (1 Timoteo 2:6).

Jesús, en su muerte, fue realmente el sustituto que murió en lugar del hombre pecador. La sustitución de Jesús proporcionó un camino justo para que Dios tratara con el castigo del pecado. Su obra sustitutoria es el corazón del evangelio.

IV. LA GRAN VERDAD – SUSTITUCIÓN

A. SUSTITUCIÓN EN EL ANTIGUO TESTAMENTO.

1. La sustitución la proveyó Dios el Padre.

a. El hombre no pasó la prueba de la obediencia en el huerto del Edén. El Señor Dios hizo túnicas de pieles para cubrir a Adán y Eva. Una sombra de Cristo: el animal fue el sustituto para cubrir el pecado. La vestimenta divinamente provista hizo aptos a los primeros pecadores para la presencia de Dios.

Escriba Génesis 3:21: ______________________________

____

b. El sustituto, Jesús, fue prometido por el Señor Dios.

Escriba Génesis 3:15: ______________________________

____

____

2. El Antiguo Testamento anuncia la obra sustitutoria de Cristo.
   a. El sacrificio por el pecado siempre requería el derramamiento de sangre. El pecador se identificaba con el pecado y con su ofrenda al colocar su mano sobre la cabeza del sacrificio. Levítico 4 contiene la Palabra de Dios acerca de una ofrenda por el pecado. La ofrenda por el pecado era una ofrenda obligatoria (de aroma no grato). Subraye Levítico 4:3-4, 12-13, 15, 21-22, 24, 26-27, 29, 31, 33.
   b. La ofrenda por el pecado de Levítico 4 abarcaba:
      - los pecados de ignorancia (vv. 1, 2)
      - los pecados de los sacerdotes (vv. 3-12)
      - los pecados de la congregación (vv. 13-21)
      - los pecados del gobernante (vv. 22-26)
      - los pecados del pueblo común (vv. 27-35)

      Todas estas ofrendas por el pecado requerían un sustituto y el derramamiento de sangre para cubrir el pecado.
   c. La ofrenda por el pecado es, por excelencia, un tipo, una imagen, una sombra de Jesucristo llevando el pecado del creyente en lugar del pecador que ha aceptado la obra sustitutoria de Cristo. Las ofrendas por el pecado eran sustitutorias, anticipando la ofrenda suprema del Hijo de Dios, hecha una vez para siempre.
   d. La ofrenda por el pecado señala a la muerte de Cristo como el sustituto de los pecadores, tal como lo declararon los escritores del Antiguo Testamento. El hecho de la profecía sobre Cristo y cómo nació, vivió y murió confirma las imágenes de Jesús y su obra sustitutoria descritas en Levítico y el Pentateuco.
   e. El concepto del Antiguo Testamento sobre la sustitución puede verse en Isaías 53, probablemente la imagen más clara de Cristo como el sustituto del pecado en toda la Biblia:
      - *Ciertamente llevó él nuestras enfermedades, y sufrió nuestros dolores* (Isaías 53:4).
      - *Mas él fue herido por* [en lugar de] *nuestras rebeliones* (Isaías 53:5).
      - *Molido por* [en lugar de] *nuestros pecados* (Isaías 53:5).
      - *El castigo de* [en lugar de] *nuestra paz fue sobre él, y por su llaga fuimos nosotros curados* (Isaías 53:5).
      - *Jehová cargó en él* [Jesús] *el pecado de todos nosotros* (Isaías 53:6).
      - *Como cordero fue llevado al matadero [...], no abrió su boca* (Isaías 53:7). (¿Recuerda la ofrenda por el pecado?).

- Fue hecho "expiación [en lugar de] por el pecado" (Isaías 53:10). La gracia de Dios lo llevó a ofrecer a su único Hijo como ofrenda por el pecado.

f. El Salmo 22 anticipa la obra sustitutoria de Jesús en la cruz. El Pastor dio su vida por (en lugar de) las ovejas.

g. Hallamos un tipo de la obra sustitutoria de Cristo en Génesis 22:2-13.

Isaac era un tipo de Cristo, obediente hasta la muerte al igual que Jesús, el Hijo unigénito de Dios (Génesis 22:9).

Cristo se ve en el cordero ofrecido como sustituto por Isaac; note "en lugar de su hijo" (Génesis 22:13).

La fe de Abraham se ve porque creyó que Dios proveería un sustituto (Génesis 22:8).

Escriba el versículo de Génesis 22:8: ______________________________

____

____

Subraye en su Biblia las palabras: "Dios se proveerá de cordero".

B. EL HECHO DE LA SUSTITUCIÓN

1. Cristo es nuestro sustituto.

a. La Biblia declara "todo bajo pecado". Subraye Gálatas 3:22 y escriba Romanos 3:23:

____

____

b. Pero Cristo murió *por* (en lugar de) nuestros pecados.

Escriba 1 Pedro 3:18: ______________________________

____

____

c. Él fue hecho pecado *por* (en lugar de) nosotros.

Escriba 2 Corintios 5:21: ______________________________

____

____

2. Jesús vino a morir voluntariamente *por* (en lugar de) los pecadores.

a. Dios su vida *por* (en lugar de) muchos.

Escriba Mateo 20:28: ______________________________

____

____

b. Jesús pagó el rescate *por* (en lugar de) todos.

Escriba 1 Timoteo 2:6: ______________________________

____

c. Jesús se entregó *por* (en lugar de) nosotros para redimirnos.

Escriba Tito 2:14: ____________________

____

____

3. Jesús murió como un verdadero sustituto *por* (en lugar de) los pecadores.
    a. Entregó su vida *por* las ovejas.

Escriba Juan 10:11: ____________________

____

    b. Murió *por* los impíos.

Escriba Romanos 5:6: ____________________

____

También Romanos 5:8: ____________________

____

____

    c. Cristo sufrió *por* nosotros.

Escriba 1 Pedro 2:21: ____________________

____

____

Escriba también 1 Pedro 2:24: ____________________

____

____

4. Jesús fue hecho maldición por nosotros.
    a. Jesús ha llevado la maldición de la ley.

Escriba Gálatas 3:13: ____________________

____

    b. El creyente es redimido de la ley por Jesús. Subraye Gálatas 4:4-7.

C. LA SUSTITUCIÓN ES CRISTO LLEVANDO LOS PECADOS DE TODOS LOS CREYENTES.
    1. La importancia del ministerio de Cristo como sustituto.
        a. Jesús pagó el precio para redimir a los hombres pecadores.

Escriba 1 Corintios 6:20: ____________________

____

Subraye 1 Corintios 7:23.

        b. Dios envió a su Hijo a causa del pecado.

Escriba 1 Juan 4:10: ______________________________

____

____

c. Dios dio vida eterna en su Hijo. Subraye 1 Juan 5:11-12 en su Biblia.

Escriba 1 Juan 4:14: ______________________________

____

d. Él "murió **por** nuestros pecados".

Escriba 1 Corintios 15:3: ______________________________

____

____

e. Él "se entregó a sí mismo **por** [nosotros]", Subraye Gálatas 2:20.

2. Jesús se encarnó para morir en la cruz.
   a. Jesús se humilló en la carne y se hizo obediente hasta la muerte. Subraye Filipenses 2:5-8.

      También, Juan 1:14.
   b. Jesús oró para que todos creyeran.

Escriba Juan 17:2: ______________________________

____

Subraye Juan 17:23 (Juan 17 es la oración de nuestro Señor).

c. Jesús enseñó su sustitución cuando instituyó la cena del Señor.

Escriba Mateo 26:28: ______________________________

____

____

Note que Jesús dijo "esto es mi sangre… que por [en lugar de] muchos es derramada".

d. Jesús tuvo que encarnarse, siendo así el Dios-hombre, para convertirse en nuestro sustituto.

D. ERRORES CON RESPECTO A LA SUSTITUCIÓN.

1. ¿Cómo pudo Dios cargar los pecados de los culpables sobre una víctima inocente?
   a. Esta es una de las preguntas planteadas por aquellos que desean probar que Dios no es santo ni amoroso. La pregunta carece de mérito porque la Biblia siempre tiene la razón. La Biblia dice que "Dios estaba en Cristo, reconciliando consigo al mundo" (2 Corintios 5:19).
   b. La pregunta carece de mérito porque Jesús voluntariamente se convirtió en el sustituto de los pecadores. Él actuó en obediencia a la voluntad de su Padre (Juan 13:1, 20; Hebreos 10:7).
2. ¡La culpa no es transferible! (Otro error).
   a. La culpa está presente porque se ha cometido pecado. El pecado es contra Dios, y su voluntad ha sido violada. Dios perdona sobre la base de su justicia. En Cristo, la culpa es transferible porque Él murió por (en lugar de) el pecador.

b. Tal transferencia de culpa no es injusta porque Cristo vino voluntariamente a morir por los pecadores (Juan 10:10, 18).

3. ¿Cómo puede Cristo ser el sustituto del pecador?

a. Otra pregunta confusa en la que hay que reflexionar. Aquí debemos tener cuidado con el universalismo, que cree que al final todas las personas serán salvas.

La respuesta es sencilla si usted comprende la pregunta.

b. ¡La respuesta! Cristo es el sustituto del creyente. No puede ser el sustituto del incrédulo hasta que éste no le acepte como tal.

V. LO QUE ESTA VERDAD BÍBLICA NOS ENSEÑA HOY

Jesús probó la muerte por cada hombre. Murió en nuestro lugar, como el sustituto. Sabemos por la Escritura que Jesús murió en la cruz, y porque Él murió, nosotros vivimos. Porque Él llevó el castigo del pecado, no necesitamos llevarlo nosotros. Al morir como nuestro sustituto, Él respondió a las demandas de la justicia de Dios y a su ira contra el pecado. Al morir en nuestro lugar, como nuestro sustituto, expresó el amor infinito de Dios por nosotros. A través de su muerte nos ha reconciliado con Dios (2 Corintios 5:18-19). El resumen de la sustitución, la expiación vicaria de Cristo, se encuentra en 1 Pedro 3:18: *Porque también Cristo padeció una sola vez por los pecados, el justo por* [en lugar de] *los injustos, para llevarnos a Dios.*

SU SIGUIENTE TAREA:

1. Lea Romanos 5:1-11; 11:15; 1 Corintios 7:11; 2 Corintios 5:14-21; Efesios 2:16; Colosenses 1:20-22; Hebreos 2:17.
2. Repase sus notas sobre la sustitución.
3. Marque su Biblia donde aprenda nuevas verdades.

Lección 31

RECONCILIACIÓN

I. INTRODUCCIÓN

En el Antiguo Testamento, la palabra *reconciliación* se utiliza para referirse a la *cobertura* del pecado divinamente designada mediante la sangre del sacrificio. En estos pasajes del Antiguo Testamento, la *Versión Autorizada* traduce la palabra hebrea *kaphar* como "hacer reconciliación", mientras que otras traducciones la traducen como "hacer expiación". No hay ninguna palabra en el Antiguo Testamento que se traduzca propiamente como "reconciliar". La palabra aparece en la versión Reina Valera en Levítico 6:30; 8:15; 16:20; 1 Samuel 29:4; Ezequiel 45:15, 17, 20; Daniel 9:24, pero siempre con el significado de "expiación" o "cobertura".

La reconciliación es una doctrina del Nuevo Testamento que es una fase de la obra de gracia de Dios en Cristo cuando murió en la cruz. La muerte de Cristo fue por todo el mundo (Juan 3:16) y proveyó redención (1 Timoteo 2:6), reconciliación (2 Corintios 5:19) y propiciación (1 Juan 2:2) para todo el que cree. La muerte expiatoria de Cristo revela el amor inmutable de Dios por el hombre pecador y constituye un llamado al hombre para abandonar su antigua vida y reconciliarse con Dios.

II. VERSÍCULOS BÁSICOS:

Romanos 5:1-11; 11:15; 1 Corintios 7:11; 2 Corintios 5:14-21; Efesios 2:16; Colosenses 1:20-22; Hebreos 2:17.

III. EL NÚCLEO DE ESTA VERDAD

La reconciliación es otra parte significativa de la doctrina de la salvación en el Nuevo Testamento. Tiene que ver con un cambio en la relación del hombre con Dios. La expiación de Cristo en la cruz propició, o satisfizo, la ira de Dios y reconcilió al hombre con Dios. La Biblia describe al hombre, en su estado no redimido, como enemigo de Dios (Romanos 5:10; Efesios 2:12, 15). En arrepentimiento hacia Dios y fe en Jesús, una persona es reconciliada con Dios por la muerte de Cristo.

IV. LA GRAN VERDAD – RECONCILIACIÓN

A. EL SIGNIFICADO DE LA RECONCILIACIÓN.

1. Reconciliación a nivel humano, terrenal.
    a. El diccionario define *reconciliar* como "restaurar la amistad, la armonía o la comunión; resolver diferencias; causar que se someta o acepte".
    b. Entre individuos, la reconciliación usualmente implica compromiso. Dos partes ofendidas nuevamente llegan a un acuerdo al "ceder" cada una para tratar de encontrarse a mitad de camino. Esto se puede ver en la vida familiar, donde ocurre una separación. Para ser reconciliados, cada parte debe comprometerse para establecer una nueva relación (1 Corintios 7:11).
2. Reconciliación a nivel espiritual.
    a. Espiritualmente, la reconciliación habla del hombre pecador que está fuera de comunión con Dios y es transformado y llevado a una relación correcta con Dios mediante la obra expiatoria de Cristo en la cruz. La comunión del hombre, rota y perdida en Adán, es restaurada en Cristo. Esto lo expresa Pablo gráficamente en Romanos 5:10.

Escriba Romanos 5:10: ____________________

____

____

b. La reconciliación es parte de la obra salvadora de Dios en Cristo. Cuando una persona acepta a Cristo, su alma es salva y es restaurada a la comunión con Dios. Esta es la parte del hombre en su propia salvación, y se llama *conversión*. El cambio en su relación con Dios se llama reconciliación. El nuevo caminar con Cristo da gozo real en Cristo Jesús. El "hombre viejo" ha dado un paso para encontrarse con Dios.

Escriba Romanos 5:11: ____________________

____

____

c. "Reconciliación" significa causar o efectuar un cambio profundo en el hombre, restaurándolo a la comunión con Dios a través de la fe en Cristo.

B. LA OBRA DE DIOS CONLLEVA DOS RECONCILIACIONES DISTINTAS.

1. La relación entre Dios y el mundo cambió.

a. El Dr. C. I. Scofield dice: "La muerte de Cristo no cambió a Dios, pues Él siempre había amado al mundo; ni cambió al mundo, pues continuó en rebelión contra Dios. Pero, por la muerte de Cristo, la relación entre Dios y el mundo cambió. La barrera causada por el pecado fue eliminada, permitiendo a Dios mostrar misericordia donde se merecía juicio".

b. "Esta reconciliación fue solo obra de Dios, en la cual el hombre no tuvo parte". Esto se dice claramente en 2 Corintios 5:19. Escriba este pasaje:

____

____

____

2. Dios llevó a cabo una reconciliación en el pecador.

a. Esta reconciliación, basada en "la sangre de la cruz", fue obra (formada, hecha) del Padre, por medio de la cual el pecador cambia su actitud rebelde hacia Dios. Entonces está listo para recibir la reconciliación ya realizada en la cruz. Pablo expresa esto de manera clara y sencilla.

Escriba Colosenses 1:21-22: ____________________

____

____

____

b. *Por cuanto agradó al Padre que en él habitase toda plenitud* (Colosenses 1:19). El Padre forjó la reconciliación solo sobre la obra de Cristo, para reconciliar todas las cosas consigo mismo (Dios).

Escriba Colosenses 1:20: ____

____

____

____

C. LA RECONCILIACIÓN ES PARTE DE LA OBRA CONSUMADA DE CRISTO EN LA CRUZ.

1. La obra consumada de Cristo produjo redención al mundo.
    a. La muerte de Cristo fue una obra para todo el mundo (Juan 3:16). Nuevamente leemos: *Pero vemos a aquel que fue hecho un poco menor que los ángeles, a Jesús, coronado de gloria y de honra, a causa del padecimiento de la muerte, para que por la gracia de Dios gustase la muerte por todos* (Hebreos 2:9).
    b. La muerte de Cristo proporcionó redención; Él pagó el precio de la redención con su sangre derramada.

Escriba Romanos 3:24: ____

____

____

(Hemos estudiado esto en la lección 24, pero debemos incluir un resumen aquí para entender su relación con la reconciliación).

2. La obra consumada de Cristo proveyó reconciliación para el mundo.
    a. El objeto de la reconciliación es el hombre. Aquellos "que en otro tiempo estabais lejos, habéis sido hechos cercanos por la sangre de Cristo" (Efesios 2:13).
    b. El medio de reconciliación es la muerte de Cristo en la cruz (Romanos 5:10).
    c. El alcance de la reconciliación es todo el mundo (Colosenses 1:20).
3. La obra consumada de Cristo proveyó propiciación para el mundo.
    a. *Propiciación* es una palabra bíblica que rara vez se explica. La palabra significa "satisfacción" en el sentido de que la muerte de Cristo "satisfizo" las justas demandas del juicio santo de Dios sobre el pecado. Parece una verdad difícil, pero la Escritura es muy clara si se recuerda que la palabra significa "la satisfacción de Dios".
    b. Una verdad importante que recordar es que el hombre es reconciliado, y Dios es propiciado. La Escritura nunca dice que Dios sea reconciliado.
    c. Cristo fue enviado por el Padre para ser la "propiciación" por el pecado.

Escriba 1 Juan 4:10: ____

____

____

d. Esta "propiciación" incluye los "pecados de todo el mundo".

Escriba 1 Juan 2:2: ____

____

e. Cristo es la "propiciación por medio de la fe en su sangre".

Escriba Romanos 3:25: ____

____

____

____

f. El lugar de la propiciación en el Antiguo Testamento era el propiciatorio: la tapa del arca del pacto en el tabernáculo. El propiciatorio era rociado con la sangre sacrificial en el día de la expiación, y este se convirtió en el lugar donde Dios se encontraba con el hombre. La ley quebrantada era cubierta por la sangre inocente, convirtiendo un asiento de juicio en un asiento de misericordia hasta el tiempo en que Cristo moriría como la única satisfacción completa y eterna por el pecado.

Subraye Hebreos 9:5 y escriba Hebreos 9:12: ______________________________

____

____

g. La justicia de Dios tenía que ser satisfecha para que perdonara el pecado. Dios es propiciado, satisfecho. El hombre es reconciliado con Dios.

4. Las tres verdades expresan la obra consumada de Cristo.

   a. Las tres verdades principales cubiertas en esta parte de la lección expresan la obra consumada de Cristo en la salvación de los perdidos.

   b. El hombre pecador es redimido: comprado con la preciosa sangre de Cristo.

   La persona es reconciliada con Dios, logrado por la muerte de Cristo en la cruz.

   Dios es propiciado: Dios está completamente satisfecho con la muerte de su Hijo "a quien Dios puso como propiciación por medio de la fe en su sangre" (Romanos 3:25).

   (La lección es reconciliación, pero hubo que hablar de la propiciación para comprender el pleno significado de la reconciliación).

D. EL MINISTERIO DE LA RECONCILIACIÓN.

1. Se ha entregado la tarea a los cristianos.

   a. La tarea que Dios ha dado a todos los santos (los redimidos) es el "ministerio de reconciliación": la experiencia gozosa de reconciliar un alma apartada con el Señor Jesucristo.

Escriba 2 Corintios 5:18: ______________________________________

____

____

   b. Pablo explica lo que es el ministerio de reconciliación en el siguiente versículo: *Que Dios estaba en Cristo reconciliando consigo al mundo, no tomándoles en cuenta a los hombres sus pecados, y nos encargó a nosotros* [o puso en nosotros] *la palabra de la reconciliación* (v. 19).

2. *Somos embajadores en nombre de Cristo* (v. 20).

   a. Ahora que el creyente ha sido reconciliado con Dios a través de la fe en el Señor Jesucristo, de inmediato se convierte en un embajador de Cristo. Un *embajador* es un "representante residente, un mensajero autorizado" de otro.

Escriba 2 Corintios 5:20: ____

____

____

____

b. El creyente debe orar por la reconciliación por parte de otro. La palabra "rogamos" en 2 Corintios 5:20 podría leerse como "oramos".

V. LO QUE ESTA VERDAD BÍBLICA NOS ENSEÑA HOY

El carácter del ministerio de Dios hoy es simplemente que todos nosotros, los cristianos, somos embajadores de Cristo. Nuestra obligación es decirles a los perdidos: *Reconciliaos con Dios* (2 Corintios 5:20). Dios usa instrumentos humanos para ganar a los no salvos. La Escritura incluye a todos los cristianos: *Así que, somos embajadores en nombre de Cristo* (v. 20). No significa que los embajadores sean "honorarios"; significa un deber activo presente para cada cristiano.

Dar testimonio a una persona es un gozo, una bendición. Debe contar que antes era "[extraño y enemigo] en vuestra mente, haciendo malas obras, ahora os ha reconciliado en su cuerpo de carne, por medio de la muerte, para presentaros santos [apartados] y sin mancha e irreprensibles delante de él; si en verdad permanecéis fundados y firmes en la fe"(Colosenses 1:21-23).

En la reconciliación, la persona perdida es restaurada a la posición que Dios tenía destinada. La reconciliación es ilimitada; es para todos los que creen.

Esta es otra "gran verdad" de la Biblia.

SU SIGUIENTE TAREA:

1. Lea Génesis 48:4; Éxodo 2:10; Ester 2:7; Salmos 91:1-11; Romanos 8:14-17, 23; 9:4-5; 2 Corintios 6:18; Gálatas 3:25-26; 4:1-7; Efesios 1:3-14; Hebreos 2:10-11; 12:23; 1 Juan 3:1-2; Apocalipsis 21:7.
2. Repase sus notas sobre la reconciliación.
3. Marque su Biblia donde aprenda nuevas verdades.

Lección 32

ADOPCIÓN

I. INTRODUCCIÓN

No pertenecemos a la familia de Dios por nacimiento natural. Hay una separación, una alienación entre el hombre y Dios causada por el pecado. Ese pecado comenzó en el huerto del Edén, y la repercusión de ese pecado la siente y experimenta toda la humanidad. En la omnisciencia de Dios, Él proporcionó un camino de salvación en Cristo. Cuando nacemos por segunda vez, somos *adoptados*, una de las grandes verdades de la Escritura. La Biblia dice: *A lo suyo vino, y los suyos no le recibieron. Mas a todos los que le recibieron, a los que creen en su nombre, les dio potestad* [el privilegio, la prerrogativa] *de ser hechos hijos de Dios* (Juan 1:11-12). La adopción se basa en el libre albedrío del hombre. "A todos los que" indica una elección: algunos aceptan a Cristo y otros no, y no lo harán. Cuando una persona acepta a Cristo como Salvador, nace de nuevo. Dios acepta al más pecador tal como acepta al "muy bueno" (si existiera tal persona). Al ejercer la libre voluntad del hombre y elegir a Cristo, esa persona es "nacida de nuevo" y se convierte en "escogido en Él" (Efesios 1:3-4). Por lo tanto, la adopción se basa en aceptar a Cristo y recibir el "poder, el privilegio, la prerrogativa de ser un hijo de Dios".

II. VERSÍCULOS BÁSICOS:

Génesis 48:4; Éxodo 2:10; Ester 2:7; Salmos 91:1-11; Romanos 8:14-17, 23; 9:4-5; 2 Corintios 6:18; Gálatas 3:25-26; 4:1-7; Efesios 1:3-14; Hebreos 2:10-11; 12:23; 1 Juan 3:1-2; Apocalipsis 21:7.

III. EL NÚCLEO DE ESTA VERDAD

La adopción en nuestros días es bastante diferente a la adopción enseñada en la Escritura. A nivel humano, un niño es adoptado por el deseo de la pareja de tener hijos. Cuando los posibles padres tienen una opción, un niño puede ser seleccionado porque tiene un cuerpo perfecto, belleza facial u otras cualidades. Otros niños son adoptados debido a una deformidad o porque tienen retraso mental o físico. Una vez adoptado, el niño pertenece a los padres como si fueran los padres naturales. Les dan su nombre, cuidan de él y planean el futuro del niño; sin embargo, nunca pueden darle al niño las cualidades genéticas, las características hereditarias que ellos poseen.

La *adopción* espiritual es bastante diferente. Cuando las personas reciben a Cristo se convierten en "nuevas criaturas en Cristo Jesús": tienen una nueva naturaleza, una naturaleza divina. Los cristianos reciben cualidades espirituales y una disposición espiritual debido a su fe en Cristo. La adopción es de Dios, por la cual aquel que acepta a Cristo es colocado en la posición de un hijo adulto (Gálatas 4:1-5).

La pregunta naturalmente viene a la mente: *Si un creyente es hijo de Dios por regeneración en la familia de Dios, ¿cómo puede la misma persona ser adoptada? Dios solo adopta a aquellos que han nacido de nuevo, así como las personas que desean adoptar solo pueden adoptar a un niño que haya nacido.*

Después del nacimiento, el niño es colocado en un hogar como hijo o hija.

El Dr. Ian Thomas dijo una vez: "La regeneración es la creación de un hijo; la adopción es colocar al hijo".

IV. LA GRAN VERDAD – ADOPCIÓN

A. LA ADOPCIÓN EN EL ANTIGUO TESTAMENTO.

1. Moisés fue adoptado.

El Faraón de Egipto había dado órdenes a las parteras de destruir a todos los niños varones recién nacidos entre los hebreos (Éxodo 1:16). Las parteras no obedecieron al Faraón; por lo tanto, él ordenó a todo el pueblo destruir a los bebés varones arrojándolos al río Nilo.

Bajo tales órdenes, Jocabed, la madre de Moisés, puso al bebé Moisés en un arca y la colocó en el río Nilo. La hija del Faraón vio el arca, la abrió y vio al hermoso bebé. Dios obró de una manera misteriosa. El bebé fue amamantado por su propia madre. Jocabed llevó al bebé a la hija del faraón "y él se convirtió en su hijo" y ella lo llamó Moisés (Éxodo 2:2-10).

2. Genubat, el hijo de Hadad, fue adoptado.

   Este personaje poco conocido era el hijo de Hadad, quien fue un adversario de Salomón. Genubat nació en Egipto de Hadad y la cuñada del Faraón. La historia se encuentra en 1 Reyes 11:14-20.

Escriba el v. 20 de ese pasaje de la Escritura: ______________________________

____

____

____

3. Ester fue adoptada.

   Ester fue adoptada por Mardoqueo, el judío que era del linaje de Benjamín. Ester era hija de Abihail, el tío de Mardoqueo. La bella historia de esta adopción está en Ester 2. Lea los siete primeros versículos de Ester 2 y escriba el v. 7:

____

____

Aquí vemos que Mardoqueo tomó a Ester como su propia hija, pero volteemos la idea. Mardoqueo estaba en la vida de Ester por adopción.

(Hay otras sugerencias o pensamientos sobre la adopción en el Antiguo Testamento. Ejemplos: Génesis 48:4-5; Génesis 16:1-3).

B. EL SIGNIFICADO DE LA ADOPCIÓN EN EL NUEVO TESTAMENTO.

1. El uso que hace Pablo de la palabra *adopción*.
   a. La palabra griega traducida como adopción está compuesta por *thesia*, "colocación," y *huios*, "hijo". Cuando se combinan, la palabra *huiothesia* significa "colocar un hijo".

      Esta palabra es peculiar de Pablo, quien la usa varias veces en el Nuevo Testamento.
   b. Cuando Pablo usó la palabra, la tomó de un vasto contexto del derecho romano. En la ley romana, la adopción implicaba un ceremonial de transferencia a la familia que deseaba adoptar. Los padres que adoptaban a un niño recibían el poder legal sobre el niño adoptado: las mismas responsabilidades y privilegios como si el niño hubiera nacido de ellos. El niño, en su nueva familia, disfrutaba de los mismos derechos y privilegios como si hubiera nacido en la familia.
   c. Pablo escribió que un niño no se diferenciaba mucho de un sirviente o esclavo (Gálatas 4:1). En un día seleccionado por el padre, aproximadamente a los 12 años, el niño era declarado adulto y se le otorgaban privilegios y libertad. Ya no estaba bajo tutores y gobernadores (Gálatas 4:2).
2. Lo conocido se usa para enseñar lo desconocido.

a. Pablo usó el contexto de "la esclavitud bajo los elementos del mundo" (es decir, atado a una gran cantidad de ceremonias y rituales) para declarar la bendita verdad de una nueva era, un nuevo tiempo (Gálatas 4:3).
b. La bendita verdad de la que Pablo habló era el tiempo señalado por el Padre, el tiempo en que pondría fin a las ceremonias legales y a la esclavitud, y ya no trataría con nosotros como niños sino como hijos.

Escriba Gálatas 4:4: ______________________________

____

____

c. Pablo adoptó las costumbres de la época y enseñó una verdad espiritual: *Pero cuando vino el cumplimiento del tiempo, Dios...* (v. 4). El padre elegía el tiempo, y todos los que estaban bajo atadura (siervos) eran redimidos de estar bajo la ley. ¿Por qué envió Dios a su Hijo?

Escriba Gálatas 4:5: ______________________________

____

____

C. EL CREYENTE ES HECHO HIJO Y HEREDERO EN ADOPCIÓN.

1. Una señal segura de adopción es la guía del Espíritu.
   a. "Todos los que": esas palabras nuevamente indican el libre albedrío del hombre (Romanos 8:14).

Escriba Romanos 8:14: ______________________________

____

____

b. Es el carácter de todos los creyentes ser guiados por el Espíritu Santo de Dios. Por lo tanto, "estos son hijos de Dios".
c. Los creyentes "no habéis recibido el espíritu de esclavitud para estar otra vez en temor" (Romanos 8:15), como Pablo en Hechos 9:6 o el carcelero de Filipos en Hechos 16:30. Todos los creyentes pueden recordar la esclavitud del pecado antes de convertirse en cristianos.

2. El espíritu de adopción.
   a. Dios da el Espíritu de adopción que produce en los hijos de Dios un amor infantil hacia el Padre. El Espíritu de adopción da a los creyentes un deleite en Él y una dependencia de Él como Padre.

Escriba Romanos 8:15: ______________________________

____

____

b. La palabra "clamamos" en el v. 15 significa "orar". La adopción hace posible una relación asombrosa e íntima con Dios por medio de la cual podemos orar a Él como "Abba, Padre". *Abba* es la palabra aramea de cariño para "Padre" y puede ser traducida como "papi" (lo cual sería irreverente para la mayoría de nosotros). ¿Por qué ambos términos, "Abba, Padre", en el v. 15? Porque Cristo usó el término cariñoso en Marcos 14:36 y hemos recibido el Espíritu del Hijo (Gálatas 4:6).

3. El Espíritu Santo confirma la filiación.
   a. El Espíritu Santo sella (Efesios 1:13), y la adopción es sellada; el creyente está en la familia de Dios por medio de la fe.
   b. Los creyentes en Cristo tienen al Espíritu Santo dando testimonio a su espíritu, hablando paz, consuelo y seguridad de que "somos los hijos de Dios".

Escriba Romanos 8:16: ____

____

El Espíritu en el corazón no puede contradecir al Espíritu de la Palabra de Dios.

4. La herencia del cristiano.
   a. El creyente es heredero de Dios y coheredero con Cristo (Romanos 8:17). Todo lo que Dios tiene es nuestro. y el honor y la felicidad de un heredero dependen del valor y la valía de la herencia.

      Jehová es la porción de mi herencia (Salmos 16:5).
   b. Jesucristo es heredero de todas las cosas (Hebreos 1:2). Todos los creyentes son coherederos con Jesucristo y heredarán todas las cosas (Apocalipsis 21:7). Todos los que se han convertido en cristianos y son sus hermanos en el mundo, e incluso sufren por Él, algún día participarán de su gloria (Juan 17:24).

      Todas las riquezas de su creación son nuestras ahora. Las aceptamos con poca gratitud: la vida, la salud, la belleza de un atardecer o amanecer, y la siembra de una semilla para convertirse en alimento.

      Estas cosas y muchas más, Dios las hace y son nuestras. Como hijos, nos unimos con Cristo en la herencia última y final (Apocalipsis 11:15; 21:3).

D. LOS INCOMPARABLES PRIVILEGIOS DE LA ADOPCIÓN.

1. El regalo de la filiación.
   a. Cuando uno acepta a Cristo, hay una adopción en la redención que otorga al creyente los privilegios de un hijo (Gálatas 4:5, 7).
   b. En Cristo, el don de la filiación se nos otorga cuando somos adoptados en la familia de Dios. La adopción es algo que Dios hace por nosotros. Nos eleva de "esclavos" a los gloriosos privilegios de la filiación. El Hijo vino a redimirnos (Gálatas 4:4).
2. La guía del Espíritu Santo.
   a. El adoptado es guiado por el Espíritu Santo (Romanos 8:14, 16).
   b. El Espíritu Santo da victoria sobre la vida antigua (Romanos 8:2-4; Gálatas 5:16-18). Los adoptados son guiados por Dios porque el Espíritu Santo está en ellos y tienen una nueva naturaleza.
3. La libertad de la adopción.
   a. Como hemos visto, la adopción nos libera de tutores, gobernadores, rituales y la ley (Gálatas 4:7).
   b. Esta libertad no se da para que hagamos lo que queramos. La libertad se da del pecado a la libertad en Cristo (Romanos 8:5-9). Subraye los vv. 5 y 6.
4. El cuidado sobrenatural de Dios el Espíritu Santo.

   a. El Espíritu Santo está presente dentro del cristiano para ayudar en momentos de debilidad moral, física o emocional. El acercamiento a Dios a menudo es mudo: no se pueden encontrar las palabras para orar. Dios ha provisto para tal momento (Romanos 8:26).
   b. La persona no habla; el Espíritu Santo "conforme a la voluntad de Dios intercede por los santos" (Romanos 8:27).
5. El privilegio de tener a Dios como Padre.
   a. Él se convierte en Padre solo para aquellos que aceptan a su Hijo, y luego se les llama "hijos de Dios".

Escriba Juan 1:12: ____

____

____

   b. Él proveyó un camino para que todos se convirtieran en "hijos" y "herederos" con Él a través de su Hijo (Gálatas 4:7).
6. La adopción ha sido el deleite del Padre.
   a. La fecha de nuestra adopción fue en el pasado sin fecha. Dios nos eligió "antes de la fundación del mundo".

Escriba Efesios 1:4: ____

____

____

   b. Nos adoptó (a todos los que creen) "para alabanza de la gloria de su gracia" (v. 6).

Escriba Efesios 1:5: ____

____

____

   Subraye Efesios 1:6.

V. LO QUE ESTA VERDAD BÍBLICA NOS ENSEÑA HOY

El mundo de hoy está lleno de frustración, pecado y poco respeto por las cosas de Dios; sin embargo, Dios lo conoce a usted personalmente. Si ha aceptado a Jesucristo, es el "elegido en Él antes de la fundación del mundo". Él le concede el "libre albedrío" para elegir a su Hijo. No le obliga. Cuando acepta a Cristo, es adoptado como hijo en la familia de Dios. Somos hechos sus hijos mediante adopción. Primero, el nacimiento (regeneración), luego la adopción.

La manifestación completa de la adopción aún está en el futuro. La revelación completa de la filiación del creyente espera la resurrección, el cambio y la transfiguración de los santos, lo que se conoce como "la redención del cuerpo" (Romanos 8:23; Efesios 1:14; 1 Juan 3:2).

Si es adoptado, salvado, tiene un presente feliz y un futuro glorioso en Cristo Jesús. Quien pertenece a su familia no debe avergonzar ni entristecer a la familia, sino permanecer en estrecha comunión con los santos, con nuestro Señor y su Palabra.

SU SIGUIENTE TAREA:

1. Lea Juan 1:12-13; 3:16; 5:40; 6:37; 15:16, 19; Hechos 9:15; Romanos 8:28-34; 9:11-21; 10:13; 11:5-6; Efesios 1:4-5, 11; 2:3; 1 Tesalonicenses 1:4-5; 2 Tesalonicenses 2:13; 2 Timoteo 1:9; 1 Pedro 1:2, 19-20; Apocalipsis 22:17.
2. Repase sus notas sobre la adopción.
3. Marque su Biblia donde aprenda nuevas verdades.

Lección 33
ELECCIÓN Y LIBRE ALBEDRÍO

I. INTRODUCCIÓN

Las verdades o doctrinas de la *elección* y el *libre albedrío* se enseñan en la Escritura. Como hemos estudiado en lecciones previas, en la salvación hay un lado divino, llamado "elección, los escogidos, los elegidos o los llamados". También en la salvación hay un lado humano, referido en la Escritura como "la voluntad del hombre; cualquiera que; todos los que; recibe; escoge". Estas dos verdades se denominan *elección* y *libre albedrío*. La elección y el libre albedrío son dos de los cuatro temas que deben estudiarse juntos; por lo tanto, esta lección cubrirá dos verdades, y la siguiente lección cubrirá *presciencia* y *predestinación*. Si algunos de los cuatro temas aparecen en cada lección, no se sorprenda. Es difícil enseñarlos de manera completamente aislada como un solo tema.

Al estudiar estas dos lecciones, pida al Espíritu Santo que le revele las verdades de Dios en relación con estos cuatro temas. Hay mucha confusión al respecto y poca información concreta escrita para el laico.

II. VERSÍCULOS BÁSICOS:

Juan 1:12-13; 3:16; 5:40; 6:37; 15:16, 19; Hechos 9:15; Romanos 8:28-34; 9:11-21; 10:13; 11:5-6; Efesios 1:4-5, 11; 2:3; 1 Tesalonicenses 1:4-5; 2 Tesalonicenses 2:13; 2 Timoteo 1:9; 1 Pedro 1:2, 19-20; Apocalipsis 22:17.

III. EL NÚCLEO DE ESTA VERDAD

El núcleo de ambas verdades fue declarado de manera simple por el gran erudito Henry Ward Beecher. Él dijo: "Los elegidos son los que quieren, y los no elegidos son los que no quieren". Pablo describe tres grupos de personas, y estos son los tres grupos en el mundo hoy: *Pero nosotros predicamos a Cristo crucificado, para los judíos ciertamente tropezadero, y para los gentiles locura; mas para los llamados, así judíos como griegos, Cristo poder de Dios, y sabiduría de Dios* (1 Corintios 1:23-24). Los judíos confiaban en la religión y el ritual. Para ellos, la cruz era un "tropezadero". Los griegos (los gentiles) confiaban en la filosofía y la sabiduría humana. Para ellos, la cruz era una locura. "Los llamados" eran un grupo tanto de judíos como de griegos que fueron escogidos, no por mérito propio. Para ellos, la cruz era el poder de Dios para salvación. "Los llamados", "los elegidos", escucharon el llamado de Dios y respondieron. En el último grupo encontramos "elección" y "libre albedrío".

IV. LAS GRANDES VERDADES – ELECCIÓN Y LIBRE ALBEDRÍO

A. LA ELECCIÓN EN EL ANTIGUO TESTAMENTO.

1. Dios escogió, eligió, a Israel (elección colectiva).

   a. El mundo se había corrompido y Dios lo destruyó con un diluvio. Después del diluvio, el hombre volvió a alejarse de Dios y la maldad se repitió. El plan divino de redención de Dios no podía ser derrotado. Dios eligió a un hombre para que se convirtiera en el padre de una nueva nación, un pueblo peculiar. El Señor le dijo a Abraham: *Y haré de ti una nación grande.*

Escriba Génesis 12:2: ____

____

Subraye el v. 3 en su Biblia.

b. El Señor confirmó al pacto abrahámico en Génesis 15:1-21; 17:4-8; 22:15-24; 26:1-5; 28:10-15.

c. En la elección de una nación, Dios se aseguró que se repitiera el pacto con la nación.

2. Dios escogió a Israel para su propósito soberano.

a. Israel fue escogido, elegido, para dar testimonio e ilustrar al mundo la bendición de servir al único Dios verdadero (Deuteronomio 33:26-29).

b. Recibir, preservar y transmitir las Escrituras (Deuteronomio 4:5-8). Léalo y subráyelo en su Biblia.

Escriba Romanos 3:1-2: ______________________________

____

____

Esto confirma la escritura del Antiguo Testamento.

c. Para producir al Señor Jesucristo, un judío, de la simiente de Abraham y de la tribu de Judá (Génesis 3:15; Isaías 7:14; 9:6).

3. Dios elige y escoge a individuos.

a. Abraham es el gran ejemplo de elección divina en el Antiguo Testamento. Era pagano en una tierra extranjera, Ur de los caldeos. No era mejor que el resto de su familia, pero Dios lo escogió.

Escriba Génesis 12:1: ______________________________

____

____

Esa fue la parte de Dios: escoger, elegir.

Escriba Hebreos 11:8: ______________________________

____

____

Esa fue la parte de Abraham: obedecer a Dios.

b. Isaac es otro ejemplo de elección divina.

Escriba Génesis 17:19: ______________________________

____

____

c. Jacob fue escogido, elegido por Dios. No había nada en la vida de Jacob que lo recomendara a Dios para recibir ningún favor especial. Era un tramposo, mintió a su padre, conspiró con su madre, y podríamos seguir. Pero, aun así, Dios escogió a Jacob. Dios cambió su nombre a "Israel".

Escriba Génesis 32:28: ______________________________

____

____

Israel tuvo doce hijos; de ahí las doce tribus de Israel. Vaya a Romanos 9:8-12. Lea el pasaje y escriba el v. 11:

B. LA ELECCIÓN EN EL NUEVO TESTAMENTO.

1. La elección es segura para todos los que creen.
   a. Antes de avanzar demasiado y enredarnos del todo, el único gran hecho sobre esta era de gracia es: *La elección es cierta para cada creyente por el hecho de creer.*

Escriba 1 Tesalonicenses 1:4: ____________________

____

   b. Dios escoge lo necio del mundo.

Escriba 1 Corintios 1:26: ____________________

____

Subraye el v. 27 en su Biblia.

2. La elección se produjo antes de la fundación del mundo.
   a. Dios, en Cristo, proveyó una manera para que todo el que le aceptara fuera escogido, elegido.

Escriba Efesios 1:4: ____________________

____

____

   b. Escriba las palabras de Jesús en Juan 15:16:

____

____

3. Pablo y los apóstoles fueron elegidos.
   a. La conversión de Pablo no fue un accidente.

Escriba Hechos 9:15: ____________________

____

____

   b. Todos los apóstoles están incluidos en Hechos 10:41. Subraye el versículo en su Biblia.
   c. Ananías confirmó la elección de Pablo.

Escriba Hechos 22:14: ____________________

____

____

4. Los salvos son elegidos: la Iglesia, la novia de Cristo.
   a. Escriba 2 Tesalonicenses 2:13:

____

____

Vuelva a leer 1 Tesalonicenses 1:14.

b. Escriba 2 Timoteo 2:10:

____

____

Subraye Tito 1:1.

5. Los santos dispersos fueron elegidos.
    a. El cuerpo de Cristo está disperso por todo el mundo. Aun así, ellos son los elegidos, los escogidos, porque han creído en Jesucristo. Subraye 1 Pedro 1:1 y escriba el v. 1:2:

____

____

    b. Escriba Romanos 11:5:

____

____

La elección es cierta y segura para todos los que ejercen libremente su libre albedrío al aceptar a Cristo. Dios, en Cristo, hace la elección, y *esa* es la responsabilidad de Dios. El hombre debe reconocer su necesidad de un Salvador: arrepentirse y aceptar a Jesús por su propia voluntad. *Esa* es la responsabilidad del hombre. Ahora estudiaremos el *libre albedrío* del hombre.

C. EL LIBRE ALBEDRÍO DEL HOMBRE.

1. El hombre debe decidir por sí mismo.
    a. Tenemos que creer en el propósito electivo de Dios, y también creer que nos ha dado la "voluntad" para escoger. Una persona debe aceptar el plan de salvación de Dios, por eso murió Cristo. El versículo que expone el plan de Dios es tan simple que probablemente lo sepa de memoria.

Escriba Juan 3:16: ____

____

____

    b. Jesús dijo: ***Venid** a mí todos los que estáis trabajados y cargados, y yo os haré descansar* (Mateo 11:28). La invitación "venid" se encuentra 642 veces en la Escritura. La palabra demanda una respuesta.

2. "Todo el que" sigue a Jesús se niega a sí mismo.
    a. La cláusula "todo el que" es inclusiva. Incluye a todo el que acepta a Jesús, sea judío o gentil, rico o pobre, los buenos y los malos.

Escriba Romanos 8:34: ____

____

Subraye Marcos 8:35 y 38 en su Biblia.

3. Dios llama; la persona tiene que responder.
    a. Jesús establece estas dos verdades en un solo versículo de la Escritura: "Todo lo que el Padre me da, vendrá a mí". El Padre, a través de la Persona del Espíritu Santo, atrae, llama y convence. Esa es la obra de Dios. Hay más en el mismo versículo: *Y al que a*

mí viene, no le echo fuera (Juan 6:37). La persona debe responder por su propio "libre albedrío".

b. Un buen ejemplo de lo que dijo Jesús en el versículo de arriba lo podemos encontrar en Abraham. Él era pagano en una tierra extranjera. Dios lo escogió, eligió, y esa era la parte de Dios.

Escriba Hebreos 11:8: ______________________________

____

____

Note las dos palabras "llamado", y "obedeció".

4. ¿Cómo sabe uno si es elegido?

a. Simplemente obedeciendo la Palabra de Dios. Recuerde que antes en esta lección aprendió que la elección es cierta para cada creyente por el hecho de creer. El mensaje del Nuevo Testamento es "Vengan". La gran comisión de Jesús es "Vayan... enseñen... bauticen". (Mateo 28:19-20).

b. Dios ha elegido a todo el que acepta a su Hijo.

Escriba Romanos 10:13: ______________________________

____

c. Creer, aceptar a Cristo. Esa es la parte del hombre.

Escriba Hechos 16:31: ______________________________

____

____

5. ¿Cuántos son elegidos, escogidos?

a. Parece una pregunta estúpida, pero la Biblia da la respuesta muchas veces.

Escriba Juan 1:12: ______________________________

____

____

b. Escriba las palabras de Jesús en Juan 17:2:

____

____

Jesús dice siete veces que el Padre le ha dado a los cristianos: Juan 17:2, 6 (dos veces), 9, 11-12, 14. Jesucristo es el regalo de Dios para el mundo; los creyentes son el regalo del Padre para Jesús.

c. Escriba Hechos 13:48:

____

____

(La palabra "ordenados" debería ser "elegidos").

d. Escriba Romanos 8:14:

____

____

¿Encuentra la respuesta? La respuesta es "todos los que". Eso conlleva creer, recibir, aceptar, arrepentirse, orar.

6. La última invitación en la Biblia.

   a. Jesús, la raíz y el linaje de David, dijo: *Y el Espíritu* [el Espíritu Santo] *y la Esposa* [la Iglesia] *dicen: Ven. Y el que oye, diga: Ven. Y el que tiene sed, venga; y el que quiera, tome del agua de la vida gratuitamente* (Apocalipsis 22:16-17).

   b. Escriba las palabras de Jesús en Mateo 7:13-14:

____

____

____

____

V. LO QUE ESTA VERDAD BÍBLICA NOS ENSEÑA HOY

Durante esta era grande y gloriosa de la gracia de Dios, la era de la Iglesia, el evangelio es para todos y está disponible para todos los que creen. Jesús dijo que el evangelio debe ser predicado a todo el mundo. Algunos podrían preguntar: "¿Cómo sé si soy uno de los elegidos?". La respuesta es simple: conviértase en uno de los "todo el que quiera" y será "elegido". La razón por la cual Jesús vino al mundo fue para salvar a todos los que lo acepten. *Porque no envió Dios a su Hijo al mundo para condenar al mundo, sino para que el mundo sea salvo por él* (Juan 3:17). Sí, Dios sabe quién vendrá y quién no vendrá a Cristo. Cualquiera que sea su decisión, no sorprenderá a Dios (como veremos en la próxima lección).

Esta lección presenta un evangelio abierto a todas las personas en todas partes. El Dr. J. Vernon McGee, expastor de la Iglesia de la Puerta Abierta en Los Ángeles, cuenta una historia que resume esta lección. Un joven estaba siendo cuestionado por algunos diáconos sobre su experiencia de salvación. Los diáconos le preguntaron: "¿Cómo fue usted salvo?". El joven respondió: "Dios hizo su parte y yo hice la mía". Los hombres preguntaron entonces: "¿Cuál fue la parte de Dios y cuál la suya?". El joven dijo: "La parte de Dios fue salvarme, y mi parte fue pecar. Hui de Él lo más rápido que pude, pero Él me persiguió hasta alcanzarme". Esa es la obra de Dios y esa es la naturaleza humana. Desde que Adán se escondió de Dios en el huerto, el hombre se ha estado escondiendo, y Dios lo ha estado buscando.

Si usted no es cristiano, "venga" a Jesús. Él le salvará y será parte de los "elegidos" de Dios.

SU SIGUIENTE TAREA:

1. Lea Juan 1:12-13; 3:14-17; Romanos 8:14-39; 9:11-21; 10:1-17; 11:5-6; 1 Corintios 2:7; Efesios 1:3-11; 1 Tesalonicenses 1:2-5; 2 Timoteo 1:9; 1 Pedro 1:1-21.
2. Repase sus notas sobre la elección y el libre albedrío.
3. Marque su Biblia donde aprenda nuevas verdades.

Lección 34
PRESCIENCIA Y PREDESTINACIÓN

I. INTRODUCCIÓN

Nos encontramos con dos enseñanzas de la Palabra de Dios que son una continuación de la lección anterior. Comprender plenamente la mente de Dios en *presciencia* y *predestinación* es infinitamente imposible. Podemos aprender lo que su Palabra dice acerca de estas verdades y aceptarlas sin cuestionarlas. Nuestras vidas están entretejidas en un plan, un propósito en el cual Dios es soberano. Los grandes misterios de Dios no los comprendemos completamente, pero son parte de su plan, sus misterios, y aceptamos lo que Él nos revela (Deuteronomio 29:29).

No hay lugar para argumentos teológicos en temas como estos. Los argumentos a menudo han tomado la Palabra de Dios y la han dejado de lado para que un hombre establezca su punto. Lo sorprendente es que Dios sabía desde siempre que tales cosas sucederían en la vida de los culpables, y no estaba, ni está, sorprendido. Esta lección está dirigida al creyente común. La "erudición teológica" no es la intención del autor. Tomaremos la "luz" que Dios ha dado en la Biblia, y eso será suficiente para bendecirnos porque somos parte de la presciencia y predestinación del Señor Dios.

II. VERSÍCULOS BÁSICOS:

Juan 1:12-13; 3:14-17; Romanos 8:14-39; 9:11-21; 10:1-17; 11:5-6; 1 Corintios 2:7; Efesios 1:3-11; 1 Tesalonicenses 1:2-5; 2 Timoteo 1:9; 1 Pedro 1:1-21.

III. EL NÚCLEO DE ESTA VERDAD

En la carta a los Efesios, Pablo utiliza tres palabras que nos ayudarán a entender la presciencia y predestinación de Dios.

Primero, la palabra "escogidos" se refiere a la elección de Dios para todos los que aceptan a Cristo y se remonta al "pasado eterno". *Según nos* ***escogió*** [Dios] *en él antes de la fundación del mundo* (Efesios 1:4).

Segundo, "predestinación" se refiere a la herencia de todos los que creen, y se relaciona con el "futuro eterno". *En él asimismo tuvimos herencia, habiendo sido* ***predestinados*** *conforme al propósito del que hace todas las cosas según el designio de su voluntad* (Efesios 1:11). Tercero, "ordenación previa" se refiere a nuestras obras en Cristo Jesús y habla del "presente viviente". *Porque somos hechura suya, creados en Cristo Jesús para buenas obras, las cuales Dios* ***preparó de antemano*** *para que anduviésemos en ellas* (Efesios 2:10).

La tercera verdad conecta al creyente con las dos primeras y muestra la voluntad de Dios y la voluntad del hombre en el proceso de salvación. Toda la Escritura, incluyendo la profecía, está basada en la presciencia de Dios, pero no predetermina la conducta humana. La presciencia de Dios sobre lo que las personas harán no las obliga a hacerlo. Dios sabía de antemano que Adán caería y que Judas traicionaría a Jesús. Su presciencia sobre lo que harían no los forzó a hacerlo. Lo que hicieron, lo eligieron, y Dios los hizo responsables.

Es claro que la elección o predestinación de individuos por parte de Dios está basada en su presciencia de lo que harían cuando se les ofreciera el evangelio. No es una elección obligada y no entra en conflicto con el libre albedrío del hombre (lección anterior).

Ahora, analizaremos esto para tener un mejor entendimiento de la presciencia y la predestinación.

IV. LAS GRANDES VERDADES – PRESCIENCIA Y PREDESTINACIÓN

A. EL ORDEN DIVINO DE DIOS.

1. Las palabras que deben entenderse.
   a. Podemos discutir quién tiene razón o está equivocado en relación con cómo obra Dios. El único plano que tenemos para trabajar es su Santa Palabra. Por lo tanto, de su Palabra aprendemos este orden de eventos:
      - *Presciencia* según la vemos en 1 Pedro 1:2.
      - *Elección* como vemos en Romanos 11:5 y es totalmente una obra de gracia.
      - *Predestinación* según vemos en Romanos 8:29-30.
   b. Los comentarios sobre este tema del Dr. C. I. Scofield, en la Biblia King James de Scofield, presentan la verdad de forma breve:

      El orden divino es presciencia, elección y predestinación. Que la presciencia determina la elección, es claro en 1 Pedro 1:2, y la predestinación es el cumplimiento de la elección. La elección mira hacia atrás a la presciencia; la predestinación mira hacia adelante al destino.
2. La acción moral libre del hombre.
   a. Somos moralmente responsables. La libertad de elección pertenece a la responsabilidad moral. También hay una soberanía de Dios por encima de la historia y de la humanidad. Estas dos cosas, la soberanía de Dios y la acción moral libre del hombre, no las podemos reconciliar. Son de Dios.
   b. Solo podemos observar estas dos cosas. Charles Haddon Spurgeon una vez dijo sobre estas dos líneas: "No puedo hacer que se encuentren, pero no podemos hacer que se crucen". El hecho fundamental en la vida y en la historia es que Dios existe, Dios gobierna, Dios es soberano. Su presciencia, elección y predestinación son solo partes de su voluntad soberana.

B. LA PRESCIENCIA DE DIOS.

1. Dios es *omnisciente*.
   a. La palabra significa "todo conocimiento", "todo saber". Dios es perfecto en conocimiento. Él lo sabe todo (Job 37:16).
   b. Dios sabe todo sobre el mundo y la naturaleza. Él los creó (Isaías 40:12, 15, 28; Mateo 10:29).

Escriba Salmos 147:5: ______________________________

____

____

   c. Dios lo sabe todo sobre el hombre.

Escriba Mateo 10:30: ______________________________

____

Escriba Salmos 94:11: ______________________________

____

Subraye Hebreos 4:13 en su Biblia.

   d. Dios sabe todo sobre el pasado, el presente y el futuro. Con Dios solo existe el eterno ahora. Él conoce todas las cosas.

Escriba Hechos 15:18: ____

____

2. La soberanía de Dios.

a. Dios tiene poder absoluto, autoridad y control. Dios debe ser omnisciente y conocer todas las cosas, o dejaría de ser un Dios soberano. El salmista David escribió acerca de la omnisciencia de Dios en Salmos 139:16:

____

____

b. Dios es eterno. Él es un ser sin tiempo. Nosotros vivimos en el pasado, presente y futuro. Dios existía antes de que hubiera tiempo y materia. Él sabe todas las cosas y, desde una posición eterna, conocía cada detalle que ocurriría en la historia de la humanidad.

Subraye Isaías 46:9-10 en su Biblia.

3. La presciencia de Dios y el libre albedrío del hombre.

a. La perfección de la presciencia (conocer de antemano) pertenece a Dios, y Él tiene un conocimiento claro y completo de todos los eventos antes de que ocurran. Dado que Dios lo sabe todo desde el principio, Él sabía desde el principio quién ejercería su libre albedrío para elegir su plan de redención. También sabía quién ejercería su libre albedrío para rechazar su plan de redención. No debería haber objeción a la "elección" de aquellos que creen y a no elegir a aquellos que Él sabía que no creerían.

b. Pedro escribió en su primera epístola a los creyentes dispersos sobre esta bendita verdad.

Escriba 1 Pedro 1:2: ____

____

Nota: "elegidos según la presciencia de Dios".

c. Los detalles de la salvación fueron planeados "antes de la fundación del mundo".

Escriba Efesios 1:4: ____

____

____

d. La invitación de Dios para "venir" a Él por medio de Jesucristo es para todas las personas; sin embargo, Dios sabe de antemano que no todos vendrán. Subraye Isaías 55:1 y escriba Isaías 55:6:

____

____

Jesús dijo: *Venid a mí todos los que estáis trabajados y cargados, y yo os haré descansar* (Mateo 11:28).

e. Pablo enseñó a la gente de Tesalónica grandes verdades de la Biblia. Estuvo allí menos de un mes. Los "niños en Cristo" (1 Corintios 3:1) aprendieron el hecho de su "elección".

Escriba 1 Tesalonicenses 1:4: ____

____

El contexto muestra que su "elección" era de Dios porque creyeron en el Señor Jesucristo.

f. La presciencia es un atributo de Dios. Dado que Él conoce todas las cosas, la presciencia le pertenece. Nosotros predecimos, adivinamos y nos preguntamos, pero Dios lo sabe todo.

C. PREDESTINACIÓN.

1. La *predestinación* se encuentra a lo largo de toda la Biblia.

a. Definiendo la palabra: *pre-* significa "antes" y *destinación* significa "destino". La *predestinación* significa "determinar de antemano" el destino eterno de individuos y eventos.

b. La ejecución del propósito de Dios se menciona muchas veces en la Escritura.

[El] *Cordero que fue inmolado desde el principio del mundo* (Apocalipsis 13:8).

Sino con la sangre preciosa de Cristo, como de un cordero sin mancha y sin contaminación, ya destinado desde antes de la fundación del mundo, pero manifestado [hecho visible] *en los postreros tiempos por amor de vosotros* (1 Pedro 1:19-20).

El plan de redención fue "preordenado" por Dios en su Hijo. El propósito de Dios fue predeterminado.

c. Dios les dio a Abraham y a Sara un hijo, Isaac, en su vejez. Ellos dudaron, pero Dios predeterminó la "descendencia" de Abraham y lo hizo realidad (Génesis 15:2-5; 21:1-3).

d. Dios dirigió y orientó toda la historia hacia un momento específico en el tiempo.

Escriba Gálatas 4:4: ____

____

____

Pero cuando vino el cumplimiento del tiempo (Gálatas 4:4)... *Y aquel Verbo* [Jesús] *fue hecho carne, y habitó entre nosotros* (Juan 1:14).

e. El clímax del plan de Dios se ve en la cruz y la resurrección. Todo había sido profetizado (Salmos 16; 22; Isaías 53) y se cumplió tal como Dios lo había predeterminado (Mateo 27 y Juan 19).

Estos son solo algunos ejemplos de la predestinación en la Escritura. Dios predetermina y nunca se sorprende. Él sabe de antemano todo lo que hará el hombre.

2. El propósito soberano de Dios.

a. La predestinación en la Escritura no es difícil de entender. Escriba el versículo más famoso sobre este tema:

Romanos 8:29: ____

____

____

b. Observe, primero: "A los que antes conoció". Su "presciencia" se relaciona con los "elegidos, escogidos", aquellos que son los "todo aquel que quiera". Somos escogidos para ser suyos porque hemos aceptado su plan de redención en Cristo, y eso es ejercer nuestro "libre albedrío". Dios sabía quiénes aceptarían a Cristo.

c. "A los que antes conoció, también los predestinó...". ¿A qué? "Para que fuesen hechos conformes a la imagen de su Hijo" (Romanos 8:29). La predestinación trata con nuestro crecimiento espiritual y el desarrollo de carácter. Significa que debemos parecernos más a Jesús a medida que maduramos y, al final, ser perfeccionados, "porque le veremos tal como él es" (1 Juan 3:2). Dios ve a los "escogidos, elegidos" (porque hemos aceptado a Cristo) tal como seremos.

d. Estamos predestinados a ser más como Jesús. Este es a menudo un proceso doloroso. Todas las experiencias de la vida para el cristiano son la forma en que Dios lleva a cabo su plan para hacernos semejantes a su Hijo.

Subraye Efesios 1:3-4.

Escriba Efesios 1:5: ____

____

Observe los vv. 4-5: *Para que fuésemos santos y sin mancha delante de Él, en amor.* Eso es la predestinación. El siguiente versículo dice: *Habiéndonos predestinado.*

e. ¿Cómo somos "hechos conformes a la imagen de su Hijo"? Pablo dice: *Porque Dios es el que en vosotros produce así el querer como el hacer, por su buena voluntad* (Filipenses 2:13).

3. *Habiendo sido predestinados conforme al propósito del que hace todas las cosas.*

   a. Escriba Efesios 1:11:

____

____

   b. Somos "para alabanza de su gloria, nosotros los que primeramente esperábamos en Cristo" (v. 12).

   c. El Espíritu Santo sella nuestra aceptación de Jesús y Él (el Espíritu Santo) "es las arras [garantía] de nuestra herencia hasta la redención de la posesión adquirida, para alabanza de su gloria" (Efesios 1:13-14).

   d. Escriba Filipenses 3:21:

____

____

Eso es *glorificación.* (Hemos estudiado la elección y la justificación). Subraye Romanos 8:30.

V. LO QUE ESTA VERDAD BÍBLICA NOS ENSEÑA HOY

La predestinación desde un punto de vista espiritual significa que los cristianos deben ser "hechos conformes a la imagen de Cristo". Esto incluye la santificación (lección 23), de la cual Cristo es el ejemplo supremo. Cristo es la imagen misma del Padre, y los cristianos deben ser conformados a la imagen de su Hijo. No podemos conformarnos a Cristo por nosotros mismos. Al entregarnos a Cristo, Dios nos entrega a Jesús (Juan 17:3, 6, 9, 11, 20, 21, 24); y al entregarnos a Él, nos predestinó para ser conformados a su imagen. ¡Dios nos ve como seremos! Él mira atrás a Génesis 1:26-27.

Sí, "seremos semejantes a Él, porque le veremos tal como Él es" (1 Juan 3:2).

SU SIGUIENTE TAREA:

1. Lea Génesis 1:26-27; 2:7, 21-23; 3:1-21; Mateo 4:1-11; Romanos 5:12, 17; 7:7-24; 8:33-39; 1 Corintios 15:22, 45-50; 1 Tesalonicenses 5:23; Hebreos 4:12; 9:26; 1 Juan 2:16.
2. Repase sus notas sobre la presciencia y predestinación.
3. Marque su Biblia donde aprenda nuevas verdades.

Lección 35

LOS DOS ADÁN

I. INTRODUCCIÓN

El primer Adán, cabeza de la raza humana, fue hecho a imagen de Dios con una personalidad, intelecto, emociones y voluntad, para que pudiera haber comunión y relación entre Dios y el hombre. Dios creó todas las cosas para su deleite (Apocalipsis 4:11; Filipenses 2:13). La Escritura revela que Adán fue engañado para elegir su propio camino. Al optar por desobedecer a Dios, Adán se volvió egocéntrico en lugar de ser alguien que se centraba en Dios; murió espiritualmente para Dios, quien es la fuente de toda vida, quedando muerto en delitos y pecados. En este estado caído, Adán "engendró un hijo a su semejanza, conforme a su imagen [caída]" (Génesis 5:3). Así, Adán dio lugar a una raza pecadora, egocéntrica e impía, nacida muerta en delitos y pecados.

Desde la caída de Adán, Dios ha estado buscando al hombre. Su gran plan de redención demandó que "la simiente de la mujer" (Jesucristo) aplastara la cabeza de Satanás. En el tiempo señalado, "Dios envió a su Hijo, nacido de mujer" (Gálatas 4:4). *En* Cristo, la imagen de Dios vuelve a su forma pura y sin pecado. Jesús se convirtió en el "último Adán" para proveer un plan de redención para el hombre caído. Nuestro nacimiento natural nos hizo miembros de la raza caída de Adán. La transición desde la antigua raza pecadora a la raza santa ocurre a través del "nuevo nacimiento"

Por el primer Adán, entró el pecado.

Por el último Adán, "muchos serán constituidos justos" (Romanos 5:19).

II. VERSÍCULOS BÁSICOS:

Génesis 1:26-27; 2:7, 21-23; 3:1-21; Mateo 4:1-11; Romanos 5:12, 17; 7:7-24; 8:33-39; 1 Corintios 15:22, 45-50; 1 Tesalonicenses 5:23; Hebreos 4:12; 9:26; 1 Juan 2:16.

III. EL NÚCLEO DE ESTA VERDAD

Un hijo siempre tiene la naturaleza de su padre y su madre. El hombre, nacido de Adán, tiene la naturaleza de Adán, que es pecadora. El "padre" de la naturaleza pecaminosa de Adán es Satanás.; por lo tanto, la naturaleza de nuestro padre Adán es la misma que la naturaleza de Satanás, lo que significa que nuestra naturaleza es igual a la de Adán: una naturaleza pecaminosa. Jesús aclaró la naturaleza satánica en Juan 8:44: *Vosotros sois de vuestro padre el diablo, y los deseos de vuestro padre queréis hacer. Él ha sido homicida desde el principio, y no ha permanecido en la verdad, porque no hay verdad en él. Cuando habla mentira, de suyo habla, porque es mentiroso y padre de mentira.* Jesús estaba hablando de Satanás; pero se podría decir que Jesús estaba hablando a los fariseos. Sí, lo estaba haciendo, pero sus palabras no estaban limitadas a los fariseos, como lo deja claro 1 Juan 3:8-10.

Si Satanás es el padre de los no salvos a través del nacimiento natural, debemos experimentar un nacimiento sobrenatural para tener a Dios como nuestro Padre. Todo el mundo está dividido en dos categorías:

- los que *siguen siendo* hijos del primer Adán; y
- los que se han *convertido* en hijos de Dios al aceptar al segundo Adán: Jesucristo.

¿En qué categoría está usted hoy?

IV. LA GRAN VERDAD – LOS DOS ADÁN

A. EL PRIMER ADÁN.

1. Adán fue creado a imagen de Dios.

a. El primer hombre, Adán, fue creado a "imagen" y "semejanza" de Dios. Estas dos palabras expresan la condición del hombre según vino de la mano de Dios en el relato de la creación. La palabra *imagen* significa "un parecido". La palabra *semejanza* significa "un modelo".

Subraye Génesis 1:26 (note la Trinidad en el v. 26; "nuestra").

Escriba Génesis 1:27: ____

____

____

b. Dado que Dios es un Espíritu, un solo Dios compuesto por tres Personas: Padre, Hijo y Espíritu Santo, la "imagen de Dios" implica que el hombre "se parecía" a Dios cuando fue creado como cuerpo, alma y espíritu. Adán fue creado una trinidad en unidad (tres en uno). (Génesis 1:26-27 da el *hecho* de la creación del hombre. El relato en Génesis 2:7 da la *manera* de la creación del hombre).

2. Adán era cuerpo, alma y espíritu.

   a. La trinidad del hombre se expresa en el relato de la creación:

      Entonces Jehová Dios formó al hombre del polvo de la tierra [su cuerpo], *y sopló en su nariz aliento de vida* [su espíritu]; *y fue el hombre un ser viviente* [el alma del hombre] (Génesis 2:7).

   b. El *cuerpo* relacionó a Adán con la creación física. Él podía ver, oler, saborear, tocar y oír. Tenía los cinco sentidos de un cuerpo humano normal.

   c. El *alma* relacionó a Adán con los demás. El alma es el asiento de la emoción, razón, afecto, memoria y conciencia del bien y del mal. El alma es una parte del hombre estrechamente relacionada con el espíritu del hombre.

Escriba Hebreos 4:12: ____

____

____

Puede ver que solo la Palabra de Dios, la espada del Espíritu, puede dividir el alma y el espíritu del hombre.

   d. El *espíritu* relacionó a Adán con lo espiritual: el mismo aliento de Dios lo hizo un ser viviente.

Escriba Génesis 2:7: ____

____

____

El primer Adán era un ser espiritual. Estaba relacionado con el mundo por su cuerpo, con los demás por su alma, y con Dios por su espíritu.

- El cuerpo representa la consciencia del mundo.
- El alma representa la consciencia de sí mismo.
- El espíritu representa la consciencia de Dios.

3. La compañera del primer Adán.

   a. Eva fue "hecha" del hombre (Génesis 2:21-23). Ella fue formada del costado de Adán para mostrar que su relación, como hombre y mujer, debía ser como "una sola carne".

Dios instituyó el matrimonio inmediatamente (Génesis 2:23-24). Debían ser el complemento el uno del otro.

b. Con respecto a esto, Adán y Eva son una imagen, un tipo, del último Adán y su Eva, la Iglesia, su novia (Efesios 5:25-32).

4. La caída del hombre: el primer Adán.

a. Cuando Adán y Eva pecaron, la imagen de Dios fue destruida. Dios había dicho: *El día que de él comieres, ciertamente morirás* (Génesis 2:17). La restricción fue dada a Adán. El único límite que Dios puso a Adán fue que no debía comer "del árbol de la ciencia del bien y del mal".

b. Satanás tentó a Eva y ella vio que el "árbol era bueno para comer... agradable a los ojos... un árbol deseable para alcanzar sabiduría... tomó de él... y dio también a su marido, el cual comió así como ella" (Génesis 3:6).

c. El Señor Dios los buscó y cubrió su desnudez con túnicas de pieles (Génesis 3:8-11, 21).

d. El plan de redención, la promesa de un redentor, fue dado a Adán y Eva.

Escriba Génesis 3:15: ______________________________

____

____

e. Adán, el cabeza federal de la humanidad, eligió pecar y al hacerlo, "engendró un hijo a su semejanza, conforme a su imagen [caída]" (Génesis 5:3).

B. LA RAZA CAÍDA.

1. El pecado se hizo universal, involucrando a toda la humanidad.

a. Nuestro nacimiento natural nos hizo miembros de la raza caída y pecaminosa de Adán.

Escriba Romanos 5:12: ______________________________

____

b. *Por cuanto todos pecaron, y están destituidos de la gloria de Dios* (Romanos 3:23).

c. Fuimos concebidos en pecado, por padres con la misma naturaleza pecaminosa que Adán (Salmos 51:5).

2. El hombre sigue siendo una trinidad.

a. El hombre nace cuerpo, alma y espíritu.

Escriba 1 Tesalonicenses 5:23: ______________________________

____

Lea de nuevo Hebreos 4:12.

b. Entonces, ¿cómo puede el hombre "natural", el que nace en pecado, muerto espiritualmente, ser restaurado a la "imagen de Dios"? Una ilustración del Antiguo Testamento ilumina este tema.

Después de la terminación del tabernáculo, permaneció vacío de la presencia de Dios hasta que el "Espíritu de Dios" descendió y tomó posesión del "lugar santísimo". Así, un hombre podría ser cuerpo, alma y espíritu, pero su naturaleza espiritual permanecerá dormida hasta que el Espíritu Santo entre y tome posesión de esa parte espiritual de su naturaleza. Dios solo entró al "lugar santísimo" después de que se ofreciera un sacrificio y se derramara sangre (Éxodo 40).

3. ¿Cómo puede el hombre ser reconciliado con Dios?

   La historia completa se revela en dos escrituras (Génesis 3:15; Juan 3:16). La promesa de un Redentor para derrotar a Satanás y la promesa de vida eterna para todos los que crean en el Redentor, Jesucristo.

C. EL SEGUNDO ADÁN: EL ÚLTIMO ADÁN.

1. Jesucristo, el último Adán, restauró la imagen de Dios en el hombre.

   a. Dios sigue llevando a cabo su propósito de hacer al hombre a su imagen. Aunque su propósito original sigue siendo el mismo, ya no está usando al primer Adán para cumplirlo. Todo está ahora centrado en el último Adán: el Señor Jesucristo. Jesús fue el primero desde Adán en llevar la imagen perdida de Dios.

Escriba Colosenses 1:15: ____

____

Escriba Hebreos 1:3: ____

____

____

   b. Dios era el único que podía restaurar su imagen en el hombre. Subraye 2 Corintios 4:4, 6 en su Biblia.

Escriba 1 Corintios 3:18: ____

____

____

2. La victoria sobre el pecado y la muerte.

   a. Satanás tentó a Jesús en el desierto. Las tres tentaciones fueron las mismas que el primer Adán enfrentó y falló. Lea Mateo 4:1-11. Subraye los vv. 3, 6 y 9.

   b. La victoria estaba en la Palabra de Dios. Observe Mateo 4:4, 7 y 10.

   c. Todas las tentaciones que enfrentamos pueden resumirse en la tentación de Eva y las tres tentaciones de Jesús. Se mencionan en 1 Juan 2:16:

      - "Los deseos de la carne" – deseo de indulgencia.
      - "Los deseos de los ojos" – deseo de poseer.
      - "La vanagloria de la vida" – deseo de impresionar.

   d. Jesús fue "tentado en todo según nuestra semejanza, pero sin pecado" (Hebreos 4:15).

   e. Jesús se convirtió en el "portador del pecado" que murió para restaurarnos a la imagen de Dios (1 Pedro 2:24).

   f. Jesús murió por nuestros pecados, fue sepultado y resucitó al tercer día. Subraye 1 Corintios 15:3-4 en su Biblia.

3. El último Adán provee vida eterna.

   a. Desde la promesa de la "simiente de la mujer" en Génesis 3:15, la Palabra de Dios ha revelado una y otra vez el pecado de la humanidad y la profecía de un Salvador: el Mesías. El Señor Jesús vino "cuando se cumplió el tiempo"; nació de una virgen;

tomando sobre sí mismo la forma de la humanidad y se convirtió en nuestro Redentor, Salvador, Señor (Gálatas 4:4; Filipenses 2:6-8).

b. Para restaurar la imagen de Dios en el hombre, se requería una nueva creación. Así como Dios se inclinó y sopló en las narices del primer Adán; una vez más la nueva vida, la nueva creación, la restauración de la imagen de Dios solo puede venir por el aliento, el Espíritu de Dios, entrando en los no regenerados. Entonces, y solo entonces, el hombre puede convertirse en una nueva creación.

Escriba 2 Corintios 5:17: ____

____

____

c. Él, Jesús, nos ha hecho copartícipes de su naturaleza divina (2 Pedro 1:3-4). Subráyelo en su Biblia.

D. LOS DOS ADÁN: UN CONTRASTE

Romanos 5:12-21

El primer Adán Cabeza de la creación original	El último Adán: Cristo Cabeza de la nueva creación
• por un hombre entró el pecado (v. 12)	
• por la ofensa de uno, muchos mueren (v. 15)	• la gracia de Dios y el don por gracia, Jesucristo
• juicio por uno para condenación (v. 16)	• el don gratuito, para justificación
• por la ofensa de un hombre, la muerte reinó (v. 17)	• la gracia y la justicia reinarán en Jesucristo
• por la ofensa de uno, juicio (v. 18)	• por la justicia de uno, justificación de vida
• por la desobediencia de un hombre, muchos fueron hechos pecadores (v. 19)	• por la obediencia de uno, muchos serán hechos justos
• el pecado reinó hasta la muerte (v. 21)	• la gracia reina para vida eterna por Jesucristo

1 Corintios 15:21-22, 45-55

• por un hombre vino la muerte (v. 21)	• por un Hombre vino la resurrección de los muertos
• en Adán todos mueren (v. 22)	• en Cristo todos serán vivificados
• el primer Adán fue un alma viviente (v. 45)	• el último Adán, un espíritu vivificante
• el primer Adán fue natural (v. 46)	• después lo espiritual (Cristo)
• el primer hombre es terrenal (v. 47)	• el segundo hombre es el Señor del cielo
• así son también los que son terrenales (v. 48)	• así son también los que son celestiales
• como traemos la imagen del terrenal (v. 49)	• también traeremos la imagen del celestial
• este cuerpo corruptible—este mortal (vv. 52–53)	• debe revestirse de incorrupción e inmortalidad
• el aguijón de la muerte es el pecado (vv. 54–55)	• la muerte es sorbida en victoria

V. LO QUE ESTA VERDAD BÍBLICA NOS ENSEÑA HOY

El secreto para una vida feliz es conocer y reclamar Romanos 8:28-29. "Pero eso fue en la lección anterior", dice usted. Sí, pero es la conclusión de esta lección y resalta la verdad para una vida cristiana práctica. En 1 Corintios 15:49 Pablo da la gran promesa: *Y así como hemos traído la imagen del terrenal* [Adán], *traeremos también la imagen del celestial* [Cristo].

Y sabemos que a los que aman a Dios, todas las cosas les ayudan a bien; esto es, a los que conforme a su propósito son llamados. Porque a los que antes conoció, también los predestinó para que fuesen hechos conforme a la imagen de su Hijo (Romanos 8:28-29). El "bien" por el cual Dios está obrando en todas las cosas es restaurar su propósito original de hacernos a su imagen. Si pertenecemos a Cristo, podremos descansar en Él, sin importar los ataques de Satanás. Podemos permanecer firmes como Job y decir: *He aquí, aunque él me matare, en él esperaré* (Job 13:15).

Todos nacimos con la naturaleza del primer Adán. Al aceptar a Cristo como Salvador, nos convertimos en "nuevas criaturas en Cristo Jesús" y tomamos la naturaleza del segundo Adán: Cristo. *Sabemos que, cuando él se manifieste, seremos semejantes a él; porque le veremos tal como él es"* (1 Juan 3:2).

SU SIGUIENTE TAREA:

1. Lea Romanos 7:7-25; 8:5-14; 1 Corintios 2:9-15; Gálatas 2:20; 4:19; 5:16; 6:14; Efesios 2:10; 4:17-32; Colosenses 3:3-4, 10; Hebreos 12:1.
2. Repase sus notas sobre los dos Adán.
3. Marque su Biblia donde aprenda nuevas verdades.

Lección 36
LAS DOS NATURALEZAS

I. INTRODUCCIÓN

Una persona que no está *regenerada*, no es salva, tiene solo una naturaleza. Solo una persona que ha sido regenerada, nacida de nuevo, salva, tiene dos naturalezas: la naturaleza carnal natural y la *nueva naturaleza* dada cuando uno es "nacido del Espíritu" (Juan 3:6). Pablo dice: *Porque el deseo de la carne es contra el Espíritu, y el del Espíritu es contra la carne; y estos se oponen entre sí, para que no hagáis lo que quisierais* (Gálatas 5:17).

Debido a la falta de conocimiento de las dos naturalezas, muchos nuevos creyentes se encuentran en una cima espiritual solo para descubrir, en poco tiempo, que los viejos deseos y pensamientos carnales no están muertos. La vieja naturaleza sigue presente, y el joven creyente a menudo es engañado por Satanás para dudar de la experiencia de salvación. Satanás trabaja de forma ardua y rápida en este punto e intenta hacer que el recién nacido en Cristo crea que nunca se convirtió en un principio. Si el nuevo convertido sabe que la batalla realmente comienza cuando acepta a Cristo, entonces estará preparado para el ataque satánico.

Jesús dijo: *Lo que es nacido de la carne, carne es; y lo que es nacido del Espíritu* [el Espíritu Santo], *espíritu es* (Juan 3:6). Aquí, Jesús describe las dos naturalezas de todo creyente: la "carne" y el "espíritu". Estas dos naturalezas son descritas por Pablo como el "hombre natural" y el "hombre espiritual". En todo creyente existen las naturalezas "carnal" y "espiritual". Jesús declaró este hecho en la escritura mencionada (Juan 3:6).

II. VERSÍCULOS BÁSICOS:

Romanos 7:7-25; 8:5-14; 1 Corintios 2:9-15; Gálatas 2:20; 4:19; 5:16; 6:14; Efesios 2:10; 4:17-32; Colosenses 3:3-4, 10.

III. EL NÚCLEO DE ESTA VERDAD

Como cada hijo de Dios tiene dos naturalezas, debe entender que la vieja naturaleza nunca podrá ser erradicada mientras viva en la carne. Por lo tanto, tenemos una batalla constante entre la vieja y la nueva naturaleza. El nuevo nacimiento saludable comienza con un fuerte amor y devoción al Señor Jesús, pero luego llega la deprimente realidad de que sigue estando presente esa vieja naturaleza. Ella nos arrastra de nuevo al mundo, al egoísmo, al pecado. Esta experiencia del poder reinante de la vieja naturaleza debería ser el comienzo del crecimiento espiritual. Debe hacer que el "bebé" en Cristo mire a Jesús no solo como Salvador, sino como Señor de su vida. *Porque para mí el vivir es Cristo* (Filipenses 1:21). El creyente llegará a conocer al Señor Jesús como su vida cuando se dé cuenta por experiencia de que la vieja naturaleza sigue dentro y la batalla es constante. A medida que el creyente crece en el Señor, Jesús se convierte en su vida. Este crecimiento no llegará corriendo de una reunión a otra o permaneciendo ocupado haciendo "buenas obras", sino que llegará corriendo hacia la Palabra de Dios, uniéndose a una clase bíblica sólida y asistiendo a una iglesia centrada en la Biblia. Dele a la nueva naturaleza la comida que necesita para crecer y madurar en el Señor.

IV. LA GRAN VERDAD – LAS DOS NATURALEZAS

A. EL HOMBRE NATURAL.

1. Las características del hombre natural.

a. El hombre natural es el hombre carnal, no regenerado. Él tiene la naturaleza de Adán que todos poseemos al nacer. Nacemos de padres pecadores. Toda persona nacida desde Adán posee la naturaleza adámica. Nacimos "muertos en delitos y pecados" (Efesios 2:1).

b. Es totalmente corrupto delante de Dios. Produce las obras de la carne.

Escriba Gálatas 5:19: ______________________________

____

____

Subraye Gálatas 5:20-21.

c. Somos "por naturaleza hijos de ira".

Escriba Efesios 2:3: ______________________________

____

____

2. Nombres bíblicos para la vieja naturaleza (hombre natural).

a. La carne. *Lo que es nacido de la carne, carne es* (Juan 3:6). Jesús dijo estas palabras. Cuando hablamos de "la carne", no nos referimos al cuerpo hecho de tejidos y los demás elementos del cuerpo humano. "La carne" significa la vieja naturaleza carnal.

Escriba Romanos 8:8: ______________________________

____

b. La mente carnal. *La mente gobernada por la carne es enemiga de Dios, pues no se somete a la Ley de Dios ni es capaz de hacerlo* (Romanos 8:7, NVI).

c. El hombre natural. El hombre natural no puede percibir ni entender o comprender las verdades de Dios. La vieja naturaleza (la mente no regenerada) no puede entender las cosas de Dios.

Escriba 1 Corintios 2:14: ______________________________

____

____

d. El hombre sensual. La vieja naturaleza crece con los deseos de la carne. La carne debe satisfacerse.

Escriba Judas 1:19: ______________________________

____

Escriba Santiago 3:15: ______________________________

____

____

Observe de nuevo Efesios 2:3.

e. La dureza del corazón. *Teniendo el entendimiento entenebrecido, ajenos de la vida de Dios por la ignorancia que en ellos hay, por la dureza de su corazón* (Efesios 4:18).

Jesús presentó el orden lógico del pecado:

- *del corazón de los hombres* – naturaleza del hombre
- *malos pensamientos* – mente del hombre

- *los adulteris, las fornicaciones, los homicidios* – acciones del hombre

Subraye este orden en Marcos 7:21-22.

Escriba Marcos 7:23: ______________________________

____

f. El viejo hombre.

Escriba Efesios 4:22: ______________________________

____

____

____

Subraye Colosenses 3:9.

g. El hombre exterior. *Aunque este nuestro hombre exterior se va desgastando, el interior no obstante se renueva de día en día* (2 Corintios 4:16).

h. Pecadores. *No hay justo, ni aun uno* (Romanos 3:10).

Escriba Romanos 3:23: ______________________________

____

3. El resultado final del hombre natural.

a. La muerte espiritual es el resultado de todo el que no acepta a Jesucristo como Señor.

Escriba Romanos 5:12: ______________________________

____

____

Porque el ocuparse de la carne es muerte (Romanos 8:6).

b. ¿Qué es la muerte espiritual? Pablo da la respuesta en 2 Tesalonicenses 1:7-9. Subraye los vv. 7 y 8.

Escriba 2 Tesalonicenses 1:9: ______________________________

____

____

Eso es la muerte espiritual. Memorice el versículo.

B. EL HOMBRE ESPIRITUAL.

1. Las características del hombre espiritual.

a. El nuevo nacimiento imparte una nueva naturaleza. Jesús dijo: *Lo que es nacido del Espíritu, espíritu es* (Juan 3:6).

b. Con una nueva naturaleza, nacida del Espíritu Santo, el nuevo creyente aprende: *Y ya no vivo yo, mas vive Cristo en mí; y lo que ahora vivo en la carne, lo vivo en la fe del Hijo de Dios, el cual me amó y se entregó a sí mismo por mí* (Gálatas 2:20).

c. El nuevo nacimiento significa que Cristo está en el corazón de todo el que le acepta.

Escriba Colosenses 1:27: ____

____

____

d. El fruto de un cristiano se llama "el fruto del Espíritu". El carácter cristiano lo produce el Espíritu Santo y no el propio esfuerzo del creyente.

Escriba Gálatas 5:22-23: ____

____

____

____

Subraye Gálatas 5:24-25.

e. El cristiano está "limpio por la palabra" y habita en Cristo.

Escriba Juan 15:3-4: ____

____

____

____

f. El creyente es una nueva creación. *De modo que si alguno está en Cristo, nueva criatura es; las cosas viejas pasaron; he aquí todas son hechas nuevas* (2 Corintios 5:17).

g. La "naturaleza divina" se da al hombre espiritual. *Como todas las cosas que pertenecen a la vida y a la piedad nos han sido dadas por su divino poder, mediante el conocimiento de aquel que nos llamó por su gloria y excelencia, por medio de las cuales nos ha dado preciosas y grandísimas promesas, para que por ellas llegaseis a ser participantes de la naturaleza divina, habiendo huido de la corrupción que hay en el mundo a causa de la concupiscencia* (2 Pedro 1:3-4).

2. Los nombres bíblicos dados a la nueva naturaleza (el hombre espiritual).

   a. Cristiano. El nombre indica que un creyente pertenece a Cristo, y se le llama "cristiano".

Escriba la última frase de Hechos 11:26: ______________________________

____

Escriba 1 Pedro 4:16: ____

____

____

   b. El nuevo hombre.

Escriba Efesios 4:24: ____

____

____

Subraye Colosenses 3:10.

   c. El hombre interior. *El interior no obstante se renueva de día en día* (2 Corintios 4:16).

d. Santos.

Escriba Efesios 2:19: ____

Escriba Romanos 8:27: ____

Entienda a conciencia estos dos versículos de la Escritura.

e. Sacerdotes. *Vosotros también, como piedras vivas, sed edificados como casa espiritual y sacerdocio santo, para ofrecer sacrificios espirituales aceptables a Dios por medio de Jesucristo* (1 Pedro 2:5).

Subraye Apocalipsis 1:6 y 5:10.

Escriba 1 Pedro 2:9: ____

f. Embajadores. Subraye 2 Corintios 5:20.

g. Hijos de Dios. *El Espíritu mismo da testimonio a nuestro espíritu, de que somos hijos de Dios* (Romanos 8:16). Esto también se menciona en los vv. 17 y 21 y significa "uno nacido", "un hijo".

h. Herederos de Dios. Coherederos con Cristo. Subraye Romanos 8:17.

i. El templo de Dios.

Escriba 1 Corintios 3:16: ____

Subraye el siguiente v. 17.

3. El resultado final del hombre espiritual.

   a. El hombre nuevo (la persona regenerada) espera con ansias la venida del Señor. Estará entre todos los redimidos, llamados la Iglesia. La Iglesia, la novia de Cristo (Juan 3:29; Efesios 5:23-29), será llamada a encontrarse con Cristo "en el aire; y así estaremos siempre con el Señor" (1 Tesalonicenses 4:17). Lea los vv. 13-18.

   b. Aquellos que hayan muerto físicamente en Cristo serán resucitados primero, para estar con Jesús y todos los redimidos (1 Tesalonicenses 4:16).

      Subraye 1 Corintios 15:23, 51-53.

   c. La victoria en Cristo es el resultado final del creyente.

Escriba 1 Corintios 15:57: ____

V. LO QUE ESTA VERDAD BÍBLICA NOS ENSEÑA HOY

Todos los creyentes tienen dos naturalezas: la vieja naturaleza adámica y la naturaleza nacida del Espíritu de Dios. Pablo ilustra la lucha entre estas dos naturalezas en la vida de todos los cristianos. En Romanos 7:15-25 Pablo habla del conflicto en su propia alma entre la carne y el Espíritu. La vieja naturaleza no está muerta. No se debe dar provisión a la carne (Romanos 13:14). La vieja naturaleza debe ser debilitada por la Palabra de Dios.

El cristiano debe aceptar el hecho de que la vieja naturaleza siempre está presente. La Biblia dice que se debe mortificar la carne, es decir, darle muerte (Colosenses 3:5). La gran lección es esta: la vida antigua se ha convertido en una nueva vida en Cristo: *Andemos en vida nueva* (Romanos 6:4). La nueva vida debe ser alimentada con la Palabra de Dios, que limpia y purifica (Juan 15:3; 17:17; Efesios 5:26). La nueva vida en Cristo significa que uno se ha convertido en una nueva creación, pero nace como un bebé en Cristo. Dele tiempo al Señor para crecer desde "la leche de la palabra" (1 Pedro 2:2) hasta el "alimento sólido" (Hebreos 5:12, 14). La comida espiritual debilitará la vieja naturaleza. Cuando peque, confiéselo solo a Dios a través de Cristo. Use el "jabón" del cristiano varias veces al día. Ese "jabón" se encuentra en 1 Juan 1:9. Memorice el versículo. Cuando peque, confiéselo y olvídelo. El versículo no solo dice: "Si confesamos nuestros pecados, Él nos perdonará", sino que también dice que Él nos "limpiará de toda maldad".

Deje que el Espíritu Santo guíe y dirija su vida. Él te guiará a toda la verdad (Juan 16:13).

SU SIGUIENTE TAREA:

1. Lea Mateo 6:3-15; 7:7-11; 18:19; Marcos 9:23; Lucas 11:9; Juan 17; Hechos 7:59-60; Romanos 8:26; Efesios 3:20; Filipenses 4:19; Colosenses 4:2; 1 Tesalonicenses 5:17; Hebreos 10:19-22; Santiago 4:2-3; Apocalipsis 22:20.
2. Repase sus notas sobre las dos naturalezas.
3. Marque su Biblia donde aprenda nuevas verdades.

Lección 37
ORACIÓN

I. INTRODUCCIÓN

La *oración* es una de las funciones más elevadas y uno de los privilegios más importantes de la vida cristiana. La oración es el deseo inmediato del corazón de una nueva vida en Cristo de conversar y comunicarse con el Padre. El Espíritu Santo habita en el creyente y planta el "espíritu de oración" en el corazón. La oración se piensa mayormente como pedir y recibir, pero es mucho más que eso. La oración es manifestar la vida cristiana en comunión con Dios a través de su Hijo y nuestro Salvador. La oración es depender de Dios, no de uno mismo. Es una expresión del corazón de devoción y agradecimiento por el amor y el cuidado de Dios. Las palabras no son la parte más importante de la oración; lo que Dios ve y entiende es el espíritu de la oración. Orar es tan esencial en la vida cristiana como lo es respirar en la vida natural. Orar es crecer; orar es un privilegio. Se logra más con la oración que con todas las "actividades religiosas" del mundo.

II. VERSÍCULOS BÁSICOS:

Mateo 6:3-15; 7:7-11; 18:19; Marcos 9:23; Lucas 11:9; Juan 17; Hechos 7:59-60; Romanos 8:26; Efesios 3:20; Filipenses 4:19; Colosenses 4:2; 1 Tesalonicenses 5:17; Hebreos 10:19-22; Santiago 4:2-3; Apocalipsis 22:20.

III. EL NÚCLEO DE ESTA VERDAD.

Recitar oraciones como un fariseo y orar son dos cosas distintas. Un fariseo santurrón se destacaba haciendo largas oraciones. Un alma regenerada puede disfrutar el privilegio de la oración. El espíritu de la oración es el espíritu de una nueva criatura en Cristo Jesús. El lenguaje de la oración es la expresión de la nueva vida: la vida regenerada. Un niño nacido de forma natural puede pedir muchas cosas tontas, pero no podría pedir si no tuviera vida. La capacidad y el deseo de pedir son pruebas de vida. Cuando Saulo de Tarso (Pablo) pasó de su vida vieja a su nueva vida, el Señor dijo de él: *He aquí, él ora* (Hechos 9:11). Como "fariseo de fariseos", Pablo indudablemente había recitado largas oraciones; pero cuando vio a Jesús y escuchó su voz, fue entonces cuando Pablo se rindió y dijo: *Señor, ¿qué quieres que yo haga?* (Hechos 9:6).

Los discípulos de Jesús no le pidieron que les enseñara a predicar. Le pidieron una cosa grande: *Señor, enséñanos a orar* (Lucas 11:1). El don de la oración es para todos los que aman al Señor Dios. *También les refirió Jesús una parábola sobre la necesidad de orar siempre, y no desmayar* (Lucas 18:1). No se necesita un llamado especial para tener un ministerio de oración. El mayor poder otorgado a cada creyente es el poder de la oración.

IV. LA GRAN VERDAD – LA ORACIÓN

A. EL PATRÓN DE LA ORACIÓN.

1. Las reglas del Señor en cuanto a la oración.

   a. El Señor dio algunas reglas generales sobre la oración antes de enseñar a los discípulos la "oración modelo". Estas enseñanzas *negativas* sobre la oración se encuentran en Mateo 6:5-8.

   b. *No seas como los hipócritas* (Mateo 6:5). Jesús enseña que la oración de un hipócrita es en público, y le encanta ser visto y escuchado por los hombres. Se detiene para que todos lo vean.

   Subraye Mateo 6:5.

c. Jesús enseñó en contra de las "largas oraciones" de los hipócritas.

Escriba Mateo 23:14: ______________________________

____

____

d. Jesús advirtió sobre las "vanas repeticiones".

Escriba Mateo 6:7: ______________________________

____

____

En este punto, todos deberíamos revisar nuestra vida de oración. Piense en las frases o palabras que usa repetidamente. Elimine las repeticiones vanas, y la oración sería la mitad de larga. Mire nuevamente el v. 7: *Piensan que por su palabrería serán oídos.*

e. Las oraciones de Jesús y Pablo nos enseñan cómo orar. Ambos oraron durante largos periodos, pero no encontrará oraciones largas registradas por ninguno de ellos. La oración más larga de Jesús está en Juan 17, y tomaría alrededor de tres minutos leerla. Oraron en privado. Jesús nos enseñó a orar en privado.

Escriba Mateo 6:6: ______________________________

____

____

2. Los elementos de la oración.
   a. *Vosotros, pues, oraréis así* (Mateo 6:9).

      La oración que Jesús dio a los discípulos es la "oración modelo", no para ser repetida de manera vana sino para enseñar la estructura real y el significado "positivo" de la oración. Jesús dijo: *Vosotros, pues, oraréis así.* Que esta oración sea un patrón para todas las oraciones. En una oración de aproximadamente treinta segundos, Jesús enseñó el alcance de nuestras necesidades en espíritu, alma y cuerpo.
   b. Los tres elementos de la oración se encuentran en la oración modelo:
      - **Hacia Dios**: *Padre nuestro que estás en los cielos, santificado sea tu nombre. Venga tu reino. Hágase tu voluntad, como en el cielo, así también en la tierra* (Mateo 6:9-10).

        Este elemento *hacia Dios* en la oración se llama *comunión.*
      - **Hacia el interior**: *El pan nuestro de cada día, dánoslo hoy* (Mateo 6:11).

        Este elemento *hacia el interior* de la oración se llama *petición.*
      - **Hacia el exterior**: *Y perdónanos nuestras deudas, como también nosotros perdonamos a nuestros deudores* (Mateo 6:12).

        Este elemento *hacia el exterior* de la oración se llama *intercesión.*
   c. Un resumen para recordar:
      - Comunión: Atención hacia Dios
      - Petición: Atención hacia el interior
      - Intercesión: Atención hacia el exterior
3. Explicación de los tres elementos de la oración.

a. La comunión es esa parte de la oración que elimina cualquier obstáculo entre Dios y nosotros. Es un acto de adoración y alabanza. Es una actitud de acción de gracias y sumisión. La comunión con Dios produce un cambio *en nosotros.*

b. La petición es esa parte de la oración en la que podemos pedir cualquier cosa de acuerdo con su voluntad, y Él nos lo concederá si se ha observado primero el elemento de la comunión. En la petición, algo se hace *por nosotros.*

c. La intercesión es esa parte de la oración en la que dejamos de pensar en nosotros mismos y comenzamos a interesarnos por los demás. En la intercesión, algo se hace a *través de nosotros.*

Escriba Juan 15:7: ____

____

____

d. Los tres elementos de la oración se toman de la oración modelo en Mateo 6:9-13, una parte del Sermón del Monte pronunciado por el Maestro. Marque estos elementos de la oración en su Biblia.

B. EL PODER DE LA ORACIÓN.

1. El poder ilimitado de la oración con fe.

a. "Pedid, buscad, llamad". El Padre tiene todo el poder y conoce nuestras necesidades. La Biblia enseña claramente que nosotros, sus hijos, debemos "pedir, buscar y llamar" al orar. Así como un padre natural da buenos regalos a sus propios hijos, Dios el Padre, da a los suyos que le piden.

Escriba Mateo 7:7: ____

____

____

Escriba Mateo 7:11: ____

____

____

b. "Pero pida con fe". La fe es esencial para el poder ilimitado de la oración. La Biblia enseña esto una y otra vez.

Escriba Santiago 1:6: ____

____

____

Escriba Santiago 1:7: ____

____

c. Jesús enseñó la necesidad de la fe en la oración. Subraye Marcos 11:23.

Escriba Marcos 11:24: ____

____

Escriba Marcos 9:23: ____

____

____

2. La abundante gracia de Dios en Cristo.
   a. El poder de la oración está basado en pedir "en el nombre de Jesús".

Escriba Juan 14:13-14: ____

____

____

   b. Los "elegidos", o los salvos, deben pedir al Padre en el nombre de Jesús.

Escriba Juan 15:16: ____

____

____

   c. Oramos, por lo general, cerrando nuestras oraciones con las palabras: "Oramos en el nombre de Jesús". ¿Por qué? Jesús nos dijo que oráramos en su nombre. Usted ha visto eso en los pasajes estudiados. Ahora, subraye Juan 16:23-24.
   d. Dios suple nuestras necesidades a través de Cristo Jesús.

Escriba Filipenses 4:19: ____

____

____

   e. La seguridad viene mediante las oraciones respondidas. Lea 1 Juan 5:12-13.

Escriba 1 Juan 5:14: ____

____

____

   Subraye el v. 15.

3. La oración es lo que uno reclama en el nombre de Jesús.
   a. Dios nos ha dado a todos la capacidad de hablar, trabajar y desarrollar habilidades. Estos son dones de la gracia de Dios, pero el círculo de influencia es limitado.
   b. Sin embargo, cuando se trata de la oración podemos entrar en los canales del poder de Dios a través de Jesucristo. Podemos orar, y nuestras oraciones se vuelven omnipotentes (todopoderosas) simplemente al orar en el nombre de Jesús, de acuerdo con su voluntad. La oración puede mover montañas (Mateo 17:20). La oración, en el nombre de Jesús, es todopoderosa. (Nosotros no somos omnipotentes, las oraciones sí).
   c. Nuestras oraciones pueden alcanzar cualquier lugar del mundo, en este mismo momento. Las oraciones de los santos son omnipresentes (presentes en todas partes). Podemos orar por la voluntad de Dios para una persona en China, África, Israel, o cualquier lugar del mundo. Si la oración es en el nombre de Jesús, no está limitada por la distancia. (De nuevo, la oración no es omnipresente, pero su alcance sí).
   Subraye Efesios 3:20.

C. OBSTÁCULOS PARA LA ORACIÓN.

1. Los obstáculos los crea el hombre, no Dios.

   a. Nos falta confianza.

Escriba Hebreos 11:6: ____

____

____

   b. Oramos mal.

Escriba Santiago 4:3: ____

____

   c. No somos persistentes. *Orad sin cesar* (1 Tesalonicenses 5:17). *Perseverad en la oración, velando en ella con acción de gracias* (Colosenses 4:2)

   d. El pecado obstaculiza la oración.

Escriba Salmos 66:18: ____

____

____

2. Dios espera que nosotros mismos respondamos a algunas de nuestras oraciones.

   a. Dios no responde oraciones cuando espera que nosotros mismos las respondamos. Todos hemos escuchado a personas orar para que Dios salve a los perdidos. Esa misma persona probablemente se ha encontrado o ha trabajado con muchas personas perdidas cada día y nunca ha dicho una palabra acerca de su relación con Cristo. Nuestra fe es una fe razonable. Dios siempre utiliza la instrumentalidad humana.

   b. La fe y las obras van de la mano. El cristianismo práctico es recomendado en Santiago 2:14-16. Las oraciones piadosas por los pobres son una farsa si alguien está en posición de ayudar y se niega a hacerlo. Dios espera que actuemos además de orar.

D. NUESTRO ACCESO A DIOS A TRAVÉS DE CRISTO.

1. Podemos entrar a la presencia de Dios a través de Jesucristo.

   a. Subraye Hebreos 10:19-22 en su Biblia.

   b. Cuando pedimos conforme a su voluntad y dos están de acuerdo, Jesús dice que el Padre responderá. Subraye Mateo 18:19 en su Biblia.

2. El Espíritu Santo hace intercesión por nosotros.

   a. Lea y subraye Romanos 8:26.

   b. Subraye Judas 1:20-21.

3. La oración sumo sacerdotal de Jesús nos da seguridad.

   a. La oración del Señor está registrada en Juan 17. Lea todo el capítulo y note que su oración asegura a los cristianos que estamos en Él y en el Padre. Tenemos acceso a Dios porque creemos en su Hijo.

V. LO QUE ESTA VERDAD BÍBLICA NOS ENSEÑA HOY

La oración es descubrir la voluntad de Dios, no tratar de cambiar su mente. Orar es acudir a Dios con absoluta fe de que lo que necesitamos nos será dado en respuesta a nuestras oraciones. La Biblia enseña claramente que nuestras oraciones deben ser conforme a su voluntad (1 Juan 5:14-15).

Dios siempre responde a la oración. Las oraciones de fe, las oraciones que creen para la gloria de Dios, siempre son respondidas. La oración por algo que no es bueno para nosotros se responde con un "no". La oración por algo o alguien a menudo se demora hasta que Dios sabe que, al responderla, será para bien.

Las tres respuestas a la oración son:

- *Sí,* su oración es conforme a la voluntad de Dios.
- *No,* responder a su oración no le haría bien.
- *Espera,* Dios sabe qué es lo mejor y en qué momento podemos aceptar su respuesta positiva.

Algunos encuentran un conflicto con Mateo 6:8. Si el Padre ya conoce nuestras necesidades, ¿por qué debemos orar y pedirle que las satisfaga? Porque Dios es Dios, Él sabe todas las cosas antes de que las pensemos, pero sigue siendo nuestro Padre y quiere que le pidamos, que oremos a Él. Lea nuevamente Mateo 7:7-8.

La comunión con Dios abre el camino para la petición, que a su vez abre nuestro interés por los demás, lo cual se convierte en intercesión.

La oración debe ser una actitud y un acto externo. La persona que tiene comunión con Dios en silencio casi constantemente es quien ha descubierto el secreto de la oración. (Tocaremos nuevamente el tema de la oración en las lecciones sobre la Iglesia).

SU SIGUIENTE TAREA:

1. Lea Romanos 12; 13; 14:1-8; 1 Corintios 6:19-20; Hebreos 13:1-17; Santiago 1:1-25; 4:1-17; 1 Pedro 2:1-20.
2. Repase sus notas sobre la oración.
3. Marque su Biblia donde aprenda nuevas verdades.

Lección 38
LA VIDA CRISTIANA

I. INTRODUCCIÓN

La vida cristiana comienza con la experiencia inicial en la que pasamos *"de muerte a vida"* (1 Juan 3:14). A partir de ese momento, el cristianismo es una vida que debemos vivir, un desarrollo continuo de la nueva vida en Cristo. En esta lección hablaremos de la vida cristiana en términos de su inicio, su continuidad, los mandamientos bíblicos, y cómo mantener y desarrollar la vida cristiana. Las escrituras relacionadas con la disciplina y el discipulado rara vez se estudian en detalle. La falta de comprensión en este aspecto podría llevar a una persona a ser todo lo contrario de lo que enseñan las Escrituras.

Por ejemplo, la vida cristiana no consiste en aislarse del mundo, retirándose a un lugar solitario. Tampoco es legalista, compuesta por una gran lista de cosas que "no se deben hacer", ni implica una actitud de "más santo que otro". La vida cristiana significa salir al mundo y mostrarle los estándares de vida cristiana. Es una vida en su mejor expresión, una vida de gozo que debe compartirse. A través de nuestro ejemplo en conducta, actos y hechos, otros deberían poder ver a Cristo. La vida de un cristiano tiene un único código de ética: la Palabra de Dios. Ser cristiano significa "Cristo en usted".

II. VERSÍCULOS BÁSICOS:

Romanos 12; 13; 14:1-8; 1 Corintios 6:19-20; Hebreos 13:1-17; Santiago 1:1-25; 4:1-17; 1 Pedro 2:1-20.

III. EL NÚCLEO DE ESTA VERDAD

Un cristiano está separado o apartado para Dios. Según la Escritura, los cristianos son "llamados a ser santos" (Romanos 1:7; 1 Corintios 1:2). La palabra *santo* se refiere a todos los que han sido regenerados, salvos y apartados para Dios. Esta separación o apartamiento ocurre en el momento de la conversión. Dios aparta a la persona para sí mismo.

El cristianismo no es algo que se acepta intelectualmente, sino algo que transforma el corazón. Tiene un efecto poderoso sobre la moralidad, el carácter y la conducta. Es una dedicación positiva de cada fase de la vida a Cristo. Es un compromiso voluntario de toda la persona a Dios.

IV. LA GRAN VERDAD – LA VIDA CRISTIANA

A. EL COMIENZO DE LA VIDA CRISTIANA.

1. Una devoción viva a Cristo.
   a. La vida cristiana comienza al apartarse de la vida antigua y confiar en Jesucristo como Salvador y Señor. Es una decisión tomada por la libre voluntad del hombre, llamada *arrepentimiento* (Mateo 9:13; Lucas 13:3-5).
   b. La vida cristiana comienza con la *regeneración* o un *nuevo nacimiento*. Esto es obra de Dios, que ocurre después del arrepentimiento (Juan 1:12).
   c. La vida cristiana es apartarse de la vida antigua y volverse a una nueva vida en Cristo. Es la manifestación externa de la obra interna de la gracia. Por fe, se recibe a Jesucristo y Dios transforma el corazón; uno se convierte en una devoción viva a Cristo.
2. La nueva vida no se puede esconder.

a. Cuando una persona acepta a Cristo, el primer deseo y el primer acto natural es decírselo a otros, confesar el nuevo nacimiento delante de los hombres.

Escriba las palabras de Jesús en Mateo 10:32: ______________________________

____

____

b. La persona salvada confesará a Cristo con la boca. Esto es tan natural como que un bebé llore por primera vez. La confesión no salva; pero la fe salvadora llevará a la confesión. No es una fe silenciosa.

Escriba Romanos 10:9: ______________________________

____

____

c. El corazón cree; la boca confiesa.

Escriba Romanos 10:10: ______________________________

____

d. El creyente no se avergüenza.

Escriba Romanos 10:11: ______________________________

____

Muchas personas no llegan a hacer una confesión clara.

e. Una frase verbal o asentimiento intelectual no cumple con el estándar de Cristo o Pablo. Uno no puede ser una "devoción viva a Cristo" y esconder su fe. La vida cristiana debe mostrarse; debería ser evidente en cada aspecto de la vida.

B. LA CONTINUACIÓN DE LA VIDA CRISTIANA.

1. Jesucristo es la norma para la vida cristiana.

a. La unión con Cristo afecta la conducta.

Escriba Filipenses 1:27: ______________________________

____

____

____

b. La norma es Cristo. El cristiano debe pensar como Él.

Escriba Filipenses 2:5: ______________________________

____

c. El cristiano debe caminar como Él.

Escriba 1 Juan 2:6: ______________________________

____

____

Subraye 1 Pedro 2:21 en su Biblia.

2. La vida cristiana debe convertirse en un estándar.

   a. El cristiano es un modelo.

Escriba Tito 2:7: ______________________________

____

   b. El cristiano es una luz. Jesús dijo las palabras: *Vosotros sois la luz del mundo* (Mateo 5:14).

Escriba Mateo 5:16: ______________________________

____

____

   Subraye Juan 8:12 y Efesios 5:8.

   c. El cristiano es la sal de la tierra.

Escriba Mateo 5:13: ______________________________

____

____

   d. El cristiano es nuevo, diferente del mundo.

Escriba 2 Corintios 5:17: ______________________________

____

____

   e. El cristiano es paciente en las pruebas y dificultades.

Escriba Santiago 1:3: ______________________________

____

____

   f. El cristiano es victorioso. Subraye 1 Juan 5:4 y escriba 1 Juan 5:5:

____

____

   g. El cristiano se goza en el Señor.

Escriba Filipenses 4:4: ______________________________

____

C. LA VIDA CRISTIANA SIGNIFICA PLENA DEDICACIÓN A CRISTO.

1. El cristiano debe ser transformado.
   a. Romanos 12:2 no deja otra opción. Es una declaración de hecho. *No os conforméis a este siglo, sino transformaos por medio de la renovación de vuestro entendimiento, para que comprobéis cuál sea la buena voluntad de Dios, agradable y perfecta.*
   b. La transformación llega fácilmente a aquellos que se presentan como sacrificio (es decir, "aquello que está completamente consagrado a Cristo") a Dios.

Escriba Romanos 12:1: ____

____

____

2. El cristiano debe estar separado, ser diferente.
   a. El cristiano debe estar separado de las cosas del mundo y separado para Dios.

Escriba 2 Corintios 6:17: ____

____

____

   b. La separación del mal implica separación en deseo, motivo y acto. La separación no significa aislamiento del mundo, sino no conformarse a él. Jesús expuso esta verdad en su oración intercesora por los creyentes. Subraye Juan 17:14 y escriba el v. 15:

____

____

   Subraye Juan 17:16-18 en su Biblia.
   c. El cristiano no debe amar las cosas del mundo.

Escriba 1 Juan 2:15: ____

____

____

   d. El grado de separación lo encontramos en 1 Juan 2:16: *Porque todo lo que hay en el mundo…*
      - *los deseos de la carne,*
      - *los deseos de los ojos,*
      - *y la vanagloria de la vida*

      … no proviene del Padre, sino del mundo.

      Cada tentación del cristiano se puede poner bajo una de estas categorías. Jesús fue tentado en el desierto de las mismas tres maneras (Mateo 4:1-11).
   e. El cristiano no debe "participar en las obras infructuosas de las tinieblas" (Efesios 5:11).
   f. El creyente debe "guardarse sin mancha del mundo" (Santiago 1:27).

D. LA META DE LA VIDA CRISTIANA.

1. Ser semejante a Cristo en carácter.
   a. El propósito de la separación y la devoción a Dios es hacer que el creyente sea más semejante a Cristo. El creyente ha sido salvado y apartado para que "él pueda establecer vuestros corazones irreprensibles en santidad delante de Dios" (1 Tesalonicenses 3:13).
   b. El carácter cristiano es producido por el Espíritu Santo. El fruto del Espíritu es la posesión y manifestación de las gracias mencionadas en Gálatas 5:22-23.

Escriba Gálatas 5:22-23: ____________________

____

____

____

c. Esto de ninguna manera significa perfección sin pecado en esta vida; sin embargo, Jesús ha establecido su norma y perfección como nuestra meta (Mateo 5:48).

2. Ser semejante a Cristo en el servicio.

a. El cristiano debe dar fruto. El propósito del discipulado es ser una rama que da fruto, porque la rama está unida a la vid.

Lea Juan 15:1-4 y escriba el v. 5:

____

____

b. El creyente ha de servir para la gloria de Cristo, con su Espíritu. La semejanza a Cristo en el servicio es uno de los atributos más difíciles para el cristiano promedio hoy en día. Recuerde que Jesús dijo: *Como me envió el Padre, así también yo os envío* (Juan 20:21).

c. Al cristiano se le dice qué hacer en la gran comisión del Señor (Mateo 28:19-20). El servicio incluye "id", "enseñar", "bautizar", "enseñar... todas las cosas".

Luego, la promesa: *Yo estoy con vosotros todos los días, hasta el fin del mundo.*

E. MANTENER LA VIDA CRISTIANA.

1. Mediante el estudio bíblico y la oración.

a. El desarrollo del cristiano es en gran parte obra del Espíritu Santo. Hay cosas importantes que el cristiano debe hacer para que el Espíritu Santo pueda hacer su trabajo. Dios ha colocado en manos de todos los creyentes ciertos medios para mantener al cristiano vital y en crecimiento. La Palabra de Dios provee el alimento para un crecimiento adecuado.

Escriba Colosenses 1:10: ____________________

____

____

b. La Palabra de Dios nutre la vida cristiana. Sin ella, uno se debilita, se vuelve infructuoso, y a menudo inútil en la obra del Señor. En la parábola del sembrador, nuestro Señor advirtió sobre las distracciones: *Pero los afanes de este siglo, y el engaño de las riquezas, y las codicias de otras cosas, entran y ahogan la palabra, y se hace infructuosa* (Marcos 4:19).

Jesús conocía la importancia de la Palabra de Dios y oró para que los suyos (los cristianos) fueran santificados, apartados, hechos santos por la Palabra.

Escriba Juan 17:17: ____________________

____

c. La oración es tan vital para la vida espiritual como la respiración para el cuerpo natural. Es a través de la oración como la vida espiritual se mantiene sana y limpia.

La oración es hablar con Dios. La oración es adoración, confesión, acción de gracias, petición e intercesión. La oración es comunión con Dios a través de Jesucristo. Él es el Padre que escucha a sus hijos.

Escriba Santiago 5:16: ____

____

Subraye 1 Tesalonicenses 5:17 y Filipenses 4:6.

2. Mediante la adoración.
    a. La adoración con el pueblo de Dios es imprescindible para mantener la vida cristiana. La Iglesia debe ser un lugar de adoración, enseñanza y compañerismo. La iglesia local juega un papel vital en el desarrollo de los cristianos.
    b. Cristo amó a la Iglesia y estableció la Iglesia sobre sí mismo: la Roca (Mateo16:18).
    c. La Iglesia es para reunirse, para encontrarse, para adorar.

Escriba Hebreos 10:25: ____

____

____

3. Mediante el servicio.
    a. Las oportunidades para servir en la obra del Señor están a disposición de cada cristiano. El Espíritu Santo ha dado a cada cristiano un don, o dones, para su uso en el servicio del Señor. Él, el Espíritu Santo, nos califica para el oficio que nos ha dado. Realmente no hay excusa alguna que podamos dar para no servir.
    b. Escriba Colosenses 3:23-24:

____

____

____

V. LO QUE ESTA VERDAD BÍBLICA NOS ENSEÑA HOY

La vida cristiana es "Cristo en vosotros" (Colosenses 1:27). Cuando Cristo está en una vida, el "culto racional" (Romanos 12:1), más literalmente, "ministerio lógico", se presenta como un sacrificio vivo. Un sacrificio es aquello que está totalmente dedicado a Dios. El Espíritu Santo renueva la mente, haciendo posible que el creyente pruebe o demuestre cuál es la buena voluntad de Dios, agradable y perfecta.

La vida cristiana es una caminata positiva de compañerismo con Dios y su pueblo. Los placeres del pecado son reemplazados por las cosas de Dios. Con Cristo como Señor, el Espíritu Santo morando en el creyente y Dios como Padre, las cosas de esta tierra se desvanecen. La vida cristiana se convierte en una caminata positiva y alegre con el Señor. No es un credo negativo lleno de legalismo. Jesús dijo: *Así que, si el Hijo os libertare, seréis verdaderamente libres* (Juan 8:36).

SU SIGUIENTE TAREA:

1. Lea Génesis 8:20; 26:15; Éxodo 19:6; 28:1; Hebreos 4:14-16; 5:1; 7:11-28; 8:1-5; 9:7-28; 10:1-25; 13:9-14; 1 Pedro 2:1-10.
2. Repase sus notas sobre la vida cristiana.
3. Marque su Biblia donde aprenda nuevas verdades.

Lección 39

EL SACERDOCIO DEL CREYENTE

I. INTRODUCCIÓN

Una de las grandes verdades de la Escritura es el hecho de que cada creyente en el Señor Jesucristo es un sacerdote. Un sacerdote es aquel que habla con Dios por otros. Un profeta es aquel que habla a los hombres por Dios. En esta lección presentaremos la enseñanza bíblica sobre el sacerdocio del creyente. Al principio, Dios estipuló que el esposo y padre en el hogar fuera el sacerdote de la familia. Esto se ilustra en Génesis 8:20; 26:25; 31:54 y muchos otros lugares en la Escritura. Cuando Dios dio la ley en el Monte Sinaí, dio al pueblo de Israel la oportunidad de convertirse en un reino de sacerdotes y una nación santa. El pueblo estuvo de acuerdo y dijo: *Todo lo que Jehová ha dicho, haremos* (Éxodo 19:5-8). Israel falló y quebrantó la ley. Dios quitó su oportunidad de convertirse en un reino de sacerdotes. En su lugar, eligió a Aarón y su familia, nombrando a la tribu de Leví para ministrar a Israel. El sacerdocio típico fue constituido por Dios (Éxodo 28:1). Este fue el orden y la práctica hasta el día en que nuestro Señor fue crucificado. Durante esa crucifixión hubo un momento en que el velo del templo se rasgó en dos de arriba abajo (Mateo 27:50-51). Observe que no se rasgó de abajo arriba, sino que Dios rasgó el velo de arriba abajo. Desde ese momento, no ha sido necesario un grupo selecto de sacerdotes. El sacrificio de Jesús, el velo rasgado, abrió el camino al lugar santísimo directamente hacia la presencia de Dios. Desde ese momento, cada creyente se ha convertido en un sacerdote, parte del sacerdocio real de Dios. Cuando una persona acepta a Cristo como Salvador se convierte en sacerdote; y, como sacerdote, tiene el privilegio de acudir directamente al trono de Dios a través de Jesucristo, nuestro Sumo Sacerdote. ¡Alabado sea Dios! (Y esto es solo la introducción).

II. VERSÍCULOS BÁSICOS:

Génesis 8:20; 26:15; Éxodo 19:6; 28:1; Hebreos 4:14-16; 5:1; 7:11-28; 8:1-5; 9:7-28; 10:1-25; 13:9-14; 1 Pedro 2:1-10.

III. EL NÚCLEO DE ESTA VERDAD

Los cristianos son *sacerdotes*, una palabra que indica el privilegio de tener acceso a Dios en el nombre de Jesús. Este sacerdocio se basa en la fe y aceptación del Sumo Sacerdote Jesucristo, no en la bondad del hombre ni en un pronunciamiento de la iglesia. La función de los creyentes, los sacerdotes, es "mostrar" las alabanzas de Dios. El antiguo sacerdocio de ofrecer sacrificios, interceder por el pueblo y, en el día de la expiación, entrar ante Dios con un sacrificio de sangre, terminó. Dado que Jesús pagó el precio "una vez y para siempre", todo creyente tiene acceso a Dios a través de Cristo para alabarlo, darle gracias y hacer intercesión por aquellos que necesitan oración. Todo creyente tiene la responsabilidad de las funciones sacerdotales de enseñar y dar testimonio.

IV. LA GRAN VERDAD – EL SACERDOCIO DEL CREYENTE

A. EL FUNDAMENTO DEL SACERDOCIO CRISTIANO.

1. La Piedra viva.

a. El sacerdocio del creyente está basado sobre una "piedra viva" que es Jesucristo.

Escriba 1 Pedro 2:4: ____

____

____

b. El apóstol Pedro tenía una buena base para usar el término "piedra viva". Él había sido el que expresó su confesión de fe en Jesucristo. Acuda a Mateo 16:13-16 y lea el contexto.

Escriba Mateo 16:16: ____

____

____

c. Jesús respondió a la confesión de Pedro: *Tú eres Pedro, y sobre esta roca* [Cristo] *edificaré mi iglesia; y las puertas del Hades no prevalecerán contra ella* (Mateo 16:18).

d. El fundamento de la Iglesia de Cristo y del cristianismo práctico se encuentra en la conversación entre Jesús y Pedro. Al escribir su epístola, Pedro alude a esa Roca, Jesús, como la piedra viva.

2. El Dios viviente.

a. Pedro dijo en su confesión: *Tú eres el Cristo, el Hijo del Dios viviente* (Mateo 16:16). El fundamento del sacerdocio cristiano es sólido, construido sobre el Dios viviente y la Piedra viva.

b. El Dios viviente creó el fundamento sólido y seguro. Él (el Señor Dios) dijo que establecería el fundamento.

Escriba Isaías 28:16: ____

____

____

c. Pedro cita la misma frase (1 Pedro 2:6). Dios ha establecido el fundamento y ese fundamento es Jesucristo, la Piedra viva.

3. Piedras vivas.

a. La vida de Cristo, el Hijo del Dios viviente, fluye de Él hacia todos los que creen y le reciben.

Escriba 1 Pedro 2:5: ____

____

____

b. Todos los creyentes son edificados sobre la piedra viva, Cristo, y son piedras vivas y copartícipes de su vida victoriosa y resucitada.

c. Él es una piedra viva; los cristianos son piedras vivas.

Él es una piedra preciosa; los cristianos son piedras preciosas.

Él es una piedra rechazada; los cristianos son piedras rechazadas, y se identifican con Él en todos los aspectos.

d. El fundamento sólido del sacerdocio cristiano es seguro: el Dios viviente; la piedra viva, las piedras vivas. De Dios fluye la vida a través de un canal vivo, Cristo, hacia todos los creyentes.

e. Pablo habla de la piedra.

Escriba 1 Corintios 10:4: ____

____

Escriba también Efesios 2:20: ____

____

____

B. LA ESTRUCTURA DEL SACERDOCIO CRISTIANO.

1. Todos los creyentes son una parte del sacerdocio santo.

   a. Los cristianos no solo son "piedras vivas", sino parte de la "casa espiritual y sacerdocio santo".

Escriba 1 Pedro 2:5: ____

____

____

Ya ha escrito antes este versículo. El énfasis ahora está sobre el "sacerdocio santo".

   b. El sacerdocio del cristiano es una primogenitura. Cuando uno nace de nuevo, se convierte en sacerdote con los derechos y privilegios de ese oficio al igual que los demás descendientes de Aarón nacían para ser sacerdotes. Subraye Hebreos 5:1 y 4.

   c. El principal privilegio de un sacerdote es acceder a Dios. Bajo el antiguo pacto, el sumo sacerdote podía entrar en el "lugar santísimo" solo una vez al año con la sangre del sacrificio.

Escriba Hebreos 9:7: ____

____

____

(Para el nuevo estudiante de la Biblia, el "lugar santísimo" era el lugar más santo del tabernáculo, el cual Dios dio a Israel. El relato bíblico está en Éxodo 25–40. Era una imagen de la vida y obra de Cristo por nosotros. Observe Hebreos 9:8-10 y subráyelo en su Biblia).

2. Para convertirse en sacerdote, debe haber un Sumo Sacerdote.

   a. Pedro usó el término "sacerdocio santo" porque conocía el Antiguo Testamento y había estado con nuestro Señor. El sacerdocio del creyente está basado en Jesús como el gran Sumo Sacerdote.

Escriba Hebreos 9:11: ____

____

____

____

   b. Había el requisito de Uno calificado para ser sumo sacerdote. Jesús era el único.

Escriba Hebreos 4:14: ____

____

____

   c. Los sacerdotes exigían un sacrificio y el derramamiento de sangre. En el Antiguo Testamento, Aarón y los sacerdotes ofrecían la sangre de animales para cubrir los pecados de sí mismos y del pueblo. Jesús puso fin a ese ritual cuando vertió su propia sangre una vez y para siempre por todos los pecados del mundo.

Escriba Hebreos 9:14: ______________________________

____

____

____

Subraye Hebreos 9:15, 22.

3. Gracias a Jesús, el Sumo Sacerdote, los creyentes tienen acceso al trono de Dios.
    a. Jesús está en la gloria por nosotros.

Escriba Hebreos 9:24: ______________________________

____

____

    b. Jesús eliminó el pecado mediante su propio sacrificio en la cruz (Hebreos 9:26).
    c. Los creyentes tienen el derecho y el privilegio de entrar confiadamente en la presencia de Dios.

Escriba Hebreos 10:19-20: ______________________________

____

____

____

____

    d. Jesús es el sumo sacerdote sobre la casa de Dios (Hebreos 10:21).
    e. Los cristianos, como sacerdotes, pueden estar seguros al acercarse a Dios.

Escriba Hebreos 10:22: ______________________________

____

____

    f. Este privilegio del sacerdocio no se gana. No se puede comprar. Es un regalo al nacer: proviene del nuevo nacimiento. Es la primogenitura cristiana. Reclámelo, acéptelo, nunca dude de Él.

4. La naturaleza y el carácter de un sacerdote.
    a. Pedro dice: *Sacerdocio santo, para ofrecer sacrificios espirituales aceptables a Dios por medio de Jesucristo* (1 Pedro 2:5).
    b. La naturaleza del creyente debería ser "alabar" a Dios. Esto no debería ser algo ocasional que se hace solo cuando todo va bien, sino también en tiempos de angustia.
    c. El carácter del sacerdote creyente debería estar marcado por la naturaleza interior. Todo el sentido de la frase de Pedro de "ofrecer sacrificios" se puede encontrar en la Escritura.
    d. El sacerdote creyente debe alabar a Dios "continuamente; el fruto de sus labios es la alabanza y el agradecimiento".

Escriba Hebreos 13:15: ____

____

____

C. LA SUPERESTRUCTURA DEL SACERDOCIO CRISTIANO.

1. El cristiano sacerdote es un miembro de una generación escogida.
   a. La primera idea es: *¿Acaso no está hablando Pedro de Israel?* Si lee 1 Pedro 1 y 2:1-3, tendrá la respuesta.
   b. En 1 Pedro 2:9, Pedro dice: *Mas vosotros sois linaje escogido.* Se refiere a los creyentes, un pueblo elegido. Aquí le pedimos que vuelva a la lección 33 sobre "Elección y libre albedrío".
2. El creyente sacerdote está en el sacerdocio real.
   a. Pedro dice en 1 Pedro 2:9: *Mas vosotros sois linaje escogido, real sacerdocio, nación santa, pueblo adquirido por Dios, para que anunciéis las virtudes de aquel que os llamó de las tinieblas a su luz admirable.*
   b. Como "sacerdotes santos", los creyentes se acercan a Dios y presentan el sacrificio de alabanza. Como "sacerdotes reales", los creyentes salen en todos los aspectos de la vida para "anunciar" las virtudes, gracias y características morales de Jesucristo. Cada parte de la vida de un creyente sacerdote debe reflejar la hermosura del Sumo Sacerdote: Jesucristo.
   c. El apóstol no dice: "Ustedes deberían ser sacerdotes reales"; sino dice: "Vosotros sois... real sacerdocio".

      El cristiano está llamado a ser una expresión de un líder real: Jesucristo.
   d. El término "nación santa" significa en griego "pueblo". Los creyentes son un "pueblo santo".
   e. "Pueblo adquirido" simplemente significa un "pueblo valioso", no por lo que uno pueda ser o hacer, sino porque ha aceptado a Cristo y se ha convertido en posesión de Dios.

V. LO QUE ESTA VERDAD BÍBLICA NOS ENSEÑA HOY

La verdad de esta lección puede explicarse mejor con un ejemplo tomado de Hechos 16:19-34. Pablo y Silas fueron encarcelados en Filipos. A la medianoche, estando en la cárcel con heridas en sus espaldas, ¿qué cree que estaban haciendo? No estaban quejándose ni compadeciéndose. Esas dos "piedras vivas", dos "sacerdotes santos", ofrecían el sacrificio de alabanza a Dios. La Escritura dice: *Pero a medianoche, orando Pablo y Silas, cantaban himnos a Dios; y los presos los oían* (Hechos 16:25). También estaban allí como "sacerdotes reales". ¿Cómo se muestra esta virtud en su acción? En las conmovedoras palabras de Pablo: *No te hagas ningún mal, pues todos estamos aquí* (Hechos 16:28). Las voces de los "sacerdotes santos" ofrecieron el sacrificio de alabanza e hicieron su obra allí, en el trono de Dios; y las palabras de los "sacerdotes reales" fueron directamente al corazón del carcelero y realizaron su obra allí. Las dos "piedras vivas, sacerdotes santos, sacerdotes reales" glorificaron a Dios, y el carcelero y su familia fueron salvos.

Esto es "el sacerdocio del creyente". Si usted es cristiano, entonces "hay un solo Dios, y un solo mediador entre Dios y los hombres, Jesucristo hombre" (1 Timoteo 2:5).

SU SIGUIENTE TAREA:

1. Lea Mateo 28:18-20; Marcos 4:28; 16:15-16; Hebreos 5:12; 6:1; 10:7-24; 13:1-16; 1 Juan 4:17.

2. Repase sus notas sobre el sacerdocio del creyente.
3. Marque su Biblia donde aprenda nuevas verdades.

Lección 40

EL COSTO DEL DISCIPULADO

I. INTRODUCCIÓN

El Señor Jesús fue muy explícito y firme cuando mencionó el *discipulado.* Mateo, Marcos y Lucas registran sus palabras; aquí tomamos el relato de Lucas: *Y decía a todos: Si alguno quiere venir en pos de mí, niéguese a sí mismo, tome su cruz cada día, y sígame* (Lucas 9:23). *Y el que no lleva su cruz y viene en pos de mí, no puede ser mi discípulo* (Lucas 14:27). Los cristianos deben entender que llevar la cruz no se refiere a las pruebas de esta vida, que algunas personas llaman "mi cruz". Algunos confunden las palabras "una cruz" con "la cruz". Con autocompasión, algunos creyentes dicen: "Debo tomar mi cruz y llevarla por Jesús". Esta es una actitud equivocada. La cruz del creyente es la cruz del Calvario. Significa morir a uno mismo. Debido a su cruz, hay vida de resurrección, novedad de vida. Pablo dijo: *Con Cristo estoy juntamente crucificado, y ya no vivo yo, mas vive Cristo en mí* (Gálatas 2:20).

Voluntariamente, el cristiano comienza a "gloriarse en la cruz de nuestro Señor Jesucristo" (Gálatas 6:14). La cruz da libertad de la vieja vida. Significa liberación y gozo en Cristo incluso en medio de algún sufrimiento por su causa.

El Señor Jesús nunca nos da "una cruz para llevar". Él nos da su cruz, su vida, su ministerio para compartir con el mundo. Si las pruebas y tribulaciones son parte de ese ministerio, Él da la fuerza y el poder para vencer.

II. VERSÍCULOS BÁSICOS:

Mateo 28:18-20; Marcos 4:28; 16:15-16; Hebreos 5:12; 6:1; 10:7-24; 13:1-16; 1 Juan 4:17.

III. EL NÚCLEO DE ESTA VERDAD

El principio del discipulado y el crecimiento cristiano es: *Primero hierba, luego espiga, después grano lleno en la espiga* (Marcos 4:28). Para la mayoría de los creyentes toma mucho tiempo crecer desde la pequeña hierba hasta el "grano lleno en la espiga". La idea de mantener una medida de respetabilidad cristiana manteniéndose ocupado, asistiendo a reuniones sin propósito y haciendo lo que parece correcto, de ninguna manera hace verdaderos discípulos del Señor Jesús. Para que la hierba crezca se requiere alimento espiritual de la Palabra de Dios.

Hay una gran diferencia entre venir a Jesús para salvación y venir en pos de Jesús para servicio. Venir a Cristo nos hace creyentes, mientras que venir en pos de Cristo nos hace discípulos. Un creyente acepta la invitación del evangelio. Un discípulo es quien obedece el desafío de vivir una vida de servicio dedicado. La salvación es gratuita. El discipulado implica pagar el precio del sacrificio del yo. La palabra discípulo significa "un aprendiz" o "alguien que es enseñado".

IV. LA GRAN VERDAD – EL COSTO DEL DISCIPULADO

A. EL PROCESO DEL DISCIPULADO.

1. El predicador y el maestro tienen que convertir a los santos en discípulos.

   a. El libro de Hebreos fue escrito a un pueblo en que aún había "niños en Cristo". Eran creyentes, pero sabían poco sobre el discipulado.

Escriba Hebreos 5:12: ____________________

____

____

Ellos todavía estaban tomando leche como un bebé. Deberían haberse convertido en maestros. En cambio, tuvieron que enseñarles nuevamente los principios básicos de la Palabra de Dios. Esto suena muy similar al tiempo en el que vivimos.

b. Eran simplemente creyentes y deberían haber tenido el deseo de convertirse en discípulos maduros. Se les dijo que crecieran, que aprendieran.

Escriba Hebreos 6:1: ______________________________

____

____

La palabra "perfección" significa "madurez".

2. El Señor Jesús dio instrucciones en la Gran Comisión (Mateo 28:18-20).

a. La comisión de Cristo tiene poder. Jesús dijo: *Toda potestad* [autoridad] *me es dada en el cielo y en la tierra* (Mateo 28:18).

Sus siguientes palabras fueron: *Por tanto, id.* El mismo poder es dado para el servicio. El "por tanto" indica el poder del v. 18, y ese poder es dado al creyente que hace lo que Jesús enseñó en su último mensaje antes de ascender nuevamente a la gloria.

b. Jesús dio la instrucción de "enseñar". La palabra "enseñar" en el v. 19 significa "discipular".

Escriba Mateo 28:19: ______________________________

____

____

Para hacer discípulos es necesaria la instrucción. Los discípulos son creyentes que son "aprendices" porque han sido enseñados.

c. Jesús puso énfasis en la obediencia. *Enseñándoles que guarden* [obedezcan] *todas las cosas que os he mandado* (Mateo 28:20).

d. Jesús prometió estar con todos los que llevan a cabo sus instrucciones. *He aquí yo estoy con vosotros todos los días, hasta el fin del mundo* (Mateo 28:20).

Subraye en su Biblia la comisión del Señor (Mateo 28:18-20).

B. LA POSICIÓN DE UN DISCÍPULO.

1. Los tres pilares de la fe cristiana (Hebreos 10:7-24).

a. La voluntad de Dios.

(1) En Hebreos 10 podemos ver la insuficiencia del sacrificio bajo la ley. *Porque la ley, teniendo la sombra de los bienes venideros [...] nunca puede, por los mismos sacrificios que se ofrecen continuamente cada año, hacer perfectos a los que se acercan* (Hebreos 10:1). Subraye el v. 2.

(2) La ley no fue suficiente para quitar el pecado. En Hebreos 10:4-10 se nos lleva al propósito y consejo de la voluntad de Dios antes de la fundación del mundo. Fue la voluntad de Dios, desde toda la eternidad, que el Hijo se manifestara para "quita[r] lo primero, para establecer esto último. En esa voluntad somos santificados mediante la ofrenda del cuerpo de Jesucristo" (vv. 9-10).

(3) Jesús vino a hacer "tu voluntad, oh Dios" (vv. 7 y 9).

Escriba Hebreos 10:7: ______________________________

____

Note las palabras "en el rollo del libro está escrito de mí".

Lea Salmos 40:6-8 y subráyelo en su Biblia.

b. La obra de Cristo.

(1) Fue el deleite del Señor Jesús hacer la voluntad de su Padre y terminar su obra.

Desde Belén hasta la cruz del Calvario, su único gran objetivo fue glorificar a Dios.

(2) La obra de Cristo se encuentra en Hebreos 10:10, 12, 14.

Escriba el v. 10: ____

____

____

(3) Él completó el plan de redención de Dios, tal como "en el rollo del libro está escrito de mí" (Hebreos 10:7), y ahora está sentado a la diestra de Dios. La obra de Cristo fue completa, terminada. Su sangre fue derramada una vez por todo el mundo (Juan 3:16).

Qué comparación con los sacerdotes del Antiguo Testamento. Lea Hebreos 10:11 y observe que en el sacerdocio levítico:

- "todo sacerdote"
- "está día tras día"
- "ofreciendo muchas veces"
- "los mismos sacrificios"
- "que nunca pueden quitar los pecados"

(4) Compare lo de arriba con el v. 12:

- "Cristo" (un sacerdote)
- "habiendo ofrecido...un solo sacrificio"
- "una vez para siempre por los pecados"
- "se ha sentado a la diestra de Dios"

(5) Escriba Hebreos 10:14:

____

____

c. El testimonio del Espíritu Santo.

(1) Este tercer pilar sobre el que descansa la posición del cristiano es el testimonio del Espíritu Santo

Escriba Hebreos 10:15: ____

____

____

Lea Hebreos 10:16-18.

(2) Ahora tenemos el fundamento sólido de la posición del cristiano. La Trinidad ha hablado. La voluntad de Dios, la obra de Cristo, el testimonio del Espíritu Santo, todo se ha hecho para darnos un fundamento seguro sobre el que podemos basar nuestra fe.

2. El cristiano está en Cristo.
   a. La posición del cristiano (su estado) está en Cristo, con Cristo quien "padeció fuera de la puerta" (Hebreos 13:12).

Escriba Hebreos 13:13: ____

____

   b. El cristiano se identifica con Cristo. En 1 Juan 4:17 la última frase dice: *Pues como él es, así somos nosotros en este mundo.* ¡Somos suyos y Él es nuestro! La posición de Cristo define la posición del cristiano.

C. LA OBRA DE UN DISCÍPULO.

1. Tenemos que alabar a Dios continuamente.
   a. El cristiano tiene mucho que hacer, a veces demasiado. Hebreos 13:15 da una de las grandes cosas que un cristiano debería hacer.

Escriba Hebreos 13:15: ____

____

____

   b. Por lo tanto, debemos alabar a Dios continuamente. La alabanza a menudo se olvida en favor de la actividad. La alabanza glorifica a Dios, no al hombre. *Regocijaos en el Señor siempre. Otra vez digo: ¡Regocijaos!* (Filipenses 4:4).
   c. ¿Qué se entiende por "sacrificio de alabanza"? Debemos ofrecer nuestro sacrificio de alabanza por medio de nuestro gran Sumo Sacerdote: Jesucristo. Note las primeras palabras de Hebreos 13:15: "Por medio de él". Jesús presenta los sacrificios de alabanza al Padre.

      Busque los siguientes sacrificios espirituales:

      - Salmos 51:17
      - Salmos 27:6
      - Romanos 12:1
   d. *Fruto de labios que confiesan su nombre* (Hebreos 13:15). El "fruto de labios" es un "sacrificio de alabanza". Lo que decimos (nuestra fidelidad a Cristo podría costarnos algo), podría exigir un sacrificio.
2. Tenemos que hacer el bien y compartir.
   a. La segunda gran cosa que debe hacer un cristiano es ser bueno con los demás.

Escriba Hebreos 13:16: ____

____

____

   b. Es del agrado de Dios cuando un cristiano realiza la obra que debe hacer en el nombre de Cristo. Debe ayudar a los necesitados. El cristiano debe ser, en efecto, una demostración del amor de Cristo.
   c. ¿Son estas las dos únicas cosas? Son las más importantes porque representan el gran mandamiento de Jesús en acción (Mateo 22:37-39).
3. Las enseñanzas prácticas para un discípulo.

a. Hay enseñanzas prácticas a lo largo de la Palabra. Las dos que acabamos de estudiar afectarán todas las demás partes de nuestra vida cristiana. Permaneceremos en Hebreos 13 y señalaremos las enseñanzas prácticas para un discípulo en este capítulo.

b. A medida que un discípulo crece en el Señor, Él espera algún fruto debido a la provisión adecuada hecha para nuestra justificación y para nuestra santificación. Ahora, veamos en Hebreos 13:
   - amor fraternal (v. 1)
   - hospitalidad (v. 2)
   - empatía (v. 3)
   - pureza personal (v. 4)
   - contentamiento (v. 5)
   - confianza (v. 6)
   - intercesión (v. 7)
   - estabilidad (v. 9)

   (Hemos estudiado el resto del capítulo en otras partes de esta lección).

V. LO QUE ESTA VERDAD BÍBLICA NOS ENSEÑA HOY

Un cristiano se convierte en discípulo cuando comienza a aprender, a crecer, a convertirse en el "grano lleno en la espiga". Los doce fueron discípulos, luego apóstoles (Mateo 10). Un discípulo es un "aprendiz"; un apóstol es "uno enviado". El costo del verdadero discipulado es pequeño en comparación con el precio que nuestro Señor tuvo que pagar por nuestra salvación.

Nuestra posición —o nuestro estado— como discípulos fue establecido por la voluntad de Dios, la obra de Cristo y el testimonio del Espíritu Santo. Solo piense: la Trinidad estableció nuestra posición, nuestro estado. Estamos "en Cristo", somos llamados cristianos. Estamos identificados con Cristo. *Como él es, así somos nosotros en este mundo* [tiempo presente] (1 Juan 4:17).

Los cristianos que continúan siendo "bebés" en la fe después de 10, 20 o 40 años no son aprendices. El mensaje de esta lección, y del libro de Hebreos, es: *Vamos adelante a la perfección* [madurez] (Hebreos 6:1). Sea enseñable, sea aprendiz. Entonces será realmente discípulo del Señor Jesús.

El verdadero discipulado significa que nos amemos y respetemos unos a otros. Se logra muy poco discutiendo, especulando y dividiéndonos por detalles de la Biblia. Se podría lograr mucho más para Cristo si esa energía se empleara en enseñar, aprender, ayudar, alabar y dar gracias a Dios continuamente. El proceso de discipulado ha sido establecido por la Trinidad. El precio del discipulado es su decisión. Puede decir con Pablo: *Para mí el vivir es Cristo* (Filipenses 1:21). *Porque en él vivimos, y nos movemos, y somos* (Hechos 17:28).

SU SIGUIENTE TAREA:

1. Lea Juan 16:33; Romanos 5:3; 2 Corintios 12:7-9; 2 Timoteo 2:12; 3:12; Hebreos 2:10, 18; 12:6-14; Santiago 5:13-16; 1 Pedro 3:14-15; 4:12-16.
2. Repase sus notas sobre el costo del discipulado.
3. Marque su Biblia donde aprenda nuevas verdades.

Lección 41

¿POR QUÉ SUFREN LOS CRISTIANOS?

I. INTRODUCCIÓN

La pregunta: "¿Por qué sufren los cristianos?" ha sido planteada miles de veces por el pueblo de Dios en cada generación. Si Dios es tan bueno y amoroso como para dar a su único Hijo para salvarnos, entonces ¿por qué los cristianos aún tienen que sufrir tribulaciones, pruebas, persecuciones, enfermedades y dolor? La Biblia da muchas razones por las cuales los cristianos sufren, y esto no cesará hasta que el Señor Jesucristo venga a restaurar todas las cosas. Hay algunas lecciones que Dios quiere que aprendamos, las cuales solo se pueden aprender a través del sufrimiento, la aflicción y el dolor. Jesús mismo tuvo que sufrir para nuestra salvación. *Convenía que aquel por cuya causa son todas las cosas, y por quien todas las cosas subsisten, que habiendo de llevar muchos hijos a la gloria, perfeccionase por aflicciones al autor de la salvación de ellos* (Hebreos 2:10). Jesús dijo: *En el mundo tendréis aflicción* (Juan 16:33). Cuando Dios nos salva, Él comienza una obra que tiene como meta final conformarnos a la imagen de su Hijo. Dios nos ama demasiado como para permitir que no suframos por su causa. Aprendemos lecciones y recibimos bendiciones que solo pueden venir a través de pruebas y desafíos.

El cristianismo ha sido bañado en la sangre de mártires desde el primer siglo. Pablo describe su celo y amor por el Señor cuando dijo: *A fin de conocerle, y el poder de su resurrección, y la participación de sus padecimientos, llegando a ser semejante a él en su muerte* (Filipenses 3:10).

Jesús sufrió por nosotros. Él murió por nosotros. Dios es el mismo Padre que envió a su Hijo para morir por nuestros pecados. Cuando uno compara su propio sufrimiento con el sufrimiento de Cristo, puede ver la gran diferencia. Nunca deberíamos quejarnos.

Esta lección nos dirá por qué sufren los cristianos.

II. VERSÍCULOS BÁSICOS:

Juan 16:33; Romanos 5:3; 2 Corintios 12:7-9; 2 Timoteo 2:12; 3:12; Hebreos 2:10, 18; 12:6-14; Santiago 5:13-16; 1 Pedro 3:14-15; 4:12-16.

III. EL NÚCLEO DE ESTA VERDAD

El cristianismo no es una inmunización contra el sufrimiento, las pruebas y las tribulaciones. En su infinita sabiduría, Dios ha puesto obstáculos en nuestro camino, no para ponernos trabas o dañarnos sino para probar nuestra devoción a Él. Él es nuestro Padre, y trata a los suyos como hijos. Él disciplina solo a aquellos que ama y que le pertenecen. Parte del entrenamiento, parte de los dolores de crecimiento, incluye el sufrimiento. La Escritura es clara en este punto; por lo tanto, si es usted cristiano, Dios le disciplinará porque le ama (Hebreos 12:6).

IV. LA GRAN VERDAD – ¿POR QUÉ SUFREN LOS CRISTIANOS?

A. LAS RAZONES POR LAS QUE LOS CRISTIANOS SUFREN.

1. Los cristianos sufren por ignorancia intencional.

   a. La primera razón por la que sufren los hijos de Dios es por nuestro propio egoísmo e ignorancia deliberada. Intentamos culpar a Dios cuando, en realidad, es culpa nuestra.

Escriba 1 Pedro 2:20: ____

____

____

Algunos dirán que tienen fe, pero siguen andando y viviendo en oscuridad.

Escriba 1 Juan 1:6: ______________________________

____

____

2. Los cristianos sufren cuando defienden la justicia.
   a. La segunda razón por la que sufren los hijos de Dios es porque defienden la justicia y a Cristo.

Escriba 1 Pedro 3:14: ______________________________

____

____

____

   b. Pedro dice "ni os conturbéis" si saben que tienen la razón. No tengan miedo, sino alégrense. Después tenemos el gran versículo de la Escritura sobre dar testimonio.

Escriba 1 Pedro 3:15: ______________________________

____

____

Intente memorizar este versículo de la Escritura.

3. Los cristianos sufren por pecados no confesados.
   a. La tercera razón por la que sufren los hijos de Dios es por algún pecado no confesado. Si un cristiano peca, ¿puede escapar de las consecuencias? ¡No!

Escriba 1 Corintios 11:13: ______________________________

____

____

   b. El juicio propio es a menudo el juicio más severo. Es autocondenarse por permitir que el pecado tome control, aunque sea por un corto tiempo. Dios nos da la oportunidad de confesar ese pecado y corregirlo.

      Subraye 1 Corintios 11:32.
   c. Memorice y escriba 1 Juan 1:9:

____

____

(La palabra importante en este versículo es "si").

4. Los cristianos sufren por pecados pasados.
   a. La cuarta razón por la que un cristiano sufre es por los pecados del pasado. El primer pensamiento que tendrá es: "Cuando vine a Cristo, ¿no fueron todos mis pecados perdonados?". ¡Sí! Todos los pecados fueron perdonados y Dios no los recuerda en absoluto.

Un cristiano sufre entonces por los resultados, las consecuencias del pecado. Desde el momento de la conversión de Pablo, él sufrió debido a su persecución al pueblo de Dios antes de ser salvo. Lea acerca de la conversión de Pablo en Hechos 9:1-19.

Escriba Hechos 9:23: ____

____

____

b. Nuestros pecados pasados son perdonados, pero eso no elimina los efectos de los pecados pasados. Todos podríamos dar testimonio de esta verdad.

   Un ejemplo: un hombre que era alcohólico es gloriosamente salvo. Es perdonado y conoce el gozo de la salvación, pero todavía tiene el estómago y el hígado que el alcohol arruinó. Debe vivir con las secuelas de los pecados pasados. Gradualmente, se convierte en una persona sana, pero tiene que esforzarse y cuidarse.

   Podríamos hablar de los efectos de los pecados pasados en las familias, los hijos, el hogar y la Iglesia. No hay espacio suficiente para ello.

Escriba Gálatas 6:7: ____

____

____

5. Los cristianos sufren para la gloria de Dios.
   a. La quinta razón por la que un cristiano sufre es porque Dios ordena el sufrimiento. Tomemos a Job como ejemplo. Él sufrió porque Satanás hizo una acusación contra Job y contra Dios. Lea Job 1:1-10.

Escriba Job 1:11: ____

____

   Note que Dios permitió que Job fuera probado, desde el v. 12.

   b. Dios tenía un plan divino para Pablo. Él debía llevar el mensaje de Cristo a los gentiles y también sufrir en el nombre del Señor. Subraye Hechos 9:15.

Escriba Hechos 9:16: ____

____

6. Los cristianos sufren por su fe.
   a. La sexta razón por la que algunos cristianos sufren es por su fe en el Señor Jesucristo. Santiago sufrió el martirio (Hechos 12:2). Pedro fue encarcelado (v. 4) y más tarde martirizado (2 Pedro 1:14; Juan 21:18-19).
   b. Hebreos 11 registra dos grupos de personas:
      - En Hebreos 11:33-35 hay un grupo que, por fe, obtuvo grandes victorias para Dios.
      - En Hebreos 11:35-38 hay un grupo de mártires.

   ¿Cómo se explica esta paradoja? La respuesta está en Dios. Hay personas a quienes Dios permite sufrir; están listas para glorificar a Cristo como lo hicieron Santiago, Pedro y Pablo. Otras no sufren porque Dios sabe que no podrían soportarlo.

7. Los cristianos sufren para aprender disciplina.

a. La séptima razón por la que un cristiano sufre es para aprender disciplina de la mano de Dios. Este es un sufrimiento glorioso porque prueba que le pertenecemos.

Escriba Hebreos 12:6: ____

____

La palabra "azotar" significa "entrenar a un hijo" o "disciplinar".

b. Dios trata a los suyos como a hijos: sus hijos. Como un padre disciplina solo a sus propios hijos, así sucede con Dios Padre. Subraye Hebreos 12:7.

B. LOS RESULTADOS DE SUFRIR POR CRISTO.

1. Dios usa el sufrimiento de sus hijos para silenciar al enemigo.

   a. El propósito de que algunos sufran es mostrar la fidelidad de Dios. Esto detiene las bocas de los seguidores de Satanás como ninguna otra cosa en el mundo.

   b. Job fue un hombre así. Subraye Job 1:21 en su Biblia.

   Los testimonios, oraciones, sonrisas y ánimos más grandes provendrán de las bocas de aquellos que son cristianos que sufren. Ellos se convierten en los guerreros de oración y Satanás no puede derrotarlos.

2. Dios usa el sufrimiento para que podamos glorificarlo.

   a. Jesús permitió que Lázaro se enfermará y muriera. Jesús dijo: *Esta enfermedad no es para muerte, sino para la gloria de Dios, para que el Hijo de Dios sea glorificado por ella* (Juan 11:4).

   b. Jesús resucitó a Lázaro de la tumba y le dijo a Marta: *Si crees, verás la gloria de Dios* (Juan 11:40). Lea Juan 11:41-44.

3. Dios usa el sufrimiento para hacernos más como el Señor Jesucristo.

   a. Dios usa a veces el sufrimiento, la prueba y las dificultades para cumplir su propósito final para el cual nos ha llamado. Ese propósito se encuentra en Romanos 8:29: *Porque a los que antes conoció, también los predestinó para que fuesen hechos conforme a la imagen de su Hijo.*

   b. Si ese es su propósito para los cristianos, eso significa que debe haber sufrimiento, dolor y tristeza porque Cristo experimentó estas cosas. Pablo describe esto perfectamente.

Escriba Filipenses 3:10: ____

____

____

4. Dios usa el sufrimiento para enseñarnos dependencia de Él.

   a. Todos hemos sentido que somos indispensables en nuestro hogar o negocio. Cuando el Señor nos aparta con enfermedad, o alguna otra causa, la familia y el negocio se manejan bien sin nosotros. Aprendemos que Él es capaz de guiarnos a través de experiencias que pensábamos que nunca podríamos superar. Aprendemos que "Dios es nuestro amparo y fortaleza, nuestro pronto auxilio en las tribulaciones" (Salmos 46:1).

   b. Él nos enseña una lección preciosa cuando aprendemos que Dios puede ocuparse de nosotros más allá de nuestra comprensión.

Escriba Zacarías 4:6: ____

____

5. Dios usa el sufrimiento para fortalecer nuestra fe.
    a. Por sufrimiento no solo nos referimos al físico sino a lo que proviene de las pruebas, tribulaciones y preocupaciones. Dios usa estos eventos para fortalecer nuestra fe. Solo el ejercicio puede dar fuerza. Una fe que no se ejercita es una fe que no crecerá. Una fe que no es probada nunca será fuerte. (Véase Hebreos 12:11). Subraye Hebreos 11:1.
    b. Una de nuestras experiencias más difíciles es cuando Dios hace que tan solo nos quedemos quietos. *Estad quietos, y conoced que yo soy Dios* (Salmos 46:10).
6. Dios usa el sufrimiento para enseñarnos paciencia.
    a. La paciencia solo se puede aprender mediante la perseverancia. ¿Qué lleva a la paciencia? Pablo dice: *Sabiendo que la tribulación produce paciencia; y la paciencia, prueba; y la prueba, esperanza; y la esperanza no avergüenza* (Romanos 5:3-5).
    b. La paciencia no es un derecho de nacimiento. Se aprende a través de la experiencia de la tribulación y el sufrimiento, luego "el amor de Dios ha sido derramado en nuestros corazones" (Romanos 5:5).
7. Dios usa el sufrimiento para hacernos más compasivos.
    a. El gran discurso sobre el sufrimiento y la tribulación lo da Pablo en los primeros once capítulos de 2 Corintios. Lea y subraye 2 Corintios 1:3-6.
    b. Así, somos consolados en nuestras tribulaciones para que, a su vez, podamos consolar a otros en la misma dificultad. Las personas que realmente empatizan son las que hablan desde la experiencia personal. Por lo general, hablan menos y empatizan más.
8. Dios usa el sufrimiento para mantenernos humildes.
    a. Dios exalta a los humildes; Él aborrece el orgullo. Dios coloca suficientes pruebas en nuestro camino para que destruyamos el "yo" y aprendamos la humildad.

Escriba 1 Pedro 5:6: ____

____

    b. Pablo es un ejemplo perfecto de humildad. El Señor le dio un "aguijón en la carne" para que Pablo no se exaltara. Lea 2 Corintios 12:7-10.

    Existen muchos más resultados del sufrimiento y la tribulación registrados en la Escritura, pero estos pocos nos enseñarán cómo Dios usa los incidentes para moldearnos y hacernos "más como el Maestro".

C. LAS BENDICIONES DEL SUFRIMIENTO COMO CRISTIANOS.
1. El verdadero creyente aprende que Dios disciplina a los que ama (Hebreos 12:5-8).
2. El cristiano aprende las bendiciones de estar en sujeción a Dios (Hebreos 12:9).
3. El creyente se hace partícipe de su santidad a través del castigo de Dios (Hebreos 12:10).
4. El cristiano aprende, a través del sufrimiento, el fruto apacible de justicia (Hebreos 12:11).
5. El cristiano aprende las bendiciones de la certeza (Hebreos 12:8).
6. El cristiano aprende, a través de la tribulación, a crecer y ser productivo (Hebreos 12:12-13).

V. LO QUE ESTA VERDAD BÍBLICA NOS ENSEÑA HOY

¿Cuál es su reacción ante el castigo del Señor, ante las pruebas y tribulaciones de la vida? Hebreos 12:5 dice: *Hijo mío, no menospreciéis la disciplina del Señor.* ¿Cómo se menosprecia? Simplemente ignorando el hecho de que Dios está tratando de enseñarle algo; deje que lo haga. Otra forma en que puede reaccionar ante la disciplina de Dios es llenándose de autocompasión. "¿Por qué Dios permitió que esto me sucediera?". La Biblia dice: *Ni desmayes cuando eres reprendido por él* (Hebreos 12:5). Ese sufrimiento o problema llegó a usted como un desafío para confiar en Él a través de todo. Luego están aquellos con una actitud superpiadosa. Dirán: "Esta es mi cruz y la llevaré", cuando en realidad hay rebelión dentro de su corazón y su alma. *Ninguna disciplina al presente parece ser causa de gozo, sino de tristeza; pero después da fruto apacible de justicia a los que en ella han sido ejercitados* (Hebreos 12:11).

Finalmente, debemos soportar el castigo, el sufrimiento (Hebreos 12:7). La lección más difícil para la mayoría de nosotros es soportar algo por mucho tiempo. ¿Alguna vez hace un inventario de su vida cuando llega el problema? Job dijo: *Me probará, y saldré como oro* (Job 23:10). *Acercaos a Dios, y él se acercará a vosotros* (Santiago 4:8).

SU SIGUIENTE TAREA:

1. Lea Isaías 66:8; Jeremías 30:4-7; Ezequiel 20:37; 22:17-22; Zacarías 12:10-11; 13:1; Mateo 25:31-46; Juan 5:24; 12:31; Romanos 8:1-2; 5:9; 1 Corintios 3:12-15; 6:3; 9:25-27; 11:31-32; 2 Corintios 5:10, 21; 1 Tesalonicenses 2:19-20; 4:13-18; 2 Timoteo 4:8; Hebreos 10:17; Santiago 1:12; 1 Pedro 5:2-4; 1 Juan 2:1; Judas 6; Apocalipsis 20:10-15.
2. Repase sus notas sobre "¿Por qué sufren los cristianos?".
3. Marque su Biblia donde aprenda nuevas verdades.

Lección 42

LOS SIETE GRANDES JUICIOS DE DIOS

I. INTRODUCCIÓN

No hay nada en la Escritura que enseñe un juicio general. Muchos en el mundo teológico se adhieren a esta teoría, pero no puede ser respaldada por la Escritura. La Biblia enseña que Dios sí "juzgará al mundo con justicia, y a los pueblos con rectitud" (Salmos 9:8). El Padre "todo el juicio dio al Hijo, para que todos honren al Hijo como honran al Padre" (Juan 5:22-23).

Hay muchos juicios en la Escritura. Algunos son pasados, y muchos son futuros. A lo largo del Antiguo Testamento, Dios juzgó a las personas y a las naciones. En ambos testamentos, el Antiguo y el Nuevo, hay declaraciones proféticas de juicio. En esta lección veremos los siete grandes juicios: uno pasado, uno presente y cinco futuros.

II. VERSÍCULOS BÁSICOS:

Isaías 66:8; Jeremías 30:4-7; Ezequiel 20:37; 22:17-22; Zacarías 12:10-11; 13:1; Mateo 25:31-46; Juan 5:24; 12:31; Romanos 8:1-2; 5:9; 1 Corintios 3:12-15; 6:3; 9:25-27; 11:31-32; 2 Corintios 5:10, 21; 1 Tesalonicenses 2:19-20; 4:13-18; 2 Timoteo 4:8; Hebreos 10:17; Santiago 1:12; 1 Pedro 5:2-4; 1 Juan 2:1; Judas 6; Apocalipsis 20:10-15.

III. EL NÚCLEO DE ESTA VERDAD

Dado que Dios es justo y santo, sus juicios son una manifestación de justicia perfecta. Si no hubiera juicio sobre los hombres y las naciones por sus pecados, entonces lo que Dios ha dicho en su Palabra sería falso. Dios es un Dios de amor, pero también es un Dios de juicio. Todos los juicios son matizados por la misericordia. Todos sus juicios son justos. Un día de juicio llegará para aquellos que rechazan su plan de redención a través de su Hijo. Para aquellos que han aceptado a Cristo, su juicio por el pecado los ha redimido. Para aquellos que no han aceptado a Cristo, los juicios de Dios aún son futuros y vindicarán la justicia de Dios.

IV. LA GRAN VERDAD – LOS SIETE GRANDES JUICIOS DE DIOS

A. EL JUICIO DEL PECADO A TRAVÉS DE JESUCRISTO EN LA CRUZ

1. Este juicio fue para todos los creyentes.

   a. El resultado de este juicio fue la muerte para el Señor Jesucristo y la justificación para todos los creyentes.

      Probablemente conozca Juan 3:16. Ahora subraye Juan 3:17 y escriba Juan 3:18:

      ____

      ____

   b. El que ha aceptado a Cristo "tiene vida eterna; y no vendrá a condenación, mas ha pasado de muerte a vida" (Juan 5:24).

   c. Jesús murió para que el creyente pudiera ser justificado una vez para siempre y no enfrentar condenación.

Escriba Romanos 8:1: ______________________________

____

____

d. Jesús condenó el pecado en la carne. Subraye Romanos 8:3.

e. Jesús fue hecho pecado por nosotros.

Escriba 2 Corintios 5:21: ______________________________

____

____

____

2. La ofrenda de Cristo fue una vez para siempre.

a. El sacrificio único del Hijo de Dios fue suficiente para santificar, apartar, hacer santo, salvar a todo el que cree (Hebreos 10:10).

b. El sacrificio fue eterno.

Escriba Hebreos 10:14: ______________________________

____

____

c. Una vez confesado el pecado, Dios perdona y no se acuerda más.

Escriba Hebreos 10:17: ______________________________

____

El creyente no debe dudar de la capacidad de Dios para perdonar y olvidar. El mismo pecado no se debería llevar delante del Señor una y otra vez. Si la Biblia es cierta, y lo es, Él no se acuerda más de nuestros pecados. Subraye Salmos 103:12.

B. EL JUICIO DE LOS CREYENTES.

1. El juicio del cristiano es en el tribunal de Cristo.

a. Este juicio es solo para los cristianos. No es un juicio para determinar si estamos salvos o perdidos. Eso ya se ha determinado cuando una persona acepta a Cristo.

Escriba 2 Corintios 5:10: ______________________________

____

____

____

Subraye Romanos 14:10.

b. El tribunal de Cristo será un juicio de las obras de los creyentes hechas para la gloria del Señor. Pablo describe las obras que permanecerán y las que se quemarán. Observe en 1 Corintios 3:11-15:

- el fundamento es Cristo (v. 11)
- edificar con oro, plata, piedras preciosas (v. 12)
- o edificar con madera, heno, hojarasca (v. 12)
- la obra de cada uno será manifestada (v. 13)
- el fuego probará la obra de cada uno (v. 13)
- si la obra del hombre permanece (v. 14)
- recibirá una recompensa (v. 14)

- si la obra del hombre es quemada, sufrirá pérdida (v. 15)
- *pero* él mismo será salvo, aunque como por fuego (v. 15).

c. Así, el juicio del cristiano es en el tribunal de Cristo. El juicio tiene que ver con recompensas o pérdidas de recompensas, no con la salvación.

d. Este juicio se producirá cuando el Señor llame a la Iglesia para reunirse con Él en el aire.

Escriba 1 Tesalonicenses 4:17: ______________________________

____

____

2. Las cinco coronas de recompensa dadas en este juicio. (Solo las mencionaremos por cuestiones de espacio).

   a. La "corona de vida" (Apocalipsis 2:10; Santiago 1:12).
      - La corona o recompensa del mártir.

   b. La "corona de gloria" (1 Pedro 5:4).
      - La corona o recompensa del pastor o maestro.

   c. La "corona de gozo" (1 Tesalonicenses 2:19)
      - La corona o recompensa del ganador de almas.

   d. La "corona de justicia" (2 Timoteo 4:8)
      - La corona o recompensa para los que anhelan la venida de Cristo.

   e. La "corona incorruptible" (1 Corintios 9:25).
      - La corona o recompensa para una vida victoriosa.

   (Estos son incentivos para el servicio y revolucionarán la vida del cristiano).

C. EL JUICIO PROPIO DEL CREYENTE.

1. El juicio propio es la comprensión del pecado en la vida del creyente.

   a. El cristiano reconoce que ha permitido el pecado en su vida. Este juicio suele ser el más severo porque una persona tiene dificultad para admitir su culpa y perdonarse a sí misma. *Pruébese cada uno a sí mismo* (1 Corintios 11:28).

   b. Debemos juzgarnos a nosotros mismos como cristianos.

Escriba 1 Corintios 11:31: ______________________________

____

2. El juicio propio evita la disciplina del Señor.

   a. El juicio del creyente puede ocurrir en cualquier momento, en el instante en que hay un reconocimiento del pecado que resulta en confesión y perdón.

   b. Si se descuida el juicio propio, el Señor disciplina pero nunca condena.

Escriba 1 Corintios 11:32: ______________________________

____

____

   c. El secreto del juicio propio es la *confesión* del pecado. Todo creyente todavía tiene que enfrentarse a la "vieja naturaleza" en su nueva vida y debe reconocer que habrá pecado en su vida.

Escriba 1 Juan 1:8: ____

____

Escriba 1 Juan 1:9: ____

____

____

(La Biblia distingue tres juicios para el creyente. Uno que es *pasado*, por nuestros pecados en el Calvario, llevado a cabo por Jesús. Otro, que es *presente*, el juicio propio por parte del creyente. Y otro, que es *futuro*, el tribunal de Cristo para recompensas o la falta de ellas, y que no juzga nuestra salvación. Hemos estudiado brevemente los tres. (Recuerde esto bien).

D. EL JUICIO DE ISRAEL.

1. El juicio de Israel es el tiempo de la angustia de Jacob.
   a. Los judíos serán juzgados por el Señor Dios después de que Él los reúna de todas las naciones (Ezequiel 20:34).
   b. Israel será puesto bajo "la vara" para purgar a aquellos que no acepten al Mesías.

Escriba Ezequiel 20:37: ____

____

____

   c. Este juicio ocurre durante la tribulación y se llama "tiempo de la angustia de Jacob" (Jeremías 30:7).
2. Los resultados sobre el juicio de Israel.
   a. Reconocerán al Mesías traspasado (Zacarías 12:10).
   b. Llorarán por haber rechazado a Cristo (Zacarías 12:10).

Escriba Zacarías 12:10: ____

____

____

____

   c. Los que pasen bajo la vara (juicio) serán salvos. Nadie entra al reino de Cristo excepto aquellos que acepten a Cristo. Todos son salvos de la misma manera. Lea Jeremías 30 y 31:1-11.
   d. Nacerá una nación en un día (Isaías 66:8).

Escriba Romanos 11:26. ____

____

____

E. EL JUICIO SOBRE LAS NACIONES GENTILES.

1. El tiempo de este juicio.
   a. Este juicio se produce "cuando el Hijo del Hombre venga en su gloria" (Mateo 25:31).
   b. Esto es en la segunda venida de Cristo después de la tribulación.

c. Los sujetos de este juicio son "todas las naciones"; *gentiles sobre la tierra* (Mateo 25:32). Se nombran tres clases de personas:

- "ovejas": los gentiles salvos
- "cabritos": los gentiles no salvos
- "hermanos": el pueblo de Israel

2. El motivo del juicio.

a. La base de este juicio es el trato de los judíos llamados "mis hermanos" (Mateo 2:40).

b. Los gentiles que son "ovejas" están a la "diestra" del Señor. Han sido salvados durante la tribulación (Mateo 25:34).

c. Los "cabritos" son los gentiles que no se salvaron durante el mismo periodo y no respetaron ni trataron a Israel con bondad (Mateo 25:41).

Subraye Mateo 25:31-33, 40.

F. EL JUICIO DE LOS ÁNGELES CAÍDOS.

1. Este juicio ocurrirá cuando Satanás sea juzgado.

a. Los ángeles caídos son los aliados de Satanás, el diablo. Su suerte se menciona en Apocalipsis 20:10. Este es el juicio final sobre Satanás cuando es lanzado al lago de fuego.

Subraye Apocalipsis 20:10 en su Biblia. Esto sucede después de que ha estado atado por mil años y suelto por un corto tiempo (Apocalipsis 20:2-3).

b. Es lógico que el "juicio del gran día" sea el mismo momento de juicio para los ángeles caídos.

Escriba Judas 6: ____

____

____

____

Subraye 2 Pedro 2:4 en su Biblia.

2. Los cristianos serán parte de ese juicio con Cristo.

a. Nosotros, los que somos cristianos, reinaremos con Cristo juzgando al mundo y a los ángeles caídos.

Escriba 1 Corintios 6:3: ____

____

____

b. Jesús declaró su suerte en Mateo 25:41. Subráyelo en su Biblia.

G. EL JUICIO DE LOS MUERTOS IMPÍOS.

1. Este es el juicio del gran trono blanco.

a. Es el último y más terrible de todos los juicios de Dios. Es para los impíos y aquellos que murieron sin aceptar a Cristo (Apocalipsis 20:11-12).

b. Este juicio ocurre mil años después de la "primera resurrección" (Apocalipsis 20:5).

c. Son juzgados según sus obras (Apocalipsis 20:12-13).

2. El libro y los libros.

a. Los dos testigos contra ellos son el libro y los libros (Apocalipsis 20:12).

b. El libro (en singular) es el "libro de la vida".

Escriba Apocalipsis 20:15: ____

____

____

c. Los libros (en plural) son los libros de las obras.

d. "Esta es la muerte segunda" (Apocalipsis 20:14). Esto significa condenación eterna en el lago de fuego. El juicio es una separación eterna de Dios (2 Tesalonicenses 1:9).

V. LO QUE ESTA VERDAD BÍBLICA NOS ENSEÑA HOY

Los principales énfasis de este estudio han sido los grandes gozos y bendiciones de la vida cristiana en comparación con la condenación eterna porque alguien muere en incredulidad. Si esta lección le ha enseñado los "galardones" de la vida cristiana; que puede juzgarse a usted mismo, confesar y ser perdonado; que Jesús murió por usted *sin importar sus pecados pasados*, entonces esta lección habrá cumplido su propósito.

El Dios de juicio es el mismo Dios que dio a su Hijo para salvarle. No tenemos el derecho ni la autoridad de cuestionar su Palabra. Acepte sus juicios y aceptará a su Hijo. Cuando acepte a su Hijo, aceptará su "don" para servir donde Él le ponga (1 Corintios 4:5, léalo ahora).

SU SIGUIENTE TAREA:

1. Lea Génesis 1:28-29; 3:14-19; 9:1-17; 12:1-3; 13:14-17; 15:1-8; 17:1-14; 22:15-24; 26:1-5; 28:10-15; Éxodo 19:5-7; 34:10; Deuteronomio 5:1-4; 7:6-11; 30:1-20; 2 Samuel 7:12-16; Hebreos 8:6-13.
2. Repase sus notas sobre los Siete Grandes Juicios de Dios.
3. Marque su Biblia donde aprenda nuevas verdades.

Lección 43
LOS OCHO GRANDES PACTOS DE DIOS

I. INTRODUCCIÓN

Hay ciertos segmentos de la Escritura que debemos comprender para entender el vasto alcance de la Palabra de Dios. Algunos de estos segmentos se llaman "pactos". El diccionario define un pacto como "un acuerdo entre personas o partes para entrar en un acuerdo formal". Hay muchos acuerdos y contratos en la Escritura que eran vinculantes para las partes involucradas. Por ejemplo, cuando dos personas se casaban, el matrimonio se convertía en un pacto. Otro ejemplo se da con respecto a Jonatán y David: *E hicieron pacto Jonatán y David, porque él le amaba como a sí mismo* (1 Samuel 18:3).

Hay ocho pactos que Dios hizo, y estos revelan el propósito de Dios para nosotros en el mundo. Toda la Escritura se concreta alrededor de estos ocho pactos de Dios. Toda la Escritura es un desarrollo de estos pactos.

II. VERSÍCULOS BÁSICOS:

Génesis 1:28-29; 3:14-19; 9:1-17; 12:1-3; 13:14-17; 15:1-8; 17:1-14; 22:15-24; 26:1-5; 28:10-15; Éxodo 19:5-7; 34:10; Deuteronomio 5:1-4; 7:6-11; 30:1-20; 2 Samuel 7:12-16; Hebreos 8:6-13.

III. EL NÚCLEO DE ESTA VERDAD

El núcleo, la vida, el corazón de esta verdad, reside en el hecho de que Dios establece y cumple pactos. Él hizo los pactos con el pueblo como un todo y no con individuos. Ha cumplido y cumplirá cada pacto que ha hecho.

Otra parte del núcleo es que hay dos tipos de pactos en la Escritura:

- Primero, hay pactos *incondicionales,* lo que significa que Dios ha dicho: "Yo lo haré".
- Segundo, hay pactos *condicionales,* donde Dios dice: "Si usted hace, entonces yo haré".

De los ocho grandes pactos de Dios que estudiaremos, seis son incondicionales, es decir, dependen de Dios, y dos son condicionales: el pacto edénico y el pacto con Moisés. Esto es algo asombroso. Dios hace el pacto y lo guarda independientemente de lo que haga el hombre, excepto en estos dos casos.

IV. LA GRAN VERDAD – LOS OCHO GRANDES PACTOS DE DIOS

A. EL PACTO EDÉNICO (GÉNESIS 1:26; 2:16-17).

1. Los elementos del pacto.
   a. Dios le dio al primer hombre, Adán, las responsabilidades de multiplicar la raza humana, someter la tierra y tener dominio sobre todos los seres vivientes. No debía comer del árbol del conocimiento del bien y del mal (Génesis 1:28-30; 2:16-17).
   b. El plan de Dios fue frustrado por la desobediencia de Adán y Eva (Génesis 3:1-13).
2. El pacto edénico es un pacto condicional.
   a. Este es un pacto universal porque toda la raza está presente en Adán, incluyendo nuestra generación.
   b. Es condicional en el sentido de que Dios hizo que el pacto dependiera de la fidelidad de Adán.

B. EL PACTO CON ADÁN (GÉNESIS 3:14-19).

1. Los elementos del pacto

a. La serpiente, la herramienta de Satanás, es maldecida (Génesis 3:14).
b. Dios puso enemistad entre la simiente de la mujer (Jesús) y la simiente de la serpiente (Satanás).

Escriba Génesis 3:15: ______________________________

____

____

____

c. Esta es la primera profecía directa de Jesucristo en la Escritura. Aquí comienza el gran plan redentor de Dios: la promesa de un Redentor.
d. En este pacto, Dios le dio a la mujer dolores al dar a luz (Génesis 3:16).
e. En este pacto, Dios estableció al varón y a la mujer en una relación adecuada dentro del hogar. Dios es un Dios de orden. Ya había declarado que serían "una sola carne" (Génesis 2:24). Después de establecer esta relación (Génesis 3:16), Dios "llamó el nombre de ellos Adán" (Génesis 5:2).
f. En este pacto, Dios maldijo la tierra por causa del hombre (Génesis 3:17-18).
g. En este pacto, Dios asignó al hombre el trabajo físico: *Con el sudor de tu rostro comerás el pan* (Génesis 3:19).
h. En este pacto, Dios habló de la muerte del cuerpo: *Polvo eres, y al polvo volverás* (Génesis 3:19).

2. El pacto adámico es un pacto incondicional.
   a. Dios cumplirá todas las condiciones del pacto adámico. Es incondicional y no depende del hombre.
   b. La promesa de un Redentor en Génesis 3:15 se cumplió en Cristo. La simiente de la mujer fue Cristo.

Escriba Gálatas 4:4: ______________________________

____

c. Se puede ver una imagen de la gracia de Dios en Jesucristo en las "túnicas de pieles" que Dios proveyó para cubrir la desnudez de Adán y Eva (Génesis 3:21).
d. En gran medida, el hombre continúa bajo el pacto adámico:
   - nacemos con la naturaleza adámica;
   - trabajamos una tierra maldita con espinos y cardos;
   - las mujeres conciben y dan a luz con dolor y sufrimiento; y
   - morimos físicamente y volvemos al polvo.
e. A través del sacrificio de Cristo, los creyentes son revestidos con la justicia de Cristo y poseen una naturaleza espiritual.

C. EL PACTO CON NOÉ (GÉNESIS 8:20 A 9:27).

1. Los elementos del pacto.
   a. Dios garantizó la estabilidad de las leyes naturales después del diluvio (Génesis 8:20-22).
   b. Dios añadió carne a la dieta del hombre (Génesis 9:2-3).
   c. Dios destacó el valor de la vida en este pacto (Génesis 9:5-6).

d. Dios declaró que el mundo nunca más sería juzgado mediante un diluvio (Génesis 9:11).

e. Dios confirmó el pacto con un arco iris en las nubes. Este es "la firma de Dios" (Génesis 9:12-16).

f. Este pacto está confirmado para todas las generaciones. Es un "pacto eterno" (Génesis 9:16).

g. Se da la profecía sobre los descendientes de los tres hijos de Noé (Génesis 9:25-27).

   Sem fue el linaje a través del cual vendría el Señor Jesús. Toda la revelación divina fue a través de hombres semitas: los hebreos, los judíos. En Génesis 11:10-30 la genealogía de Sem conduce a Abraham.

2. El pacto con Noé es un pacto incondicional.

   a. Dios cumplirá el pacto en cada detalle. El hombre no tiene nada que ver con mantener este acuerdo. Dios lo ha declarado, y Él cumplirá todo lo que ha dicho.

   b. Vemos las estaciones, el día y la noche, como prueba de que Dios cumple sus pactos.

   c. El arco iris es visible en todas las generaciones para recordarnos la declaración de Dios en su pacto con Noé. Es un "pacto eterno" entre Dios y las generaciones perpetuas. El arcoíris es una "señal" (un símbolo) que Dios coloca en las nubes para recordarle a Él y a nosotros el pacto que hizo con Noé (Génesis 9:16-17).

D. EL PACTO CON ABRAHAM (GÉNESIS 12:14; 13:14-17; 15:1-7; 17:1-8).

1. Los elementos del pacto.

   a. En este pacto, Dios prometió a Abraham una gran nación: *Haré de ti una nación grande* (Génesis 12:2). Esta promesa se refiere a Israel, los descendientes de Jacob, a quienes se les promete la posesión eterna de la tierra (Génesis 17:8).

      Abraham sería el padre de muchas naciones (Génesis 17:5), lo cual se cumplió a través de Ismael y Esaú.

   b. Dios prometió una bendición personal a Abraham y que su nombre sería engrandecido. Abraham fue bendecido para ser de bendición.

Escriba Génesis 12:2: ____

____

____

   c. Dios prometió una bendición a todas las naciones que bendijeran y honraran a Abraham y a su descendencia: Israel (Génesis 12:3). También prometió una maldición a quienes maldijeran a Abraham y a su descendencia: Israel (Génesis 12:3).

   d. *En ti serán benditas todas las familias de la tierra* (Génesis 12:3). Esta fue la gran promesa de bendición a través de la descendencia de Abraham: Jesucristo (Gálatas 3:14-16).

      Subraye Juan 8:56-58.

2. El pacto con Abraham es un pacto incondicional.

   a. El propósito de Dios en el pacto con Abraham fue el origen de la nación de Israel como un pueblo y una tierra.

   b. El propósito de Dios fue proveer redención a través de Israel al traer al Redentor: Jesucristo.

c. A pesar de las muchas fallas de Israel, el propósito soberano de Dios, como se detalla en el pacto abrahámico, ha sido y está siendo cumplido. Este es un pacto incondicional, y Dios lo lleva a cabo independientemente de las acciones de los hombres y las naciones.

Escriba Gálatas 3:14: ____

____

____

____

E. EL PACTO CON MOISÉS (ÉXODO 20:1 AL 31:18).

1. Los elementos del pacto.
   a. En este pacto, Dios dio a Moisés la ley que debía regir su relación con los israelitas:
      - Los *mandamientos*: regulando la vida moral (Éxodo 19–20).
      - Los *juicios*: regulando la vida social (Éxodo 21–23).
      - Las *ordenanzas*: regulando la vida religiosa (Éxodo 24–31).
   b. La base del pacto fue la liberación de Israel de Egipto (Éxodo 19:4), que fue el resultado del pacto de Dios con Abraham (Éxodo 19:5).
   c. Este pacto reveló la santidad de Dios y la pecaminosidad del hombre (Deuteronomio 4; Romanos 3:19; 7:13).
   d. La ley no podía salvar. Dios había hecho un pacto con Abraham 430 años antes, un pacto de promesa (Éxodo 19:5; Gálatas 3:24).
   e. La ley era el "ayo" que conduce a Cristo (Gálatas 3:24).
2. El pacto con Moisés es un pacto condicional.
   a. Un pacto condicional depende de que el hombre obedezca al Señor. La base para este pacto condicional se encuentra en:

Éxodo 19:8: ____

____

____

   b. El pacto fue quebrantado, mostrando nuevamente la pecaminosidad del pecado (Éxodo 32). El Señor bendeciría si el pueblo obedecía. Si no obedecían, el Señor los disciplinaría. Un buen ejemplo de esto se encuentra en Deuteronomio 28:15-68.
   c. ¿Cuál fue la relación de Cristo con la ley? Jesús nació bajo la ley (Gálatas 4:4). Él cumplió, o guardó, la ley (Mateo 5:17-19). Él llevó la maldición de la ley por nosotros (Gálatas 3:13-14).
   d. La ley fue añadida al pacto abrahámico a causa del pecado, hasta que viniera la simiente (Jesús).

Escriba Gálatas 3:19: ____

____

____

   Lea Gálatas 3:16-18.

   e. La ley condena, la fe salva. Subraye Romanos 3:20-22.

F. EL PACTO CON ISRAEL – PACTO PALESTINO (DEUTERONOMIO 30:1-20).

1. Los elementos del pacto.
   a. El propósito del pacto era establecer las condiciones que regulaban la posesión de la tierra prometida. El pacto fue realizado justo antes de que cruzaran el río Jordán hacia Canaán, mientras estaban en la tierra de Moab (Deuteronomio 29:1).
   b. En el pacto, Dios prevé la dispersión mundial de Israel (Deuteronomio 30:1).
   c. Anunció el arrepentimiento de Israel (Deuteronomio 30:2).
   d. Anunció la reunión de Israel en la tierra (Deuteronomio 30:3, 5).
   e. Anunció la conversión de Israel restaurado (Deuteronomio 30:6).
   f. Anunció el juicio sobre los opresores de Israel (Deuteronomio 30:7).
   g. Anunció la prosperidad de Israel (Deuteronomio 30:9).
2. El pacto con Israel es un pacto incondicional.
   a. Dios completará el cumplimiento de este pacto. No depende del judío ni del gentil; es incondicional.
   b. Israel estuvo en Egipto, pero regresó a una parte de la tierra.
   c. Debido al pecado, fueron llevados cautivos por los asirios y babilonios, pero un remanente regresó a la tierra.
   d. En el año 70 d. C. Jerusalén fue destruida y nuevamente fueron esparcidos, pero volverán con seguridad y bendición (Ezequiel 39:25-29).

G. EL PACTO CON DAVID (2 SAMUEL 7:4-16).

1. Los elementos del pacto.
   a. Dios prometió a David la confirmación divina del trono de Israel (2 Samuel 7:13).
   b. Dios prometió la perpetuidad del gobierno davídico, y tres cosas le fueron aseguradas a David:
      - "casa": descendencia o posteridad (vv. 11 y 13).
      - "trono": autoridad real (v. 13).
      - "reino": ámbito de gobierno (v. 13), y todos estos están asegurados para siempre (v. 16).
   c. El Salmo 89 es una confirmación del pacto davídico.
   d. Los profetas hablaron de Jesús como el descendiente de David (Isaías 11:1; Jeremías 23:5; Ezequiel 37:25).
2. El pacto con David es un pacto incondicional.
   a. Es incondicional porque Jesús, el Hijo de Dios, el Hijo de David, será el cumplimiento del pacto. Él establecerá su reino y reinará en el trono de David para siempre (Isaías 11:1-10; 9:6-7).
   b. El ángel Gabriel confirmó esto a María antes del nacimiento de Cristo (Lucas 1:31-33).

H. EL NUEVO PACTO (JEREMÍAS 31:31-33; HEBREOS 8:7-13).

1. Los elementos del pacto.
   a. Fue establecido sobre el sacrificio de Jesús (Romanos 8:2-4).
   b. Israel será incorporado al nuevo pacto (Hebreos 8:8; Jeremías 31:31-33).

c. Asegura la bienaventuranza eterna, bajo el pacto abrahámico, para todos los que creen (Gálatas 3:13-29).

d. El nuevo pacto es para judíos y gentiles. Dios dice: *Estableceré con la casa de Israel y la casa de Judá un nuevo pacto* (Hebreos 8:8).

2. El nuevo pacto es un pacto incondicional.

a. Dios ha declarado de manera incondicional lo que hará por aquellos que confían en Él (Juan 5:24; 6:37; 10:28).

b. No se requiere ninguna responsabilidad del hombre, excepto creer en Jesús. Es definitivo e incondicional. Dios ha hecho y hará cada parte de este pacto.

V. LO QUE ESTA VERDAD BÍBLICA NOS ENSEÑA HOY

¿Qué significa todo esto hoy? El hecho de que Dios haya hecho estos pactos indica su importancia.

Todos estos pactos convergen en Cristo:

- En el *pacto edénico* se establece la necesidad de un redentor.
- En el *pacto adámico*, Él es la simiente de la mujer.
- En el *pacto noético*, toda revelación divina viene a través de la línea semita de Sem. Cristo, según la carne, desciende de Sem.
- En el *pacto abrahámico*, Él es la simiente de Abraham.
- En el *pacto mosaico*, Él llevó la maldición del pacto mosaico (la ley) por nosotros.
- En el *pacto palestino*, vivió como judío en la tierra.
- En el *pacto davídico*, Él es el Hijo mayor de David. Es el Rey venidero.
- En el *nuevo pacto*, Él es el fundamento y el sacrificio para judíos y gentiles. El nuevo pacto está sellado por su sacrificio.

Finalmente, un pacto bíblico es una declaración soberana de Dios mediante la cual establece una relación de responsabilidad entre Él y una persona, toda la humanidad, una nación o una familia específica.

SU SIGUIENTE TAREA:

1. Lea Mateo 13:11; Romanos 11:25; 1 Corintios 15:23, 51-52; Efesios 1:9-10; 3:1-11; 5:22-33; Colosenses 1:26-27; 2:1-2; 2 Tesalonicenses 2:1-12; 1 Timoteo 3:16; Apocalipsis 1:20; 17:5-7.
2. Repase sus notas sobre los ocho pactos de Dios.
3. Marque su Biblia donde aprenda nuevas verdades.

Lección 44
LOS DOCE GRANDES MISTERIOS DE DIOS - PARTE I

I. INTRODUCCIÓN

En griego clásico, un *musterion* (traducido en la versión Reina Valera 1960 de la Biblia como "misterio") se refería principalmente a algo conocido solo por los iniciados. Algunas organizaciones se conocen como "órdenes secretas" y hacen que los secretos, o misterios, sean conocidos únicamente por aquellos que son aceptados e iniciados. Los griegos usaron la palabra de esta manera durante cientos de años. En el idioma español hemos hecho que la palabra signifique un "enigma, un rompecabezas, una historia o novela". En el Nuevo Testamento, un misterio es algo que, al estar fuera del alcance de la comprensión natural, solo puede ser conocido mediante revelación divina, y se da a conocer de una manera y en un tiempo designados por Dios.

II. VERSÍCULOS BÁSICOS:

Mateo 13:11; Romanos 11:25; 1 Corintios 15:23, 51-52; Efesios 1:9-10; 3:1-11; 5:22-33; Colosenses 1:26-27; 2:1-2; 2 Tesalonicenses 2:1-12; 1 Timoteo 3:16; Apocalipsis 1:20; 17:5, 7, 13.

III. EL NÚCLEO DE ESTA VERDAD

Un misterio en la Escritura es un secreto guardado en el corazón de Dios hasta que Él lo revela al hombre. Es algo que la razón humana no podría descubrir; debe venir de Dios. Pablo dijo: *Mas hablamos sabiduría de Dios en misterio, la sabiduría oculta, la cual Dios predestinó antes de los siglos para nuestra gloria... Pero Dios nos las reveló a nosotros por el Espíritu; porque el Espíritu todo lo escudriña, aun lo profundo de Dios* (1 Corintios 2:7, 10).

Hay doce grandes misterios en la Biblia. Por supuesto, hay muchos más, pero los doce misterios de nuestro estudio son de suma importancia para esta era en la que vivimos. Uno de estos misterios fue revelado por Cristo, nueve por Pablo y dos por el apóstol Juan.

IV. LA GRAN VERDAD – LOS DOCE GRANDES MISTERIOS DE DIOS, Parte I

A. EL MISTERIO DEL REINO DE LOS CIELOS.

1. El misterio declarado por Jesús.
   a. Jesús habló en parábolas al referirse al reino de los cielos. En Mateo 13 hay siete parábolas en ese único capítulo. Los discípulos preguntaron: ¿Por qué les hablas por parábolas? (Mateo 13:10).
   b. Jesús dio su respuesta.

Escriba Mateo 13:11: ____

____

____

   c. Subraye Mateo 13:16-17 en su Biblia. Los profetas del Antiguo Testamento vieron en una sola visión el rechazo y la crucifixión como Rey, y su gloria como el Hijo de David, el rey Mesías (Jeremías 33:15-17).

2. El misterio explicado.
   a. Juan el Bautista anunció el reino como habiéndose "acercado" (Mateo 3:1-2).

b. Jesús anunció el reino como habiéndose "acercado" (Mateo 4:17).

c. Los doce apóstoles lo anunciaron como habiéndose "acercado" según las instrucciones de Jesús (Mateo 10:7).

d. Los setenta anunciaron el reino como habiéndose "acercado" (Lucas 10:9).

e. El reino se anunció y Jesús vino. Como Rey en su reino, fue rechazado. Cumplió las palabras de los profetas cuando vino como el "Cordero de Dios… el siervo sufriente". Entró en Jerusalén como "el que viene en el nombre del Señor, el Rey de Israel" (Juan 12:13, véase también el v. 15; Zacarías 9:9).

f. El misterio del que Jesús habló en Mateo 10:7 es este: habría dos venidas de Cristo. La primera vez, vino como el Cordero de Dios para quitar el pecado del mundo; la segunda vez, vendrá como Rey y Señor del universo. El misterio es el intervalo entre la primera venida de Cristo y su segunda venida. El Rey fue rechazado y murió. Durante este intervalo, su reino se describe en forma de misterio mediante parábolas. Los profetas no pudieron ver este intervalo llamado la era de la Iglesia. Nunca se les reveló (Mateo 13:17). Fue revelado desde el corazón de Dios como un misterio.

B. EL MISTERIO DEL ENDURECIMIENTO PARCIAL DE ISRAEL.

1. El misterio declarado por Pablo.

a. Pablo se identificó como israelita (Romanos 11:1) y como parte del remanente que creyó en Jesús como el Mesías (Romanos 11:5). Dios no desechó a su pueblo, Israel.

b. Algunos aceptaron la "elección" (recibieron al Mesías, como Pablo), y "los demás fueron endurecidos" (Romanos 11:7).

c. Escriba el misterio en Romanos 11:25:

____

____

____

2. El misterio explicado.

a. *Que ha acontecido a Israel endurecimiento en parte, hasta que haya entrado la plenitud de los gentiles* (Romanos 11:25). Durante esta era, el endurecimiento parcial se ha producido en Israel, pero Israel nunca deja de existir como pueblo.

b. El "endurecimiento en parte" de Israel continuará mientras la Iglesia esté en el mundo. A través del endurecimiento de Israel, la salvación llegó a los gentiles (Romanos 11:11): el olivo silvestre (los gentiles) fue injertado en el buen olivo (Romanos 11:17, 23, 24). El olivo representa a Israel con Abraham como la raíz.

c. El misterio es este: Dios no ha desechado a Israel; está parcialmente endurecida "hasta que haya entrado la plenitud de los gentiles". Dios ha dado un tiempo a los gentiles. Ese tiempo comenzó en Hechos 10:34-48 en la casa de Cornelio, y fue confirmado por el Concilio de Jerusalén (Hechos 15:14). Este tiempo continuará hasta que se complete el propósito de Dios, que es llamar de entre los gentiles un pueblo para su nombre. "La plenitud de los gentiles" concluye cuando el cuerpo de Cristo esté completo. Esto forma parte del misterio tanto como el endurecimiento parcial de Israel. En ese momento, el endurecimiento de Israel terminará, y recibirá al Libertador, Jesús, el Mesías (Romanos 11:26).

La salvación final de Israel fue vista por los profetas (Isaías 35:1, 5; 59:20; Ezequiel 36:24-26; Zacarías 12:10). Sin embargo, ellos no vieron la "plenitud de los gentiles", es decir, *la era de la iglesia.*

C. EL MISTERIO DEL TRASLADO DE LOS SANTOS, VIVOS Y MUERTOS.

1. El misterio declarado por Pablo.
   a. El misterio es el llamado de la Iglesia y la resurrección de los muertos en Cristo.

Escriba 1 Corintios 15:51-52: ______________________________

____

____

____

   b. "He aquí, os digo un misterio". ¿Qué dijimos que es un misterio? Es un secreto en el corazón de Dios que la razón humana nunca podría haber conocido, pero que se nos revela por Dios desde el cielo (Deuteronomio 29:29).

2. El misterio explicado.
   a. Este misterio se describe en detalle en 1 Tesalonicenses 4:13-18. El traslado de los santos vivos y la resurrección de los muertos en Cristo era algo que la razón humana nunca podría haber concebido. El misterio fue revelado desde el corazón de Dios a Pablo. Conocemos estos misterios por la revelación de la Palabra de Dios.
   b. La Iglesia es llamada para encontrarse con Cristo. Nosotros, los que estemos vivos, seguiremos a aquellos que están "muertos en Cristo" (1 Tesalonicenses 4:16). "Así estaremos siempre con el Señor" (v. 17). Esto es llamado por la mayoría de los evangélicos "el rapto de la iglesia".
   c. Escriba Filipenses 3:21:

____

____

D. EL MISTERIO DE LA DIVINA VOLUNTAD DE DIOS.

1. El misterio declarado por Pablo.
   a. Escriba Efesios 1:9-10.

____

____

____

   b. Subraye Romanos 8:21-23 en su Biblia.

2. El misterio explicado.
   a. El misterio es la restauración de todas las cosas en Cristo, para deshacer todo lo que el pecado ha hecho y restaurar todas las cosas en Cristo como eran antes de la caída del hombre.
   b. ¿Cuándo sucede esto? *En la dispensación del cumplimiento de los tiempos* (Efesios 1:10). Este es el tiempo del "reino de los cielos" cuando Cristo reinará como Rey en su reino por mil años. El Antiguo Testamento está lleno de referencias a este periodo (2 Samuel 7:8-17; Isaías 65:18-25; Zacarías 14).

c. El ángel Gabriel le habló a María sobre este reino de Cristo (Lucas 1:30-33).

E. EL MISTERIO DE LA IGLESIA.

1. El misterio declarado por Pablo.
   a. La Iglesia no se puede encontrar en el Antiguo Testamento. Era un misterio.

Escriba Efesios 3:3: ____

____

   b. Subraye Efesios 3:5-6, 9.
   c. Escriba Efesios 3:10:

____

____

2. El misterio explicado.
   a. La pared de separación entre el judío y el gentil fue derribada para hacer en Cristo un solo cuerpo que es la Iglesia (Efesios 2:14-18).
   b. La revelación de este "misterio" de la Iglesia fue anunciada por Cristo pero no explicada (Mateo 16:18).
   c. La Iglesia es el cuerpo de Cristo con muchos miembros en el cuerpo (1 Corintios 12:12).

Escriba 1 Corintios 12:13: ____

____

____

   d. La Iglesia no es Israel (Gálatas 3:27-29).
   e. La Iglesia es una unidad orgánica. Cuando uno sufre, el cuerpo sufre, etc. (1 Corintios 12:25-27).
   f. Jesús es la cabeza de la Iglesia (Efesios 1:22-23).
   g. La Iglesia es un templo santo para que Dios more a través de su Espíritu (Efesios 2:19-22).

Escriba el v. 22: ____

____

____

F. EL MISTERIO DE LA IGLESIA COMO LA NOVIA DE CRISTO.

1. El misterio declarado por Pablo.
   a. Se debe leer primero todo el pasaje. Lea Efesios 5:23-33.
   b. El misterio se encuentra en el v. 32:

____

____

2. El misterio explicado.
   a. En Efesios 5:30 Pablo dice: *Porque somos miembros de su cuerpo, de su carne y de sus huesos*. Luego toma una escritura de Génesis 2:24 y la cita en Efesios 5:31.

b. ¿Qué está diciendo Pablo? Él está diciendo que el Señor hizo caer un sueño profundo sobre Adán. Mientras Adán dormía, Dios tomó de su costado y creó una mujer. Dios la trajo a Adán y Adán dijo: *Esto es ahora hueso de mis huesos y carne de mi carne; esta será llamada Varona, porque del varón fue tomada* (Génesis 2:23). Así que Pablo dice: *Grande es este misterio; mas yo digo esto respecto de Cristo y de la iglesia* (Efesios 5:32).

c. Así como Eva fue tomada del costado de Adán, la Iglesia es tomada del costado traspasado de nuestro Señor. La Iglesia nace de su sangre, sus sufrimientos, su cruz.

d. Cristo es la cabeza de la Iglesia y la Iglesia está sujeta a Él (Efesios 5:23-24).

e. *Cristo amó a la iglesia, y se entregó a sí mismo por ella* (Efesios 5:25). Ese es un trabajo de amor del pasado.

f. *Para santificarla, habiéndola purificado en el lavamiento del agua por la palabra* (v. 26). Ese es un trabajo de amor del presente.

g. *A fin de presentársela a sí mismo, una iglesia gloriosa, que no tuviese mancha ni arruga ni cosa semejante, sino que fuese santa y sin mancha* (v. 27). Esa es una recompensa futura por su sacrificio.

h. El primer Adán tuvo una esposa. El segundo Adán tiene una esposa: su Iglesia.

Así que el sexto misterio es el misterio de la Iglesia como la esposa de Cristo. El razonamiento del hombre nunca habría soñado con algo así. Fue una verdad oculta en el corazón de Dios y revelada a los "santos apóstoles y profetas por el Espíritu" (Efesios 3:5).

Hemos cubierto solo seis de los doce misterios. La próxima lección será la conclusión de los misterios.

V. LO QUE ESTA VERDAD BÍBLICA NOS ENSEÑA HOY

Un misterio en la Escritura no es un "misterio de televisión". Nosotros pensamos en un misterio como "algo por resolver", una historia, un rompecabezas. En la Biblia, un misterio es una verdad previamente oculta, revelada desde el corazón de Dios. Es algo que la razón humana, la mente humana, nunca podría concebir. Por lo tanto, cuando leemos la palabra "misterio" en la Biblia, es una señal para que nos detengamos e investiguemos lo que Dios está revelando en el pasaje.

(En esta lección hemos cubierto solo la mitad de los misterios que queremos estudiar. "Los misterios del reino" fue el primero y necesita más estudio y reflexión. Hablaremos más sobre este tema en la lección 46).

SU SIGUIENTE TAREA:

1. Lea todas las escrituras asignadas en la lección 44. Además, lea todo el capítulo 13 de Mateo y los tres capítulos de 2 Tesalonicenses.
2. Repase sus notas sobre los grandes misterios de Dios.
3. Marque su Biblia donde aprenda nuevas verdades.

Lección 45

LOS DOCE GRANDES MISTERIOS DE DIOS - PARTE II

I. INTRODUCCIÓN

Los misterios de Dios son un estudio fascinante. Debido a que se les llama "un misterio", la persona promedio sigue leyendo hasta el siguiente pensamiento. En esencia, los misterios de Dios nos enseñan algunas de las grandes verdades de Dios. Recuerde: "un misterio es aquello que está fuera del alcance de la comprensión natural y solo puede ser dado a conocer por revelación divina, de manera y en el momento que Dios ha establecido". Si esa definición es verdadera, y lo es, ¿por qué no estudiamos los misterios de Dios con más frecuencia? Aquí debemos admitir que la mayoría de nosotros, los que lideramos en las iglesias, hemos sido culpables. Estas son verdades que todos podemos aprender juntos. Estas dos lecciones sobre el tema no responderán todas sus preguntas, pero le involucrarán en el estudio de los misterios. Vivimos en la era del Nuevo Testamento y estos misterios están escritos en la Escritura para nuestro aprendizaje. Los profetas del Antiguo Testamento nunca vieron estos misterios.

II. VERSÍCULOS BÁSICOS:

Todas las escrituras de la lección 44, y lea todo el capítulo 13 de Mateo y los tres capítulos de 2 Tesalonicenses.

III. EL NÚCLEO DE ESTA VERDAD

El núcleo de la última lección se aplica a esta lección. Debe recordar que un misterio es revelado por Cristo, nueve por Pablo y dos por el apóstol Juan. Esta lección cubrirá los últimos seis misterios. (Antes de comenzar esta lección, lea toda la lección 44 para tener continuidad en el pensamiento y el patrón de estudio).

IV. LA GRAN VERDAD – LOS DOCE GRANDES MISTERIOS DE DIOS, Parte II

(Comenzamos con el séptimo misterio y continuaremos el bosquejo comenzando con "G" hasta "L").

G. EL MISTERIO DEL CRISTO QUE HABITA, MORA.

1. El misterio declarado por Pablo.
   a. En Colosenses 1:25-26 Pablo dice: *De la cual* [la Iglesia] *fui hecho ministro, según la administración de Dios que me fue dada para con vosotros, para que anuncie cumplidamente la palabra de Dios, el* ***misterio*** *que había estado oculto desde los siglos y edades, pero que* ***ahora*** *ha sido manifestado a sus santos".*
   b. Después, Pablo expone el misterio.

Escriba Colosenses 1:27: ______________________________

____

____

   c. El misterio, entonces, es "Cristo en vosotros, la esperanza de gloria".

2. El misterio explicado.
   a. Es la unión de la naturaleza divina con nuestra naturaleza. Es el nuevo nacimiento. Somos parte de Cristo como miembros de su cuerpo (1 Corintios 12:12-13).

b. Si Cristo está en nosotros, somos hechos nuevos, habiendo participado de la naturaleza divina.

Escriba 2 Pedro 1:4: ____________________

____

____

____

c. El nuevo hombre es Cristo "formado" en el creyente.

Escriba Gálatas 2:20: ____________________

____

____

d. Subraye 2 Corintios 5:17; 1 Juan 4:12-13 en su Biblia.

e. Note el número de veces que Pablo usa el término "en Cristo" en Efesios. Efesios 1:1, 3-4; 2:6, 10, 13; 3:6, 17, 20; 4:6; 6:10.

f. Jesús expresa la misma verdad en su oración. Subraye Juan 17:21, 23.

g. La "esperanza de gloria" es el resultado de "Cristo en vosotros". Tenemos esa "esperanza bienaventurada" de Tito 2:13.

Escriba 1 Pedro 3:15: ____________________

____

____

H. EL MISTERIO DE LA DEIDAD DE CRISTO.

1. El misterio declarado por Pablo.
   a. En Colosenses 2:2 Pablo dice: *Para que sean consolados sus corazones, unidos en amor, hasta alcanzar todas las riquezas de pleno entendimiento, a fin de conocer el misterio de Dios el Padre, y de Cristo.*
   b. Pablo está hablando de la plenitud encarnada de la Deidad estando en Cristo: Dios el Padre, el Hijo y el Espíritu Santo en Cristo cuando Él estaba en la carne.
   c. Escriba Colosenses 2:3:

____

____

   d. El misterio es "el misterio de Dios el Padre, y de Cristo, en quien están escondidos todos los tesoros de la sabiduría y del conocimiento". Cristo era la Trinidad encarnada.
2. El misterio explicado.
   a. Se dan muchas escrituras para hacer este misterio muy claro.

Escriba 1 Corintios 2:7: ____________________

____

____

b. Escriba Colosenses 1:15:

____

____

Subraye Colosenses 1:16-18.

c. Escriba Colosenses 1:19:

____

____

Dios el Padre estaba en Cristo (Juan 17:21-23).

Dios el Espíritu Santo era suyo en su plenitud (Juan 3:34-35).

d. Escriba Colosenses 2:9:

____

____

e. Subraye 1 Corintios 1:24, 30 en su Biblia.

Para el creyente, todo conocimiento y toda sabiduría encuentran su significado último en Cristo Jesús. Ningún hombre sabe eso hasta que se le revela por el Espíritu Santo. Pensar en Dios el Padre, el Hijo y el Espíritu Santo en la carne, encarnados en Cristo, nunca pudo haber sido concebido por el hombre. Era un misterio en el corazón de Dios.

I. EL MISTERIO DE LA PIEDAD.

1. El misterio declarado por Pablo.

a. Escriba 1 Timoteo 3:16:

____

____

____

b. El misterio es la encarnación mediante la cual le fue restaurada al hombre la piedad.

2. El misterio explicado.

a. El misterio de la piedad (semejanza a Dios) puede explicarse como ese proceso (las seis cosas de 1 Timoteo 3:16) por el cual el hombre puede nacer de nuevo. Considere las seis cosas de 1 Timoteo 3:16.

b. "Dios fue manifestado en carne". Esta fue la encarnación de Dios en la carne en su Hijo.

Escriba Juan 1:14: ____

____

____

c. "Justificado en el Espíritu". Él fue resucitado por el Espíritu (Romanos 8:11). Fue resucitado para nuestra justificación (Romanos 4:25).

d. "Visto de los ángeles". Los ángeles lo adoraron.

Escriba Hebreos 1:6: ____

____

____

e. "Predicado a los gentiles" (Mateo 24:14). Subraye Hechos 13:38, 47-48.

f. "Creído en el mundo" (1 Timoteo 3:16). La recepción de Cristo por el mundo se ilustra mejor en Hechos, donde vemos la rápida recepción en los primeros días del cristianismo:

- Hechos 1:14-15 – 120 en el aposento alto
- Hechos 2:41 – 3000 almas añadidas
- Hechos 4:4 – 5000 hombres más mujeres y niños
- Hechos 5:14 – Multitudes añadidas
- Hechos 6:7 – Multiplicados grandemente

... y así podríamos seguir. Jesús fue creído en el mundo.

g. "Recibido arriba en gloria". Subraye Lucas 24:51; Hechos 1:9-11.

Este "misterio de la piedad" es la encarnación de Cristo por la cual la piedad puede ser restaurada al hombre. En palabras sencillas, es el plan de salvación de Dios. Es el hacer "nuevas criaturas en Cristo Jesús". Es nacer de nuevo. Este es el "misterio de la piedad".

J. EL MISTERIO DE LA INIQUIDAD.

1. El misterio declarado por Pablo.

a. *Porque ya está en acción el misterio de la iniquidad; solo que hay quien al presente lo detiene* [el Espíritu Santo], *hasta que él* [el Espíritu Santo] *a su vez sea quitado de en medio. Y entonces se manifestará aquel inicuo* (2 Tesalonicenses 2:7-8).

b. *Inicuo cuyo advenimiento es por obra de Satanás, con gran poder y señales y prodigios mentirosos* (v. 9).

c. Pablo ha revelado el "misterio de la piedad": Dios manifestado en carne, Cristo. En este pasaje, Pablo revela el "misterio de la iniquidad": el anticristo. El "misterio de la iniquidad" será Satanás manifestado en carne.

2. El misterio explicado.

a. La explicación que da Pablo es clara y comprensible. En 2 Tesalonicenses 2:1 Pablo se refiere a la "venida de nuestro Señor Jesucristo, y nuestra reunión con él". El contexto es sobre la "venida de nuestro Señor".

b. Se da una descripción de "ese día" en 2 Tesalonicenses 2:3. Observe:

- "el día del Señor"
- "no vendrá, sin que antes venga la apostasía": apostatar, enseñanza falsa. El acto de cristianos profesos que rechazan deliberadamente la verdad revelada de la Palabra de Dios (2 Timoteo 3:1-8).
- "y se manifieste el **hombre de pecado**, el **hijo de perdición**". Solo el anticristo podría encajar en esta descripción.

c. La obra y descripción del anticristo (2 Tesalonicenses 2:4).

- "el cual se opone y se levanta contra todo lo que se llama Dios o es objeto de culto". Él se opone a Dios.

- "tanto que se sienta en el templo de Dios como Dios, haciéndose pasar por Dios". Él se declarará Dios en el templo reconstruido en Jerusalén.

d. Satanás, el anticristo, tendrá poder total cuando se elimine el poder que lo restringe. Lea 2 Tesalonicenses 2:6.

e. "solo que hay quien al presente lo detiene [el Espíritu Santo], hasta que él [el Espíritu Santo] a su vez sea quitado de en medio. Y entonces se manifestará aquel inicuo...". Una explicación simple es lo único que se necesita. Lo único que impide que Satanás tenga poder total ahora es la presencia del cuerpo de Cristo: los creyentes en el mundo. ¿Dónde está el Espíritu Santo ahora? En los corazones de los creyentes, el cuerpo de Cristo. Nosotros somos los que debemos ser *"quitados de en medio"* y entonces, el ministerio restrictivo del Espíritu Santo a través del cuerpo de Cristo cesará.

f. Solo "entonces se manifestará aquel inicuo".

El anticristo es llamado el "inicuo" (v. 8), el "hombre de pecado" (v. 3), el "hijo de perdición" (v. 3), "el misterio de la iniquidad" (v. 7). Todos estos nombres están en 2 Tesalonicenses 2:3-8.

g. Se amplía una descripción de la obra de Satanás en 2 Tesalonicenses 2:9-12.

h. "El misterio de la iniquidad" es Satanás manifestado en carne. Jesús fue Dios manifestado en carne. Esto nos lleva a Génesis 3:15. Dios dijo a la serpiente (Satanás): *Pondré enemistad entre ti y la mujer, y entre tu simiente y la simiente de suya.* La simiente de la mujer era Cristo; la simiente de la serpiente es el anticristo. La batalla aún sigue, pero sabemos quién será el victorioso. El fin del "misterio de la iniquidad", el anticristo, se encuentra en Apocalipsis 19:20.

K. EL MISTERIO DE LAS SIETE ESTRELLAS Y LOS SIETE CANDELABROS (PORTALÁMPARAS)

1. El misterio declarado por el apóstol Juan.

a. Escriba Apocalipsis 1:20:

____

____

____

b. Se nombran dos misterios: las "siete estrellas" y los "siete candeleros".

2. El misterio explicado.

a. El contexto total da la respuesta total. El contexto comienza en Apocalipsis 1:9 y continúa a lo largo del v. 20.

b. Jesús es quien habla. (Este es el único libro de la Escritura que nombra cuatro autores: Apocalipsis 1:1-2). Observe:

- "Dios le dio" [a Jesús]
- "y [Jesús] la declaró enviándola por medio de su ángel"
- "a su siervo Juan"

c. Lo que Juan escribe, lo escribe de parte de Dios. Él vio siete candeleros de oro (Apocalipsis 1:12-13). En medio de los siete candeleros estaba "uno semejante al Hijo del Hombre [Jesús]".

d. Luego, Juan describe a Jesús (Apocalipsis 1:13-16). En la mano derecha de Jesús, Juan vio "siete estrellas" (v. 16). ¿Qué eran los siete candeleros y las siete estrellas?

e. La respuesta está en Apocalipsis 1:20: *El misterio de las siete estrellas [...], y de los siete candeleros de oro.* Las siete estrellas son los ángeles (mensajeros, pastores) de las siete iglesias, y los siete candeleros son las siete iglesias.

Así que Juan escribió lo que fue inspirado a escribir y lo envió a las siete iglesias de Asia (Apocalipsis 1:11). En esas siete cartas escribió acerca de todas las iglesias de todas las edades en la historia.

L. EL MISTERIO DE BABILONIA

1. El misterio declarado por el apóstol Juan.

a. Escriba Apocalipsis 17:5.

____

____

b. El misterio es una mujer, "la gran ramera" del v. 1.

2. El misterio explicado.

a. La "BABILONIA LA GRANDE, LA MADRE DE LAS RAMERAS Y DE LAS ABOMINACIONES DE LA TIERRA" (Apocalipsis 17:5) es la Babilonia eclesiástica y es destruida por la Babilonia política (Apocalipsis 17:15-18).

b. El ángel declara que "dirá el misterio" a Juan en Apocalipsis 17:7. Desde el versículo 8 en adelante se describe el dominio del anticristo y el poder de la Babilonia eclesiástica, que representa el cristianismo apóstata.

c. Apocalipsis 17 es una descripción de un sistema. Apocalipsis 18 es una descripción del juicio de Dios sobre la Babilonia mercantil.

V. LO QUE ESTA VERDAD BÍBLICA NOS ENSEÑA HOY

Los misterios de Dios se presentan en la Escritura para todos aquellos que han sido "iniciados" en la vida salvadora de Cristo. Jesús respondió a sus discípulos en Mateo 13:11: *Porque a vosotros os es dado saber los misterios del reino de los cielos; mas a ellos no les es dado.* Dios ha revelado estos misterios en su Palabra para esta era. *Cosas que ojo no vio, ni oído oyó, ni han subido en corazón de hombre, son las que Dios ha preparado para los que le aman. Pero Dios nos las reveló a nosotros por el Espíritu* (1 Corintios 2:9-10). Ahora, lea 1 Corintios 2 detenidamente. Podemos conocer los misterios de Dios en esta era.

SU SIGUIENTE TAREA:

1. Lea Mateo 13; 18:21-35; 20:1-16; 22:2-14; 25:1-13; 25:14-30; 1 Corintios 15:24.
2. Repase sus notas de las lecciones 44 y 45 sobre los doce grandes misterios de Dios.
3. Marque su Biblia donde aprenda nuevas verdades.

Lección 46

LAS DOCE PARÁBOLAS DEL REINO

I. INTRODUCCIÓN

Esta lección está escrita para personas comunes y jóvenes, no para teólogos. Nos ocuparemos de los "misterios", pero de una manera comprensible.

Primero, ¿qué es el reino? Existen el reino de Dios y el reino de los cielos. ¿Cuál es la diferencia?

El reino de Dios es el dominio de Dios sobre todo el universo. Incluye tiempo y eternidad, cielo y tierra. Es espiritual, como dice el Señor en Lucas 17:20-21: *El reino de Dios no vendrá con advertencia [...]; porque he aquí el reino de Dios está entre vosotros.* (Esto no podría decirse a un fariseo que rechazaba a Cristo, aunque Cristo estaba en medio de ellos). El reino de Dios no es algo visible al ojo humano. Pablo afirma en Romanos 14:17: *Porque el reino de Dios no es comida ni bebida, sino justicia, paz y gozo en el Espíritu Santo.* Es un reino invisible al que se entra por el nuevo nacimiento: *De cierto, de cierto te digo, que el que no naciere de nuevo, no puede ver el reino de Dios* (Juan 3:3).

El reino de los cielos es un término del Nuevo Testamento usado únicamente por Mateo 32 veces. Mateo escribió sobre Jesús como Rey; por ello, menciona el reino de los cielos en sus escritos. Este reino está limitado en tiempo y espacio. El tiempo del reino de los cielos es desde la primera venida de Cristo hasta el fin de su reino. El espacio es la cristiandad. Esto puede aclararse mejor.

El reino de los cielos fue anunciado por Juan el Bautista diciendo "se ha acercado" (Mateo 3:1-2). También Jesús lo anunció diciendo "se ha acercado" (Mateo 4:17). Lo proclamaron los doce apóstoles (Mateo 10:7) y los setenta discípulos (Lucas 10:9). Jesús vino como un Rey para reinar en un reino, tal como lo profetizaron los profetas del Antiguo Testamento. Este reino y su Rey debían ser literales, reales, no simbólicos. Esto se describe en Isaías 2:1-4; 9:6-7; 11:1-10; Jeremías 23:5, 8; Daniel 7:13-14; Zacarías 14:9, entre otros. Sin embargo, cuando Cristo vino, los judíos lo rechazaron como Rey. Él vino como Rey (Juan 1:49; 12:12-16; 18:33, 37; 19:19-22). Jesús murió como un Rey rechazado, crucificado, sepultado y resucitado. El establecimiento del reino de los cielos fue postergado, y el Rey ascendió a la gloria. Ahora está en el cielo, en un estado de exilio. Entre su ascensión y su regreso está este periodo de tiempo conocido como *musterion*, un misterio que Dios guardó en su corazón. Jesús habló sobre los "misterios del reino de los cielos" en parábolas para que pudiéramos entenderlos. Estas parábolas serán el enfoque principal de esta lección: las doce parábolas misteriosas del reino de los cielos.

II. VERSÍCULOS BÁSICOS:

Mateo 13; 18:21-35; 20:1-16; 22:2-14; 25:1-13; 25:14-30; 1 Corintios 15:24.

III. EL NÚCLEO DE ESTA VERDAD

En Hechos 1:6 los apóstoles preguntaron a Jesús: *Señor, ¿restaurarás el reino a Israel en este tiempo?* Su respuesta está en Hechos 1:7. Jesús regresará como Rey, no como Rey de la Iglesia, ya que Él es la cabeza de la Iglesia. Será Rey sobre su reino, y nosotros, la Iglesia, reinaremos con Él (2 Timoteo 2:12; Apocalipsis 1:6; 5:10). Los misterios del reino de los cielos, descritos en las doce parábolas, muestran el aspecto terrenal del reino, su propagación y la forma que adopta entre las dos venidas de Cristo. Estas parábolas revelan qué buscar mientras el Señor Jesús está ausente de la tierra. El reino de los cielos muestra una visión global de cómo el mundo responde a la Palabra de Dios: una mezcla de bueno y malo, de trigo y cizaña. El Espíritu Santo debe ser nuestro maestro al estudiar su Palabra.

IV. LA GRAN VERDAD – LAS DOCE PARÁBOLAS DEL REINO

A. LA PARÁBOLA DEL SEMBRADOR.

1. El misterio de la parábola (Mateo 13:3-9).
   a. El hecho de que Cristo hablara en parábolas es el misterio. Una parábola es "una historia terrenal con un significado celestial". En esta parábola, Jesús relata la parábola y luego interpreta su significado.
   b. La parábola muestra al sembrador, la semilla y el terreno (Mateo 13:3-9).
2. La interpretación de la parábola.
   a. Jesús interpretó solo dos parábolas, y esta es una de ellas. Su modelo debe aplicarse a las otras doce parábolas.
   b. La interpretación se encuentra en Mateo 13:18-23.

      La semilla es la Palabra de Dios. El sembrador es el Hijo del Hombre. El campo es el mundo (vv. 37-38). La semilla sembrada produce solo una respuesta parcial. Algunos reciben la Palabra por un momento, pero luego se desvanecen (vv. 20-21). Otros son absorbidos por las riquezas y preocupaciones del mundo (vv. 22). Pero algunos la reciben, responden y dan fruto (vv. 23).
   c. Esta parábola nos muestra que el mundo nunca será completamente convertido: siempre habrá una respuesta parcial. Este es el tiempo para sembrar la semilla. Las aves (una representación del diablo) se llevan parte de la semilla, pero debemos continuar sembrando la Palabra de Dios.

B. LA PARÁBOLA DEL TRIGO Y LA CIZAÑA.

1. El misterio de la parábola (Mateo 13:24-30).
   a. La cizaña (malas hierbas) es sembrada entre el trigo, y ambos crecen juntos hasta el tiempo de la cosecha.
   b. ¿Quién sembraría cizaña entre el trigo?
2. La interpretación de la parábola (Mateo 13:36-43).
   a. El sembrador es el Señor. Satanás es el enemigo que siembra la cizaña entre el trigo. La cizaña son los hijos de Satanás. El trigo son los hijos del reino, fruto de la Palabra de Dios. El trigo y la cizaña están creciendo juntos hoy. Los verdaderos creyentes (el cuerpo de Cristo) y los hijos de las tinieblas están creciendo. La cosecha llegará al fin de esta era (v. 39).
   b. Subraye en su Biblia Mateo 13:37-39 y 43. (Cristo interpretó solo dos de las parábolas: las dos primeras. Los mismos principios de interpretación deben aplicarse a las demás parábolas).

C. LA PARÁBOLA DE LA SEMILLA DE MOSTAZA.

1. El misterio de la parábola (Mateo 13:31-32).
   a. ¿Podría un árbol venir de una hierba que produce semillas? ¡Nunca! Lea Génesis 1:11-12.
   b. La semilla de mostaza, diseñada únicamente para crecer como un arbusto, se desarrolla de manera antinatural en un árbol. En el Antiguo Testamento, un árbol a menudo simbolizaba un reino terrenal, como en la visión de Nabucodonosor interpretada por Daniel (Daniel 4:20-22).
   c. Este árbol antinatural no puede representar el crecimiento de los creyentes, ya que sus raíces están en el mundo.

2. La interpretación de la parábola.
    a. En la primera parábola, las aves que devoraron la semilla representaban "al malvado": Satanás y sus agentes.
    b. La misma verdad se aplica en esta parábola. El diablo está activo en la cristiandad (en cualquier lugar donde se predique el evangelio). El crecimiento externo y sin sustancia de la "religión" es el árbol de la semilla de mostaza.
    c. El árbol es grande, y las aves del cielo se posan en sus ramas. El mal está entrando en toda forma de "religión" que ha crecido hasta convertirse en un vasto sistema.

D. LA PARÁBOLA DE LA LEVADURA.
1. El misterio de la parábola (Mateo 13:33-35).
    a. La levadura no es el evangelio, como algunos dicen. La palabra se usa 98 veces en la Escritura y siempre en un sentido negativo. Nunca debía entrar en contacto con un sacrificio (Éxodo 34:25; Levítico 2:11; 10:12).
    b. La levadura representa el mal. En ese sentido, Cristo usó la palabra en Mateo 16:6 y Marcos 8:15. Pablo también sabía que significaba maldad. Lea 1 Corintios 5:6-8 y Gálatas 5:9.
2. La interpretación de la parábola.
    a. Así como la semilla de mostaza, que crece hasta convertirse en un árbol, es un misterio en el reino de los cielos, también lo es la levadura.
    b. La levadura inunda todo el reino de los cielos. Se debilita y, a veces, se vuelve pecaminoso. Todo sucede en el nombre de Cristo.
    c. La levadura está "escondida en tres medidas de harina" (Mateo 13:33). La harina es el evangelio, hecho de la semilla de trigo, que es la Palabra de Dios. Por lo tanto, la levadura está escondida en la Palabra tal como se enseña o se predica.
    d. Esto significa que el reino (la cristiandad) ha sido y está siendo infiltrado por una gran cantidad de levadura. La levadura causa corrupción. Jesús usó el término para revelarnos que el pecado invadiría un lugar donde se predica el evangelio. Subraye Mateo 13:33 en su Biblia.

E. LA PARÁBOLA DEL TESORO ESCONDIDO.
1. El misterio de la parábola (Mateo 13:44).
    a. El misterio es evidente al leer la parábola.
2. La interpretación de la parábola.
    a. El campo es el mundo (v. 38). El tesoro escondido en el campo es Israel.

Escriba Éxodo 19:5: ____

____

____

Subraye en su Biblia Salmos 135:4.

    b. Israel está escondido entre las naciones del mundo. Así permanecerá hasta que se cumpla lo dicho en Romanos 11:26-29 (subráyelo). El "hombre" de la parábola es el "Libertador": Jesucristo.

F. LA PARÁBOLA DE LA PERLA DE GRAN PRECIO.
1. El misterio de la parábola (Mateo 13:45-46).

a. Nuevamente, el misterio es evidente en la lectura. Recuerde que Jesús está revelando estos misterios por primera vez. Él es quien está hablando en parábolas.

2. La interpretación de la parábola.

a. La "perla de gran precio" es la Iglesia. El que compró la perla es Jesucristo. Él pagó con su sangre el precio completo de la redención (Hechos 20:28).

b. Durante el mismo periodo en que se cumplen los misterios del reino se manifiesta el misterio de la Iglesia (Efesios 3:3-10).

c. El reino *no* es la Iglesia. Los verdaderos hijos del reino durante el cumplimiento de estos misterios (bautizados por un Espíritu en un cuerpo) componen la Iglesia, la perla de gran precio (1 Corintios 12:12-13). La iglesia está *en* el reino de los cielos, pero el reino es un término que abarca toda la cristiandad. Cada lugar donde se predica la Palabra produce una condición de reino de los cielos, pero en ninguna parte del mundo se ha logrado una conversión total.

d. La perla de gran precio es algo que Jesús compra. *¿O ignoráis [...] que no sois vuestros? Porque habéis sido comprados por precio* (1 Corintios 6:19-20).

G. LA PARÁBOLA DE LA RED.

1. El misterio de la parábola (Mateo 13:47-51).

a. El misterio está en la red, que es como el reino de los cielos. Cuando la red es echada al mar de la humanidad, recoge tanto lo bueno como lo malo.

b. Debe haber una separación. Note que la red no es la Iglesia.

2. La interpretación de la parábola.

a. Jesús dice en los vv. 49 y 50 que el pasaje se refiere "al fin del siglo". Al final de esta era, algunos serán perdidos y otros serán salvos. En la red hay una mezcla de y malos.

b. Jesús dijo: *Saldrán los ángeles, y apartarán a los malos de entre los justos, y los echarán en el horno de fuego; allí será el lloro y el crujir de dientes* (Mateo 13:49-50). Esto elimina la teoría de que todo el mundo será salvo.

H. LA PARÁBOLA DE LOS DOS DEUDORES.

1. El misterio de la parábola (Mateo 18:21-35).

a. Para enseñar la extrema importancia del perdón, el Señor utiliza una ilustración de un rey que perdonó a su siervo, quien a su vez se negó a perdonar a otro.

b. La declaración de Jesús fue perdonar hasta setenta veces siete (v. 22).

2. La interpretación de la parábola.

a. "Por lo cual el reino de los cielos es semejante a..." (v. 23). Después de decirle a Pedro que perdonara 490 veces, Jesús comparó el perdón con el reino de los cielos (vv. 22-23).

b. Siempre debemos perdonarnos unos a otros.

c. Escriba Mateo 18:35:

____

____

I. LA PARÁBOLA DE LOS OBREROS DE LA VIÑA.

1. El misterio de la parábola (Mateo 20:1-16).

a. Algunos obreros trabajaron más tiempo que otros, pero recibieron el mismo salario. Esta es una historia que revela el misterio de Dios en su trato con nosotros con respecto a la tarea que nos ha asignado.
b. La parábola parece injusta, pero enseña una verdad de Dios.

2. La interpretación de la parábola.
   a. Dios recompensará a sus siervos no por la cantidad de tiempo que sirvan ni por la prominencia de su posición, sino por la fidelidad en la tarea que Él les ha dado. ¡Qué lección debemos aprender de esta parábola!
   b. Ahora podemos entender el significado de Mateo 20:16.

Escriba Mateo 20:16: ____

____

____

(Note que también es el versículo final de Mateo 19).

J. LA PARÁBOLA DE LA FIESTA DE BODAS.

1. El misterio de la parábola (Mateo 22:1-14).
   a. ¿Quién era el rey, el hijo, y qué significa esto?
   b. ¿Qué significa la fiesta de bodas?
2. La interpretación de la parábola.
   a. El Rey es Dios el Padre. El Hijo es Jesús. La invitación (el llamado) fue hecha a la nación judía (v. 3).
   b. La nación judía no lo tomó en serio y siguió su camino (v. 5).
   c. La destrucción de la ciudad ya ocurrió (70 d. C.).
   d. La invitación es para todos. Este siempre es el llamado de nuestro Señor. El vestido de bodas es la justicia de Cristo (Romanos 3:21). El que no tenía el vestido de bodas quedó mudo (v. 22). La invitación es para usted, pero debe venir en los términos del Rey.

K. LA PARÁBOLA DE LAS DIEZ VÍRGENES.

1. El misterio de la parábola (Mateo 25:1-13).
   a. ¿Quiénes son las diez vírgenes y qué significan estos dos grupos?
   b. ¿Qué significa el aceite, las prudentes y las insensatas?
2. La interpretación de la parábola.
   a. Las diez vírgenes, divididas en dos grupos, representan a las prudentes y las insensatas. Esta parábola presenta el regreso del Señor como una prueba de la profesión de fe. No podemos distinguir entre los verdaderos y los falsos profesantes en esta vida. Es una representación de los poseedores de Cristo y los profesantes de Cristo. Cinco tienen una fe falsa. Cinco tienen una fe verdadera.
   b. El aceite es siempre un símbolo del Espíritu Santo.
   c. El reino de los cielos aquí es el ámbito de la profesión, al igual que en Mateo 13. Todas tienen lámparas, pero las vírgenes insensatas no llevaron aceite (el Espíritu Santo), y Jesús dijo: *No os conozco* (Mateo 25:12).

Escriba Romanos 8:9: ____

____

d. Nunca podemos distinguir entre los verdaderos y los falsos profesantes de Cristo. Esta es la misma situación que la del "trigo y la cizaña". Crecen juntos y el Señor es quien hace la separación.

L. LA PARÁBOLA DE LOS TALENTOS.

1. El misterio de la parábola (Mateo 25:14-30).
   a. ¿Qué significa que algunos reciban más que otros?
   b. ¿Esto es aplicable a nosotros?
2. La interpretación de la parábola.
   a. El Señor está probando el servicio. A todos se les dieron talentos y se les ordenó usarlos de manera provechosa. Uno enterró su talento, mientras que los otros lo usaron.
   b. Se da la misma aprobación al siervo con dos talentos (v. 23) que al que tenía cinco talentos (v. 21). El Señor está evaluando la fidelidad en el servicio. Perdemos lo que no usamos. Esta parábola habla de nuestra mayordomía del talento y el tiempo para con Dios.

V. LO QUE ESTA VERDAD BÍBLICA NOS ENSEÑA HOY

Cuando los discípulos le preguntaron a Jesús por qué hablaba en parábolas, Él dio la conocida respuesta en Mateo 13:11: *Porque a vosotros os es dado saber los misterios del reino de los cielos; mas a ellos no les es dado.* Las parábolas describen el resultado de la presencia del evangelio en el mundo durante este periodo entre su primera y segunda venida. *De cierto os digo, que muchos profetas y justos desearon ver lo que veis, y no lo vieron; y oír lo que oís, y no lo oyeron* (Mateo 13:17). Jesús explica las razones de las parábolas. Debemos nacer de nuevo para discernir lo que Él dice en ellas. Las parábolas son para nosotros.

Brevemente, permítame hablar acerca del reino:

- Un cristiano se convierte en heredero del reino cuando es salvo.
- Nosotros, el verdadero cuerpo de Cristo en todo el mundo, reinaremos con Él cuando establezca su reino.
- El reino de los cielos será literal: un Rey real, Jesús, en su reino.
- Al final de la era del reino, Cristo, habiendo puesto a todos los enemigos bajo sus pies, "entregará el reino al Dios y Padre" (1 Corintios 15:24).
- Entonces se establecerá el reino de Dios para siempre.
- La Iglesia no es el reino, pero es heredera del reino.

El Señor Jesucristo nos revela a nosotros estas verdades de las doce parábolas en esta era. No comprenderá todo en un solo estudio, pero si esto le motiva a profundizar en la Palabra, alegrará su alma al aprender nuevas verdades sobre los misterios de las doce parábolas del reino.

SU SIGUIENTE TAREA:

1. Lea Mateo 16:17-19; 1 Corintios 10:32; 12:12-13; 15:52; Efesios 1:22-23; 3:1-12; 5:22-33; Colosenses 1:18, 24; Hebreos 12:23.
2. Repase sus notas sobre las doce parábolas del reino.
3. Marque su Biblia donde aprenda nuevas verdades.

Lección 47

LA IGLESIA, EL CUERPO DE CRISTO

I. INTRODUCCIÓN

Hay muchas iglesias locales en el mundo, pero hay *una Iglesia verdadera*. Se llama con muchos nombres en la Biblia. Se le llama el *cuerpo de Cristo, la novia de Cristo,* el *edificio de Dios, el templo de Dios, el rebaño de Cristo,* un *pueblo* peculiar, una *nación escogida,* un *sacerdocio real,* una *posesión comprada,* la *sal de la tierra,* la *luz del mundo.* Hay muchos otros nombres para la Iglesia.

La Biblia usa la palabra "iglesia" en dos sentidos o aplicaciones que deben entenderse.

Primero, la palabra "iglesia" se aplica a una asamblea local de creyentes: la iglesia local. La Biblia enseña la iglesia local, como "la iglesia en Corinto, la iglesia en Éfeso, etc.". Los nombres se usaban para identificar grupos en diferentes lugares.

Segundo, la palabra "iglesia" se usa para abarcar a todos los creyentes en el Señor Jesucristo. Se le llama "un solo cuerpo". *Porque por un solo Espíritu fuimos todos bautizados en un solo cuerpo* (1 Corintios 12:13). *Un cuerpo y un Espíritu* (Efesios 4:4-6).

Esta lección se centrará en el segundo uso de la palabra: el "un solo cuerpo" de Cristo. El próximo estudio será sobre la asamblea local: la iglesia local.

II. VERSÍCULOS BÁSICOS:

Mateo 16:17-19; 1 Corintios 10:32; 12:12-13; 15:52; Efesios 1:22-23; 3:1-12; 5:22-33; Colosenses 1:18-24; Hebreos 12:23.

III. EL NÚCLEO DE ESTA VERDAD

Hay "un solo cuerpo de Cristo". Está compuesto por todos los verdaderos creyentes, sin importar los nombres de las iglesias ni las afiliaciones. Está compuesto por todas las razas y colores con un solo credo. Está compuesto por lo visible y lo invisible (no se alarme por esta declaración). Lo visible puede ser visto por otra persona visible. Lo invisible son los muertos en Cristo. Ellos son una parte vital del "cuerpo de Cristo". Todos los redimidos, vivos y muertos (físicamente), son visibles para Aquel que es la cabeza de la Iglesia.

IV. LA GRAN VERDAD – LA IGLESIA, EL CUERPO DE CRISTO

A. EL SIGNIFICADO DE LA PALABRA "IGLESIA".

1. La Iglesia es un organismo.

    a. La Iglesia es un organismo: una entidad viva con signos vitales de vida. La Iglesia no es simplemente una organización. A menudo se escucha la expresión "la iglesia organizada". Eso hace referencia a la estructura y administración de una iglesia local.

    b. La Iglesia está compuesta por personas que han nacido de nuevo al aceptar a Cristo como su Salvador personal. Ellos se convierten en parte del cuerpo de Cristo, que está vivo.

2. La palabra "iglesia".

    a. Durante trescientos años después de Cristo, lo que nuestro Señor creó se llamaba *ecclesia*. Cuando Constantino se convirtió y construyó esos templos magníficos, la *ecclesia* fue cambiada a *kuriakos,* que significa "una casa del Señor". La misma palabra se trasladó a través de los idiomas: *kuriakos, kirkus, kirk* (escocés) hasta *"church"* en inglés.

b. En la Biblia, la palabra es "*ecclesia*".

B. LA NATURALEZA DE LA IGLESIA.

1. La Iglesia es una asamblea "llamada a salir".

a. La palabra del Nuevo Testamento para *iglesia* es "*ecclesia*", que significa "una asamblea llamada fuera". La palabra no se limita a los cristianos. Originalmente, para los griegos significaba una asamblea de personas convocadas con el propósito de deliberar. Cuando se usa para la Iglesia cristiana, la palabra significa una asamblea de personas "llamadas fuera". Ellos han sido llamados fuera del mundo para tener comunión con Cristo y con otros cristianos.

b. Los hijos de Israel fueron un pueblo llamado fuera de Egipto, pero no eran parte del cuerpo de Cristo. La palabra "iglesia" se usa para describirlos, estrictamente con el significado de una asamblea "llamada fuera". Una mejor traducción sería "congregación". Subraye Hechos 7:38 en su Biblia.

2. La Iglesia es una institución divina.

a. La Iglesia es el cuerpo de los creyentes en el Señor Jesús. La Iglesia era un misterio oculto en el corazón de Dios hasta que Él reveló el significado. Cristo es la cabeza de la Iglesia. Dios lo exaltó a esa posición.

Escriba Efesios 1:22-23: ______________________________

____

____

b. Cristo mencionó la Iglesia por primera vez en Mateo 16:18. Cuando Jesús reveló la Iglesia a Pedro y a los discípulos, la Iglesia aún estaba en el futuro. Jesús dijo: *Sobre esta roca* [Cristo] *edificaré mi iglesia*. No dijo "seguiré edificando", sino "edificaré".

c. La Iglesia tomó su forma exterior en Pentecostés. El misterio (que hemos estudiado en las dos últimas lecciones) ya no era un misterio. Lea y subraye Efesios 3:9-10.

C. EL FUNDAMENTO DE LA IGLESIA.

1. El fundamento es Jesucristo.

a. Estudiantes y maestros han pasado incontables horas discutiendo Mateo 16:13-18. Cuando Jesús le dijo a Pedro: *Tú eres Pedro, y sobre esta roca edificaré mi iglesia; y las puertas del Hades no prevalecerán contra ella,* ¿qué quiso decir Jesús exactamente?

b. Dejemos que la Escritura hable por sí misma. Subraye 1 Corintios 3:9-10 y escriba el v. 11:

____

____

2. Jesucristo es la roca.

a. En Mateo 16:18 el significado debe quedar claro. El nombre *Pedro,* usado aquí por el Señor, es *petros* en griego, y significa "una pequeña piedra". Luego, la palabra traducida como "piedra" es *petra* en griego, y significa "una gran roca". Por lo tanto, Jesús dijo: "*Tú eres una pequeña* piedra, pero sobre esta gran roca edificaré mi iglesia".

b. La Escritura habla de manera clara y enfática en este punto.

Escriba 1 Corintios 10:4: ____________________

____

____

Cristo era la Roca en el Antiguo Testamento, y Él es la Roca sobre la cual se edifica la Iglesia. Se le ve en Éxodo 17:6, y esta aparición de Jesús se llama una "teofanía": una aparición preencarnada.

Subraye Juan 4:14.

3. El testimonio de Pedro.
   a. Pedro, la pequeña piedra, testificó que la Iglesia está edificada sobre Jesucristo.

Escriba 1 Pedro 2:3-4: ____________________

____

____

Aquí Pedro llama a Jesús "una piedra viva". La palabra griega para "piedra" es *lithon,* que significa "una gran piedra" (singular).

   b. Pedro nunca afirmó ser la roca sobre la cual se construiría la Iglesia, pero fue el primero en admitir que era una pequeña piedra en la gran estructura de la Iglesia.

Escriba 1 Pedro 2:5: ____________________

____

____

Aquí, la palabra traducida como "piedras" (plural) es *lithoi,* que indica muchas piedras. Cristo, según Pedro, es la *lithon,* la Roca única y fundamental, y nosotros somos *lithoi,* muchas piedras vivas edificadas sobre el fundamento de Jesucristo.

D. LA IGLESIA ES EL CUERPO DE CRISTO.

1. La Iglesia es un cuerpo, una unidad orgánica.
   a. Escriba 1 Corintios 12:12:

____

____

____

El cuerpo es un organismo compuesto por muchos miembros. No todos los miembros tienen la misma función. Note las tres últimas palabras: "Así también Cristo".

   b. Escriba 1 Corintios 12:13:

____

____

____

Los creyentes son hechos miembros de su cuerpo por un Espíritu (el Espíritu Santo). Este es el acto de la regeneración que el Espíritu Santo de Dios hace en el corazón. Somos situados en el cuerpo de Cristo mediante la acción del Espíritu Santo.

   c. La *regeneración* es "ser hecho hijo". La *adopción* es "ser colocado como hijo".

Escriba 1 Corintios 12:18: ____

____

____

Escriba 1 Corintios 12:27: ____

____

____

Dios coloca a los miembros en el cuerpo de Cristo. No nos colocamos a nosotros mismos. Como parte del cuerpo, cada creyente necesita a todas las demás partes del cuerpo para funcionar. Si una parte está enferma, falta o se ha marchitado, todo el cuerpo sufre.

El énfasis en 1 Corintios 12:15-27 es la necesidad de que cada parte del cuerpo funcione correctamente. Hemos sido puestos en el cuerpo de Cristo por Dios. No tenemos derecho a cambiar esa posición.

2. En la presciencia de Dios, Él vio la Iglesia completa.
    a. Hemos estudiado "libre albedrío y elección" así como "presciencia y predestinación". No hay necesidad de hablar sobre la presciencia de Dios. Él vio al cuerpo como un cuerpo completo. Él vio a cada miembro de ese cuerpo desde la eternidad. Subraye Efesios 1:3-6 en su Biblia.

Escriba Efesios 1:4: ____

____

____

    b. Dios determinó el cuerpo, la Iglesia, mucho antes de que existieran las denominaciones y las diferencias humanas. La verdadera Iglesia no es un edificio material; es un grupo de "piedras vivas": personas salvas, construidas sobre la piedra angular que es Jesucristo.

3. Jesucristo es la autoridad de la Iglesia.
    a. La verdadera Iglesia tiene una sola cabeza: Jesucristo. Cristo es la cabeza de la Iglesia y la única cabeza.

Escriba Colosenses 1:17-18: ____

____

____

____

____

    b. Jesús es el fundamento y la cabeza de la Iglesia. Esa posición nunca podrá ser reclamada por hombre ni por ángel. Como fundamento, Él nos asegura que es sólido, seguro y nunca se derrumbará. Como la cabeza del cuerpo, Él dirige y guía. Si nuestra dirección y guía vinieran de otro, seríamos desviados.

4. Jesucristo es la principal piedra del ángulo del edificio.
    a. La Iglesia es la "casa de Dios" compuesta por "santos": salvados.

Escriba Efesios 2:19: ____________________

____

____

b. La Iglesia tiene un fundamento seguro: los profetas y apóstoles. Ellos nos dieron la Palabra de Dios que habla de Él. Jesús es la "principal piedra del ángulo".

Escriba Efesios 2:20: ____________________

____

____

c. La Iglesia es un templo.

Escriba Efesios 2:21: ____________________

____

____

____

La Iglesia es "un templo santo en el Señor". En el primer templo, todos los materiales fueron preparados de antemano y llevados para ser colocados en el templo. Así también, la Iglesia fue elegida antes de la fundación del mundo. Cada piedra estaba en la mente de Dios para ser colocada en un lugar específico en la casa de Dios. Cada creyente es importante: una parte del cuerpo total.

d. Cada creyente es una parte del templo de Dios.

Escriba 1 Corintios 3:16: ____________________

____

____

E. LA IGLESIA ES LA NOVIA DE CRISTO.

1. La novia es comprada por Cristo.

a. Pablo revela la hermosa intimidad de Cristo y su Iglesia.

Escriba Efesios 5:25: ____________________

____

____

b. El matrimonio da fruto para Dios.

Escriba Romanos 7:4: ____________________

____

____

____

2. La novia es limpiada por el lavamiento de la Palabra.

a. Jesús murió por su Iglesia. Él mantiene a la novia (Iglesia) limpia mediante la Palabra de Dios.

Escriba Efesios 5:26: ____

____

____

b. Subraye Juan 15:3.

3. El destino de la Iglesia.

a. Jesús, nuestro Redentor, tiene un destino para su novia. Cristo ama a la Iglesia, nutre a la Iglesia, para poder presentar la Iglesia a sí mismo.

Escriba Efesios 5:27: ____

____

____

b. Los creyentes son miembros de su cuerpo, su carne sus huesos (Efesios 5:30).

c. La Iglesia es parte de la última invitación de Dios. *Y el Espíritu y la Esposa* [la Iglesia] *dicen: Ven. Y el que oye, diga: Ven. Y el que tiene sed, venga; y el que quiera, tome del agua de la vida gratuitamente* (Apocalipsis 22:17).

V. LO QUE ESTA VERDAD BÍBLICA NOS ENSEÑA HOY

La Iglesia, el cuerpo total de Cristo, compuesto por muchos miembros, puede diferir en muchos aspectos externos; sin embargo, todos los miembros llevan las mismas marcas de un verdadero creyente. Pueden adorar en una gran catedral o en una tienda de campaña, tener una forma de culto ritualista o una forma de culto muy sencilla. Estas cosas no causan diferencia. Lo que marca la diferencia es su fe salvadora en Jesucristo. Todos creen en la obra terminada de Cristo: su deidad, su nacimiento virginal, su muerte expiatoria, su resurrección y su venida nuevamente. Creen en la oración y en la adoración. Su etiqueta denominacional no tiene nada que ver con el hecho de ser parte del cuerpo de Cristo. Se encuentran en todas las áreas de la tierra, en cientos de iglesias con diferentes nombres. Todos adoran a Dios y toman sus reglas y preceptos de la Palabra de Dios. Algunos cantarán y se alegrarán emocionalmente, mientras que otros serán tranquilos y serenos; pero todos aman al único Señor y lo adoran. Todos somos parte de la verdadera Iglesia, su cuerpo, si le hemos aceptado como Señor y Salvador.

SU SIGUIENTE TAREA:

1. Lea Hechos 2, 10, 15; 1 Corintios 10:32; 12:13; 2 Corintios 8:1-15; 9:1-8; Efesios 2:15; 1 Timoteo 3:1-13; 5:1-2; 1 Pedro 5:1-4.
2. Repase sus notas sobre la Iglesia, el cuerpo de Cristo.
3. Marque su Biblia donde aprenda nuevas verdades.

Lección 48

LA IGLESIA, LA CONGREGACIÓN LOCAL

I. INTRODUCCIÓN

Todo aquel que recibe a Cristo por la fe es miembro del cuerpo de Cristo; sin embargo, tan cierto como que se convierte en miembro de la Iglesia verdadera, inmediatamente anhelará y buscará la comunión con otros miembros del cuerpo de Cristo. Este es el punto donde la iglesia local, la asamblea local, debe llegar a ser parte de su vida. Aunque las iglesias locales no son perfectas (pues siempre habrá cizaña entre el trigo), el verdadero cristiano buscará la comunión con otros creyentes. Cada cristiano debe identificarse y unirse a la comunión de una iglesia local que crea en la Biblia. Allí debería encontrar la oportunidad de estudiar la Palabra de Dios y así crecer en gracia. Debería ser enseñado acerca del propósito de la iglesia, cómo testificar, y cómo adorar a nuestro Señor. Si es salvo, debe permitir que su testimonio sea parte de una comunión más amplia: la iglesia local. La iglesia puede ser pequeña; puede ser grande, pero el tamaño o el prestigio no tienen nada que ver con el crecimiento personal. Jesús dijo: *Porque donde están dos o tres congregados en mi nombre, allí estoy yo en medio de ellos* (Mateo 18:20).

II. VERSÍCULOS BÁSICOS:

Hechos 2, 10, 15; 1 Corintios 10:32; 12:13; 2 Corintios 8:1-15; 9:1-8; Efesios 2:15; 1 Timoteo 3:1-13; 5:1-12; 1 Pedro 5:1-4.

III. EL NÚCLEO DE ESTA VERDAD

En la Biblia existe la idea genérica de "la iglesia". Usamos la idea genérica cuando hablamos de "el estado", "el hogar" y "la escuela". También existe en el Nuevo Testamento la palabra usada para referirse a los redimidos de todas las edades. En Hebreos 12:23 encontramos ese pensamiento: *A la congregación de los primogénitos que están inscritos en los cielos*. Esta es la gran congregación de los redimidos; el cuerpo de Cristo, del cual Él es la cabeza (Efesios 1:22-23). Esta es la Iglesia que estudiamos en la lección anterior (lección 47).

Pero la iglesia a la que se refiere la Escritura una y otra vez es la iglesia local. En el Nuevo Testamento cuando leemos acerca de ella, y en la vida cuando tenemos algo que ver con ella, la iglesia es siempre la congregación local. El Nuevo Testamento hablará de las iglesias (plural) de Judea, las iglesias (plural) de Galacia, las iglesias (plural) de Macedonia. Pablo estableció iglesias locales en todas partes a donde iba. Juan dirigió el Apocalipsis a las siete iglesias de Asia y las nombró.

La asamblea local es el cuerpo físico mediante el cual el cuerpo de Cristo, la Iglesia, se manifiesta.

IV. LA GRAN VERDAD – LA IGLESIA, LA CONGREGACIÓN LOCAL

A. "TODAS LAS COSAS QUE JESÚS COMENZÓ A HACER Y A ENSEÑAR".

1. Los hechos del Señor Jesucristo.

a. En nuestras Biblias, el quinto libro del Nuevo Testamento se titula "Los Hechos de los Apóstoles". Algunos de los manuscritos más antiguos titulan el libro como "Los Hechos". Este nombre incluye "los Hechos de los Apóstoles" y "los Hechos del Espíritu Santo". Más específicamente, presenta "los Hechos del Señor Jesucristo", los cuales Jesús realiza al dirigir su obra en la tierra desde el cielo.

b. Lucas comenzó escribiendo: *En el primer tratado* [el evangelio de Lucas], *oh Teófilo, hablé acerca de* ***todas las cosas que Jesús comenzó a hacer y a enseñar*** (Hechos 1:1).

c. Lucas presentó las obras del Señor Jesús mientras estuvo en la carne en el tercer Evangelio: el libro de Lucas. El libro de Hechos presenta una continuidad de lo que el Señor está haciendo desde el cielo, de aquello que Él comenzó en la tierra.

d. En Hechos 2, después de que Pedro predicó, 3000 almas fueron *añadidas*. ¿A qué? A la Iglesia. El Señor fue quien añadió, y Él sigue añadiendo a la Iglesia.

Escriba Hechos 2:47: ______________________________

____

____

e. El libro de Hechos no tiene un cierre formal. No hay final porque la obra del Señor continúa, en la Iglesia y a través de ella. Lucas terminó lo que el Espíritu Santo le permitió escribir.

f. "Todas las cosas que Jesús comenzó a hacer y a enseñar" continuarán "hasta que haya entrado la plenitud de los gentiles" (Romanos 11:25). Una de las cosas más sorprendentes que el Señor dijo está registrada en Juan 14:12:

____

____

Nosotros, la "asamblea llamada hacia afuera", hemos de hacer obras mayores que aquellas que Jesús comenzó a hacer y a enseñar.

2. El bosquejo del Señor dado a la Iglesia.

   a. En el libro de Hechos se puede ver el bosquejo del Señor (Hechos 1:8). Todo lo que Él hace es ordenado y está bien hecho.

   b. Lucas sigue el bosquejo mientras escribe los Hechos. El evangelio ha de ser predicado:

      - en Jerusalén (Hechos 2:1)
      - en Judea y Samaria (Hechos 8:1, 5)
      - hasta lo último de la tierra (Hechos 8:26; 10:1)

B. LA PROMESA DEL ESPÍRITU SANTO.

1. La promesa de Dios el Padre.

   a. De entre más de 3000 promesas en la Biblia, solo hay una que se llama "**la** promesa del Padre".

   b. Jesús habló acerca de "la promesa del Padre".

Escriba Hechos 1:4: ______________________________

____

____

Subraye Lucas 24:49 en su Biblia.

   c. Escriba Juan 14:26:

____

____

Subraye Juan 14:16 en su Biblia.

Estas citas se refieren al Espíritu Santo, dado en el nombre de Jesús, para dar consuelo y ayuda al hacer su obra.

2. El Espíritu Santo vino con poder.
   a. El grupo al que Jesús había dicho que esperara "la promesa del Padre" también recibió esta instrucción: *Pero recibiréis poder, cuando haya venido sobre vosotros el Espíritu Santo, y me seréis testigos en Jerusalén, en toda Judea, en Samaria, y hasta lo último de la tierra* (Hechos 1:8).
   b. El Espíritu Santo vino en el nombre de Jesús (Juan 14:26). Subraye Hechos 2:1, 4.
   c. Este era el poder que Jesús había prometido. El pequeño grupo que Jesús había entrenado (básicamente los doce) sería el fundamento de la Iglesia. La Iglesia fue visiblemente establecida en el día de Pentecostés (los 120 hermanos de Hechos 1:15).
   d. Pedro predicó ese día y 3000 almas fueron salvas (Hechos 2:41). Observe la palabra "añadieron".

C. EL MANDATO DEL SEÑOR A LA IGLESIA.

1. La comisión de Jesús a la Iglesia (Mateo 28:19-20)
   a. Tenemos que ir a todo el mundo y...
      - hacer discípulos, estudiantes, seguidores. La Biblia dice: "haced discípulos a todas las naciones". Jesús usó la palabra *matheteuo*, que significa "hacer discípulos".
      - "bautizándoles en el **nombre** [singular] del Padre, y del Hijo, y del Espíritu Santo",
      - "enseñándoles que guarden todas las cosas que os he mandado". (Jesús usó la palabra *didasko*, que significa enseñar).
2. Jesucristo ascendió con esta gran promesa.
   a. *He aquí yo estoy con vosotros todos los días, hasta el fin del mundo* (Mateo 28:20).
   b. En Lucas, Él dijo: "*Y que se predicase en su nombre el arrepentimiento y el perdón de pecados en todas las naciones, comenzando desde Jerusalén* (Lucas 24:47). Luego, les prometió el Espíritu Santo y fue llevado al cielo (Lucas 24:49-51).
   c. En Hechos, Él prometió el poder del Espíritu Santo para predicar a todo el mundo (el esquema de nuestro Señor), y luego, "fue alzado, y le recibió una nube que le ocultó de sus ojos" (Hechos 1:9).
3. ¿Era esto para la iglesia local?
   a. ¡Sí! Cuando Jesús ascendió al cielo no había Nuevo Testamento, ni escritos de instrucción, solo la "asamblea" esperando "la promesa del Padre": el Espíritu Santo. Jesús dio a esta "iglesia" las ordenanzas, la disciplina y la comisión.
   b. El grupo al que Él dio poder era una iglesia, una asamblea, un grupo local visible. Uno podía verlos, escucharlos, unirse a ellos. La historia del desarrollo de la iglesia local comienza con esa asamblea en Hechos 1–2.
   c. El resto de Hechos y las Epístolas son, en su mayoría, escritos para la iglesia local.
   d. El venerable Juan, en Apocalipsis, vio a Jesús en medio de siete iglesias locales y las nombra (Apocalipsis 2–3).

D. LA IGLESIA LOCAL ES UNA COMUNIDAD.

1. El centro de la comunidad es Jesucristo.
   a. En el libro de los Hechos, las iglesias eran comunidades emocionantes con Cristo como el centro viviente. Como una comunidad, la iglesia se forma desde adentro;

Cristo es la cabeza y la iglesia es el cuerpo. Son uno en hecho y en nombre: "cristianos".

b. Literalmente, es "la comunión de su Hijo Jesucristo nuestro Señor".

Escriba 1 Corintios 1:9: ____

____

____

2. La iglesia local es una comunidad de creyentes.

a. El Nuevo Testamento no menciona a ningún cristiano que no estuviera unido a la iglesia que tenía cerca. De hecho, la comunión con los hermanos era una prueba de discipulado.

Escriba 1 Juan 3:14: ____

____

____

Subraye 1 Juan 3:16.

b. Es una comunidad preciosa basada en el amor mutuo por Jesucristo. Tenemos que "guardar la unidad del Espíritu" (Efesios 4:3).

c. Tenemos que estar en paz con la comunidad y tener estima por los líderes que el Señor ha puesto en la iglesia.

Escriba 1 Tesalonicenses 5:13: ____

____

____

Subraye 1 Tesalonicenses 5:12.

d. Tenemos que andar a la luz de Jesucristo.

Escriba 1 Juan 1:7: ____

____

____

3. La comunión de una iglesia sostiene a los creyentes.

a. El Nuevo Testamento enseña que los cristianos deben consolarse unos a otros (1 Tesalonicenses 1:18).

b. Los cristianos deben amarse unos a otros (1 Pedro 1:22).

c. La iglesia debe enseñar la Palabra de Dios y alabarlo.

Escriba Colosenses 3:16: ____

____

____

La comunión de una iglesia es vital para el crecimiento espiritual.

4. La comunión de una iglesia debería ganar personas para Cristo.

a. La iglesia local es la manifestación visible del Cristo invisible. La iglesia está compuesta de "piedras espirituales", cristianos, que son la manifestación de Jesucristo.

Nunca es un edificio o una organización lo que da testimonio, sino siempre una persona es quien comparte su fe (1 Pedro 3:15).

b. La iglesia local debería estar involucrada en la obra misionera en casa y alrededor del mundo.

Subraye Romanos 10:14-15.

La iglesia local debe animar a los jóvenes llamados a ser misioneros y apoyarlos con oraciones y dinero.

E. LA IGLESIA LOCAL EN EL NUEVO TESTAMENTO.

1. El Nuevo Testamento alude a la iglesia local aproximadamente unas cien veces.

a. Jesús se refirió a la iglesia local en Mateo 18:17:

____

____

b. Pedro predicó el día de Pentecostés y 3000 almas fueron *añadidas* (Hechos 2:41-42). Esta era la iglesia en Jerusalén.

c. *Y el Señor añadía cada día a la iglesia los que habían de ser salvos* (Hechos 2:47).

d. Multitudes fueron añadidas a la iglesia en Jerusalén (Hechos 5:14, 42).

e. *El número de los discípulos se multiplicaba grandemente en Jerusalén* (Hechos 6:7).

f. *Hubo una gran persecución contra la iglesia que estaba en Jerusalén* (Hechos 8:1).

2. Pablo se convirtió y llegó a ser un "instrumento escogido para los gentiles".

(El espacio no nos permite incluir todas las referencias a la iglesia local, pero mencionaremos tantas como sea posible).

a. Pablo y algunas de sus referencias a la iglesia local en Hechos.

- Hechos 9:31 – Las iglesias ya no temían a Pablo.
- Hechos 11:19–26 – Pablo en la iglesia en Antioquía (en Siria).
- Hechos 14:23 – Pablo ordenó líderes en las iglesias de Hechos 13 y 14.
- Hechos 14:27 – Pablo de regreso en la iglesia de Antioquía, Siria.
- Hechos 15:41 – Pablo pasó por Siria y Cilicia confirmando las iglesias.
- Hechos 16:5-6 – Subraye estos versículos en su Biblia.
- Hechos 16:11-40 – El comienzo de la iglesia en Filipos.
- Hechos 17:1-4 – El comienzo de la iglesia en Tesalónica.
- Hechos 18:2 – La iglesia en Corinto.
- Hechos 19:8:10 – La iglesia en Éfeso.
- Hechos 20:7, 17 – La iglesia en Troas.
- Hechos 28:17–31 – El evangelio predicado en Roma.

b. Pablo escribiendo a las iglesias locales y sobre ellas:

- Romanos 1:7–8
- 1 Corintios 1:2
- 1 Corintios 4:17
- 1 Corintios 7:17
- 1 Corintios 16:19
- 2 Corintios 1:1
- Gálatas 1:2, 22
- Filipenses 1:1
- Colosenses 1:2
- Colosenses 4:15–16
- 1 Tesalonicenses 1:1
- 2 Tesalonicenses 1:1

- 2 Corintios 8:1
- 2 Corintios 12:28
- 1 Timoteo 3:15
- Filemón 2

c. Otras referencias a la iglesia local (no por Pablo).

- Santiago 5:14
- 3 Juan 6, 10
- Apocalipsis 1:4, 11, 20
- Apocalipsis 2:1, 8, 12, 18
- Apocalipsis 3:1, 7, 14
- Apocalipsis 22:16

Hemos omitido muchas referencias a la iglesia local. Hemos listado solamente 48 referencias, suficientes para mostrar al estudiante la importancia de la iglesia local.

V. LO QUE ESTA VERDAD BÍBLICA NOS ENSEÑA HOY

¿Alguna vez ha pensado en vivir en un mundo sin iglesias locales? La iglesia local no es perfecta, está lejos de serlo, pero es el instrumento de Dios para difundir el evangelio de Jesucristo. Hay muchas organizaciones cristianas buenas con grandes causas, pero no toman el lugar de la iglesia local. La mayoría de ellas se desvanecerían si no fuera por el apoyo de los cristianos en las iglesias locales.

Jesús amó la Iglesia y se entregó a sí mismo por ella. Él bendice la iglesia que es fiel a la Palabra de Dios en su enseñanza y ministerio de predicación. Pablo dice: *Cristo amó a la iglesia, y se entregó a sí mismo por ella, para santificarla, habiéndola purificado en el lavamiento del agua por la palabra* (Efesios 5:25-26). La palabra para "lavamiento" es la misma palabra que se usa para "lavacro". En el griego, la palabra es *loutron*, en hebreo, *kiyor*. En el tabernáculo o en el templo, estaba el lavacro donde los sacerdotes se lavaban antes de entrar al santuario de Dios. Esa es la palabra que usa Pablo, el lavacro de la Palabra. Nuestro Señor lava a su Iglesia con el lavacro de la Palabra.

SU SIGUIENTE TAREA:

1. Lea Mateo 24:24; Marcos 13:22; 2 Tesalonicenses 2:1-12; 1 Juan 2:18; Apocalipsis 6:2; 12:12; 13:1-18; 14:9-10; 17:15.
2. Repase sus notas sobre la iglesia, la congregación local.
3. Marque su Biblia donde aprenda nuevas verdades.

Lección 49
EL ANTICRISTO Y EL FALSO PROFETA

I. INTRODUCCIÓN

La Biblia habla de un hombre a quien Satanás controlará, y él gobernará el mundo por un tiempo limitado. Se le conocerá como el *anticristo*. Recientemente, muchas películas y libros se han producido sobre este tema. El mundo está siendo expuesto a cosas concernientes al fin de esta era. La Iglesia, en general, no está proporcionando respuestas bíblicas sobre este tema. El asunto del anticristo y el falso profeta es parte de la Palabra de Dios, una parte del "consejo de Dios". La Iglesia debería ser la fuente de la verdad para los jóvenes y adultos sobre cualquier tema bíblico. Esta lección presentará hechos bíblicos sobre dos figuras prominentes que aparecerán en la escena mundial: el anticristo y el falso profeta.

II. VERSÍCULOS BÁSICOS:

Mateo 24:24; Marcos 13:22; 2 Tesalonicenses 2:1-12; 1 Juan 2:18; Apocalipsis 6:2; 12:12; 13:1-18; 14:9-10; 17:15.

III. EL NÚCLEO DE ESTA VERDAD

Satanás habita cuerpos, o acampa en cuerpos. El Espíritu Santo habita en todos los que son salvos. Cristo está en nosotros, la esperanza de gloria. Por lo tanto, Satanás usa personalidades o cuerpos en los cuales habitar. Él ha aparecido en el pasado en la serpiente en Génesis 3 y en Simón Pedro en Mateo 16:23. Él es a quien Cristo vio caer del cielo (Lucas 10:18). Jesús lo conocía bien desde la eternidad pasada. Satanás es conocido como "el príncipe de la potestad del aire" (Efesios 2:2). Aún tiene acceso al trono de Dios como el "acusador de nuestros hermanos" (Apocalipsis 12:10). En un periodo de juicio y tribulación aún futuro, el acceso de Satanás al trono de Dios le será quitado (Apocalipsis 12:7-12). Será echado fuera de la presencia de Dios. Tendrá acceso únicamente a la tierra. Lea y subraye Apocalipsis 12:7-12. Note en el v. 10: *Ha sido lanzado fuera el acusador de nuestros hermanos, el que los acusaba delante de nuestro Dios día y noche*. Él nos acusa, a los creyentes en Cristo, día y noche, pero en el v. 11 "la sangre del Cordero [Cristo]" es lo único que derrota a Satanás.

El núcleo de esta lección será la actividad de Satanás desde este punto en la Biblia. Sí, miraremos hacia el Antiguo Testamento, pero el enfoque principal será su futura actividad mientras se viste de la humanidad del anticristo.

IV. LA GRAN VERDAD – EL ANTICRISTO Y EL FALSO PROFETA

A. LOS NOMBRES PARA EL ANTICRISTO EN LA ESCRITURA.

1. Nombres en el Antiguo Testamento
    a. "cuerno pequeño" (Daniel 7:8)
    b. "otro... hablará palabras contra el Altísimo" (Daniel 7:24-25)
    c. "el príncipe" (Daniel 9:26)
    d. "el desolador" (Daniel 9:27)
    e. "un rey altivo de rostro" (Daniel 8:23). Aquí, Daniel usó el título para Antíoco Epífanes como una figura del anticristo.
2. Nombres en el Nuevo Testamento
    a. "la abominación desoladora" (Marcos 13:14); el "desolador" es nombrado por Jesús al referirse a Daniel.

Escriba Mateo 24:15: ______________________________

____

____

b. "El hombre de pecado" (2 Tesalonicenses 2:3)
c. "El hijo de perdición" (2 Tesalonicenses 2:3)
d. "El inicuo" (2 Tesalonicenses 2:8)
e. "Anticristo"

Escriba 1 Juan 2:18: ______________________________

____

____

Subraye 1 Juan 2:22; 4:3; 2 Juan 7.

f. "[El conquistador sobre] un caballo blanco" (Apocalipsis 6:2). Él es el primero en ser revelado cuando comienzan los juicios de Dios. Cuando Jesús abre el primer sello de juicio, se ve al anticristo.
g. "Un gran dragón rojo" (Apocalipsis 12:3, véanse también los v. 4, 9)
h. "La serpiente antigua" (Apocalipsis 12:9)
i. "El diablo" (Apocalipsis 12:9, 12)
j. "Satanás" (Apocalipsis 12:9)
k. "Una bestia... que sube del mar" (Apocalipsis 13:1)

B. EL ANTICRISTO, LA BESTIA QUE SALE DEL MAR

1. Un bosquejo de este hombre.
   a. Durante el periodo de tribulación y juicio, Satanás controlará a un hombre que gobernará el mundo y será conocido como el anticristo. Lo vemos en Apocalipsis 6:2 cuando se abre el primer sello. Él está en la escena al comienzo de los juicios.
   b. El anticristo quebrantará su pacto con Israel en la mitad de la tribulación (Daniel 9:27), y se volverá contra el pueblo de Dios: Israel. Esto se describe en Apocalipsis 12. Satanás le da todo su poder al anticristo e incluso habita en él (Apocalipsis 13:4).
   c. El tiempo de su control será corto (Apocalipsis 12:12). En Apocalipsis 13:5 ese tiempo está limitado a 42 meses. El mismo periodo se conoce como "un tiempo, tiempos y la mitad de un tiempo" (Apocalipsis 12:14).

      El mismo periodo de tiempo se conoce como "mil doscientos sesenta días" (Apocalipsis 11:3; 12:6).
2. El gobernante político de este mundo.
   a. El que se describe en Apocalipsis 13:1-10 será el líder político del mundo. Juan, en su visión, ve una bestia, un monstruo, que sube del mar. ¿Por qué del mar? Juan explica esta figura literaria en Apocalipsis 17:15.

____

____

Escriba Isaías 57:20: ______________________________

____

Así, la bestia surge del caos de un mundo en problemas.

b. La descripción de Juan de la bestia está en una visión en Apocalipsis 13:1-2. Él debe tener gran autoridad. Esta es una imagen del último gobernante político en la tierra. Cuando sea destruido en Apocalipsis 19 no habrá ninguno después de él.

c. La visión de Juan también se refiere al libro de Daniel. Lea Daniel 7:15-28 para una interpretación de la visión.

d. Habrá un gobierno mundial único: un hombre en control.

Escriba Apocalipsis 17:13: ______________________________

____

____

(Ahora se estará preguntando si esto es simbolismo. Sí, es una imagen, una descripción gráfica del anticristo. En Apocalipsis 12:3 leemos: *Apareció otra señal en el cielo.* Esa señal, símbolo, sigue siendo descrita en Apocalipsis 13, excepto en forma humana. Este es Satanás encarnado, descrito en los vv. 1-10. Los términos "señal" y "señales" se usan 7 veces en Apocalipsis: 12:1, 3; 13:13, 14 (milagro es señal en el margen); 15:1; 16:14; 19:20).

C. EL ANTICRISTO ES UNA PERSONA.

1. Es una persona en particular.

   a. En Apocalipsis 13:1-10 leemos la delineación de Dios de ese hombre. No hay reino sin rey, ni imperio sin emperador. Este hombre es el líder del gobierno mundial final.

   b. Pablo lo llama "el hombre de pecado".

Escriba 2 Tesalonicenses 2:3: ______________________________

____

2. Su atractivo personal.

   a. Él será una personalidad intrigante. Será uno de los hombres mortales más magnéticos que jamás haya existido. Sabemos esto por Apocalipsis 13:3: *Y se maravilló toda la tierra en pos de la bestia.*

   b. Él será alabado e incluso adorado, como se indica en Apocalipsis 13:4: *Y adoraron a la bestia, diciendo: ¿Quién como la bestia?, y ¿quién podrá luchar contra ella?*

   c. Este hombre será recibido con alegría por los líderes del mundo, "porque no hay nadie como él".

3. Tendrá un poder milagroso.

   a. La gente lo adorará después de un milagro que sucederá en Apocalipsis 13:3.

   b. Escriba Apocalipsis 13:3:

____

____

   c. Su poder será limitado a tres años y medio: cuarenta y dos meses (Apocalipsis 13:5). Esta es la última mitad de la tribulación.

   d. Él tendrá poder "sobre toda tribu, pueblo, lengua y nación" (Apocalipsis 13:7). Él blasfemará contra Dios e irá a la guerra contra los que creen en el Señor durante ese periodo (Apocalipsis 13:6-7). Los santos serán victoriosos al final. Subraye Apocalipsis 15:2.

4. El libro de la vida.
    a. *Y la adoraron todos los moradores de la tierra cuyos nombres no estaban escritos en el libro de la vida del Cordero* (Apocalipsis 13:8).
    b. Es decir, "el libro de la vida del Cordero [Jesucristo] que fue inmolado desde el principio del mundo" (v. 8). ¿Puede imaginar su ira contra aquellos cuyos nombres están en el libro de la vida?
5. El ánimo de Dios.
    a. En Apocalipsis 13:9 las palabras son familiares de Apocalipsis 2 y 3. Sin embargo, falta algo. La frase que falta es "lo que el Espíritu dice a las iglesias". ¿Por qué no se menciona esa frase? Porque la Iglesia se ha ido, pero a aquellos que se vuelvan a Dios en una hora tan terrible, Él les dice: *Si alguno tiene oído, oiga.*
    b. Dios no olvida a aquellos que sufren por Él. Apocalipsis 13:10 dice: *Aquí está la paciencia y la fe de los santos.*

Escriba Apocalipsis 14:12: ____

____

____

    c. Según Apocalipsis 13:10, todo anticristo que haya aparecido o que aparecerá, subsiste solo de acuerdo con la voluntad permisiva de Dios. Subraye la primera parte del v. 10.

D. EL FALSO PROFETA.

1. La bestia que surge de la tierra.
    a. El falso profeta es descrito en Apocalipsis 13:11-18. En el v. 11 tiene "dos cuernos semejantes a los de un cordero", pero no es un cordero. Cuando habla, sonará como un dragón (Satanás).
    b. Se le llama el falso profeta en Apocalipsis 16:13; 19:20; 20:10. Subraye estas referencias en su Biblia.
2. El falso profeta es un líder religioso.
    a. La primera bestia, el anticristo, es política. Este hombre sube de la tierra y es un líder eclesiástico.
    b. Esta bestia es "como un cordero" y ejerce su poder para engañar a toda la tierra, haciéndola aceptar la autoridad y la deidad autoelegida de la primera bestia: el anticristo (Apocalipsis 13:12). Uno de los hechos sorprendentes en la historia es que nunca ha sido posible gobernar sin alguna devoción "religiosa", no necesariamente cristiana. El falso profeta apoya al anticristo.
3. La autoridad y el poder del falso profeta.
    a. Él es peligroso porque parece ser religioso. De los dos, él es el más peligroso. Cualquier hombre que proponga guiar y dirigir las mentes, corazones y almas de las personas tiene un poder increíble sobre la humanidad.
    b. Él es capaz de realizar milagros. (Apocalipsis 13:13-14).
    c. Él hará que la gente haga una imagen del anticristo. Promoverá la adoración de ídolos. Aquellos que no se postren ante la imagen de la bestia serán asesinados (Apocalipsis 13:14-15).

El primer gran reino mundial fue culpable de lo mismo. Nabucodonosor hizo una imagen de oro (Daniel 3:1). Cuando nos volvemos al último reino de la era, la humanidad repite la misma debilidad.

d. Apocalipsis 13:14-17 describe el terrible mandato del falso profeta. Si uno no obedece, es asesinado.

4. El asombroso número: la marca de la bestia.

a. Escriba Apocalipsis 13:16:

____

____

El falso profeta tendrá ese poder y control.

b. Sin la marca, uno no podrá comprar ni vender (Apocalipsis 13:17).

c. El falso profeta dice: *Aquí hay sabiduría. El que tiene entendimiento, cuente el número de la bestia; pues es número de hombre. Y su número es seiscientos sesenta y seis* (Apocalipsis 13:18). ¿Qué significa esto? Existen miles de especulaciones, pero según otras escrituras el número 6 es el número del hombre, y significa que está por debajo del número de la perfección, el 7. El hombre fue creado el sexto día. Él debe trabajar seis de los siete días. Los campos debían ser sembrados durante seis años, para descansar el séptimo. Un esclavo hebreo no podía ser esclavo durante más de seis años, etc.

d. Hay una trinidad de 6 aquí: 666. Este es el número del hombre: 666. Este es Satanás tratando de ser trino en el número del hombre: 6. Lo que el hombre alcanzará en su máximo nunca será perfecto, solo 6. Aquellos que adoren al Anticristo tendrán la marca de la bestia.

5. Las personas que reciban la marca de la bestia.

a. ¿Qué sucederá con los millones que acepten la marca de la bestia? Las amenazas del falso profeta serán efectivas.

b. La respuesta se encuentra en Apocalipsis 14:9-10. Lea y subraye en su Biblia.

E. EL DESTINO DEL ANTICRISTO Y EL FALSO PROFETA.

1. Serán arrojados al lago de fuego.

Escriba Apocalipsis 19:20: ______________________________

____

____

____

2. Satanás será arrojado al lago de fuego.

Apocalipsis 20:10 revela que el Anticristo y el falso profeta fueron arrojados al infierno antes que Satanás. Este versículo confirma Apocalipsis 19:20, y el destino de los tres está sellado para la eternidad.

V. LO QUE ESTA VERDAD BÍBLICA NOS ENSEÑA HOY

El anticristo será el gobernante, el rey de un reino. Él aceptará los "reinos del mundo" (Mateo 4:8), que Satanás ofreció a Cristo, y Cristo los rechazó. Él "hablará grandes cosas". Será una persona astuta con la capacidad de ganar y controlar las mentes de las personas, así como sus finanzas. El falso profeta exaltará al anticristo. Él hará que la gente adore al anticristo. Realizará grandes milagros, engañará a la población, y matará a cualquiera que no se conforme. Forzará a las personas a recibir la marca de la bestia.

El futuro, descrito en la Palabra de Dios, es tan real como lo ha sido el pasado. Todas las profecías que se han cumplido son testimonios de que las profecías que aún no se han cumplido se cumplirán. El cristiano no pasará por los juicios de la tribulación y, por lo tanto, no recibirá la marca de la bestia, ya que la Iglesia habrá sido arrebatada con Cristo (2 Tesalonicenses 2:2). Habrá aquellos que no aceptarán la marca de la bestia, aquellos que creerán en Cristo incluso cuando eso les cueste la vida (Apocalipsis 15:2). Ellos serán asesinados (Apocalipsis 13:15). El tiempo es corto para hacer la obra de Cristo. El fin del tiempo es siempre inminente. Todas las señales apuntan a la venida del Señor, el arrebatamiento de su cuerpo, la Iglesia.

SU SIGUIENTE TAREA:

1. Lea Job 19:25-26; Salmos 2:4-6; Isaías 9:6-7; Mateo 24–25; Marcos 11–13; Lucas 17:26-28; 21; Juan 14:1-3; Hechos 1:9-11; 1 Corintios 15:51-57; 1 Tesalonicenses 4:13-18; Tito 2:11-13; 1 Juan 3:2-3; Judas 14, 15; Apocalipsis 1:7; 22:20.
2. Repase sus notas sobre el anticristo y el falso profeta.
3. Marque su Biblia donde aprenda nuevas verdades.

Lección 50
LA SEGUNDA VENIDA DE CRISTO

I. INTRODUCCIÓN

La Biblia contiene mucho más acerca de la *segunda venida de Cristo* que de su primera venida. Una gran parte de la profecía del Antiguo Testamento habla de su segunda venida. De hecho, hay ocho versículos sobre la segunda venida por cada versículo referente a la primera venida. Isaías habla de su gloriosa primera venida, pero hay mucho más sobre su segunda venida en Isaías. El libro de Ezequiel está enfocado en su mayor parte en el glorioso reino en la segunda venida de Jesús. Lo mismo ocurre con los profetas Daniel, Jeremías, Joel, Amós, Oseas, Malaquías y los demás profetas del Antiguo Testamento. Hay 320 referencias en el Nuevo Testamento acerca de la segunda venida de Jesús. Sin la segunda venida, su primera venida queda incompleta. La segunda venida de Cristo no puede ser ignorada por un estudiante de la Palabra de Dios. El tema consume una gran parte de la Biblia. Dios el Padre, Dios el Hijo y Dios el Espíritu Santo pusieron énfasis en este tema, y el hombre no puede evitarlo ni pasarlo por alto.

II. VERSÍCULOS BÁSICOS:

Job 19:25-26; Salmos 2:4-6; Isaías 9:6-7; Mateo 24–25; Marcos 11–13; Lucas 17:26-28; 21; Juan 14:1-3; Hechos 1:9-11; 1 Corintios 15:51-57; 1 Tesalonicenses 4:13-18; Tito 2:11-13; 1 Juan 3:2-3; Judas 14, 15; Apocalipsis 1:7; 22:20.

III. EL NÚCLEO DE ESTA VERDAD

La Biblia hace que la segunda venida de Cristo sea tan segura como su primera venida. Él regresará para llevar a su Iglesia consigo y establecer en esta tierra un reino: el reino de los cielos. Habrá paz y bendición para el mundo. Sí, tan ciertamente como vino la primera vez en cumplimiento de la Palabra de Dios, así vendrá literalmente por segunda vez. La segunda venida de Cristo, la esperanza bienaventurada, es el mayor incentivo para vivir en santidad, servir, evangelizar y realizar la obra misionera.

IV. LA GRAN VERDAD – LA SEGUNDA VENIDA DE CRISTO

A. UN TEMA RECURRENTE EN LA BIBLIA.

1. La primera profecía de Cristo anunció su segunda venida.
   a. La primera promesa que Dios le dio al hombre después de su caída fue la promesa de la segunda venida de Cristo. La mayoría de nosotros sabemos que Génesis 3:15 es la primera profecía directa acerca de Cristo, pero nos detenemos ahí.
   b. Escriba Génesis 3:15:

____

____

   c. El versículo revela dos venidas de Cristo:
      - La primera venida: "tú [la simiente de la serpiente] le herirás [la simiente de la mujer] en el calcañar".

        Esto ocurrió cuando Jesús colgó en la cruz.
      - La segunda venida: "ésta [la simiente de la mujer] te herirá en la cabeza". Esto sucederá en la segunda venida de Cristo. La serpiente solo puede ser aplastada mediante una herida en la cabeza. Cristo regresará como Rey y aplastará las fuerzas de Satanás.

2. Job esperaba la venida de Cristo.
    a. Este, el libro más antiguo de la Biblia, hace una declaración definitiva acerca de la segunda venida.
    b. Escriba Job 19:25:

____

____

    Note las palabras: "se levantará al fin sobre el polvo".

    Subraye Job 19:26 en su Biblia.

3. David esperaba la segunda venida de Cristo.
    a. El Salmo 2 trata sobre el Rey venidero: Cristo. Los gobernantes del mundo estarían en contra de tal Rey (Salmos 2:1-3).
    b. Cuando Jesús haya regresado y sea Rey sobre el Monte Sion, el mundo estará sujeto al Rey Jesús.

        Subraye Salmos 2:4-6 en su Biblia.

4. Isaías profetizó tanto la primera como la segunda venida.
    a. Isaías, el profeta evangélico, vio a Cristo como un niño (Isaías 7:14; 9:6). Esta fue la primera venida de Cristo.
    b. Vio a Cristo en el trono de David sobre su reino (Isaías 9:7). Esta es la segunda venida de Cristo.
5. Pablo predicó la segunda venida de Cristo.
    a. Pablo nos proporciona una biblioteca de material acerca del regreso del Señor. Lea y marque estos pasajes en su Biblia:
        - 1 Corintios 15:51-53
        - Filipenses 3:20-21
        - 1 Tesalonicenses 1:10; 4:13-18
        - 1 Timoteo 6:14-15
        - Tito 2:13
    b. Escriba Tito 2:13:

____

____

6. Otros anuncios de su regreso.
    a. *He aquí, vino el Señor con sus santas decenas de millares* (Judas 14).
    b. *Y cuando aparezca el Príncipe de los pastores, vosotros recibiréis la corona incorruptible de gloria* (1 Pedro 5:4). Pedro también habló de su venida en Hechos 3:20; 2 Pedro 1:16.
    c. Santiago predicó sobre su segunda venida. Subraye Santiago 5:7-8 en su Biblia.
    d. El apóstol Juan predicó sobre su segunda venida.

Escriba 1 Juan 3:2: ____

____

____

Subraye 1 Juan 2:28 en su Biblia.

Juan también escribió Apocalipsis, algo que consideraremos en esta lección.

e. Desde Génesis hasta Apocalipsis vemos este tema recurrente: "Jesús viene otra vez".

B. EL INCOMPARABLE ANUNCIO.

1. La Biblia siempre presenta su venida con nubes.

a. *He aquí que viene con las nubes* (Apocalipsis 1:7). Este es el incomparable anuncio: el texto de Apocalipsis.

b. Así como Él se fue, así regresará. Subraye Hechos 1:9 en su Biblia.

Escriba Hechos 1:11: ____

____

____

____

c. *Miraba yo en la visión de la noche, y he aquí con las nubes del cielo venía uno como un hijo de hombre* (Daniel 7:13).

d. En su Sermón del Monte, Jesús dijo que Él volvería en las nubes.

Escriba Mateo 24:30: ____

____

____

e. Ante el Sanedrín, Jesús usó la misma terminología. Subraye Mateo 26:64 en su Biblia.

2. La nube es una señal radiante de su segunda venida.

a. Juan estuvo presente cuando nuestro Señor ascendió. Él escuchó el anuncio del ángel en Hechos 1:11. Escribió: *He aquí que viene con las nubes* (Apocalipsis 1:7).

b. En el desierto, el pueblo de Dios fue guiado por una columna de fuego durante la noche y una nube durante el día (Éxodo 13:21-22; 14:19-20). Esta misma nube es la señal radiante del regreso de nuestro Señor.

c. La transfiguración es otro ejemplo de esta gloriosa señal. Subraye Mateo 17:5 en su Biblia.

d. Así como Él ascendió en las nubes, regresará en las nubes. Su regreso es seguro. En su retorno tenemos el círculo completo del propósito electivo de Dios. Lo que comenzó en Génesis encuentra su culminación y consumación final en Apocalipsis.

C. EL REGRESO SECRETO DE CRISTO.

1. Jesús volverá como ladrón en la noche.

a. En Apocalipsis 1:7, Juan dice: *He aquí que viene con las nubes; y todo ojo le verá*. No dice que todos lo verán al mismo tiempo ni de la misma manera. Habrá quienes lo verán cuando Él venga como ladrón en la noche. Habrá quienes lo verán venir con poder y juicio, pero todos lo verán. (No hay contradicción en la Escritura sobre su venida, como veremos).

b. Su regreso secreto es para llevar para sí mismo la "perla de gran precio": la Iglesia (Mateo 13:45-46). Lo más precioso que Dios tiene en la tierra es la Iglesia, los salvos, la novia de Cristo.

c. Jesús vendrá secretamente como ladrón, en silencio. Subraye Apocalipsis 3:3 en su Biblia.

Note que Él viene como ladrón y toma a "unas pocas personas". Lea los vv. 4 y 5 y observe la división. Él toma a aquellos a quienes puede confesar delante del Padre.

d. El mismo pensamiento se expresa en Mateo 24:42-44.

Escriba Mateo 24:43: ____

____

____

En Mateo 24:40-41 Jesús viene y toma a algunos y deja a otros.

e. Encontramos la misma descripción en 1 Tesalonicenses 5:1-2, 4.

Escriba 1 Tesalonicenses 5:2: ____

____

____

Subraye el v. 4 en su Biblia. Cuando Pablo dice: "Mas vosotros, hermanos", está hablando a la Iglesia.

f. La misma figura retórica se menciona en Apocalipsis 16:15: "He aquí, yo vengo como ladrón".

g. Él viene por su Iglesia, la cual se describe en 1 Tesalonicenses 4:13-18. Este encuentro será en el aire. Solo los redimidos serán llamados de la tumba. Los creyentes que estén vivos se unirán a ellos y se encontrarán con Cristo en el aire. Algunos serán tomados; otros serán dejados. Solamente los creyentes serán tomados y los incrédulos serán dejados.

Subraye 1 Tesalonicenses 4:15-17 en su Biblia.

Pablo habló: *Os decimos esto en palabra del Señor* (v. 15). ¿Qué quiso decir Pablo? Él quiso decir lo que Jesús dijo en Juan 14:3: *Vendré otra vez, y os tomaré a mí mismo, para que donde yo estoy, vosotros también estéis.* Jesús está hablando de los suyos, los creyentes en Él, quienes son parte de Él.

2. El llamado secreto de Cristo se presenta mediante tipos y enseñanza.

a. *Por la fe Enoc fue traspuesto para no ver muerte, y no fue hallado, porque lo traspuso Dios; y antes que fuese traspuesto, tuvo testimonio de haber agradado a Dios* (Hebreos 11:5).

b. Así, la Iglesia es una *ecclesia*, un cuerpo "llamado fuera". La Iglesia es "la llamada fuera", la "llamada aparte", como Enoc.

c. El mismo tipo de imagen se ve en los días de Noé. Subraye Lucas 17:26 en su Biblia. Mientras el mundo bebía y se burlaba, Dios llamó a Noé al arca y Dios cerró la puerta (Génesis 6 y 7). Dios sacó a Noé antes del juicio.

d. Lo mismo sucedió en los días de Lot (Lucas 17:28-30). Dios no juzgó a Sodoma hasta que Lot salió (Génesis 19:22).

Por lo tanto, el Señor vendrá secretamente por los suyos. Él vendrá, y nadie sabe cuándo, excepto Dios el Padre (Mateo 24:36).

D. EL REGRESO DE CRISTO ABIERTAMENTE.

1. El regreso de Cristo a la tierra con sus santos.

a. Jesús vendrá abiertamente. *He aquí, vino el Señor con sus santas decenas de millares* (Judas 14). Los santos son aquellos que Él recibió cuando vino como ladrón en la noche. Ellos son la Iglesia.

b. El primer mensaje, después de la ascensión de Cristo, fue entregado por los ángeles: *Este mismo Jesús, que ha sido tomado de vosotros al cielo, así vendrá como le habéis visto ir al cielo* (Hechos 1:11).

c. El mismo Jesús, el que nació de una virgen, el que murió en la cruz, regresará. Él partió del Monte de los Olivos; volverá visiblemente al Monte de los Olivos y sus pies se posarán en ese lugar. Subraye Zacarías 14:4 en su Biblia.

2. Jesús regresará como Rey.

a. *Y Jehová será rey sobre toda la tierra. En aquel día Jehová será uno, y uno su nombre* (Zacarías 14:9).

b. Jesús habla en detalle sobre su regreso (Mateo 24:4-31). Las señales de su regreso:

- falsos cristos (v. 5)
- "guerras y rumores de guerras" (v. 6)
- "hambres, y pestes, y terremotos" (v. 7)
- persecución de los creyentes y "falsos profetas" (vv. 9-11)
- "será predicado este evangelio del reino en todo el mundo" (v. 14)
- "la abominación desoladora, de que habló el profeta Daniel" (v. 15)

Estas son las señales que conducen al regreso visible de Jesús. La "abominación desoladora" se refiere a la Bestia, el anticristo. (Estudiamos esto en la lección anterior). Aquí, Jesús usa el relato de Daniel para enseñarnos la verdad sobre el anticristo (Daniel 9:27). Jesús advierte sobre el anticristo y el inicio de "la gran tribulación" (Mateo 24:21).

c. La venida del "Hijo del Hombre" será como el relámpago que sale del oriente y se muestra hasta el occidente (Mateo 24:27).

Subraye el v. 29.

d. Entonces, Jesús dice que Él regresará.

Escriba Mateo 24:30: ____

____

____

Él ha delineado las condiciones y nos ha dicho que regresará con poder y gran gloria. No tenemos autoridad para cuestionar sus palabras. Note su orden de eventos: las señales de su venida, la tribulación, y su regreso a la tierra como Rey.

e. Jesús regresará como "Rey de reyes y Señor de señores" (Apocalipsis 19:16). Su regreso se describe con detalle en Apocalipsis 19:11-16. Subraye Apocalipsis 19:11 y 16 en su Biblia.

Así, Jesús regresará como Rey sobre toda la tierra, "y todo ojo le verá, y los que le traspasaron, y todos los linajes de la tierra harán lamentación por él" (Apocalipsis 1:7). Continuaremos este estudio en la lección 51. Hay mucho que presentar. Apenas hemos tocado su segunda venida, pero quizá esto le inspire a profundizar más en la Palabra.

V. LO QUE ESTA VERDAD BÍBLICA NOS ENSEÑA HOY

La segunda venida de Cristo es un hecho. La primera promesa después de la caída del hombre tiene que ver con su venida. La última promesa en el Antiguo Testamento (Malaquías 4:2) habla de su venida. El primer anuncio en el Nuevo Testamento fue dado por el ángel a José (Mateo 1:18-23) y a María, anunciando su venida en carne: *El Señor Dios le dará el trono de David su padre; y reinará sobre la casa de Jacob para siempre, y su reino no tendrá fin* (Lucas 1:32-33). Las últimas palabras de Jesús antes de la cruz fueron: ***Vendré otra vez*** (Juan 14:3). El primer anuncio en la ascensión de Cristo fue: *Este mismo Jesús, que ha sido tomado de vosotros al cielo, así vendrá como le habéis visto ir al cielo* (Hechos 1:11). La última promesa de la Escritura es: *Ciertamente vengo en breve* (Apocalipsis 22:20).

Él vendrá secretamente, como ladrón, para llevar consigo a su Iglesia, su cuerpo. Vendrá en las nubes, la señal de la gloria de Dios.

Vendrá abiertamente para reinar como Rey sobre toda la tierra. Los santos, los creyentes, vendrán con Él para reinar con Él en su reino.

"Amén; sí, ven, Señor Jesús".

SU SIGUIENTE TAREA:

1. Lea Salmos 2:1-12; 72:1-10; Isaías 2:1-5; 11:1-16; 35:1-10; 65:18-25; Jeremías 23:5-8; 30:1-9; Zacarías 12:10-14; 14:9-21; Mateo 24:27-30; 25:31; Lucas 1:32-33; Hechos 3:20-21; 1 Corintios 15:24-28; Apocalipsis 19:17-21; 20:1-10.
2. Repase sus notas sobre la segunda venida de Cristo.
3. Marque su Biblia donde aprenda nuevas verdades.

Lección 51
EL REY Y SU REINO

I. INTRODUCCIÓN

El mundo está hablando más sobre la paz que nunca antes en su historia. Pero mientras los gobiernos del mundo discuten la paz, frenéticamente se están preparando para la guerra. Cada periódico y programa de noticias está lleno de temas relacionados con la paz; sin embargo, esas mismas noticias, escritas o habladas, también están llenas de reportes sobre el aumento de armas en las naciones de todo el mundo. Esto nos deja con una pregunta en la mente: "¿Habrá algún día en que el mundo conozca y experimente algo como la verdadera paz?" (Jeremías 8:11, 15). Hay una respuesta, y no se encuentra en las Naciones Unidas ni en ningún gobierno del mundo. La respuesta se encuentra únicamente en la Palabra de Dios. El mundo nunca experimentará verdadera paz hasta que el Rey Jesús establezca su reino sobre la tierra.

El *reino de los cielos* es el periodo de tiempo del que se habla en Apocalipsis 20. El Espíritu Santo enfatizó la duración de este tiempo al repetir la frase "mil años" seis veces en ese capítulo. Algunas personas llaman a esto el *milenio*. Esa frase no se usa en la Escritura, pero es una verdad bíblica. El término proviene de dos palabras latinas: *mille*, que significa mil, y *annum*, que significa años. El milenio significa *mil años*. La palabra ha sido tan mal usada por teólogos y otros que se ha convertido en un "tema controversial" para algunos estudiantes. Sin embargo, el énfasis en los mil años está en las Escrituras, seis veces, e independientemente de opiniones preconcebidas, el estudiante de la Biblia debe enfrentar el hecho de que Dios lo ha enfatizado con un propósito. El término más apropiado para los mil años es "el reino de los cielos". Este no debería ser un tema de discusión ni por años, y ni siquiera por un momento. El Señor debe haber sabido que Satanás tomaría una verdad preciosa, como esta, y causaría que las personas discutieran y se dividieran por una palabra que no se encuentra en la Escritura: "milenio". Esa debe ser la razón por la cual usó el término "mil años" seis veces. Utilizaremos el término "reino de los cielos" en nuestro estudio.

II. VERSÍCULOS BÁSICOS:

Salmos 2:1-12; 72:1-10; Isaías 2:1-5; 11:1-16; 35:1-10; 65:18-25; Jeremías 23:5-8; 30:1-9; Zacarías 12:10-14; 14:9-21; Mateo 24:27-30; 25:31; Lucas 1:32-33; Hechos 3:20-21; 1 Corintios 15:24-28; Apocalipsis 19:17-21; 20:1-10.

III. EL NÚCLEO DE ESTA VERDAD

Mateo menciona el reino de los cielos unas 32 veces. Esto es apropiado porque Mateo presenta a Cristo como Rey. El reino de los cielos es el periodo de tiempo desde la primera venida de Cristo hasta el final de su reino. Cuando Jesús fue rechazado como Rey en su primera venida, el reino de los cielos fue pospuesto y Él ascendió a la gloria. Jesús habló de "los misterios del reino de los cielos" (Mateo 13:11). Cuando Jesús venga nuevamente, regresará como Rey y reinará sobre su reino por mil años. Hay un volumen extenso de escrituras, tanto en el Antiguo como en el Nuevo Testamento, que presentan el reino de nuestro Señor.

IV. LA GRAN VERDAD – EL REY Y SU REINO

A. LA BIBLIA DECLARA EL REINO DE LOS CIELOS.

1. El testimonio en el Nuevo Testamento el reino de los cielos.

a. Se dan muchos versículos sobre el tema del regreso de Cristo y su reino sobre la tierra en una era de paz. Más de 350 referencias en el Antiguo Testamento y 320 referencias en el Nuevo Testamento hablan del tema de su segunda venida y el establecimiento de un reino de paz y justicia sobre la tierra.

b. Juan el Bautista anunció el reino de los cielos como "se ha acercado".

Escriba Mateo 3:2: ______________________________

____

c. Jesús mismo dijo que el reino de los cielos "se ha acercado".

Escriba Mateo 4:17: ______________________________

____

____

d. Los doce apóstoles dijeron que el reino de los cielos "se ha acercado".

Escriba Mateo 10:7: ______________________________

____

e. Los setenta fueron enviados por el Señor y se les dijo que dijeran que el reino "se ha acercado a vosotros" (Lucas 10:9).

2. El testimonio en el Antiguo Testamento del reino del cielo.

a. Jesús vino la primera vez para ser Rey sobre un reino, como anunciaron los profetas del Antiguo Testamento. El Rey y el reino debían ser reales, literales y actuales. Los anuncios en el Nuevo Testamento fueron hechos por personas reales, hablando sobre una oferta real hecha por Jesús, el Rey verdadero, a Israel, un pueblo real. Los anuncios se basaron en la revelación de Dios en el Antiguo Testamento y en la encarnación del Hijo de Dios.

b. Isaías describió el reino a lo largo de su libro. Subraye Isaías 2:2 y 2:4.

Escriba Isaías 9:7: ______________________________

____

____

Subraye Isaías 11:6-7, 11

c. Jeremías habló del reino.

Escriba Jeremías 23:5: ______________________________

____

____

Subraye Jeremías 23:3, 6.

d. Escriba Habacuc 2:14:

____

____

e. Zacarías habló de un reino así.

Escriba Zacarías 14:9: ______________________________

____

Estas pocas citas son suficientes para establecer los propósitos de Dios en Jesucristo para venir como Rey a Israel.

B. LA PRESENTACIÓN DEL REY.

1. ¿Quién es el rey presentado en la Escritura?

   a. Al observar la Palabra de Dios se revela el propósito del Señor Dios de edificar aquí en la tierra un reino. Dios nunca se desvía de este propósito; se encuentra a lo largo de toda la Biblia.

   b. En el Antiguo Testamento hay un retrato *profético* del Mesías Rey. En el Nuevo Testamento se presenta un retrato *histórico* de ese Mesías Rey.

   c. Él no es otro que la simiente prometida, el Mesías. En el Antiguo Testamento se le presenta de manera detallada y clara.

      - En Génesis 3:15 se le describe como la simiente de la mujer.
      - En Génesis 9:26 se dice que vendrá por la línea de Sem.
      - En Génesis 12:1-3 se dice que será de la simiente de Abraham.
      - En Génesis 17:19 se dice que será de la simiente de Isaac.
      - En Génesis 28:14-15 se dice que será de la simiente de Jacob.
      - En Génesis 49:10 se dice que pertenecerá a la tribu de Judá.
      - En 2 Samuel 7:12, 16 se dice que será el Hijo de David.
      - En Salmos 89:3-4, 35-37 el Hijo de David es establecido en el trono para siempre y esto se reitera de manera incondicional.
      - En Jeremías 33:17-26 esa promesa incondicional es reafirmada.
      - En Isaías 11:1, 2, 10 se reafirma nuevamente.

2. El Rey presentado es el Hijo de Dios.

   a. La Biblia habla claramente de Jesús como el Rey.

      - En Isaías 7:14; 9:6-7 se dice que será de herencia divina.
      - En Lucas 1:31-33, 35 esa profecía de Isaías se cumplió.
      - En Miqueas 5:2 se anuncia de antemano su lugar de nacimiento.
      - En Mateo 2:1-2 esa profecía de Miqueas se cumplió. Él nació como el "Rey de los judíos".
      - En Daniel 9:26 se dice que sería cortado, pero no por sí mismo; moriría como una ofrenda por el pecado.
      - En el Salmo 22 esa muerte se describe con detalle.
      - En Isaías 53 se describe nuevamente la muerte de Cristo.
      - En el Salmo 16 hay una profecía de su resurrección de entre los muertos.
      - En Hechos 2:25-28 Pedro cita la profecía y afirma su resurrección y exaltación.
      - En Lucas 19:11-15 Jesús contó una parábola y reveló el hecho de su partida, porque pensaban que el reino aparecería de inmediato.
      - En Hechos 15:13-18 se afirma su reino y su regreso.

   b. El Rey en todas estas escrituras es Jesucristo nuestro Señor. Él será un Rey real, un Rey verdadero. Será un Rey visible, no un personaje simbólico.

C. LA PRESENTACIÓN DEL REINO DE LOS CIELOS.

1. El reino de los cielos es un término del Nuevo Testamento.

a. El reino de los cielos es mencionado únicamente por Mateo, donde se usa 32 veces diferentes. Por ejemplo:

- Mateo 4:23; 5:19, 20, 35; 6:10; 7:21; 8:11; 9:35; 10:7; 11:11; 13:11, 19, 24, 31, 33, 38, 44-45, 47, 52; 16:19, 28; 18:1, 3-4, 23; 19:12, 14, 23, 28; 20:1, 21; 22:2, y a lo largo de Mateo.

b. El reino de los cielos está limitado en tiempo y rango. El tiempo es desde la primera venida de Cristo hasta el final del reino de Cristo. El rango abarca toda la cristiandad. Ahora, expliquemos.

Jesús vino como Rey. Los judíos lo rechazaron como Rey (Juan 1:49; 18:33; 19:19-22). Murió como Rey, un Rey rechazado, un Rey sepultado y resucitado.

El reino fue pospuesto, y Jesús habló de los misterios del reino de los cielos en Mateo 13. Él sabía que tendría que volver al Padre. En este periodo, entre su ascensión y su regreso, está ese *musterion*: el "misterio de la iglesia". (Esto se trató en la lección 46).

2. El propósito de Dios en la tierra.

a. ¿Habrá un reino? En Hechos 1:6 los discípulos preguntaron al Señor: *¿Restaurarás el reino a Israel en este tiempo?* Jesús respondió: *No os toca a vosotros saber los tiempos o las sazones* (v. 7).

b. La Biblia declara que Jesús volverá y establecerá su reino, y nosotros (la Iglesia, los salvos) reinaremos con Él (2 Timoteo 2:12; Apocalipsis 1:6; 5:10).

c. Nosotros, la novia de Cristo, seremos "herederos de Dios y coherederos con Cristo" (Romanos 8:17).

D. LA DURACIÓN DEL REINO DE LOS CIELOS.

1. Los acontecimientos que llevan al reino de los cielos.

a. Jesús regresa a la tierra como "REY DE REYES Y SEÑOR DE SEÑORES" (Apocalipsis 19:16).

Escriba Apocalipsis 19:16: ____

____

____

b. Vendrá "en las nubes del cielo con poder y gran gloria" (Mateo 24:30). Al final de la batalla de Armagedón, Jesús ocupará el trono de David.

Esta batalla se describe en Mateo 24:27-31; Joel 3:9-13; Zacarías 14:1-4; y Apocalipsis 16:13-16; 19:17-19. Esta batalla es el conflicto entre Cristo y el anticristo. Este es el enfrentamiento entre la simiente de la serpiente y la simiente de la mujer (Génesis 3:15).

c. El destino del anticristo y el falso profeta (Apocalipsis 19:20). Note que fueron "lanzados vivos dentro de un lago de fuego".

d. El juicio de las naciones gentiles (Mateo 25:31-46), y el juicio de Israel (Ezequiel 20:33-38).

e. Satanás será atado en el abismo por mil años.

Escriba Apocalipsis 20:2: ____

____

____

2. El tiempo del reino y la repetición en la Escritura.

a. El reino de los cielos durará mil años. El Espíritu Santo, sabiendo que la gente negaría esta verdad, repite la duración seis veces en Apocalipsis 20:

- en Apocalipsis 20:2
- en Apocalipsis 20:3
- en Apocalipsis 20:4
- en Apocalipsis 20:5
- en Apocalipsis 20:6
- en Apocalipsis 20:7

Subraye estos versículos en su Biblia.

b. El reino de los cielos es ese periodo de mil años cuando Cristo será personalmente Rey de reyes. La única forma en que el mundo conocerá la paz será cuando el Príncipe de Paz regrese a la Ciudad de Paz: Jerusalén. *Jerusalén* significa "fundamento de paz". Debemos orar por la paz de Jerusalén (Salmos 122:6-8). La paz llegará a Jerusalén y al mundo cuando Él regrese.

Escriba Salmos 2:6: ____

____

Subraye Salmos 2:7-9 en su Biblia.

c. El Rey tendrá absoluta obediencia y "ante mí se doblará toda rodilla, y toda lengua confesará a Dios" (Romanos 14:11; vea también Isaías 45:23; Filipenses 2:10-11).

d. Cristo gobernará con vara de hierro (Salmos 2:9; 46:9; Isaías 2:4).

E. LAS CONDICIONES DURANTE LA ERA DEL REINO.

1. *Israel* se convertirá en la cabeza de todas las naciones.

   Israel será la cabeza y no la cola como lo es hoy (Deuteronomio 28:13; Isaías 61:5; Zacarías 8:23).

2. La *Iglesia* reinará con Cristo durante el reino de los cielos (2 Timoteo 2:11-12; 1 Tesalonicenses 4:17; 1 Corintios 6:2-3).

   Dondequiera que esté el Señor, allí estaremos nosotros, la Iglesia, con Él. Reinaremos y juzgaremos sobre los ángeles y el mundo. Subraye las escrituras mencionadas anteriormente.

3. *Satanás* será atado durante mil años (Apocalipsis 20:2).

   El Anticristo y el falso profeta fueron lanzados al lago de fuego antes que Satanás (Apocalipsis 19:20).

4. *Las naciones* del mundo adorarán al Señor o no recibirán lluvia (Zacarías 14:16).

5. *La condición espiritual* de la humanidad durante la era del reino.

   La naturaleza humana nunca cambia. Habrá adoración universal de Cristo, pero será una obediencia fingida por parte de algunas personas. Si el reino está compuesto solo de creyentes en Jesucristo, ¿de dónde vendrá el pecado durante este periodo? (Recuerde que Satanás está atado durante este tiempo). Serán hijos nacidos de padres salvos que sobrevivieron a la tribulación vivos (Hebreos 2:14; 8:11).

   Cuando Satanás sea liberado después de los mil años durante un tiempo (Apocalipsis 20:2-3), será el líder de un último esfuerzo por derrotar a Cristo. Aquellos que fingieron adorar al Señor seguirán a Satanás. Derrotado en su esfuerzo, Satanás será lanzado al lago de fuego, su destino final (Apocalipsis 20:10).

6. *La condición física de la humanidad* durante la Era del Reino.

   La vida se alargará, y algunos vivirán tanto como Matusalén (969 años) o más. Habrá buena salud, larga vida y ausencia de sufrimiento (Isaías 35:5-6). Nadie morirá durante esta era, excepto aquellos en abierta rebelión contra el Señor. Cuando una persona así cumpla 100 años y aún rechace a Cristo como Rey, morirá (Isaías 65:20).

7. La *creación física* durante la Era del Reino.

   La creación será restaurada. No más hambres, pestilencias, terremotos. Subraye Isaías 32:15; 35:1; 65:18-25 en su Biblia.

   Observe que los animales volverán al estado en que el Señor los creó (Isaías 11:6-9; 65:25).

F. EL REINOS DE LOS CIELOS ENTREGADO A DIOS.

1. El reino de los cielos será presentado al Padre.
   a. Al final de la era del reino, Cristo, habiendo puesto todas las cosas bajo sus pies, "entregará el reino al Dios y Padre" (1 Corintios 15:24).
   b. *Para que Dios* [el Dios trino: Padre, Hijo y Espíritu Santo] *sea todo en todos* (1 Corintios 15:28).
2. El reino de Dios es para siempre.
   a. El reino de Dios es eterno (Salmos 103:19; Daniel 4:3).
   b. El trono eterno es "de Dios y del Cordero", Jesucristo (Apocalipsis 22:1).

V. LO QUE ESTA VERDAD BÍBLICA NOS ENSEÑA HOY

El Rey Jesús y su reino son reales, actuales y literales. El reino de los cielos es el reino de Jesucristo sobre la tierra. Él reinará y gobernará como Rey de Reyes y Señor de Señores. Tanto el Antiguo como el Nuevo, presentan la era del reino. No hay modo de ignorar esto al comparar la Escritura con la Escritura.

La Iglesia será llamada antes de que Jesús venga literalmente a la tierra (1 Tesalonicenses 4:13-18; 2 Tesalonicenses 2:1-7). Lea nuevamente Zacarías 14:4-7.

La Iglesia, la novia de Cristo, regresará con Cristo cuando Él venga a establecer su reino.

Nosotros, la Iglesia, reinaremos con Él (2 Timoteo 2:12; Apocalipsis 5:10). Lea Zacarías 14:5. Observe que en esa profecía "todos los santos" regresarán con Jesús al Monte de los Olivos.

Si usted es salvo, es heredero de Dios y coheredero con Cristo. Si ha "nacido de nuevo," está en el reino de Dios. Si no ha "nacido de nuevo", enfrenta condenación y juicio eternos. En Apocalipsis 22:17 se lee: *El Espíritu y la Esposa dicen: Ven.* Esta última invitación es de Dios el Espíritu Santo y de la novia, la Iglesia. El Dios trino y todos los miembros del cuerpo, la novia de Cristo, dicen: "Ven".

SU SIGUIENTE TAREA:

1. Lea Isaías 65:17; 66:22-24; 2 Pedro 3:7-13; Apocalipsis 21–22.
2. Repase sus notas sobre el Rey y su reino.
3. Marque su Biblia donde aprenda nuevas verdades.

Lección 52
CIELO NUEVO Y TIERRA NUEVA

I. INTRODUCCIÓN

En Hechos 7:49 Esteban cita al profeta Isaías y le dice al Sanedrín que el Señor Dios dice: *El cielo es mi trono, y la tierra el estrado de mis pies.* La palabra *cielo* nos hace pensar en gozo, dicha, paz, armonía y los deleites de la gloria. En nuestra mente, el cielo está asociado con todo lo que representa felicidad, reencuentro, expectativa y tranquilidad. Cuando deseamos expresar lo supremo del gozo y la belleza, lo llamamos celestial. La palabra cielo se usa en la Biblia casi 600 veces. De esas 600 veces, relativamente pocas se refieren al cielo de los cielos, el tercer cielo, el lugar de morada de Dios. La Biblia tiene poco que decir sobre el cielo de los cielos.

Hay algunas cosas que Dios no nos ha revelado en su Palabra. No podríamos soportar la revelación de las glorias del cielo. El cielo es tan glorioso, tan maravilloso, que en estos templos terrenales (cuerpos físicos) no podríamos soportar la descripción completa de nuestro hogar celestial. Nos sobrecogería. *Las cosas secretas pertenecen a Jehová nuestro Dios; mas las reveladas son para nosotros y para nuestros hijos para siempre, para que cumplamos todas las palabras de esta ley* (Deuteronomio 29:29).

II. VERSÍCULOS BÁSICOS:

Isaías 65:17; 66:22-24; 2 Pedro 3:7-13; Apocalipsis 21–22.

III. EL NÚCLEO DE ESTA VERDAD

Todos los individuos pasarán la eternidad en algún lugar, en uno de los dos lugares preparados por el Dios todopoderoso. Según la Biblia, toda persona vivirá para siempre, ya sea en el cielo o en el infierno, ya sea con el Señor o con Satanás. Dado que esto es así, es lo más sabio que podamos aprender todo lo posible sobre nuestro futuro lugar de residencia. Tenemos un Libro que nos dice lo que Dios quiere que sepamos sobre el cielo y el infierno. Este estudio se centrará en el cielo.

IV. LA GRAN VERDAD – EL CIELO NUEVO Y LA TIERRA NUEVA

A. EL CIELO NUEVO (APOCALIPSIS 21:1-8).

1. La Biblia habla de tres cielos.
    a. En el hebreo original hay tres palabras que su usan para *cielo*. En griego también hay tres palabras para cielo. Estas seis palabras son traducidas en nuestra Biblia por una sola palabra: *cielo*.
    b. Las tres palabras hebreas y las tres palabras griegas se refieren a:
        - el cielo atmosférico, donde vivimos;
        - el cielo planetario, el sol, la luna, etc.;
        - el cielo de los cielos, el lugar de morada de Dios.
2. Un destello del cielo.
    a. Solo unos pocos hombres han tenido el privilegio de ver un destello del cielo. En cada caso, la visión les sobrecogió y abrumó.
    b. *Pablo* tuvo un vistazo del tercer cielo y describe esa visión en 2 Corintios 12:1-9.

Escriba 2 Corintios 12:2: ______________________________

____

____

c. *Esteban* vio un destello del cielo justo antes de entrar en él. Esa visión del cielo, con Jesús de pie para saludarlo, transformó todo el ser de Esteban. Lo que el Sanedrín (Concilio) vio en Esteban está registrado en Hechos 6:15:

____

____

Lo que Esteban vio en la gloria está registrado en Hechos 7:54-60. Subraye los vv. 55 y 56 en su Biblia.

d. *Juan,* el amado apóstol, tuvo más de un destello del cielo. En su revelación, Juan vio a Jesucristo y "cayó a sus pies como muerto" (Apocalipsis 1:17).

Juan fue llamado al cielo y allí vio el trono y al que estaba sentado en el trono, la belleza del cielo, los 24 ancianos, los ángeles del Señor. Lea Apocalipsis 4:1-11.

Escriba el versículo clave del contexto: Apocalipsis 4:1:

____

____

De nuevo, Juan vio abierta la puerta del cielo, y vio a Jesús dejando el cielo para venir como Rey de Reyes y Señor de Señores (Apocalipsis 19:11-16).

3. El cielo es un lugar.

   a. El cielo es un lugar definido, y no simplemente una condición, sentimiento o figura retórica. Es un lugar real, literal. Es el lugar del que Jesús habló antes de ir a la cruz.

Escriba Juan 14:2: ____

____

____

   b. La "ciudadanía" de los creyentes está en el cielo.

Escriba Filipenses 3:20: ____

____

____

4. La biblioteca del cielo.

   a. El cielo contiene una biblioteca de muchos libros de un tipo, y un libro completamente diferente. Los muchos libros (en plural) contienen el registro de cada palabra y acción del individuo no salvado. Jesús indicó este hecho en Mateo 12:36 y Lucas 12:2-3.

   b. El libro (singular) es el "libro de la vida". En este libro están los nombres de todos los redimidos.

Escriba Apocalipsis 20:12: ____

____

____

____

5. El cielo es un lugar de descanso.

   a. El cielo es un lugar de descanso y paz. Subraye Lucas 19:38.

b. Es un lugar de descanso perfecto. Descanso de todas las pruebas y esfuerzos de esta vida.

Escriba Apocalipsis 14:13: ____

____

____

6. El cielo es un lugar de plena satisfacción.
   a. Se olvida todo afán, y se suple toda necesidad porque Dios y Cristo están ahí.
   b. Hay siete cosas que Dios hace para los suyos en la gloria (Apocalipsis 21:3-4):
      - *Dios mismo estará con ellos*
      - *Como su Dios*
      - *Enjugará Dios toda lágrima de los ojos de ellos*
      - *Ya no habrá muerte*
      - *Ni habrá más llanto*
      - *Ni clamor*
      - *Ni dolor; porque las primeras cosas pasaron*

      (En nuestro estudio del nuevo cielo y de la nueva tierra debemos descubrir cómo la tierra y el cielo han de hacerse nuevos).

B. LA TIERRA NUEVA: UNA REDENCIÓN, UNA RENOVACIÓN.

1. ¿Se refiere Juan a la extinción del primer cielo y la primera tierra?
   a. Juan dice: *Vi un cielo nuevo y una tierra nueva; porque el primer cielo y la primera tierra pasaron* (Apocalipsis 21:1).
   b. ¿Quiere decir Juan que el cielo de arriba ha de ser destruido y que este planeta ha de ser barrido, con Dios creando otro cielo y otra tierra?

      ¿O se refiere Juan a que Dios redimirá, renovará, purificará la misma tierra y el mismo cielo?
2. El "nuevo" es una redención, una renovación.
   a. ¿Por qué alguien creería esa afirmación? Primero, por el significado de ciertas palabras al describir estas cosas de Dios. En Apocalipsis 21:1 leemos: *El primer cielo y la primera tierra* ***pasaron***. La misma palabra se usa a menudo en el Nuevo Testamento. En griego, el significado principal de la palabra *parerchomai* no es aniquilación ni extinción; más bien, se refiere a un cambio de un lugar o tipo a otro.
   b. El significado principal de la palabra griega puede ilustrarse. Por ejemplo, un barco podría *parerchomai* a través de los mares; es decir, "pasar a través" del mar hasta el horizonte. No se refiere a la extinción ni aniquilación del barco.

      De nuevo, por ejemplo, un hombre puede "pasar a través" de una puerta y uno ya no puede verlo. No significa la aniquilación del hombre. Así ocurre con el significado principal de la palabra. Cuando Juan dice "el primer cielo y la primera tierra **pasaron**", no quiere decir que sean aniquilados, sino más bien que cambian de una condición a otra. El cielo y la tierra están aquí, pero cambiados, redimidos, regenerados.
3. El testimonio de Pedro.
   a. *Por lo cual el mundo de entonces pereció anegado en agua* (2 Pedro 3:6). Pedro habla acerca de los terribles días del diluvio. En ese juicio de Dios, el *kosmos*, el orden

civilizado del hombre, anegado por las aguas, pereció. La forma de ese orden civilizado y cultura dejó de existir.

b. Una palabra en esa escritura debe ser entendida. La palabra es "pereció". La tierra no pereció, el planeta no sufrió aniquilación. Sin embargo, Pedro dice: "el mundo anegado en agua, pereció". El significado es que el orden civilizado, el *kosmos*, que significa "belleza y adorno", dejó de existir.

c. *Pero los cielos y la tierra que existen ahora, están reservados por la misma palabra* [de Dios], *guardados para el fuego* [el fuego purificador] *en el día del juicio y de la perdición de los hombres impíos*" (2 Pedro 3:7).

   Pedro dice que este gran fuego purificador será en el día del juicio y perdición de los hombres impíos.

d. El método de purificación es dado por Pedro en el v. 7. En ese versículo, Pedro da lo que probablemente sea la descripción más completa de cómo Dios va a hacer el nuevo cielo y la nueva tierra. Esta es la declaración más avanzada y científica hecha en la Escritura sobre este tema. Una traducción libre y literal del versículo podría ser: "Pero los cielos y la tierra presentes están retenidos por la misma Palabra de Dios, guardados con fuego, reservados para el día del juicio y perdición de los impíos".

e. La declaración "reservados... guardados para el fuego" se encuentra dentro de la tierra. Sabemos que esto es cierto científicamente, mientras que Pedro lo sabía hace 1900 años.

f. Dios purificará, limpiará, redimirá todo lo que ha sido profanado por Satanás y el pecado. Dado que la tierra fue profanada por el pecado, será purificada. Dado que la atmósfera del aire es el dominio actual del "príncipe de la potestad del aire", será purificada por fuego.

4. El testimonio de la Escritura.

   a. La Escritura declara que heredaremos la tierra.

      - Salmos 37:9, 11, 29; Mateo 5:5.

   b. Subraye Isaías 65:17 en su Biblia.

C. LA NUEVA JERUSALÉN (APOCALIPSIS 21:9; 22:5).

1. La ciudad celestial de Dios: por fuera.

   a. Primero, Juan da una descripción desde afuera, como la vio descender "de Dios, del cielo" (Apocalipsis 21:10). La descripción del exterior está registrada en Apocalipsis 21:9 hasta la primera mitad del v. 22.

   b. Juan fue llamado por un ángel a un gran monte alto, y allí vio a la esposa del Cordero (Apocalipsis 21:9-10). La esposa es la Iglesia, la novia de Cristo.

   c. La ciudad es el hogar de los redimidos de todos los tiempos. Sabemos que esto es cierto porque esa ciudad tiene algunos nombres escritos en las 12 puertas: los nombres de las 12 tribus de los hijos de Israel (Apocalipsis 21:12). Los 12 nombres representan a todos los salvos del antiguo pacto.

   d. Juan vio los 12 cimientos del muro y los 12 nombres de los apóstoles del Cordero en el fundamento (Apocalipsis 21:14).

   e. Juan describe el tamaño de la ciudad (Apocalipsis 21:15-17). Para nosotros, las medidas serían 2400 kilómetros en cada dirección y 2400 kilómetros de alto. El muro del fundamento tendría 76 metros de alto.

2. La ciudad celestial de Dios: por dentro.
   a. Al entrar Juan a la ciudad (mitad del versículo 21 de Apocalipsis 21), vio las calles de oro, que eran como vidrio transparente.
   b. Juan no vio templo. El Señor Dios y Cristo son el templo (Apocalipsis 21:22). Allí está la presencia de Dios y no hay necesidad de velos, cortinas ni ceremonias.
   c. La iluminación de la ciudad es proporcionada por la gloria de Dios y Jesús, el Cordero (Apocalipsis 21:23-25; 22:5). No habrá noche ni oscuridad en esa ciudad.
   d. El agua de la vida procede del trono de Dios (Apocalipsis 22:1).
   e. El fruto del árbol de la vida está a ambos lados del río (Apocalipsis 22:2).
   f. Los siervos servirán a Dios y al Cordero (Apocalipsis 22:3). Estaremos activos, no sentados. En el huerto del Edén, Dios colocó al hombre para que cuidara y cultivara el jardín. De igual manera, haremos lo que Dios nos dé en esa ciudad celestial.
   g. Su nombre estará en nuestras frentes cuando lo veamos (Apocalipsis 22:4). Las puertas de perlas son secundarias; las calles de oro son secundarias; los muros de jaspe, todo es grandioso, pero lo más querido de todo es estar con el Señor para siempre.
   h. Es imposible describir la ciudad de Dios salvo en las palabras que Juan nos dio.

D. SÍ, VEN, SEÑOR JESÚS.

1. La afirmación del Señor.
   a. *He aquí, yo vengo pronto, y mi galardón conmigo* (Apocalipsis 22:12).
   b. Subraye la afirmación del Señor en Apocalipsis 22:16.
   c. Escriba su bendita invitación en Apocalipsis 22:17:

____

____

2. La respuesta del pueblo de Dios.
   a. De nuevo, Jesús dice: *Ciertamente vengo en breve* (Apocalipsis 22:20).
   b. La respuesta de todo el que le ama, todos los que somos salvos deberíamos responder con un: "Sí, ven, Señor Jesús" (v. 20).

V. LO QUE ESTA VERDAD BÍBLICA NOS ENSEÑA HOY

El cielo es el lugar que Jesús ha preparado para todos los que confían en Él. Es real, literal y eterno. Es indescriptible en el idioma español. El Señor Dios redimirá el cielo y la tierra, los renovará, los cambiará y los purificará, tal como lo hizo antes. La Iglesia, la esposa del Señor Jesús, tendrá un papel vital en el cielo. Allí, Jesús nos permitirá ser parte de la gran invitación al final para "venir". Le serviremos. Estaremos ocupados. Las últimas palabras de Jesús en la tierra están en Apocalipsis 22:20. La próxima vez que escuchemos la voz del Hijo del Hombre será cuando Él venga en secreto, como ladrón en la noche, para sacar su perla de gran precio.

La bendición final: *La gracia de nuestro Señor Jesucristo sea con todos vosotros. Amén.* (v. 21).

(Al concluir este estudio, nuestra oración es que el Señor use las 52 lecciones para hacer que se enamore de la Biblia. Cuando llegue a ese punto de emoción por su Palabra, se convertirá en un testigo, un ayudante, un maestro, un trabajador para el Señor. Que el Espíritu Santo le enseñe y le guíe mientras crece en gracia).

ACERCA DEL AUTOR

El Dr. Alan B. Stringfellow (1922–1993), maestro de la Biblia y ministro del evangelio durante más de cuatro décadas, se especializó en educación cristiana. Preocupado por la dificultad que la mayoría de las personas experimentan para entender la Biblia, se propuso redactar un curso de estudio que proporcionara a los creyentes más conocimiento y una mayor apreciación de la Palabra de Dios.

Entre las obras del Dr. Stringfellow se encuentran *Grandes personajes de la Biblia, Un análisis profundo del libro de Isaías, Un análisis profundo del libro de Apocalipsis, Un análisis profundo del libro de Daniel, A través de la Biblia en un año* y *Grandes verdades de la Biblia.* Todas están diseñadas para laicos, para ser enseñadas por laicos con la ayuda de esquemas sencillos, pero efectivos.

El Dr. Stringfellow se formó en el Seminario Teológico Bautista del Suroeste en Fort Worth, Texas. Fue pastor en la Iglesia Bautista de Travis Avenue en Fort Worth; en la Primera Iglesia Bautista de West Palm Beach, Florida; en la Primera Iglesia Bautista de Fresno, California; y en la Primera Iglesia Bautista de Van Nuys, California.